U0947860

桥梁工程清水混凝土设计与施工

江祥林　李北星　李娟燕　著
胡钊芳　审

人民交通出版社股份有限公司
China Communications Press Co.,Ltd.

内 容 提 要

本书在总结九江长江公路大桥成功应用清水混凝土的经验的基础上，详细介绍了清水混凝土的历史沿革与新近发展、质量标准及其评价方法、原材料的选择、设计方法与制备技术、质量控制关键技术以及桥梁结构清水混凝土的施工工艺等内容，较为全面地论述桥梁工程清水混凝土工艺技术。

本书可供从事道路桥梁材料设计与施工的科研、技术人员参考。

图书在版编目(CIP)数据

桥梁工程清水混凝土设计与施工 / 江祥林，李北星，李娟燕著. —北京：人民交通出版社股份有限公司，2018.12

ISBN 978-7-114-15089-0

Ⅰ. ①桥…　Ⅱ. ①江… ②李… ③李…　Ⅲ. ①桥梁结构—混凝土结构—结构设计 ②桥梁施工—混凝土施工　Ⅳ. ①U443 ②U445.57

中国版本图书馆 CIP 数据核字(2018)第 238966 号

书　　名：桥梁工程清水混凝土设计与施工
著 作 者：江祥林　李北星　李娟燕
责任编辑：韩亚楠　朱明周
责任校对：张　贺
责任印制：张　凯
出版发行：人民交通出版社股份有限公司
地　　址：(100011)北京市朝阳区安定门外外馆斜街 3 号
网　　址：http://www.ccpress.com.cn
销售电话：(010)59757973
总 经 销：人民交通出版社股份有限公司发行部
经　　销：各地新华书店
印　　刷：北京虎彩文化传播有限公司
开　　本：787×1092　1/16
印　　张：17
字　　数：388 千
版　　次：2018 年 12 月　第 1 版
印　　次：2018 年 12 月　第 1 次印刷
书　　号：ISBN 978-7-114-15089-0
定　　价：68.00 元

序

清水混凝土又称装饰混凝土,因其具装饰效果而得名。它一次浇筑成型,不做任何装饰,直接采用现浇混凝土的自然表面效果作为饰面,表面平整光滑、色泽均匀、棱角分明、无碰损和污染,部分工程在表面涂一层或两层透明的保护剂,具有朴实无华、自然沉稳的外观韵味。因而,清水混凝土“素面朝天”的品位、与生俱来的厚重是一些现代建筑材料无法效仿和媲美的,其材料本身所拥有的柔软感、刚硬感、温暖感、清爽感不仅对人的感官和精神产生影响,而且还可表达出建筑情感,被建筑师们认为有着更胜金碧辉煌的艺术效果。世界上越来越多的大型工业与民用建筑,如国外的悉尼歌剧院、日本国家大剧院、巴黎史前博物馆、肯尼迪国际机场环球航空大楼、华盛顿达拉斯国际机场候机大楼等均采用了这一建筑工艺,我国少量高档建筑工程如海南三亚机场、首都机场、上海浦东国际机场航站楼、东方明珠的大型斜筒体、北京联想研发基地等也采用了清水混凝土材料。

随着绿色建筑的客观需求,人们环保意识的不断提高,返璞归真自然思想的深入人心,对清水混凝土的需求已不再局限于工业与民用建筑、厂房和机场,道路与桥梁工程也在探索应用清水混凝土。由于清水混凝土避免了抹灰开裂、空鼓甚至脱落的质量隐患,减轻了结构施工的漏浆、裂缝等诸多质量通病,推广使用清水混凝土工艺技术有可能使未来道路桥梁工程的外观与养护发生重大变革。然而目前我国清水混凝土尚处于发展阶段,属于新兴的施工工艺,真正掌握此技术的设计和施工单位不多。清水混凝土最终装饰效果,60%取决于混凝土浇筑的质量,40%取决于后期的透明保护喷涂施工,因此,清水混凝土对建筑施工水平是一种极大的挑战。

《桥梁工程清水混凝土设计与施工》一书详细介绍了清水混凝土的历史与发展、质量标准及评价方法、原材料的选择、设计方法与制备技术、质量控制关键技术及桥梁结构清水混凝土施工工艺等内容,是一本较全面阐述桥梁工程清水混凝土工艺技术的专著。该书系统性好、逻辑性强、信息量大，对从事道路桥梁材料设计与施工的科研及技术人员均有重要的参考与指导价值。该书的出版无疑会对清水混凝土工艺在交通工程中的发展应用起到积极的推动作用，特为之序。

孙钧

2018 年 5 月 9 日

暮春佳日于同济园

（孙钧先生，同济大学一级荣誉教授、

中国科学院技术科学学部资深院士）

前　言

清水混凝土直接以原始浇筑面或仅以透明保护剂做保护性处理后的表面作为结构表面，其通过混凝土本色和自身质感实现美观效果。清水混凝土结构一次成型，不装饰、不剔凿、不修补、不抹灰，舍去涂料、饰面，减少了建筑垃圾，有利于环境保护。

自20世纪90年代以来，我国桥梁建设进入快车道，桥梁建设技术也不断取得了发展与进步，使我国从桥梁大国步入桥梁强国行列。与此同时，桥梁外观质量也越来越得到重视，许多桥梁外观要求达到清水混凝土的效果。清水混凝土结构大面平整、棱角分明、线条顺直、表面光洁、色泽均匀、无碰损和污染，且消除了混凝土蜂窝、麻面、水线、砂带、气泡、裂缝、冷缝、露筋、孔洞等质量通病。在倡导低碳经济的今天，这也是桥梁结构实现低碳技术的有效途径之一。然而，清水混凝土结构的设计与施工，还有待理论研究和实践应用；另外，我国清水混凝土施工机械化、标准化程度不高，受人为因素影响较大，工艺技术在我国建设工程中的应用仍待发展。

九江长江公路大桥建设项目全线长17.1km，桥梁占比超过70%，桥梁结构与构造物形式众多。为进一步提升项目建设质量，消除桥梁结构质量通病，在建设之初即确立了争创国优的质量目标，并以全线所有结构物应用清水混凝土为抓手。在学习国内外清水混凝土技术和类似工程实践经验的基础上，结合九江长江公路大桥各结构物特点及当前国内外清水混凝土工艺水平，进行了系统研究和线外足尺实体试验，并在工程中予以全面实践应用，取得了良好的效果。

本书旨在通过对清水混凝土在九江长江公路大桥的成功应用的经验总结基础上，引用国内外有关文献资料，针对清水混凝土的一些基本问题进行深入的论述，以期为类似工程提供借鉴。

本书在编著过程中得到了九江长江公路大桥建设项目办的大力支持，项目办同仁们给予了很多好建议，清水混凝土技术也得到了中交二公局、二航局、路桥华南公司和中铁二十三局、一局、大桥局等施工单位的大力应用实践与创新，使清水混凝土设计与施工技术不断得以提高完善，在此一并表示感谢！清水混凝土的设计、材料与施工及维修管理，仍存在许多问题等待人们去思考、去解决。本书难免存在差错与不足，热忱欢迎广大读者的批评与指正。

江祥林　李北星　李娟燕

2018 年 5 月

目　　录

第1章 绪　　论

1.1 清水混凝土的发展概况

1.1.1 清水混凝土的概念

清水混凝土直接以原始浇筑面或仅以透明保护剂做保护性处理后的表面作为结构表面，其通过混凝土本色和自身质感实现美观效果。

依据我国建筑工程行业标准《清水混凝土应用技术规程》(JGJ 169—2009)，清水混凝土分为普通清水混凝土、饰面清水混凝土和装饰清水混凝土。普通清水混凝土要求结构物外露的表面无蜂窝、麻面、露筋、空洞等外表缺陷并且没有无挂浆、气泡、翻砂等不良现象，结构物外露面脱模后线形顺畅，表面无明显拼缝，施工缝整齐，混凝土大面平整、表面光洁、色泽均匀一致。饰面清水混凝土是指表面颜色一致，由规律排列的对拉螺栓孔眼、明缝、禅缝、假眼等组合形成的、以自然质感为饰面效果的清水混凝土。装饰清水混凝土指表面形成装饰图案、镶嵌装饰片或彩色的清水混凝土。饰面和装饰这两类清水混凝土主要用于公共、商业、办公、住宅等城市建筑。

在国外，清水混凝土被称为建筑艺术混凝土(Architectural Concrete)、暴露表面混凝土(Exposed Concrete)，或称作整形表面混凝土(Fair Faced Concrete)，在日本称作表面处理艺术混凝土。与国内的定义相比，国外的清水混凝土更着重于强调混凝土的装饰性能，更倾向于艺术混凝土(Art Concrete)的概念。所定义的Architectural Concrete往往涵盖了艺术混凝土的概念，通过模板的刻纹以实现混凝土表面的各种图案和花纹，使混凝土更富有表现力，也可通过在混凝土中加入各种颜料，使混凝土五彩缤纷、色彩绚丽，以彰显其造型的艺术性、材料的特异性。

1.1.2 清水混凝土的发展历史与现状

清水混凝土的雏形产生于20世纪20年代建筑大师勒·柯布西耶倡导的“粗野”建筑表现理念，他认为房屋的墙体表面抹灰是多余的，提倡充分暴露墙体结构；模板拆除后不再做抹灰等外装饰而直接使用，如勒·柯布西耶设计的法国郎香教堂。这种清水混凝土在第二次世界大战后的重建中扮演了重要角色。

由于受材料、施工技术等的限制，具有现代意义的清水混凝土20世纪50年代才真正出现，其发展大致经历了以下三个阶段：

(1)清水混凝土开始应用期：20世纪50年代，在战后重建期间，由于受当时技术和经济的限制，许多混凝土工程不做外装饰。这就促使工程建设者们着手混凝土性能和模板体系的研究，努力改善混凝土表面质量，力图通过模板特殊工艺，在混凝土表面获得丰富多彩的建筑艺术表现,弥补因不做建筑装饰而使混凝土结构建筑表观单调的不足。发展初期的清水混凝土主要应用于民用建筑和公共建筑,如法国勒·柯布西耶设计的马赛公寓(1948—1952年,图1-1)、美国设计师路易·康设计的耶鲁大学美术馆(1951—1953年,图1-2)、埃罗·沙里宁设计的纽约肯尼迪国际机场环球航空公司楼(1956—1961年,图1-3)和华盛顿达勒斯国际机场候机楼(1969—1974年,图1-4)等。

图1-1 法国马赛公寓楼梯和粗犷的立面

图1-2 耶鲁大学美术馆

图1-3 纽约肯尼迪国际机场环球航空公司楼

图1-4 华盛顿达勒斯国际机场候机楼

(2)清水混凝土魅力期和衰微期:到了20世纪60年代,越来越多的清水混凝土出现在欧洲、北美洲、日本等发达国家和地区如美国耶鲁大学建筑与艺术馆(1963年)、德国曼姆其基督教堂(1965年)和东京的圣马利亚大教堂。到了20世纪80年代,一批新一代的建筑师延续了这种风格,强调建筑结构的科技性,形成了当时的“高技派”,它们的代表人物有理查德·罗杰斯、诺曼·福斯特、安藤忠雄等,典型作品如香港汇丰银行、日本光之教堂(混凝土墙面留出十字空隙,图1-5)、日本冈山直地中岛美术馆(弧形混凝土墙面,图1-6)、美国达拉斯市的肯堡美术馆(拱形屋面)以及巴黎史前博物馆等世界知名的艺术类公共建筑。在20世纪60~80年代清水混凝土由于耐久性和表面污染等问题陷入了应用危机,但饰面混凝土在色彩方面仍然有所突破,而且由于大型模板(胶合板)及新型模板技术、流态混凝土技术的发展,饰面混凝土表面质量有了极大的改善,表面装饰有光滑表面、木纹表面、立体图案表面及露集料表面,提高了观感性,并开始应用于大型公共建筑。

图1-5 日本光之教堂

图1-6 日本冈山直地中岛美术馆

(3)清水混凝土信赖性恢复期:20世纪90年代以来,由于大量新型现代装饰材料的出现,作为结构材料的混凝土几乎被各种面砖、涂料和幕墙等装饰材料所掩盖。新型饰面材料的确把建筑装扮得绚丽多彩,但不可避免地造成了诸如光、放射性等环境污染。面临日趋严重的环保问题,人类不得不加强自身的环保意识,追求人类与自然的协调发展,实现社会发展的可持续化。在建筑表现风格上崇尚简洁、明快、真实、返璞归真;在建筑设计理念上推崇低成本、低消耗、低污染的绿色建筑、生态建筑。清水混凝土饰面更能满足上述要求,这为清水混凝土的发展奠定了坚实的应用基础。随着自密实混凝土、透明模板、表涂硅树脂或氟碳树脂透明涂料等新材料的应用,清水混凝土逐步恢复了应用,如美国达拉斯的肯堡美术馆(拱形屋面)、日本姬路文学馆(1991年建成,弧形的混凝土墙面及平面墙体装饰线)、罗马当代艺术中心(弧形混凝土墙面)、京都府立陶板名画庭(平面墙体,1994年建成,图1-7)、日本神户兵库县立美术馆(弧形混凝土楼梯,2002年建成,图1-8)、日本大阪府立狭山池博物馆(弧形混凝土墙面,2001年建成)、德国沃尔夫斯堡斐诺自然科学中心(外窗和混凝土天花板,2005年建成)。

图1-7 京都府立陶板名画庭

图1-8 神户兵库县立美术馆

在亚洲,日本在清水混凝土的应用方面居于领先地位。第二次世界大战后,日本的部分混凝土建筑省掉了抹灰、装饰工序而直接投入使用,发展到今天,日本的清水混凝土技术得到了极大发展。在混凝土应用方面,日本改变了以前水泥表面不加修饰的手法,利用现代外墙修补技术,将水泥墙面拆模后进行处理,使混凝土表面达到非常精美的效果,同时又充分展现出混凝土本身特有的原始和朴素的一面。20 世纪 60 年代采用这种工艺建成的日本奥林匹克体育场,曾在当时建筑界引起了轰动。但是,由于当时尚未出现防止混凝土潮湿变色和耐久性较好的涂料,几年后混凝土表面变黄,因此这种设计的流行时间很短。20 世纪 80 年代中后期,日本建筑师安藤忠雄在东京的一座清水混凝土建筑中,采用防止潮湿变色的新品种 AC 涂料及常温固化型氟碳树脂涂料,使清水混凝土建筑表面质量可以维持 10~20 年。之后,日本许多建筑师纷纷效仿,从而带来了清水混凝土应用的第二次高潮。在日本乃至世界上其他许多国家清水混凝土越来越被人们所推崇和接受。现在,清水混凝土饰面建筑约占日本建筑总数的 30%以上。

20 世纪 70 年代,我国清水混凝土主要应用在预制混凝土外墙板方面。后来,由于人们将注意力转移至面砖和玻璃幕墙上,清水混凝土的应用和实践呈停滞状态。直到 1995 年,随着一系列模板标准的颁布出台以及专业模板公司的出现,清水混凝土技术的发展进入了一个崭新的阶段,可以不用抹灰直接批腻子、涂面漆。1997 年,北京市设立了"结构长城杯工程"奖,推广清水混凝土施工,使清水混凝土得到了更好的发展。2000 年前后,清水混凝土技术日趋成熟,在光泽和平整度方面可达到"镜面"效果,并更加注重细部和整体艺术效果,得到业界认可和青睐。

近年来,清水混凝土在我国标志性建筑物中得到广泛的应用。中建一局承建的联想研发基地(图 1-9)被建设部列为"首座大面积清水混凝土建筑工程",标志着我国清水混凝土技术已经发展到了一个新的阶段,是我国清水混凝土发展历史上的一座重要里程碑。随着绿色建筑客观需求的不断增多,人们环保意识的不断提高,返朴归真的自然思想愈加深入人心,我国又完成了一大批清水混凝土工程,如南京长江三桥(图 1-10)、广州猎德大桥(图 1-11)等交通基础设施工程,东方峡输变电工程中的龙泉变电站、青海公伯峡水电站厂房等工业基础设施以及北京亦庄东晶国际住宅工程、同济大学建筑城规学院 C 楼等民用建筑工程。少量高档公共建筑工程,如上海浦东国际机场航站楼、东方明珠大型斜筒体、武汉新火车站、北京首都机场 T3 航站楼、鸟巢清水看台(图 1-12)等也都采用了清水混凝土。

综上所述,清水混凝土技术是随着混凝土技术的发展及社会环境的要求而不断改善和提高起来的。在初期,清水混凝土工程是竭尽全力制作混凝土结构本身,难以制作出完善的清水混凝土。后来,通过修补,进一步喷涂表面透明防水涂料,提高了混凝土的耐久性和防止了结构表面的污染。

1.1.3 清水混凝土发展中存在的问题

1)设计方面

(1)无清水混凝土的设计标准,从源头上制约了清水混凝土的应用。

当前,清水混凝土已发展至装饰清水混凝土阶段,清水混凝土优点和艺术效果淋漓尽致的展现,依靠的是设计和施工的完美结合,设计师的完美创意是清水混凝土结构产生的源泉;

其设计理念和标准是设计师的工作依据，但由于目前无设计标准，致使一些设计师对清水混凝土结构从概念上模糊、不认同和不接受，从源头上制约了清水混凝土的推广应用以及技术创新。

图1-9 联想研发基地

图1-10 南京长江第三大桥

图1-11 广州猎德大桥主塔

图1-12 鸟巢清水看台图

（2）清水混凝土的应用范围、深度和效果受设计方案等的制约。

清水混凝土结构是设计和施工两者相结合的体现，当前，清水混凝土工程多存在设计与施工分离的现象，多数工程为施工单位的自主行为，即仅在施工过程中实施；在项目的设计阶段根本未考虑清水混凝土结构的因素，也无结构设计人员进行方案创作、施工图设计等过程。设计与施工未能有机结合，导致了结构不能完全展现清水混凝土的风格和设计师意图。

（3）主筋保护层问题。

清水混凝土与普通混凝土相比，由于取消了抹灰层和饰面层而直接暴露于空气中，使混凝土的碳化加快，从而会使混凝土过早失去对钢筋的保护作用，使钢筋脱钝、锈蚀和保护层顺筋开裂等现象，从而危及结构物安全，降低其使用年限。日本20世纪60~70年代的清水混凝土建筑物,经过10~20年的使用,出现了不少这类问题,影响了人们对清水混凝土应用的信心。为此,必须重视、研究清水混凝土保护层的相关问题。

2)施工方面

(1)整体饰面效果差:表现在各种预埋件的漏设计、漏埋,造成二次剔凿;设计师与施工单位配合不好;施工前没有进行饰面效果设计,结果达不到预期目标。

(2)外观质量缺陷仍普遍存在:清水混凝土施工是一项非常细致的工作,需在混凝土原材料控制、混凝土浇筑与养护、钢筋放样与绑扎、模板选型与拼接,以及缺陷修复、成品保护各环节精细化施工。但由于当前缺乏成熟的施工工艺、科学的施工组织管理及工程施工人员的专业素质参差不齐,加上无严格的施工质量验收规范和技术标准可遵循,导致清水混凝土普遍存在外观质量缺陷和通病,与清水混凝土应该具有的光洁如镜、完美无缺的外观可观性有较大的差距。同时,由于验收标准不明确,引发了施工单位和业主间争议而无法合理解决。

(3)清水混凝土构件的细部质量不够美观和精细:在层间过渡缝、模板拼缝等方面,由于施工单位不够重视、细部模板设计不合理等原因,致使清水混凝土质量有待提高,严重者还需要修补或重新抹灰。

(4)模板的专业化发展不够,限制了清水混凝土技术的发展:新型模板技术的开发力度不够,束缚了清水混凝土技术的应用发展,主要反映在模板工程方案、体系、配置、投入量和支、拆等不够科学、合理和完善。

(5)钢筋保护层施工问题:钢筋混凝土保护层关系到结构承载力、耐久性和防火性能等,尤其是安装垫块的部位造成清水混凝土构件产生如“补丁”般的质量缺陷。《混凝土结构工程施工验收规范》(GB 50204—2015)第5.5.3条规定“梁板类构件上部受力钢筋保护层厚度的合格点率应达到90%及以上”,但当前施工中钢筋保护层厚度的合格率较低,加之混凝土密实性较差,令人关注和担忧。采用尺寸、规格统一,表面光滑、密实,强度高的砂浆垫块和塑料垫块是解决这一问题的关键。垫块加工要实现工厂的标准化、专业化生产,确保钢筋位置准确和提高清水混凝土观感质量。

(6)清水混凝土成品保护问题:清水混凝土刚拆模时光滑、光洁、美观、颜色均匀、色泽一致,但暴露于空气中后,在表面碳化、酸雨侵蚀等各种综合外因下,清水混凝土表面效果随时间的增长而变淡,是否需要对清水混凝土成品进行一定的涂装保护,意见不一。另外,当前保护剂的有效年限一般为5~20年,如何研发出更长久的保护剂是未来的一项课题。

3)项目管理方面

清水混凝土施工工艺在国外已是一项成熟的技术,而国内直至今日才得到逐渐发展,其难点主要体现在项目管理的科学与严谨上。对于一个复杂的工程,最重要的就是有合适的运作系统。从组织设计、安排施工到项目管理与监理,如果每一个环节都运行良好,那么清水混凝土施工便能顺利进行。这也是为什么清水混凝土建筑在国外普遍应用而在国内却很少见的重要原因。

4)观念的障碍

其实很多国内设计师对清水混凝土也情有独钟,也曾尝试着进行设计,并说服业主实施,但常有半途而废的实例出现,致使被迫改变方案。主要原因是具体实施起来各分项工种之间默契配合,业主贯彻执行的力度不够坚决;更为重要的是设计师未将设计意图传递给业主与施工单位,并没有与他们一道在实践中摸索成功的出路。

另外,在经济上也存在认识上的误区。在我国,业主通常认为清水混凝土仅适用于一些由国家出资建设的大型高档工程,而在一般工程中应用价格偏高。价格偏高主要原因:清水混凝土施工要求精工细作,投入的人力、物力有所加大;施工质量控制环节也会增加相应的管理费用。但清水混凝土无须抹灰和装饰,最终还是降低了工程总造价,而业主往往看不到这点,因此还需在观念上有所转变。

5)宣传方面

在国外工程中,并不对浇筑混凝土的色差、施工缝错台、气孔、锈水污染等缺陷进行处理,大众已经广泛接受了混凝土的瑕疵,认为是混凝土肌理的一部分。但在国内,只有专业人员,对上述问题是接受的;对于大众,把航站楼、博物馆做成清水混凝土,存在上述问题是很难被接受的。所以还要进一步宣传引导,在倡导节约型、环境友好型的当今社会,在不影响、不降低使用功能的前提下,一些工程不再装修,保留混凝土的本来面貌,不失为一种好的思路。

综上所述,清水混凝土是钢筋混凝土施工技术发展的一个方向,是一项涉及方案设计、模板体系设计和实施、钢筋工程、混凝土材料控制与施工工艺、混凝土表面修补、成品保护、表面涂装、施工管理等方面的综合技术。由于清水混凝土在现场施工等诸多环节的不确定性,以及目前国内施工水平普遍偏低,因此真正做成的清水混凝土桥梁屈指可数。

1.1.4　清水混凝土应用的发展趋势

随着人们环保意识的不断增强,清水混凝土技术的日臻完善和规范,其必将迎来更大的发展空间。目前,清水混凝土在我国应用和发展的趋势如下:

(1)清水混凝土与高性能混凝土相结合。

由于清水混凝土面层上不再做饰面层(主要是桥梁、铁路、水利设施、工业建筑等),直接接受各种气候条件作用以及化学物质的侵蚀,因而在实际工程中要求将清水混凝土工艺和具备高耐久性、高工作性等特性的高性能混凝土(High Performance Cement,HPC)相结合,才能生产出造型优美典雅,又经得住岁月侵蚀的清水混凝土。

两者结合时,要注意以下问题:

①清水混凝土对表面处理高要求和高性能混凝土高性能结合技术研究。因清水混凝土在表面色彩与造型方面的独特性要求,高性能混凝土既要保证基体混凝土的耐腐蚀性,同时也要保证色彩和造型的耐候性。

②清水混凝土和高性能混凝土配合比结合方面的研究。采用清水混凝土施工工艺的高性能混凝土需对其配合比进行深入研究,保证混凝土表面色泽度、平整度、孔隙率、色差等方面的要求。近年来,日本、中国台湾等国家和地区的清水混凝土新建工程为求完成面之质感、工作度及充填完整效果,设计及施工单位大多会选择自密实混凝土,控制流动度、集料粒径、用水量等因素,究其原因除了自密实混凝土的充填性较佳外,完成表面的细致感也较易达到。

(2)延长清水混凝土的耐久性。

《混凝土结构耐久性设计规范》(GB 50010—2002)规定了五类环境,对混凝土的最大水灰比、最小水泥用量、最低强度等级、最大氯离子含量、最大碱含量、混凝土保护层厚度、裂缝宽度等做了要求。但环境对直接暴露在外的混凝土有着非常大的影响,施工中不可避免的混凝土裂缝、保护层偏差、保护剂耐久性时限,将降低清水混凝土耐久性,故《清水混凝土应用技术规程》(JGJ 169—2009)中要求设计使用年限宜控制在50年内。而对于使用年限更长久的基础设施,目前一般采取加大混凝土保护层厚度、改善混凝土性能、按照时限要求涂刷保护剂,来保证混凝土耐久性。

(3)充分考虑地域环境、文化和清水艺术表现力。研发适应一些风沙大、气候差、紫外线强度高等自然条件较差地区的清水混凝土;解决清水混凝土在室外很快变旧、变脏的难题。在艺术表现力方面,尝试更丰富的、多样化的形式,如顶面上的、曲面的、倾斜的、多样的富于变化的线条线段及凹凸形状;并与其他材料复合使用。同时,应防止清水混凝土过度使用,丧失独特性,失去魅力。

(4)研究发现浇混凝土的替代产品,发展预制板、仿清水混凝土板材,实现工厂化、专业化生产。首先,能大为降低现场的施工难度,减少对一些优质资源的依赖,如优质河砂和优质木材;其次,材料变化后,减少对环境的影响;最后,专业化和工厂化能生产出更加丰富的产品,费用降低。

1.2 清水混凝土在桥梁工程中应用的意义

公路桥梁、铁路桥梁等基础设施生存环境均在野外,服役环境复杂,混凝土结构表面一般不做装饰,混凝土表面层对结构起着防护作用,以抵御来自外部环境的物理和化学劣化的作用,如碳化、化学侵蚀、钢筋锈蚀、冻融破坏等。因此,混凝土的表面对桥梁混凝土结构长期耐久性起着决定性的影响,使其对混凝土结构的耐久性和外观质量提出了更严格的要求。同时,桥梁的外观质量也是桥梁美学的要求,是我国由桥梁大国向桥梁强国迈进的重要标志。因此,清水混凝土与桥梁工程的结合相得益彰,建设清水混凝土桥梁对提升桥梁的美学效果和提高桥梁结构的耐久性具有重要意义,主要体现在:

(1)有利于提高桥梁混凝土质量。由于清水混凝土特殊的性能要求,必须要求混凝土具有较高的工作性、稳定性、匀质性和硬化后的耐久性,这大大提高了钢筋混凝土结构的质量。清水混凝土优质的表观质量消除了普通混凝土的蜂窝、麻面、露筋、夹渣、明显气泡和孔洞等质量通病,真正达到了“内实外美”的质量水平。

(2)有利于外加剂、掺和料等的应用。清水混凝土所要求的高流态、良好的稳定性和均匀性,在满足强度的前提下,仅通过调整混凝土配合比难以达到性能要求,必须辅助采用适当比例的掺和料和优质外加剂的双掺技术来改善混凝土的工作性能和微结构,这不但可以节约水泥、减少成本,而且有利于新技术、新材料在桥梁工程中的应用与推广。

(3)有利于桥梁施工企业技术和管理水平的提高。清水混凝土不仅依赖于材料技术、检测与测量技术的发展,而且依赖于先进的施工工艺技术与管理水平。提高混凝土的外观质量要求促使施工企业不断提高技术水平、增强管理能力,以适应实际工程的需要,从而推动技术进步。施工中每一道工序都至关重要,迫使施工单位加强施工过程的控制,使结构施工的质量管理工作得到全面提升。

(4)有利于延长桥梁工程的服役寿命。对于结构与装饰合二为一的桥梁工程而言,混凝土表面质量的优劣对混凝土结构的耐久性的好否显得尤为重要,而清水混凝土以其对外观质量的严格要求为特点,因此清水混凝土桥梁的耐久性更有保障。

(5)有利于混凝土技术的进步。与普通混凝土相比,清水混凝土对原材料、配合比、运输、浇筑、模板、养护、成品保护等诸多工序和环节必须严格控制,才能完成好的清水混凝土工程。提高混凝土表面质量,需要在普通混凝土的基础上做进一步研究与完善,以达到预想效果。各种新材料、新技术、新工艺在清水混凝土中的成熟应用,对整个混凝土行业的技术发展起着极大的推进作用。

(6)有利于资源的节约。提高混凝土表面质量,可使一次成型的清水混凝土结构不需要装饰,节省了传统的装饰材料、饰面等化工产品,对自然资源的节约有着重要现实意义,清水混凝土是名副其实的绿色混凝土。

(7)有利于降低工程成本。清水混凝土施工虽然需要投入更多的人力、物力,直接成本比普通混凝土要高,但其不需再做装饰,减少了工序,缩短了工期,且结构物耐久性得以提高,延长了使用年限,降低了维护费用,最终结构物全寿命成本降低,经济性优势显著。

(8)增强了桥梁的艺术美感。清水混凝土契合了现代人的审美意识,是新建筑风格在施工工艺上的体现。清水混凝土稳重大方、朴素、自然、亲切而又肃穆、坚实而又美观,给我们带来多种的审美情趣和艺术享受。

本章参考文献

[1] 戎贤,陈钢.改善表层混凝土耐久性的措施[J].工程力学,2001:622-626.

[2] Potter R J,Ho D W S.Quality of cover concrete and its influence on durability[R].ACI Special Publication 100-25,1987: 423-445.

[3] 王军.混凝土表层性能分析[J].混凝土与水泥制品,2004(4):12-13.

[4] 李强,李辛民,孟闻远,等.我国清水混凝土技术发展现状、存在问题及对策[J].建筑技术,2007,38(1):6-8.

[5] 顾勇新.清水混凝土工程施工技术及工艺[M].北京:中国建筑工业出版社,2006.

[6] 吴学军.清水混凝土在我国的应用现状和发展前景[J].建筑科技情报,2003,4:22-25.

[7] 冯乃谦,笠井芳夫,顾晴霞.清水混凝土[M].北京:机械工业出版社,2011.

[8] 王超,谢发祥,李丹.南京三桥清水混凝土施工组织浅谈[J].土木工程学报,2007,40(4):44-48.

[9] 戴永宁.南京长江第三大桥清水混凝土施工技术[M].北京:人民交通出版社,2006.

[10] Hurd M K.Avoiding Arguments over Architectural Concrete[J].Concrete Construction,1990(9):28-30.

[11] ACI Committee 303-12. Guide to Cast-in-Place Architectural Concrete Practice [S]. American Concrete Institute,2012.

[12] Caro P D,Djelal C,Libessart L.Influence of the nature of the demoulding agent on the properties of the form-work-concrete interface[J].Magazine of Concrete,2007,59(2):141-149.

[13] 李淑明,刘伟民.清水·联想——联想北京研发基地[M].北京:清华大学出版社,2005.

[14] 萨拉·加文塔.材料的魅力——混凝土[M].北京:中国水利水电出版社,2004.

[15] 杨应辉.从两座机场工程对清水混凝土发展的认识[J].建筑技术,2011,42(1):65-68.

[16] 姚刚,高天,张利.清水混凝土施工的质量缺陷与预控措施[J].重庆建筑大学学报,2004,26(2):68-71.
[17] 叶琚,王中文.清水混凝土模板处理方式试验研究[J].公路,2009(7):325-328.
[18] 吴学军,孙儒强.清水混凝土模板技术[J].施工技术,2005,34(3):10-11.
[19] 张良杰.清水混凝土模板(上)[J].中国金属结构,2006(6):26-32.
[20] 张良杰.清水混凝土模板(下)[J].中国金属结构,2006(7):31-35.
[21] Nawy E G.美国混凝土工程施工手册[M].重庆:重庆大学出版社,2009.
[22] 林东,林婵珊.WISA 模板在清水混凝土施工中的应用[J].施工技术,2010,39:351-353.
[23] 戴俊萍,赵玉章.清水混凝土与清水混凝土模板[C].中国建筑学会施工学术委员会模板与脚手架专业委员会 2011 年会,2012:148-153.
[24] 李强,孟闻远,李辛民,等.清水混凝土工程模板体系的分析、选型与设计[J].混凝土,2006(11):82-86.

第 2 章　清水混凝土质量标准及评价方法

2.1 概　　述

清水混凝土的质量标准包括物理力学指标、外观指标、外形指标和耐久性指标。清水混凝土的力学指标要符合设计要求的承载力，这与普通混凝土结构没有差异。工程项目采用清水混凝土，除力学性能好和外形尺寸准确外，更为主要的是外观美观、外观耐久性优良。以下对清水混凝土外观质量和耐久性质量标准及评定进行分析。

2.2 清水混凝土外观质量标准及评定方法

2.2.1 清水混凝土外观质量缺陷分类及诱因

一般而言，混凝土结构的成型是一个比较复杂而漫长的过程，影响成品混凝土外观质量的因素繁多，同一种缺陷可能由单个因素造成，也可能由多个因素造成。混凝土常见的外观质量缺陷大致分为三大类：颜色缺陷、外表缺陷和外形缺陷，具体缺陷及成因如表 2-1 所示。

混凝土外观质量缺陷及成因　　表 2-1

质量缺陷		成因分析
颜色缺陷	色差	混凝土搅拌不均匀；混凝土离析；脱模剂涂刷不均匀或脱模剂自身色泽污染混凝土；模板打磨不彻底、不干净；模板材质不均匀；割除模板拉筋留下痕迹；钢筋或波纹管密集造成混凝土浇筑不均匀；养护覆盖物污染，养护水不洁净；养护期间表面干湿程度不一致；拆模时间不统一
	铁锈	钢筋及扎丝外露；钢模板生锈、模板拉杆生锈；集料中含有硫铁矿；结构外露钢筋铁锈随雨水或养护水顺混凝土表面流下，污染混凝土表面；保护层不足或密实度不够，造成孔隙水腐蚀钢筋
	斑点(黑斑、花纹板或集料透明层)	原材料受污染；脱模剂不纯或使用过量；砂率偏低，形成花纹斑或粗集料透明层；粗集料针片状颗粒过多；浇筑下层时上层模板上溅有水泥浆且发生干硬；保护层垫块透色；振捣过度或在外部振捣
外表缺陷	蜂窝	砂率过小；粗细集料级配差、针片状含量多；布料不当，造成集料与砂浆离析；混凝土坍落度偏小、干涩，加上振捣力不足或漏振；模板拼缝不严而漏浆；混凝土搅拌与振捣不足，使混凝土不均匀、不密实，造成局部砂浆过少；节段之间接缝不严密烂根；结构构件截面小、钢筋较密，集料粒径过大或坍落度过小，造成振捣不密实

续上表

质量缺陷		成因分析
外表缺陷	麻面	模板表面粗糙或板面黏附的水泥浆渣等杂物未清理干净；浇筑下层时污染上层模板使模板表面附有砂浆，拆模后附着的砂浆脱落，使混凝土表面出现麻面；木模板润湿不够，混凝土失水过多；脱模剂局部漏涂，混凝土表面与模板黏结造成麻面；模板表面所用的脱模剂黏度较大，加大气泡与模板间的摩擦力，气泡排出困难；模板拼缝不严，局部漏浆。混凝土振捣不密实，气泡未排出，停留在模板表面形成麻点
	孔洞	钢筋较密的部位或预留孔洞和埋设件处，混凝土下料被钢筋卡住，下部形成孔洞；集料粒径过大，内外模板间距狭窄，振捣困难；混凝土土流动性差，出现离析；未按浇筑顺序振捣，造成漏振点；混凝土浇筑层过厚，使下部混凝土振捣作用半径达不到，形成松散状态；混凝土受冻、水泥结块、集料中含有泥块等杂物
外表缺陷	气泡	砂率过大；混凝土用水量过大；减水剂致混凝土含气量过高；混凝土过黏；模板透水(吸水)能力差；浇筑分层过厚；振捣时间不足，振点间距过大。模板周转次数过多，表面粗糙、变形，增加水珠游离上升阻力
	水纹水线	砂率过小；混凝土实际用水量过大；混凝土坍落度过大，泵送后混凝土离析，浆骨分离；由于天气冷或混凝土外加剂配料不当而延长了硬化时间；振捣过度
	露筋	钢筋保护层垫块移位、垫块太少或漏放，致使钢筋变位紧贴模板形成外露；保护层混凝土漏振或振捣不实，或振捣棒撞击钢筋或施工人员踩踏钢筋使钢筋移位，造成露筋；结构构件截面小，钢筋过密，石子卡在钢筋上，使水泥砂浆不能充满钢筋周围；混凝土配合比不当而离析，靠近模板部位缺浆或模板漏浆
	砂线、挂浆、漏浆	模板接缝不严密，水泥浆从模板缝隙流失，在缝隙周围混凝土表面形成砂线；模板底部密封不够严密；过度振捣、混凝土离析；混凝土中水分太多，存在泌水现象；砂率过大；上层浇筑混凝土或压浆时，拌合物或浆液抛洒在混凝土表面造成污染等
	线条不明(模板拼缝错台)	施工缝处理不平整而造成接缝不在同一平面；模板接缝不平整或不密贴，造成混凝土接缝错台或大小不一或漏浆；模板周转次数多，缺棱少角
	缝隙夹层、分层线、施工冷缝	混凝土施工缝未经接缝处理、清除表面水泥浮浆和松动石子，杂物未清除或清除不干净，未充分润湿就浇筑混凝土；接缝处混凝土振捣不到位；布料时，上层混凝土覆盖下层的间隔时间过长，振捣不充分或振捣时未插入下层混凝土下层混凝土失水过快重塑性变差或下层混凝土已结硬，形成分层浇筑界面
	疏松	模板未润湿，混凝土表层水化用水被吸去，造成混凝土水化不完全；炎热大风天气，脱模后混凝土养护不够，表层混凝土水分蒸发；冬季混凝土保温养护不够，表面受冻造成疏松
	表面裂缝	水泥浆过多；模板吸收能力差；水化热温升过高；保湿、保温养护不及时或不足；脱模过早；温度骤降
外形缺陷	缺棱掉角	拆模时间过早或拆模用力过猛，拆模时受外力作用或重物碰撞，或拆模后未保护好结构构件；木模棱角处未完全湿润，棱角处混凝土振捣不密实或养护不好，造成该处强度过低；棱角处脱模剂涂刷不到位，拆模时棱角被模板粘掉

续上表

质量缺陷		成因分析
外形缺陷	凹凸和鼓胀	模板支撑不够或穿墙螺栓未销紧，致结构胀模，造成鼓胀；模板强度或刚度不够，表面起拱，混凝土浇筑后局部产生较大侧向变形；浇筑时不按规定分层下料、一次下料过多，或吊斗直接往模板内倾倒造或振捣施加过长，振动钢筋模板，造成跑模或较大的变形
	位移	模板及预埋件的支设和固定不牢固；模板周转次数多，使用时间过长造成自身变形；混凝土流动性过大，一次下料过厚，模板侧压力过大

清水混凝土的外观质量是检验清水混凝土工程的一项重要的指标，要求非常严格。同时，外观质量也影响着混凝土耐久性。因此，清水混凝土的外观质量十分重要。

清水混凝土除不允许出现露筋、蜂窝、孔洞、夹渣、疏松等严重缺陷外，也不宜出现普通混凝土常见的质量通病，如麻面、明显气泡（孔）、水纹、砂线、缺棱掉角、表面裂缝等质量缺陷，即使出现也应严格控制其数量和程度，同时对线条排列、色泽、表面平整和光洁度、螺栓孔眼、施工缝、模板拼缝、污损等均有严格要求。清水混凝土每一种外观质量缺陷都可能是由多种原因造成。因此，只有从清水混凝土的每个施工步骤入手，排除每个步骤可能产生的质量隐患，才能确保清水混凝土的装饰效果。造成清水混凝土出现表观质量缺陷的原因包括：混凝土原材料及配合比、钢筋绑扎与焊接、模板材料、模板体系的设计、制作与安装、混凝土运输、浇筑、养护、混凝土成品构件保护等。

2.2.2　国内外清水混凝土外观质量标准

2.2.2.1　国外清水混凝土外观质量标准

在美国，清水混凝土亦称装饰混凝土。美国混凝土协会新版本的《结构混凝土规范》（ACI 301—10）和《现浇装饰混凝土指南》（ACI 303R—12）重新定义了装饰混凝土——表面永久暴露的混凝土，这些暴露表面的外观具有饰面效果。

《现浇装饰混凝土指南》（ACI 303R-12）的主要内容包括：混凝土装饰设计注意事项；装饰混凝土结构设计注意事项；模板工程；钢筋工程；混凝土材料和配合比选择；混凝土浇筑和振捣；混凝土养护；混凝土表面加工装饰处理；混凝土成品保护和饰面清理（修补、清洁、涂层）。《现浇装饰混凝土指南》规定的装饰混凝土特点如下：

（1）外观合格性一般性验收标准：装饰上可接受的混凝土表面应该是，混凝土在良好光照条件下，视距为6m或根据建筑师、业主、承包商的约定于更远距离进行肉眼检查；混凝土表面美观和谐，除允许存在微小颜色和质地差异外，饰面表面应无其他明显缺陷，或另有规定。当阳光与待检表面近似平行时，表面的微小不规则缺陷都会显得比较突出，所以不应该在这种光照条件下进行检查验收。

（2）尺寸：一旦建筑商确定了某一工程中装饰混凝土的形状、尺寸，视觉一致性程度高是普遍预期及所需。因此，装饰混凝土构件的外形尺寸、接缝宽度等允差应满足相关行业公差或合同文件细则中规定的最大允许公差。

（3）色差和对比度：色差和对比度通过以下途径减少：控制混凝土原材料质量和配合比的

一致性；统一混凝土浇筑时间；模板板面、模板隔离剂和涂刷量、模板重复利用次数、模板安装和拆除工艺的一致性；混凝土浇筑和振捣工艺的一致性；混凝土养护程序和养护材料的一致性；以及附加的表面装饰处理操作的时机和工艺的一致性。

(4)表面装饰处理：表面质地可分为两大类：未经处理的光滑表面或清水面装饰混凝土，光面或清水面是混凝土拆模后原始的形态，砂浆是主要的可见成分，表面效果受制于模板面板或模板内衬材料；经处理的表面粗糙的装饰混凝土，通过机械处理去除表面砂浆，将表面砂浆下面的集料暴露出来形成纹理面，纹理面的装饰效果比光滑表面好，纹理表面可在很大程度上掩饰混凝土的色差和质地的微小差异。

2.2.2.2 国内清水混凝土外观质量标准

1)建筑工程行业标准《清水混凝土应用技术规程》

住建部2009年发布了《清水混凝土应用技术规程》(JGJ 169—2009)，将清水混凝土分为普通、饰面和装饰三类，规定外观质量与检验方法如表2-2所示。

清水混凝土外观质量与检验方法(JGJ 169—2009) 表2-2

项次	项目	普通清水混凝土	饰面清水混凝土	检查方法
1	颜色	无明显色差	颜色基本一致，无明显色差	距离墙面5m观察
2	修补	少量修补痕迹	基本无修补痕迹	距离墙面5m观察
3	气泡	气泡分散	最大直径不大于8mm，深度不大于2mm，每平方米气泡面积不大于20cm^2	尺量
4	裂缝	宽度小于0.2mm	宽度小于0.2mm，且长度不大于1000mm	尺量，刻度放大镜
5	光洁度	无明显漏浆、流淌及冲刷痕迹	无漏浆、流淌及冲刷痕迹，无油迹、墨迹及锈斑，无粉化物	观察
6	对拉螺栓孔眼	—	排列整齐、孔洞封堵密实，凹孔棱角清晰圆滑	观察、尺量
7	明缝	—	位置规律、整齐、深度一致、水平交圈	观察、尺量
8	蝉缝	—	横平竖直、水平交圈、竖向成线	观察、尺量

注：检查数量：抽查各检验批的30%，且不应少于5件。

2)台湾地区清水混凝土品质要求标准

目前，我国台湾地区相关主管部门尚未针对清水混凝土制定相关规范，亦无统一的验收标准，业界自行拟定的标准如表2-3所示。

台湾地区清水混凝土品质要求标准 表2-3

项目	品质要求项目	品质要求标准	说明
表面质感	粒料离析	不得产生	混凝土配合比与品质控制得有助于浇置作业，可大幅减少表面瑕疵的产生。 直径小于10mm孔洞及气孔，修补容易且对整体质感影响不大
	振捣不实或漏浆产生的蜂窝	不得产生	
	直径大于10mm之孔洞	不得产生	
	直径小于10mm之孔洞	占表面积3%以内	
	表面出现网状裂缝(龟裂)	宽度1.5mm以内	
	表面出现冷缝	不得产生	
	散布于表面的微小气孔	明显集中区域占表面积10%以内	

续上表

项目	品质要求项目	品质要求标准	说　明
色泽差异	因模板材质产生之色差	不得产生	清水混凝土色泽不均或是局部色差，由远处即可辨识;对整体质感影响甚大修饰困难,大幅增加成本
	螺栓孔及模板拼接处	不得产生明显深黑色禅缝	
	表面出现色差(色泽不均)	不得产生	
	表面整体呈现之颜色	以试作试体为标准	
平整度	隐蔽露出面	渐变 25mm 突变 13mm	修饰困难,大幅增加成本。浇置前确实检查模板组立精度与背楞刚性,即可避免误差
	普通露出面	渐变 13mm 突变 6mm	
	重要露出面	渐变 6mm 突变 3mm	

3)市政与公路桥梁工程清水混凝土外观质量标准

国内在市政工程领域和公路桥梁工程未制定统一的清水混凝土质量标准,除部分地方制定地方标准外,一般由各项目根据工程实际情况自行拟定质量控制标准。

(1)重庆市地方标准《市政工程清水混凝土施工技术规程》

针对市政工程清水混凝土结构施工质量控制与验收,重庆市城乡建设委员会发布了《市政工程清水混凝土施工技术规程》(DBJ/50-073—2008),规定的外观质量验收标准如表 2-4 所示。

清水混凝土外观质量与检验方法(DBJ/50-073—2008)　　表 2-4

项次	项目	普通清水混凝土	饰面清水混凝土
1	整体效果	距离混凝土表面 5m 观察:混凝土表面自然质朴、平整光滑、色泽均匀	距离混凝土表面 3m 观察:混凝土表面平整光滑、色泽均匀、线条或孔眼有规律性、外观整齐美观、细部精致
2	颜色	距离混凝土表面 5m 观察:颜色均匀,无锈迹、色斑等明显色	距离混凝土表面 3m 观察:颜色均匀一致,无锈迹、油迹、色斑等明显色差
3	光洁度	距离混凝土表面 5m 观察:无砂带,无油迹,无粉化物	距离混凝土表面 3m 观察:表面应整齐光滑、无砂带,无粉化物
4	气泡	每(10×10)cm^2面积上的起泡数量小于 8 个,分散均匀,无大片气泡,最大气泡尺寸 <10mm	每(10×10)cm^2面积上的起泡数量小于 4 个,分散均匀,无大片气泡,最大气泡尺寸 <3mm
5	平整密实度	距离混凝土表面 5m 观察:无表面夹渣、漏浆、露筋、疏松烂根、起砂、蜂窝、麻面和孔洞	距离混凝土表面 3m 观察:无表面夹渣、漏浆、露筋、疏松烂根、起砂、蜂窝、麻面和孔洞
6	接缝	距离混凝土表面 5m 观察:施工缝处无挂浆、漏浆现象	距离混凝土表面 3m 观察:施工缝处无挂浆、漏浆现象
7	对拉螺栓孔眼	距离混凝土表面 5m 观察:整齐,封堵严实平整,颜色同墩身、墙体一致	距离混凝土表面 3m 观察:整齐,规则分布,封堵严实平整,颜色同墩身、墙体一致,孔眼呈同一颜色
8	修复	距离混凝土表面 5m 观察:无明显剔凿、打磨、修补处理的痕迹	距离混凝土表面 3m 观察:基本无修补的痕迹

(2)南京长江三桥清水混凝土工程

为统一标准,南京三桥指挥部制定了《南京长江第三大桥清水混凝土质量标准及质量控制要点》,具体如下:

颜色:灰白色,要求色泽均匀无明显色差。

表面:混凝土密实整洁,表面光滑平整,棱角规则顺直;节点、交角、线、面清晰,施工缝整齐美观,无明显的错台、跑模、胀模现象;颜色均匀一致,无蜂窝、麻面、砂带和明显气泡,表面无漏浆、无冲刷痕迹、无明显裂缝。

结构物:保持拆模后的原貌,无明显打磨、涂刷等修补痕迹。

螺杆孔眼:整齐有序,孔洞封堵要密实平整,颜色同混凝土表面基本一致。

混凝土保护层:准确,无露筋;预留孔洞、施工缝、后浇段洞口整齐。

永久性预埋件:位置准确,且钢结构预埋件要求防锈处理。

南京长江三桥工程对清水混凝土外观质量提出了详细的要求,但多为文字性描述,对气孔、裂缝等常见问题未做明确的规定,这容易造成成品验收时相关项目无据可依。

(3)广州地铁四号线沙湾大桥清水混凝土工程

广州市地铁四号线沙湾大桥全长1862m,桥跨布置为(70+2×120+70)m预应力混凝土连续刚构桥,它是广州地铁工程首个采用清水混凝土施工技术的水上桥梁工程,2005年1月开始进场施工,2006年9月施工结束。采用清水混凝土技术要求的结构主要是水中与陆上承台、水中与陆上墩柱、桥面箱梁及桥面挡板等可见结构部分,清水混凝土使用量5万m^3。表面观感质量要求如下:

颜色:清灰色。要求色泽均匀无明显色差。

表面:混凝土密实整洁,层面平整,阴阳角的棱角整齐平直,节点或交角、交线、交面清晰。无油迹、无锈斑、无粉化物,无流淌和冲刷痕迹;无明显裂缝、无漏浆、无跑模和胀模,无烂根、无明显错台,无冷缝,无夹杂物,无蜂窝麻面、无明显的气泡现象。

结构工程保持拆除模板后的原貌,无剔凿、磨、抹或涂刷修补处理的痕迹。

穿墙预埋管孔眼整齐,孔洞封堵密实平整,墩台、梁体外观色泽基本一致。

混凝土保护层准确,无露筋,预留孔洞、施工缝、变形缝整齐平整。

模板拼缝严密平整、有规律性,无明显搓痕。

可以看出,广州地铁四号线沙湾大桥清水混凝土工程外观质量标准同样较为细致和全面,但同样未对气孔的数量和尺寸未作出明确规定。

(4)广州猎德大桥主塔清水混凝土工程

主塔外观似两个贝壳状弧形壳体相扣,高128m,横向全宽56m,纵向全宽9.16m。相关的清水混凝土标准如下:

轴线通直、尺寸准确;

棱角方正、线条顺直;

表面平整、清洁、色泽一致;

表面无明显气泡,无砂带和黑斑;

表面无蜂窝、麻面、裂纹和漏筋现象；

模板接缝、对拉螺栓和施工缝留设有规律性；

模板接缝与施工缝处无挂浆、漏浆。

2.2.3 清水混凝土外观质量评价方法

根据清水混凝土外观质量的含义和混凝土外观主要缺陷，评价清水混凝土外观质量的标准有：轴线通直、尺寸准确，棱角方正、线条顺直；混凝土表面平整、洁净、颜色均匀一致；表面无蜂窝、麻面、露筋、夹渣、粉化，不得有凹凸不平和缺棱掉角；表面无明显气泡，无砂带和锈斑；模板接缝、对拉螺栓和施工缝留设有规律性，模板接缝与施工缝处无挂浆、漏浆。具体来讲，这些标准涵盖了清水混凝土外观五个方面的内容：外形尺寸的准确性，色泽的一致性，气泡的大小和数量，表面平整度以及蜂窝、麻面、露筋、夹渣、粉化、锈斑等外表缺陷。

评价清水混凝土外观质量是否满足标准，没有统一的衡量尺度，因此可从其所涵盖的五个方面内容，对清水混凝土外观质量的定量或半定量的评价提出设想并建立构架。对外形尺寸、色泽的一致性、气泡的大小和数量、表面平整度和外表缺陷五个分项分别提出评价方法和评价指标，并进行逐项评价，最后建立综合的清水混凝土外观质量评价体系。

2.2.3.1 外形尺寸评价

外形尺寸指标主要指轴线、截面尺寸、竖直度或斜度、高程等，但不含平整度（对于清水混凝土，平整度指标应更严格，宜单列），涉及的面比较广。对普通清水混凝土结构，可采用建工行业标准《清水混凝土应用技术规程》（JGJ 169—2009）中的“清水混凝土结构允许偏差与检验方法”的相关规定，该规定中的结构允许偏差标准是高于《混凝土结构工程施工质量验收规范》（GB 50204—2015）中“现浇结构分项工程”的相关规定的。

对于桥梁清水混凝土结构，外形尺寸指标可以借鉴《公路工程质量检验评定标准　第一册　土建工程》（JTG F80/1—2017）中“桥梁工程”的实测项目（规定值或允许偏差）的相关规定进行，涉及墩、台身，柱、双壁墩身，墩、台帽和盖梁，预制梁板，现浇梁板，悬臂浇筑梁，悬臂拼装梁，斜拉桥塔柱、横梁，主梁，防撞护栏，小型预制构件等构件的混凝土浇筑，可以作为桥梁清水混凝土表面的外形尺寸的评价和验收方法。应说明的是，JTG F80/1—2017 对桥梁工程混凝土结构尺寸要求的允许偏差只是清水混凝土表面平整度的最低要求，各工程应根据实际情况，提出更为严格的结构尺寸允许偏差值，或根据偏差大小设定等级进行结构外形尺寸的评价。例如，九江长江公路大桥将桥梁清水混凝土结构外形尺寸的评价等级分成三级，如表 2-5 所示。

九江长江公路大桥清水混凝土结构外形尺寸验收标准　　表 2-5

评价等级	A 级	B 级	C 级
评价指标	检查项目指标小于 JTG F80/1—2004 规定值或偏差值的 1/2	检查项目指标小于 JTG F80/1—2004 规定值或偏差值	检查项目指标大于 JTG F80/1—2004 规定值

2.2.3.2 色泽的一致性评价

混凝土色差系指混凝土表面颜色偏离正常的颜色或未达到设计期望的颜色,是一种感官性指标,较难定量化评价。目前,混凝土结构表面色差的评定一般仅基于人工视觉的主观定性经验判断。

近年来,国内外众多学者采用数码相机现场采集清水混凝土结构表面图像,然后用图像处理软件 Image Pro 对所采集的混凝土外观图片进行灰度分布统计,并根据灰度的标准偏差值来进行混凝土外观色泽的一致性评价。在科学研究上具有较好的可行性,但作为清水混凝土验收标准尚难以推行。

九江长江公路大桥建设工程根据线外试验清水桥墩的效果,提出现场切实可行的指标:自然光下,站在混凝土面 5m 外肉眼判断颜色基本一致,无明显色差为优良(A 级);色泽轻微不一致,有少量斑纹为合格(B 级)。5m 的距离与视力表测视力时的距离一致,之所以规定 5m 外用肉眼分别色差,是因为 5m 外的光线可以看作是平行光线,且与眼睛注视物体时的视角有关。所谓视角就是由外界两点发出的光线,经眼内结点所形成的夹角。正常情况下,人眼能分辨出两点间的最小距离所形成的视角为最小视角,即一分视角。在检测色差时距离构件表面 5m,其视角正好为 1 分。

2.2.3.3 气泡的大小与数量评价

对混凝土气泡的大小与数量评价,一般是采用尺量测定气泡的直径和深度,再人工数数、估算单位混凝土表面气泡面积的方法。该方法无法准确得到其面积、尺寸大小和数量等参数。因此,不同批次的检测数据具有一定的离散性,评定结果缺乏客观性,鉴于此,国内外学者基于高斯滤波或采用图像分析方法开展了混凝土表面气泡的检测评定。对混凝土气泡的大小与数量评价,也同样采用 Image pro 图像软件进行处理与分析,在图像上计算气泡的大小和数量。

2.2.3.4 表面平整度评价

《混凝土结构工程施工质量验收规范》(GB 50204—2015)第 8 章第 3 节关于现浇结构尺寸允许偏差和检验方法规定:“混凝土结构表面平整度用 2m 靠尺和塞尺检查,其允许偏差为 8mm”;《公路工程质量检验评定标准　第一册　土建工程》(JTG F80/1—2004)对现浇墩、台,预制梁板的平整度要求为 5mm,对现浇梁板、悬浇梁、现浇主梁等的平整度要求为 8mm;均达不到清水混凝土标准。考虑到大面平整度对清水混凝土外观效果的重要影响,九江长江公路大桥提出了平整度标准为 2mm(饰面清水混凝土)、3mm(普通清水混凝土)。

2.2.3.5 外表缺陷评价

混凝土的主要外表缺陷有露筋、蜂窝、麻面、孔洞、漏浆、挂浆、裂缝、连接部位缺陷,模板拼缝错台、不平,螺栓孔眼封堵不密实、色差等,这些缺陷无疑都对外观有较大影响。事实上,清水混凝土不允许出现露筋、蜂窝、孔洞、夹渣、疏松、缺损、麻面、沾污、连接部位缺陷。如出现上述外观缺陷,应认为不合格,应采取措施进行修复和修补。

目前,国内对于混凝土外表缺陷的测评主要是延续采用人工检测评分的方法。当前一些工程的实际做法是:成立外观质量检查组→定质量标准→检查数量→质量等级评定等程序。具体做法是:成立一个由几个专家组成的外观质量检查组,到施工现场上,各人再对照评分表逐栏评分,然后综合各人的打分情况进行评价。为有效地降低评定人主观因素的影响,在制定质量标准这一环节中,尽量使外观缺陷评定"量化""细化",坚持凭资料说话;尽可能利用测量仪器、仪表去测试工程外观质量特性。质量评价中的通常做法是 5 人或 7 人同时对某一单位工程进行外观打分时,采用数学平均值法,或用舍去最大值和最小值取中间数平均值。比较好的方法是运用数理统计方法进行评定,利用标准偏差确定最后得分值,剔除大于($X+S$)和小于($X-S$)的评分值(其中 X 为平均值、S 为标准差)。人工检测评分这种评定方式,虽然简单,但效率低,更可能因为主观性、模糊性和随机性造成不必要的误差,给实际应用带来很大的不确定性。随着数字图像技术的发展,人们开始研究采用图像分析技术来定量识别混凝土表面裂缝、蜂窝、麻面、孔洞、锈迹等外表缺陷的技术。但目前尚处于理论和试验研究阶段。基于图像处理技术的外观质量检测技术存在的主要问题是:①基于图像分析技术识别混凝土表面露筋、缝隙夹渣、砂斑和砂线等外表缺陷的技术研究还未开展;②对于同一混凝土表面,可能存在多种缺陷,其识别技术有待进一步研究;③评价体系中相关参数的确定有待在实践中验证、确定。

2.3　清水混凝土的耐久性标准与评价方法

2.3.1　清水混凝土结构耐久性的特殊性

清水混凝土结构是以混凝土作为饰面的,除了表面保护以外是没有任何表面装饰的,直接受到自然环境的劣化作用,直接受各种劣化因子的腐蚀或环境的劣化污染。清水混凝土结构的劣化现象可归结为:

(1)混凝土表层的劣化。如干燥收缩和温度收缩开裂,冻害开裂、剥蚀;碱集料反应开裂,内部钢筋锈蚀造成顺筋开裂、剥落;碳化、酸雨造成混凝土表面脆弱化(风化、变黑);盐析造成混凝土表面返白霜(返碱)形成花斑和条纹影响美观性;含硫杂质进入混凝土毛细孔与 $Ca(OH)_2$ 反应形成 AFt 或大气中的粉尘污染物吸附于混凝土表面并随雨水流动造成不均匀污染;预应力混凝土结构徐变引起的开裂;以及火灾造成的崩裂与质量降低。

(2)混凝土内部的劣化。冻害造成的内部微裂缝,碱集料反应造成内部膨胀开裂,火灾引起开裂与承载能力下降。

(3)混凝土中钢筋的劣化。碳化、酸雨中性化使钢筋锈蚀;盐害(冰冻季节桥面喷晒除冰盐)使钢筋锈蚀,以及火灾使钢筋承载力下降。

值得注意的是,对于普通混凝土而言,盐析、污染并不影响混凝土的耐久性。对于饰面混凝土,抗盐析、风化、污染性则属于饰面混凝土耐久性范畴,因为严重影响饰面混凝土的表面美观性。

因此，清水混凝土的耐久性主要是指其抵抗物理和化学如冻融、高温、碳化、酸雨、碱集料反应、SO_4^{2-}、Cl^-等侵蚀和抗盐析、污染的能力，提高清水混凝土耐久性的主要手段是提高硬化后混凝土的体积稳定性、抗渗性、抗碳化性、抗冻性、抗化学侵蚀性和预防碱集料反应等方面的性能。

2.3.2 清水混凝土耐久性设计指标

清水混凝土结构的耐久性受到结构所处的自然环境、使用环境、结构设计、新拌混凝土的性能、混凝土的浇筑工艺、养护和面层防护等诸多因素的影响。依据清水混凝土结构耐久性的特殊性及大桥环境类别，参考《混凝土结构耐久性设计规范》（GB/T 50476—2008），清水混凝土耐久性指标包括：

（1）抗渗性能：是指在设计使用期内，清水混凝土能够抵抗侵蚀性介质的腐蚀而不致使清水混凝土的结构性能和表观质量劣化，影响混凝土装饰性。

采用电通量和氯离子扩散系数作为清水混凝土的抗渗透耐久性指标。依据《高性能混凝土应用技术规范》（CECS 207:2006），清水混凝土 56d 龄期的 6h 电通量≤1000C；清水混凝土 28d 龄期的氯离子扩散系数 $D_{RCM} \leq 7\times10^{-12}\,m^2/s$［参考结构设计基准期 100 年的氯盐环境（D 级）中的钢筋混凝土构件］。

（2）抗碳化性能：在目标使用期内，清水混凝土结构不因碳化导致钢筋锈蚀、混凝土开裂，影响饰面混凝土的安全、使用及表观质量。

对于设计使用寿命 100 年的混凝土结构，利用多系数碳化方程推算碳化指标，28d 的标准碳化深度≤15mm，或单方混凝土用水量小于 $175kg/m^3$ 或混凝土的水胶比小于 0.38。

（3）抗化学腐蚀性：在设计使用期内，由大气中的 H_2S、SO_2，酸雨中的硫酸、除冰盐中的 Cl^- 等导致的化学腐蚀程度，尚不至于影响混凝土的耐久性能要求。

依据《高性能混凝土应用技术规范》（CECS 207:2006），清水混凝土的胶凝材料抗硫酸盐侵蚀系数≥1.2。

（4）抗冻融性能：清水混凝土能承受循环冻融破坏，在规定寿命期限内，不能产生冻胀破坏。

按《公路钢筋混凝土及预应力混凝土桥涵设计规范》（JTG D62—2004）规定的淡水环境的微冻地区（最冷月的平均气温在 0～-4℃）的混凝土抗冻等级不低于 F150 考虑。

（5）碱集料反应：在长期潮湿和有水长期作用的环境下，必须高度重视混凝土的碱集料反应和延迟钙矾石反应的发生，并在设计、施工中采取相应的对策。因此，在混凝土配合比设计时，应选用非碱活性集料，控制单位体积混凝土中的可溶性总碱含量（等效 Na_2O 当量）≤$3.0kg/m^3$。

（6）氯离子含量：单位体积混凝土中混凝土中由各种原材料引入的氯离子总质量（包括水泥、矿物掺和料、粗集料、细集料、水、外加剂等所含氯离子含量之和），对于钢筋混凝土不应超过胶凝材料总质量的 0.2%，对于预应力混凝土不应超过胶凝材料总质量的 0.06%。

（7）抗风化性能：清水混凝土在使用期内能抵抗大气中的酸性物质同混凝土中氢氧化钙作用，表面不变粗糙，保持原有表面质量的能力。

为保持清水混凝土表面自然的机理及质感，保持清水混凝土表面长久洁净，应在清水混凝土表面涂刷一层具有渗透性、憎水性、低吸附性和超长耐久性等特点的透明或半透明保护涂料涂层，如同在混凝土与空气间建立了一道天然屏障，从而可以大大提高饰面混凝土的抗渗性能、抗风化性能，并有效控制对清水混凝土表面的污染，尤其是对于长期暴露的遭酸雨频繁作用的索塔、主梁和防撞护栏等混凝土结构，应考虑涂刷保护涂料的附加防腐措施进行防护。

2.3.3　清水混凝土耐久性检验与评定方法

清水混凝土耐久性检验方法，按国家标准《普通混凝土长期性能和耐久性能试验方法标准》(GB 50082—2009)和行业标准《公路工程水泥及混凝土试验规程》(JTG E30—2005)的规定进行；耐久性的检验评定应符合行业标准《混凝土耐久性检验评定标准》(JGJ/T 193—2009)和《公路桥涵施工技术规范》(JTG/T F50—2011)的规定。

本章参考文献

[1] 李强，孟闻远，李辛民，等.我国清水混凝土工程标准方面存在的问题及对策研究[J].混凝土，2007(1)：68-73.

[2] 中国建筑工程总公司.清水混凝土施工工艺标准[M].北京：中国建筑工业出版社，2005.

[3] ACI Committee 303-12.Guide to Cast-in-Place Architectural Concrete Practice[S].American Concrete Institute，2012.

[4] 中华人民共和国行业标准 . JGJ 169—2009　清水混凝土应用技术规程[S].北京：中国建筑工业出版社，2009.

[5] 北京市地方标准 . DB11/T 464—2007　建筑施工清水混凝土施工技术规程[S].2007.

[6] 北京市地方标准 . DB11/T698—2009　清水混凝土预制构件生产与质量验收标准[S].2009.

[7] 重庆市地方标准 . DBJ/50-073—2008　市政工程清水混凝土施工技术规程[S].2008.

[8] Zhu Z，Brilakis I.Defects Detection and Assessment of Concrete Surfaces[J].Intelligent Computing in Engineering，2008：441-450.

[9] 周湘君.基于图像识别的混凝土表观质量的评定方法初探[D].武汉：武汉理工大学硕士学位论文，2005：1-7.

[10] 王瑞兴，钱春香，刘薇，等.混凝土外观质量半定量评价系统研究[J].东南大学学报(自然科学版)，2004，34(4)：490-494.

[11] 张建雄，缪昌文，刘加平，等.清水混凝土外观质量评价方法的研究[J].混凝土，2008(1)：95-98.

[12] 彭海涛.基于图像分析技术的混凝土结构外观质量检测与评定[D].长沙：湖南大学硕士学位论文，2011.

[13] 葛勇.建筑工程大面积饰面混凝土施工工艺与质量控制研究[D].重庆：重庆大学硕士学位论文，2003.

[14] 张栋樑，唐建华.南京南站清水混凝土表观质量施工控制研究[J].铁道工程学报，2012(1)：88-93.

[15] 种爱秀，罗俊伟.广州猎德大桥主塔清水砼施工技术[J].中国水运，2009，9(4)：190-191.

[16] 中华人民共和国国家标准 . GB 50204—2002　混凝土结构工程施工质量验收规范(2011 版)[S].北京：中国建筑工业出版社，2011.

[17] 中华人民共和国国家标准.GB/T 50476—2008　混凝土结构耐久性设计规范[S].北京：中国建筑工业出版社，2009.

[18] 陈晓芳.高性能饰面清水混凝土及其施工技术研究[D].广州：华南理工大学硕士学位论文，2011.

[19] 陈洪毅.清水混凝土桥梁工程外观质量控制的技术[D].广州:华南理工大学专业硕士学位论文,2011.
[20] 张希黔,葛勇.饰面混凝土的耐久性影响因素分析[J].施工技术,2003,32(6):43-44.
[21] 中华人民共和国行业标准 . JTG/T B07-01—2006 公路工程混凝土结构防腐蚀技术规程[S].北京:人民交通出版社,2006.
[22] ACI 301-10.Specifications for Structural Concrete[S].American Concrete Institute,2010.
[23] ACI 303R-12.Guide to Cast-in-Place Architectural Concrete Practice[S].American Concrete Institute,2012.

第3章 桥梁工程清水混凝土原材料选择

3.1 概 述

清水混凝土工艺体现一种建筑艺术,不仅要求混凝土材料本身具有优异的性能,而且也对施工工艺水平提出了较高的要求。高性能混凝土与清水混凝土技术相结合,可使高性能混凝土在更广泛的应用领域内生产出性能优良、表面美观、更耐久的混凝土产品,使清水混凝土在更广阔的建筑领域展现其自然的艺术魅力。

高性能混凝土(HPC)在传统的水泥、粗集料、细集料、水四组分的基础上增加矿物掺和料和化学外加剂后成为六组分。越来越多的人已经认识到,混凝土原材料的质量问题已经成为我国高性能混凝土发展的技术瓶颈。目前,我们可以通过预拌混凝土技术实现工作性能和强度要求,但是在实现体积稳定性和耐久性方面,原材料的影响已成为一个关键的问题,特别是我国砂石集料生产水平和质量还很低,还是当作"地材"或"填充材料"处理,成为影响混凝土水平提高的瓶颈。

桥梁工程清水混凝土作为一种结构材料,要保证结构的安全性、耐久性与使用性,同时清水混凝土作为一种表面装饰,其表面的性能和功能都必须满足视觉方面的要求。因此,在清水混凝土工程原材料的选用上,与普通混凝土相比有着更严格的要求。

3.2 原材料对清水混凝土表面颜色的影响

清水混凝土饰面效果,一方面决定于表面平坦程度、表面颜色、气孔以及表面的质感等;另一方面,决定于混凝土浇筑成型后的质量,如表面的密实度、麻面、模板拼缝、冷接缝等。而清水混凝土的饰面效果难以定出具体的评价指标,只能通过感觉评价。清水混凝土外观产生镜面效果的内因主要是水泥与水发生水化反应,生成 C-S-H 凝胶体、C-F-H 凝胶体、$Ca(OH)_2$晶体、水化铝酸钙晶体和水化硫铝酸钙晶体,这些凝胶体和晶体均匀分布在模板表面,从而产生镜面光亮的效果。

混凝土组成材料主要有水泥、砂、碎石、矿物掺和料、化学外加剂等,这些不同组分对清水混凝土表面的颜色,会带来不同影响。混凝土的成型过程为:水泥(胶凝材料)加粗细集料加水再掺加一定的外加剂经过拌和,拌合物经过浇筑、振捣、养护成型。混凝土内起着填充作用的胶凝材料——水泥包裹着整个集料,混凝土构件表面充满了水泥浆,因此水泥的本色就是混凝土构件表面的颜色,这是基色。基色的深浅通过用水量、水泥熟料的成分、混合材料的品种以及施工方式和环境的变化来调整。

混凝土除了基色外还充斥着其他的颜色,因为混凝土内部存在着很多的毛细孔隙。混凝土构件在脱离整个保护条件后,长期裸露于自然环境中,随着硬化过程的进行和多余水分的蒸发,在其表面及内部形成许多大小不一的毛细孔隙,通过光的折射、反射作用,从毛细孔内反射出集料,主要是粗集料的基岩颜色。

由于受地理地质的影响,各地水泥的制作原料均存在差异性,原料中所含的着色氧化物如铁、锰、钛、铬、镍、钴等含量不一,因此导致最终同等级的水泥内各种成分含量存在差异性。这样最后形成的是混凝土表面基色存在根本的差异性:白、灰、红、红褐、绿、蓝绿、黄、黄绿、青、青灰等各种不同的颜色。

集料是混凝土的骨架,粗集料有石灰岩、花岗岩、辉绿岩、玄武岩、石英岩等;细集料有河砂、不同岩性的机制砂等。同样,由于地理地质条件的限值与影响,集料的成分较为复杂,因此在混凝土内部通过光的折射、反射体现出来的颜色就不尽相同。由于集料受水泥浆的包裹,裸露面积小,通过毛细孔折射光的面积较小,因此在混凝土表面形成的颜色就只是淡淡的集料基岩颜色。这些由于受条件的限制,不可能做到为了混凝土基色的一致性,而耗费大量的人力物力进行选择,因此施工中只能认可这种现象。相比而言,细集料的表面色对配制的混凝土表面色有较大的影响。

砂石原材料产地必须固定,同时严格控制针片状含量和含泥量。针片状石子含量大将会影响混凝土的流动性及混凝土表面颜色的不均匀,含泥量大将会使混凝土的颜色加深。

化学外加剂对混凝土表面色明度的影响与外加的品种有关。采用奈系高效减水剂的混凝土,与聚羧酸减水剂的混凝土相比,明度低(色暗)。但是,由于混凝土要求的坍落度和坍落流动度不同高、化学外加剂的掺量不同,明度差不能一概而论,也不可能以目视去识别混凝土的明度差。化学外加剂中,除了脂肪族高效减水剂对混凝土表面色带来不好的影响外,当前使用的高效减水剂对混凝土表面色影响不大。

常用的矿物掺和料中,有硅灰、粉煤灰和矿渣粉等。硅灰色淡,掺入混凝土中,可以适当提高混凝土的表明色明度;粉煤灰掺入混凝土中,对表面色明度的影响与燃煤品种和含碳量有关。

因此,从原材料方面控制混凝土表面色的一致性,包括工程所用水泥、掺和料、砂、石、外加剂要用同一厂家或产地、同一种类。由于全桥施工周期长,要确保全周期内各种原材料同一批次是做不到的,但至少宜保证两层或同一视觉空间的混凝土原材料的颜色一致,即使用同一批次原材料,因此以上原材料应有足够的存储量。另外,要严格控制细集料的含泥量及粗集料的针片状颗粒含量、泥块含量和风化的颗粒含量,避免不必要的杂色。

3.3 清水混凝土原材料选择

3.3.1 水泥

清水混凝土使用的水泥,应具有以下特性:

(1)不使清水混凝土具有表面色的色差。

国内外标准没有对通用硅酸盐普通水泥的色泽提出任何的技术要求。只在特性水泥,如“白色硅酸盐水泥”和“彩色硅酸盐水泥”标准中,才将水泥色泽作为特殊性能而提出“白度”“色度”等技术要求并赋予考核指标。

水泥色泽由水泥熟料、混合材料种类和掺量、石膏以及外加剂等诸多因素所决定,水泥颜色的不稳定使清水混凝土工程难以达到外观色泽一致的要求。因此,出于清水混凝土表面色差的考虑,应优先选用Ⅰ型或Ⅱ型硅酸盐水泥,因为这两种水泥不掺或仅掺 5%的粒化高炉矿渣或石灰石,色泽的均匀性和一致性易控制。水泥一旦选定,就应要求施工过程中始终不能更换水泥生产厂家、品种、强度等级以及改变混合材料的品种和掺量,以控制水泥颜色尽量一致。

(2)水泥强度等级应与混凝土强度等级相适应,且质量应稳定。

在选择水泥强度等级时,应充分利用水泥的活性,通常水泥强度等级应与混凝土强度等级相适应,才能达到水泥用量少、技术性能好。桥梁上部结构混凝土多以 C50、C55 为主,可选用 42.5 级硅酸盐水泥或 52.5 级普通硅酸盐水泥;下部结构混凝土强度等级多以 C30、C35、C40 为主,可选用 42.5 级硅酸盐水泥或 42.5 级普通硅酸盐水泥。

水泥实际强度应与其强度等级相匹配并有足够的富余强度,42.5 级、52.5 级 28d 抗压强度应分别稳定在 46MPa、55MPa 以上,标准差宜控制在 3.0MPa 以内。水泥胶砂强度波动小,说明水泥熟料及掺和料品质稳定,控制该项指标是保证混凝土质量均匀的前提,以减少因材料波动造成的色差和开裂问题。

(3)水化热低,不至于使混凝土由于水化热而开裂。

水泥的 C_3A 含量高、比表面积大的水泥水化迅速,早期强度高、早期收缩大、水化放热量大,开裂敏感性增加,且 C_3A 对化学外加剂吸附最大,易造成水泥与外加剂适应性不良。

为提高清水混凝土的抗裂性能、体积稳定性和耐久性,水泥的技术要求除满足国家标准《通用硅酸盐水泥》(GB 175—2007)的有关规定外,应优选较高 C_2S 含量的水泥,水泥熟料中的 C_3A 含量不应超过 8%,水泥比表面积不应超过 $350m^2/kg$,游离氧化钙不超过 1.5%。

(4)水泥的碱含量要低,按 Na_2O 当量计不应超过水泥质量的 0.6%,不至于发生碱集料反应或混凝土表面泛碱。

(5)根据使用环境和环境污染情况,适当选用水泥的品种,如硫酸盐腐蚀环境或酸雨环境,应选用 $C_3A<5\%$的硅酸盐水泥或普通硅酸盐水泥。

3.3.2 矿物掺和料

矿物掺和料的品种宜为粉煤灰、矿渣粉。掺和料必须质量稳定、来料均匀、来源固定。矿物掺和料应由生产厂家进行产品检验并出具产品合格证书。

矿物掺和料的掺量应根据设计对混凝土各龄期强度、混凝土工作性能、体积稳定性能、耐久性能以及施工条件和工程特点(如环境气温、混凝土拌和温度、构件尺寸等),使用前应通过试配检验确定,有关矿物掺和料的掺量将在下节中详细说明。

3.3.2.1 粉煤灰

在混凝土中掺加粉煤灰,一方面可以减少水泥用量,降低成本;另一方面,粉煤灰掺和料作为有效成分掺入混凝土中,具有许多技术优点:①由于其球形颗粒的形貌效应,可显著改善混凝土的和易性,非常有利于混凝土的高程泵送,减少混凝土外表气泡;②由于其水化反应慢,可以降低混凝土的水化热温升,同时减少混凝土的早期自收缩,降低其开裂敏感性,并由于其玻璃微珠的高弹模的微集料效应和对界面过渡区的良好改善作用降低了混凝土的徐变;③粉煤灰可以改善砂子的级配,填充一部分砂粒之间的微小空隙,间接地降低了混凝土的水灰比,再加上粉煤灰的微细集料效应和火山灰效应,掺入粉煤灰还可优化混凝土的孔结构与孔级配,提高混凝土的抗渗性和密实度,并且缓解碱集料和硫酸盐造成的膨胀,增强混凝土的耐酸、抗氯盐腐蚀能力;④掺入粉煤灰还可调节混凝土内部实际强度及其发展,这一点往往比较被人们忽视。纯水泥高强混凝土在实际结构中由于水化热温升的影响,其28d及后期强度一般要低于标准养护下同龄期的小试件强度,而掺有较多粉煤灰的高强混凝土则刚好相反。

粉煤灰能够很好地增加混凝土的表面光洁度,但是对混凝土的色泽影响非常显著。清水混凝土的性能主要受粉煤灰细度、需水量比和烧失量(反映含碳量的高低)等指标的影响,其中清水混凝土的色泽与粉煤灰的颜色和掺量直接相关,当不能保证粉煤灰的色泽一致性时,也会使清水混凝土产生极大的色差。为保证外观效果,清水混凝土用粉煤灰必须来自燃煤工艺先进的电厂,应选择颜色较浅、组分匀质、各项性能指标稳定的粉煤灰,其品质应满足《用于水泥和混凝土中的粉煤灰》(GB/T 1596—2017)中F类Ⅰ级、Ⅱ级粉煤灰的技术要求。用于强度等级C50及以上混凝土应选用F类Ⅰ级粉煤灰,C50以下混凝土可选用F类Ⅱ级粉煤灰。

此外,粉煤灰混凝土的养护尤为重要。与基准混凝土相比,粉煤灰混凝土在浇筑早期进行充分潮湿养护并延长潮湿养护时间对强度发展是十分必要的。

3.3.2.2 磨细矿渣粉

矿渣粉系从炼铁高炉排出的以硅酸盐和铝硅酸盐为主要成分的融熔物,经水淬并粉磨后使用,活性较大,质量较好。矿渣粉用作混凝土掺和料,具有比粉煤灰更高的活性,而且品质和均匀性更易保证,掺入混凝土中不仅可以节约水泥,降低胶凝材料水化热,而且可以改善混凝土的某些性能,如显著提高混凝土的后期强度,降低混凝土的绝热温升,提高其抗氯离子渗透性及对海水、硫酸盐等的抗化学侵蚀能力,具有抑制碱集料反应的效果等。但掺入矿渣粉的混凝土一般保水性较差,易泌水,干缩较大。

矿渣粉应满足《用于水泥和混凝土中的粒化高炉矿渣粉》(GB/T 18046—2008)的技术要求。需特别指出的是,矿渣粉的细度对其品质影响很大,矿渣粉的比表面积不宜小于350m²/kg,但过细的矿渣粉也不利于控制混凝土水化温升和防裂,除非掺量超过75%。因此,矿渣粉的比表面积一般不宜大于500m²/kg。在一般情况下,C50及以上混凝土宜选用比表面积400~500m²/kg的S95级矿渣粉,C45及以下混凝土可选用比表面积350~450m²/kg的S75级矿渣粉。

3.3.3 集料

集料在混凝土中构成骨架,在混凝土的整个体积中,集料占2/3~3/4,所以集料的质量对清水混凝土来说是相当重要的。集料一般不与水泥浆起化学作用(石灰岩集料和碱活性集料除外),本身比较坚实,能减小混凝土由于水泥硬化而引起的收缩。集料的强度、硬度、颗粒大小形状和分布以及化学耐久性对混凝土性能起着重要的作用，也影响着混凝土的经济性。集料在选材上应遵守就地取材的原则。

集料不仅能够限定清水混凝土的强度，而且集料的性质也能在很大程度上影响混凝土拌合物的性能和外观质量。集料，特别是细集料对混凝土色泽有一定影响，要求颜色和色调一致的清水混凝土还应要求粗、细集料颜色均匀。因此，同一工程所用的粗细集料，应在相近产地选用同一材质、同一品种、规格、颜色接近的材料，并有足够的储备，保证原材料的颜色和技术参数一致。

3.3.3.1　粗集料

粗集料的选择应遵循以下原则：

(1)粗集料应选用质地均匀坚硬、表面洁净、色泽均匀、级配合理、粒形良好、线膨胀系数较小的洁净的石灰岩、花岗岩、辉绿岩等碎石，不宜采用碎卵石和抗渗性较差的砂岩碎石。

卵石较碎石表面光滑、圆浑，拌制的混合料工作性好，但一般没有碎石洁净，与水泥浆的黏结力不及碎石。在同样条件下，碎石混凝土的强度较卵石混凝土为高，但一般碎石成本较卵石为高。

碎石的级配不好，将使得拌制的混凝土拌合物流动性差、泌水、离析，硬化后易出现内部不密实和表面质量缺陷。因此对于碎石，除重视强度、压碎值指标外，其级配也相当重要。一般以堆积密度较大、空隙率较小的级配为宜，紧密空隙率宜小于 40%。碎石的成型宜采用冲击式反击破碎石机。

若碎石针状、片状颗粒含量多，将增加混凝土的空隙率，既需要增加胶砂数量，又易形成水泡，也会在清水混凝土表面形成粗集料透明层，并且降低了集料—浆体界面黏结力。而且针、片状颗粒受力时易折断，影响混凝土的强度。碎石的颗粒形状以接近圆球或立方体的多面体为佳。

粗集料的热学性能与混凝土的体积稳定性密切相关，采用线膨胀系数小的集料对降低混凝土的线膨胀系数，从而减小温度变形有十分显著的作用，在进行混凝土设计时，应尽量选择热膨胀系数较低的集料来配制混凝土。集料的线膨胀系数因母岩种类而异。不同岩石的线膨胀系数差异很大。石灰岩不仅具有强度适中、易于加工、集料粒性好等优点，而且热学性能较佳，宜优选采用。

(2)进行粗集料供应料源选择时，应进行岩石的碱活性检验和抗压强度检验。

碱活性应首先采用岩相法检验，若粗集料含有碱硅酸反应活性矿物，其砂浆棒膨胀率应小于 0.10%。工程中不得采用可能发生碱集料反应的活性粗集料。

岩石的抗压强度与混凝土强度等级之比不应小于 1.5。施工过程中碎石的强度可用压碎指标控制，碎石的压碎指标按混凝土强度等级进行控制，依据《公路工程集料试验规程》(JTG E42—2005)试验方法的直接测定值，对于 C40 ~ C55 混凝土 ≤20%，C35 级以下的混凝土 ≤26%，换算值($y=0.816x-5$)应分别≤12%、16%。

在同一工程(同一构件)中使用的碎石应为同一生产厂家、同一岩石来源的产品。

(3)合理选择粗集料的最大粒径，并按最大公称粒径的不同采用两个粒级的粗集料进行掺配。

粗集料最大粒径增大时集料的空隙率及总表面积都趋向减小,有利于混凝土节约水泥用量,减少收缩与发热量。实验证明,当最大粒径减至80mm以下时,水泥用量将随最大粒径的减小而急增。因此,在条件许可情况下,宜选用较大粒径的集料。然而,混凝土中粗集料的最大粒径选用,要受结构断面大小、钢筋净距和施工条件的限制。最大集料粒径太大,会产生集料与水泥砂浆的黏结面积减小,造成混凝土的不连续性等缺点。

在确定粗集料的最大粒径时,不但要考虑结构截面一般部位的尺寸、钢筋间距,而且还要考虑少量截面厚度小、钢筋密集的部位,要进行特殊选择,否则会严重影响混凝土的浇筑质量。碎石最大粒径不宜大于钢筋保护层厚度的2/3,且不得大于混凝土结构截面最小尺寸的1/4和超过钢筋最小净距的3/4。配制强度等级C50及以上的混凝土时,粗集料最大粒径不宜超过26.5mm(方孔筛)。泵送混凝土的粗集料的最大粒径,根据泵送高度<50m、50~100m和>100m的不同,分别不宜大于输送管内径的1/3、1/4和1/5。

对于清水混凝土,碎石最大粒径还不宜过大,因为较大的碎石虽然与水泥砂浆黏结面积较小,却易造成混凝土拌合物的不连续性,工作性变差,从而加大了混凝土拌合物离析的风险。若粒径过小,混凝土的黏聚性增强,使得混凝土中气泡周围的张力增大,气泡不易排出。

虽然我国的粗集料比较丰富,但由于开采、加工和运输方面的问题,使得市场上销售的所谓连续级配的碎石大多级配不良、空隙率大,给清水混凝土的施工造成了一定的难度。为此,应使用两个或三个单粒级配混合成连续级配的碎石。

根据桥梁混凝土结构部位、混凝土设计强度等级和施工工艺要求,预制T梁、空心板梁、预制箱梁、现浇箱梁、索塔、湿接头、湿接缝等C50及以上混凝土采用5~20mm级配的碎石,灌注桩、承台、墩柱、盖梁、桥台、桥面铺装、护栏等C40以下混凝土采用5~25mm级配的碎石。其中,5~20mm碎石由4.75~9.5mm和9.5~19mm两种规格掺配,5~25mm碎石由4.75~16mm和16~26.5mm两种规格掺配,掺配比例宜为(40±10)%:(60±10)%。掺配后粗集料松散堆积密度应大于1500kg/m^3,对于较致密碎石如石灰岩宜大于1600kg/m^3,紧密空隙率宜小于40%。粗集料吸水率应小于2%。

(4)清水混凝土用粗集料的有害物质含量应严格控制,其主要技术性能指标应符合表3-1的规定。不达标者必须用水冲洗后才能使用。

清水混凝土用碎石的主要技术指标 表3-1

项目	强度等级小于C30	强度等级C30~C45	强度等级大于或等于C50
压碎指标(%)	压碎值直接测定值:C35级以下≤26%,C40~C55≤20%;压碎值换算值($y=0.816x-5$):C40~C55≤12%、C35级以下16%		
针片状颗粒含量(%)	≤15	≤10	≤5
坚固性(%)	≤12	≤8	≤5
吸水率(%)		≤2.0	
表观密度(kg/m^3)		≥2600	

续上表

项　目	强度等级小于 C30	强度等级 C30～C45	强度等级大于或等于 C50
松堆密度(kg/m^3)		≥1500	
含泥量(%)	≤1.0	≤1.0	≤0.5
泥块含量(%)	≤0.7	≤0.5	≤0.2
硫化物及硫酸盐含量(折算成 SO_3)(%)	≤0.5	≤0.5	≤0.5

碎石在机械破碎生产中,随着岩石颗粒破碎粒度的减小,边角被磨掉,形状变得更加方正,不可避免地要产生一定量的石粉(粒径小于 0.075mm 的颗粒)。与此同时,如果矿石开采时表层土没有清理干净或岩石中存在夹层土,在石粉中经常混有部分泥土,尤其是在雨季生产时,碎石含泥量易超标,这些极细的颗粒材料还会在碎石表面形成包裹层。碎石中的微细泥粉由于以下几方面的原因历来都是被限制的:①首先是它们的比表面积高,降低了混凝土的工作性,迫使需水量增加,转而降低混凝土的强度和耐久性,或者若维持同等强度,则水泥需用量增加,结果导致更高的收缩值和更大的开裂敏感性。②碎石表面黏附的泥粉,料径大部分为小于 0.16mm 的颗粒,即使延长搅拌时间也无法使表面泥粉完全脱离,阻止了水泥浆体与集料颗粒间的直接胶结作用,弱化了浆体—集料界面黏结强度。研究表明,表面包裹泥粉的集料配制出的混凝土早期和后期强度均低于用清洗后集料配制的混凝土,尤其是早期强度降低 10%～14%;③如果泥粉中有高岭石、水云母、蒙脱土等黏土矿物存在,由于黏土颗粒更细的颗粒尺寸、高的表面活性、层状结构和多孔性,黏土在混凝土新拌状态一方面会吸附减水剂分子,降低混凝土的坍落度和增加坍损;另一方面黏土吸附更多的水并肿胀,其后发生收缩,结果是黏土的存在导致硬化混凝土更大的体积变化,增加了开裂敏感性和有害物质的进入,混凝土的强度和耐久性进一步降低。

3.3.3.2　细集料

细集料的选择应遵循以下原则:

(1)细集料应选用质地均匀坚硬、颜色一致、级配合理、吸水率低、空隙率小的天然河砂。

对于河砂,应坚硬洁净、颗粒滚圆,其颗粒级配应满足Ⅱ级配区要求,在配制混凝土可以用较少的胶凝材料浆体来填充空隙和包裹河砂表面。细度模数宜为 2.5～3.0 的中砂,对于泵送混凝土,为避免混凝土泵送的堵管,还要求砂中通过 0.3mm 筛孔的数量不应少于 15%,通过 0.15mm 筛孔的数量不应小于 5%。

(2)选择料源时必须对细集料的碱活性采用砂浆棒法进行检验,且细集料的砂浆棒膨胀率应小于 0.10%。不得采用可能发生碱集料反应的活性细集料。

(3)清水混凝土用细集料的有害物质含量应严格控制,其主要技术性能指标应符合表 3-2 的规定。

清水混凝土用河砂的主要技术指标　　表 3-2

项　目	强度等级小于 C30	强度等级 C30～C45	强度等级大于或等于 C50
坚固性(%)	≤10	≤8	≤8

续上表

项　　目	强度等级小于 C30	强度等级 C30~C45	强度等级大于或等于 C50
吸水率(%)		≤2.0	
表观密度(kg/m³)		≥2500	
松堆密度(kg/m³)		≥1400	
含泥量(%)	≤3.0	≤2.0	≤1.0
泥块含量(%)	≤1.0	≤1.0	≤0.5
云母含量(%)	≤1.0	≤1.0	≤0.5
轻物质含量(%)	≤1.0	≤1.0	≤0.5
硫化物及硫酸盐含量(折算成 SO_3)(%)	≤0.5	≤0.5	≤0.5
有机质含量(比色法检验)	颜色浅于标准色	颜色浅于标准色	颜色浅于标准色

当集料中含泥量过大或带有杂物以及集料的色泽不一致时,也会造成混凝土质量色泽的不均匀。另外,含有较多的云母时,会影响水泥与集料的黏结,黑云母易于风化,影响砂浆和混凝土的耐久性。尘屑、淤泥和黏土(粒径小于 0.075mm)等物质常包裹着集料,使水泥与集料间形成薄弱层,含量过多会降低混凝土强度和耐久性,须用清水冲洗清除。硫化物和硫酸盐物质,对水泥有腐蚀作用,与水泥的水化产物反应生成硫铝酸钙(钙矾石)而导致体积膨胀。有机杂质易于分解腐烂,析出有机酸,对水泥石有腐蚀破坏作用。

3.3.4 外加剂

在清水混凝土的施工中,含水率高的水泥浆虽然流动性能较好,但水泥水化后残存的水分多,使水泥石中含有较多的水孔和气泡,强度甚低。含水率低的水泥浆虽然能形成紧密高强的水泥浆体,但流动性小;在混凝土中常因用水量少而使混合料干涩,难于拌匀、浇筑和成型。为解决这一矛盾,在清水混凝土配制中必须使用减水剂。

减水剂能够在保持混凝土和易性不变的情况下减少混凝土的拌和用水量,显著降低混凝土水胶比,起到提高强度和改善混凝土抗碳化和钢筋锈蚀、抗氯离子、抗冻、抗渗等耐久性能的作用。理论上,水泥完全水化所需要的水量为水泥质量的 24%,但通常在拌制混凝土时为达到一定的工作性以保证施工,必须增加用水量,因此实际用水量远远超过水泥水化所需用水量。非水化所需的这部分多余拌和水,在混凝土浇筑成型后随混凝土龄期的增长不断从混凝土内部蒸发,在混凝土内部形成毛细通道,使混凝土强度和耐久性降低。减水剂的出现,特别是高效减水剂的使用,大大降低了混凝土的拌和用水量,提高了混凝土的强度和耐久性能。

20 世纪 80 年代初期出现的聚羧酸系减水剂,被认为是继以木钙为代表的普通减水剂和以奈系为代表的高效减水剂之后发展起来的第三代新型高效减水剂,也被称为高性能减水剂。聚羧酸系高性能减水剂是一类分子结构为含羧基接枝共聚物的表面活性剂,分子结构呈梳形,主要通过不饱和单体在引发剂作用下共聚而获得,主链系由含羧基的活性单体聚合而成、侧链系由含功能性官能团的活性单体与主链接枝共聚而成,具有高减水率并使混凝土拌合物具有良好流动性保持效果的减水剂。聚羧酸系减水剂具有的高性能特点是:①掺量低、减水率高；②流动性和流动保持好；③增强效果显著；④低收缩；⑤一定的引气量；⑥总碱含量低；⑦绿色无污染（合成过程中不使用甲醛等环境污染物）；⑧性能的可设计性强（可实现分子结构与性能的设计）。三代减水剂对混凝土性能影响特点综合对比如表 3-3 所示。由此可知，聚羧酸系减水剂在清水混凝土中的推广和应用具有很大的优势。

三代减水剂对混凝土性能的影响对比　　表 3-3

品　种	第一代减水剂	第二代减水剂	第三代减水剂
	木钙、木钠、木镁等	萘系、蜜氨系、氨基磺酸系、脂肪系等	各类聚羧酸系高性能减水剂
减水率	一般掺量：5%～8%；饱和掺量：12%左右	一般掺量：15%～20%；饱和掺量：30%左右	一般掺量：25%～30%；饱和掺量：大于 45%
对混凝土拌合物综合性能的影响	超掺时，缓凝严重，引气量大，强度下降严重，单用时易引起混凝土质量事故	掺萘系混凝土拌合物坍落度损失大、易泌水； 掺蜜氨系混凝土拌合物坍落度损失大、黏度大	混凝土拌合物流动性和流动保持性好，很少存在泌水、分层、缓凝等现象
增强效果	28d 强度比一般在 115%左右	28d 强度比一般在 120%～135%	28d 强度比一般在 140%以上
对混凝土体积稳定性的影响	对混凝土的体积稳定性影响不大	萘系增加混凝土塑性收缩，一般也增加混凝土 28d 的收缩率； 蜜氨系可降低混凝土 28d 的收缩率	与萘系相比，对混凝土塑性收缩的影响大大减少，一般不增加混凝土的 28d 收缩率
对混凝土含气量的影响	增加混凝土的含气量	一般情况下，混凝土含气量增加很少	一般情况下，会增加混凝土的含气量，但可控制
总碱含量	不大	一般在 5%～15%	一般在 0.2%～5%
环保性能及其他有害物质含量	环保性能好，一般不含有害物质	环保性能差，生产过程使用大量甲醛、萘、苯酚等有害物质，成品中也含有一定量的有害物质	生产和使用过程中均不含任何有害物质，环保性能优异

清水混凝土选用的聚羧酸系减水剂，应具有以下特性：

（1）减水剂技术要求应满足《聚羧酸系高性能减水剂》（JG/T 223—2017）一等品的技术要求。

（2）减水剂的掺入应不改变混凝土的颜色，在混凝土硬化后表面也不会导致出现析霜或返潮现象。

减水剂中的碱含量越低，越有利于硬化混凝土外观颜色的控制和混凝土耐久性的提高。聚羧酸系减水剂中等当量碱含量（$N_2O+0.658K_2O$）宜小于 10%。

（3）减水剂与水泥适应性好，减水率高、保坍性和保水性好。

尽管混凝土拌合物流动保持性能好是聚羧酸系高性能减水剂的显著特点之一，但由于我国水泥的品种和质量总体上复杂多变，所以该类减水剂仍然存在与水泥的适应性问题。所用聚羧酸盐高性能减水剂的减水率应在 25%以上，以降低用水量，增加矿物掺和料掺量，改善混凝土的抗裂性与耐久性。优良的保坍性和保水性,可以有效控制混凝土拌合物的坍落度损失,减少混凝土拌合物的离析、泌水和分层等现象。当然,对于某些适应性不好的水泥品种,仍然需要通过复配缓凝保塑剂或者木钙、其他成分的聚羧酸减水剂母液的方法来加以解决。

另外,减水剂要有适宜的浓度,因为聚羧酸系减水剂对掺量较为敏感,若浓度过大,略微提高掺量就可能造成过掺,使混凝土拌合物离析泌水,影响外观质量和实体质量。清水混凝土工程要求混凝土拌合物具有良好的匀质性和黏聚性,泵送施工时拌合物在泵压作用下浆体集料易分离,因此聚羧酸系减水剂在复配时可掺入适量的增黏组分。

(4)减水剂一般宜复配消泡剂和引气剂,减少混凝土中大气泡的产生,控制引气量在3%以下,以提高混凝土的可泵性,改善混凝土表面孔结构。

清水混凝土表面的不平整、不光洁及蜂窝、麻面,不仅影响混凝土外观,严重时还会影响到混凝土的内在质量,而施工中产生的气泡是造成上述缺陷的直接原因。

聚羧酸系减水剂在生产过程中往往会保留一些降低表面张力的表面活性成分,在拌制混凝土时会引入大量的微小气泡。与萘系等第二代高效减水剂相比,其引气量有较大提高(平均值为3.58%,最高值为6.3%,甚至更高)。这些气泡的引入对改善混凝土拌合物的黏聚性、流动性和流动保持性有非常重要的作用,但目前对这些气泡的气孔结构、气泡间距、气泡的均匀性、气泡的稳定性等以及对混凝土抗冻性等耐久性能的影响还未有定论。当混凝土入模后,这些气泡部分自动消灭,但是部分经振捣作用聚集成大气泡,这些大气泡不仅影响混凝土构件的强度而且还会在脱模后的混凝土表面形成气孔。当生产聚羧酸系减水剂的化工原料质量较差时,生产的聚羧酸减水剂拌制的混凝土中的气泡也较多。所以,在聚羧酸系减水剂复配时,可以选择消泡剂来减少混凝土中气泡的产生。选用的消泡剂既要能“抑泡”,即防止气泡或泡沫产生,也要能“破泡”,即消除已产生的气泡或泡沫。

另一方面,采用引气剂,使混凝土拌合物中具有微小气泡(引气),可以使混凝土单方用水量降低,工作性能改善,尤其是抗渗性和抗冻性得到提高。例如,含气量4%的混凝土与含气量为1%的基准混凝土(不含引气剂)相比,每立方米混凝土水泥浆的量增加30L,可以降低8%~10%的水和水泥量。而且,外力对空气泡有一种缓冲作用,缓和了新拌混凝土抗变形能;由于微气泡的凝集作用,新拌混凝土的可塑性增加,可以进一步抑制泌水和改善拌合物的工作性能,提高可泵性尤其是高程泵送性能。因此,在聚羧酸系减水剂引入消泡剂消除混凝土拌合物大气泡的同时,可适量复配专门的引气剂引入适量均匀分布、稳定而封闭的微小气泡。为保证混凝土的外观质量和强度明显下降,应控制含气量小于3%,且气泡直径在50~250μm、气泡间距系数小于250μm,因此引气剂的掺量应适宜,并与消泡剂的掺量匹配好。含气量每增加1%,混凝土的抗压强度下降3%~5%,所以必须严格掌握其掺量。

(5)远距离输送、大体积或高强混凝土宜选用缓凝型聚羧酸系减水剂,以控制坍落度经时变化,推迟和削减水化热温峰,减少层间冷缝发生机会。

延缓水泥水化和混凝土凝结的外加剂称为缓凝剂。大体积混凝土工程、高温炎热气候下的混凝土施工以及泵送混凝土、滑模施工混凝土、远距离运输的商品混凝土,都需要拌合物保持较长的可浇筑时间(保持工作性)减小坍落度损失;分层浇筑时保持工作性,避免冷缝或结构不连续问题的出现,延长水化放热时间,消除、减少大型结构物的温度裂缝,都有赖于采用缓凝剂。

聚羧酸系减水剂本身具有一定的缓凝能力，除冬季低温施工外，其他季节常需要内掺缓凝剂来延缓凝结时间。缓凝型聚羧酸系减水剂的具体缓凝时间效果，由施工单位根据施工工艺、浇筑量大小、浇筑季节温度、温控防裂要求，在供货时具体规定，外加剂出厂时预先调配好。我国的聚羧酸系减水剂，一般都通过掺入葡萄糖酸钠来延缓混凝土的凝结时间，而掺入这种缓凝剂的聚羧酸盐减水剂，如果掺量偏高，会引起混凝土几天不凝结或后期强度降低（表 3-4），因此，实际施工中一次浇筑量不宜过大，宜将混凝土的初凝时间控制在 32h 以内。

混凝土凝结时间对强度发展的影响　　表 3-4

葡萄糖酸钠掺量（%）	初凝时间（h:min）	抗压强度/相对百分率（MPa/%）		
		3d	7d	28d
0	15:30	42.4/100	56.4/100	68.7/100
0.029	23:45	37.1/87.5	49.6/87.9	65.3/95.1
0.058	31:40	32.0/75.5	47.4/84.0	64.3/93.6
0.087	51:20	16.4/38.7	44.7/79.3	58.6/85.3

综上所述，为提高清水混凝土拌合物的工作性、可泵性及硬化混凝土的外观质量和抗裂性，所选用的聚羧酸系减水剂实际上需要采用高减水、高保塑、低碱特性的聚羧酸系减水剂母液与消泡剂、引气剂、缓凝剂甚至增黏剂等组分复合制备，是一种具有高减水、高保塑、低含气量等特性，能提高混凝土的工作性能、耐久性能，并改善混凝土表面宏观可见气孔的清水混凝土专用外加剂。

3.3.5　水

（1）清水混凝土拌和用水与养护用水应采用饮用水或清洁的河水，并且在同一工程中所用的河水或江水，应保证为同一水源。

（2）清水混凝土拌和用水与养护用水的 pH 值应不小于 5.0，水中的氯离子含量不得超过 350mg/L，硫酸盐（以 SO_4^{2-}计）不大于 600mg/L，且不应含有影响水泥正常凝结和硬化的有害杂质或油脂、糖类、游离酸类、碱、盐、有机物等污染物。水质分析应按《混凝土用水标准》（JGJ 63—2006）进行。饮用水可以不进行试验。

（3）除满足上述规定外，清水混凝土拌和用水与养护用水还应符合《混凝土用水标准》（JGJ 63—2006）规定的有关要求。

本章参考文献

[1] 李建冲，张丙才.混凝土表面颜色不均匀分析与防治措施[J].山西建筑，2010，36(12)：127-128.
[2] Strehlein D，Schiessl P. 沈荣熹，译.清水混凝土表面黑色斑纹的特征与形成机理[J].商品混凝土，2009，(5)：58-62.
[3] 李金玉，彭小平，隋同波，等.HBC 低热高抗裂大坝混凝土的开发研究[J].水力发电，2003，(3)：58-62.
[4] Mehta P K，Burrows R W.Building durable structures in the 21st century[J].The Indian Concrete Journal，2001：437-443.
[5] Burrows R W，Kepler W F，Hurcomb D，et al.Three simple tests for selecting low-crack cement[J].Cement and Concrete Composites，2004，(26)5：509-519.

[6] Aitcin P C.Cements of yesterday and today:concrete of tomorrow[J].Cement and Concrete Research,2000,30(9):1349-1359.

[7] Neville A.Why we have concrete durability problems[R].ACI Special Publication 100-3,1987:21-30.

[8] Brewer H W,Burrows R W.Coarse ground cement makes more durable concrete[J].ACI Journal,1951,47(1):353-360.

[9] 廉慧珍,梁文泉.水泥的品质和混凝土质量的关系(上)[J].中国水泥,2002,(6):52-54.

[10] 廉慧珍,梁文泉.水泥的品质和混凝土质量的关系(下)[J].中国水泥,2002,(7):60-62.

[11] Burrows R W.The visible and invisible cracking of concrete[M].ACI Monograph,1998,Vol.11,American Concrete Institute,Farmington Hills,Michigan,1-78.

[12] 高培伟,吴胜兴.水泥基材料体积稳定性对大坝混凝土开裂的影响[J].水力发电,2005,31(3):33-36.

[13] 钱觉时.粉煤灰特性和粉煤灰混凝土[M].北京:科学出版社,2002.

[14] 孙振平,蒋正武.混凝土外加剂与水泥适应性[J].建筑材料学报,2002,5(1):26-31.

[15] 张瑞红.水泥与减水剂适应性的研究[J].建材技术与应用,2009(7):4-5.

[16] 王子明.聚羧酸系高性能减水剂——制备·性能与应用[M].北京:中国建筑工业出版社,2006.

[17] 薛军鹏.聚羧酸盐高效减水剂在清水高性能混凝土的应用[J].混凝土,2009(4):90-92.

[18] 龚召熊.水工混凝土的温控与防裂[M].北京:中国水利水电出版社,1999.

[19] 中华人民共和国行业标准.JGJ/T 10—2011 混凝土泵送技术规程[S].北京:中国建筑工业出版社,2011.

[20] 中华人民共和国行业标准.JTG/T F50—2011 公路桥涵施工技术规范[S].北京:人民交通出版社,2011.

[21] 中国土木工程学会技术标准.CCES 01—2004 混凝土结构耐久性设计与施工指南[S].北京:中国建筑工业出版社,2005.

[22] 张希清,王庆华,黄书珍.清水混凝土表观质量的影响因素分析[J].石家庄铁道学院学报,2004,17(4):75-78.

[23] 杨魁.论清水混凝土表面气泡的特征与防治[J].四川建筑科学研究,2009,35(2):213-215.

[24] 郑玉华,周鹏华,卢松.清水饰面混凝土的原材料选择和配合比的优化[J].建筑技术,2004,35(1):54-55.

[25] 张希清,宋少民.消泡剂对清水混凝土表面性能影响的研究[J].建筑技术,2002,33(9):669-670.

第4章　清水混凝土的配制

4.1　概　　述

清水混凝土配合比设计从一开始就舍弃普通混凝土而使用高性能混凝土，且其具有良好的工作性而易于浇筑作业。后来自密实混凝土的应用将混凝土的工作性发挥到了极致。至此，就混凝土材料而言，普遍的认知是清水混凝土等同于高性能混凝土或自密实混凝土，但不论是高性能混凝土或是自密实混凝土都在强调改变传统混凝土的工作性与耐久性两方面，并没有考虑到清水混凝土所要求的表面质感与色泽。

清水混凝土的配制，必须要考虑满足施工要求的流动性以及抗离析性能，而且能振动成型密实或自密实，以得到匀质的结构、致密的表面，因此其工作性十分重要。除此以外，清水混凝土还需满足抗压强度、良好的耐久性和较低的收缩性（避免开裂）等要求。试配清水混凝土时，要进行施工样板试验，检验混凝土的工作性以及样板的性能，满足这些要求后，再确定清水混凝土的配合比。

4.2　清水混凝土拌合物的工作性及评价方法

4.2.1　拌合物工作性要求

工作性是体现混凝土拌合物在浇筑、捣实和表面修整时难易程度的性质。工作性包括流动性、填充性、易密性和稳定性等性能。优良的工作性，是保证混凝土浇筑均匀密实成型，具有优良表观质量和良好耐久性的前提。

4.2.1.1　流动性

流动性体现了混凝土拌合物在自重或机械振捣作用下，克服内部摩阻力和与模板、钢筋之间的黏性力，流动并填充模型与钢筋周围的能力。坍落度值是衡量塑性混凝土和流动性混凝土流动性大小的指标，坍落流动度（扩展度）是高流动性混凝土流动性的指标。对流动性的要求，随施工工艺和构件的类型以及配筋密集程度而异。就施工作业难易程度而言，可以认为坍落度大、流动性高的混凝土工作性好；但如果坍落度过大，粗集料易分离、泌水量大；混凝土不仅损失其均匀性，而且浇筑面的美观也受到损害。另一方面，单方水泥用量和砂率增大时，单方混凝土的用水量增大，新拌混凝土的黏性增大，粗集料不易离析，但干燥收缩增大。此外，水泥浆和砂浆量多的混凝土，混凝土表面的质量较差。从重视硬化混凝土的性能和饰面效果来看，也必须考虑到尽可能抑制泌水和集料的离析。因此，在满足泵送施工的前提下，尽量采用较小的坍落度和坍落扩展度，对振捣后的混凝土的匀质性更加有利,从而对于清水混凝土的色泽均匀性也更加有利。《清水混凝土应用技术规程》(JGJ 169—2009)规定:"清水混凝土拌合物入泵坍落度值:柱宜为150mm±20mm,墙、梁、板的混凝土宜为170mm±20mm。"

4.2.1.2 充填性

充填性是指混凝土拌合物通过钢筋间隙等狭窄空间流到模板各个角落不被堵塞而均匀填充的性质。为满足清水混凝土的表观质量和耐久性要求,混凝土拌合物应具有较高的填充性和抗堵塞能力。在配筋密集、模板形状复杂的情况下,流动性不足的混凝土充填性差。流动性主要受用水量的控制,随着用水量的增加,流动度逐渐增加,填充性也随之提高;但单纯通过增加用水量而提高的流动度增加到一定程度后,会产生流动性很大而黏聚性不足的情况,进而产生分层离析,粗集料在钢筋等障碍物处被堵塞,充填性不再提高,甚至下降。因此,清水混凝土不能只考虑其流动性,流动性很大的拌合物,不一定就具有良好的填充性。

4.2.1.3 易密性

易密性是新拌混凝土在自重或捣实过程中克服内部摩阻力而达到要求的密实程度的能力(气泡排出的难易程度),也是混凝土拌合物在振捣密实时所耗功的大小。混凝土拌合物的黏性(内聚力)不宜过大,否则混凝土中的气泡难以排除,混凝土表面产生气泡缺陷。

4.2.1.4 稳定性

稳定性是混凝土拌合物维持其匀质和整体性的能力,包括在运输、泵送、浇筑过程中,砂浆与粗集料不离析及浇筑后抵抗泌水与沉降分层的性能,也称黏聚性。匀质性不仅体现了宏观层面上混凝土中集料、浆体的相对均匀分布,也包括微观、亚微观层级混凝土中固、液、气相的均匀分布和水化凝胶、未水化颗粒和界面过渡区的均匀分布,最后体现在外观质量上,就是大尺寸清水混凝土构件的整体外观质量的统一和性能的统一。

混凝土拌合物的工作性是上述四种基本性能的综合概念。这四种性能既互相关联又互相矛盾。例如,稳定性要求拌合物较高的黏性,而易密性要求拌合物具有较小的黏性,黏性大的混凝土会增加泵送的压力,但却能阻止离析的堵塞;流动性和抗离析性是混凝土拌合物截然相反的两种性质,随着坍落度的增大,虽然流动性提高,但其抗离析能力却下降,使其填充性下降,因此要从两者的平衡中找到填充性最好的拌合物。

混凝土拌合物具有优良的工作性(即施工性)是指必要的流动性(坍落度/扩展度)、不泌水、不离析、不板结、不堆积、小的坍落度/扩展度经时损失和适宜的凝结时间。不少的施工人员只关注坍落度和坍落度损失,其实对施工性能影响明显的是扩展度和与流动性相关的性能。有一定的扩展度、不板结、不堆积的混凝土拌合物能较好地填充到模板的边角,有利于混凝土构件成型良好。坍落度相近而扩展度和板结、堆积状况不同的混凝土拌合物,它们的流动性有明显的差别。因此,清水混凝土拌合物一定要高度关注拌合物的流动性及流动性的经时损失,特别是扩展度的损失。施工性能良好的混凝土拌合物是浇筑质量的重要保证条件。混凝土的流动性,见图4-1。

a)流动性一般的混凝土

b)流动性良好的混凝土

图 4-1　混凝土的流动性

4.2.2　清水混凝土拌合物的可泵性及评价方法

4.2.2.1　泵送混凝土的定义与基本要求

泵送工法在桥梁工程建设中的应用较为成熟。泵送混凝土除要满足必要的工作性外，还必须满足可泵性。混凝土可泵性指混凝土在泵压下沿输送管道流动的难易程度以及稳定程度的特性。一般情况下，混凝土具有较好的可泵性是指混凝土在泵送过程中具有良好的流动性、阻力小、不离析、不易泌水、不堵塞管道等性质。可泵性主要表现为：流动性和内聚性。流动性是能够泵送的主要性能；内聚性是抵抗分层离析的能力，即使在振动状态下和在压力条件下也不容易发生水与集料的分离。为使混凝土顺利地在管道内进行压送，必须具有以下性质：

(1)混凝土与管壁的摩擦阻力要小，泵送压力合适。否则，输送的距离和单位时间内输送量受到限制；混凝土承受的压力加大，混凝土质量会发生较大改变。

(2)泵送过程中不得有离析现象。否则，粗集料在砂浆中则处于非悬浮状态，集料相互接触，摩擦阻力增大，超过泵送压力时，将引起堵管。

(3)在泵送过程中(压力条件下)混凝土的质量不得发生明显变化。本来泵压足够，但浆体保水差、集料吸水率大；在压力条件下，水分向前方迁移和集料内部迁移，使混凝土浆体流动性降低，润滑层因水分丧失而干涩，含气量降低；局部混凝土受到挤压密实，引起摩擦阻力加大，超过泵送压力，引起堵管。本来因输送距离和摩擦阻力原因造成泵压不足，同时浆体流动性不足，拌合物移动速度过缓，混凝土承受压力时间过长，持续压力条件下，保水性好的混凝土虽然无水分迁移但含气量引起损失，使局部混凝土受到挤压而密实并丧失流动性，摩擦阻力进一步加大，泵压更为不足，引起堵管。

4.2.2.2　可泵性的评价方法

目前，国内主要采用坍落度法和压力泌水试验法进行可泵性评价，对常用的泵送混凝土适用性较强。

1)坍落度、扩展度试验

用坍落度大小衡量混凝土的流动性最为普遍，坍落度试验时再目测观察拌合物的黏聚性或抗离析性,但并不能真实地反映混凝土拌合物在泵送压力下的保水性、黏聚性。坍落度值虽然反映了拌合物在自重作用下克服屈服剪切应力而坍陷的程度,但对水胶比低、胶结料用量大的高强泵送混凝土来说,拌合物的黏性很大,对工作性有很大影响。实验表明,不同配比的高强混凝土,即使最终坍落度相同,其泵送难易程度往往呈现较大的差异。因此,对黏性大的高强泵送混凝土,除了用坍落度来反映流动性外,还宜用坍落度扩展值、坍落扩展 50cm 直径的时间 T_{50}来评价混凝土的稠度。在一定程度上,扩展度越大,稠度越小,泵送混凝土的泵送压力损失越小,越有利于泵送。扩展值是衡量混凝土拌合物流动性好坏的一个很直观的指标,而且也可以从扩展的过程中判断混凝土的抗离析能力。扩展值是从坍落度筒提起后,到混凝土完全扩展开来,扩展停止后的平均直径值。扩展量化了混凝土在自重作用下克服屈服应力、黏度和摩擦后的流动状态,扩展越接近圆形则表明均质、变形能力良好,直径大表明间隙通过能力强。

采用坍落度方法测定可泵性时,通常通过坍落度 SL、扩展度 SF 和 T_{50}来评价拌合物流动性、黏度性能。试验结果表明,SL 在 180~230mm 时,SF≥450mm,T_{50}在 3~15s,混凝土可泵性好、阻力小、容易泵送;当 t≥15s、SF≤450mm 时,混凝土不易泵送。超高(200m 以上)泵送时,SL≥230mm,SF≥550mm,t≤10s。

2)压力泌水试验

压力泌水是衡量混凝土保水性和黏聚性的一项重要指标,混凝土压力泌水比常规的泌水更符合泵送混凝土实际。因此,混凝土压力泌水率可以用于衡量混凝土拌合物在泵管内输送性能的好坏。在泵压作用下,混凝土拌合物在管道内输送时,水是传递压力的媒介,如果在泵送过程中,管道内出现压力梯度大或管道弯曲、变径时,混凝土拌合物自身阻止其拌合物水在压力作用下渗透流动的能力变差,就可能出现“脱水现象”,水分通过集料间空隙渗透,使集料聚结阻塞管道。混凝土压力泌水率试验是将一定量的混凝土拌合物(1.7L),在一定的压力作用下(3.5MPa),分别测定经 10s、140s 泌出的水量 V_{10}及 V_{140},压力泌水率则按下式计算:

$$S_{10}=\frac{V_{10}}{V_{140}}\times 100\%$$

一般来说,V_{140}越小,且 S_{10}越小,则说明混凝土的保水性和黏聚性越好,S_{10}不宜超过 40%。V_{10}大,说明混凝土拌合物自身阻止其拌和水在压力作用下渗透流动的能力差。实际上,对于泵送混凝土,压力泌水应有一最佳范围,超出此范围,泵压将明显提高、波动甚至造成阻泵。试验表明,泵压与压力泌水量有如下关系:

(1)当 V_{140}<80mL 时,泵压随 V_{140}减小而增大。

(2)当 80≤V_{140}<110mL 时,泵压与 V_{140}无关。

(3)高程泵送时,当 V_{140}>110mL 时,泵压波动。

(4)当 V_{140}>130mL 时,容易阻泵。

一般来说,泵送混凝土适宜泵送区的 V_{140}值为 40~110mL。对于胶凝材料用量较大的泵送混凝土来说,拌合物的黏性较大,压力泌水率小。根据工程经验,压力泌水 V_{140}值宜为小于 30mL。

4.3　清水混凝土配合比设计考虑的条件

桥梁结构高性能清水混凝土的配合比设计，根据工程的设计和施工要求，应具备工作性、安全性、经济性、生态性及耐久性等多项指标要求，亦即应具备以下各项条件：

(1)应具有适当流动性，以符合施工所需要的工作度。但应控制使用较低用水量，搭配使用高效减水剂，以避免产生泌水、浮浆及离析现象而损及耐久性。

(2)抗压强度设计龄期指定 28d，必须满足结构设计的要求，按统计资料或均方差提高试配强度，以维护结构的安全性。

(3)添加矿物掺和料能有效降低单位混凝土水泥用量，以降低 CO_2 排放量，提升单位水泥用量能发挥较高的强度效应(每公斤水泥的强度效应)。

(4)添加矿物掺和料能有效降低混凝土的制备与施工成本。

(5)耐久性设计条件必须符合构造物使用环境的要求，避免混凝土受到环境侵蚀，而损伤服役寿命。

4.4　清水混凝土配合比设计原则

高性能清水混凝土的配合比设计首要条件是确保其施工要求的工作性，控制拌合物的坍落扩展度在适当范围有助于浇筑作业并有效防止集料离析，以大幅减少孔洞、气孔、水线、砂带、色差等表面缺陷的产生；其次是抗裂性好和体积稳定性高。主要特点是低渗透性(包括水密性和抗化学侵蚀性)、无龟裂，内部结构密实、外表美观和长期强度缓慢持续增长。一般宜遵循以下要点：

其特点是低渗透性、无龟裂和长期强度缓慢持续增长。一般宜遵循以下要点：

(1)低用水量：在满足工作性和强度情况下尽量减少拌和用水量，既可避免泌水、气泡过多及浮浆，提高混凝土的均质性，也可维持强度及与混凝土体积稳定性相关的耐久性。混凝土高拌和用水量的后果是：强度降低、吸水率和抗渗性增大，干缩裂缝出现的概率加大，水泥浆体—集料界面黏结力及钢筋与混凝土握裹力减小，抗风化能力降低。为此，应选用减水率高的聚羧酸系高性能减水剂，一般控制用水量小于 175kg/m^3。

(2)低水泥用量：在满足混凝土工作性、强度和耐久性前提下，尽量减少胶凝材料中的硅酸盐水泥用量，并选用低水化热、含碱量偏低的水泥，尽可能避免使用早期强度较高的水泥和 C_3A 含量高的水泥，这是提高混凝土体积稳定性和抗裂性的一条重要措施。水泥水化反应表明，水泥和水的正效应是作为混凝土的活性组分，以及黏结混凝土中砂石集料并形成整体强度的胶凝材料的因子，但同时也是混凝土耐久性的主要劣化因子，$Ca(OH)_2$ 为不稳定相，宜溶于水析出，$Ca(OH)_2$ 含量过多对耐久性不利，水泥中的碱和活性集料在 $Ca(OH)_2$ 条件下易产生碱集料反应。(酸雨)环境中的硫会与低碱型钙矾石、铝酸盐水化产物及石膏生成钙矾石产生膨胀。过高的水泥浆量会产生大的水化热，高的坍落度损失，塑性收缩裂缝出现的概率增大，弹性模量降低，干燥收缩与徐变增大。

(3)最大堆积密度：首先，应依据结构构件大小、模板断面尺寸、钢筋净间距及混凝土浇筑设备等条件,选择混凝土粗集料最大粒径。再优化混凝土中集料的级配设计,特别重视粗集料的级配以及粗集料的粒形要求,获取最大堆积密度和最小空隙率,以尽可能减少胶凝材料浆体的用量,达到降低砂率,减少胶凝材料用量和用水量之目的。

(4)水胶比适当:在一定范围内减小水胶比,混凝土强度和体积稳定性提高,但为保证混凝土的抗裂性能,水胶比应适当,不宜过小,过小的水胶比易导致混凝土塑性收缩和自收缩增大,过大的水胶比会降低混凝土的耐久性。

(5)活性矿物掺和料与化学外加剂双掺:为提高混凝土的耐久性,改善混凝土的施工性能和抗裂性能,混凝土中应适量掺加优质的粉煤灰等矿物掺和料,并必须充分发挥掺和料与高效减水剂的"超叠加"效应,达到减小水泥用量和用水量、密实混凝土内部结构,使混凝土强度持续稳定地发展,耐久性得以改善,从而使混凝土的低渗透成为可能。

总之,高性能清水混凝土配合比设计关键是用水量低(减小渗透性,掺减水剂改善工作性),水泥用量少(降低受侵蚀度,减少碱含量、$Ca(OH)_2$含量和 C_3A 含量),集料多(增加混凝土结构的体积稳定性),采用掺和料(抗渗与固体)。

4.5 清水混凝土配合比设计指标

高性能混凝土设计主要以混凝土结构耐久性和施工性能为主要目标,在不影响构造安全性(承载力)的前提下,对于拆模后混凝土表面的缺陷要求并不在其控制范围内;反之,清水混凝土除上述对于耐久性与工作性的要求外,对于表面品质的要求也是清水混凝土的一个重要指标,这点在清水混凝土配合比的性能指标中主要通过新拌混凝土的施工性能来反映。

4.5.1 试配强度

混凝土的试配强度根据设计强度等级按下式计算确定:

$$f_{cu,0}=f_{cu,k}+1.645\sigma$$

式中:$f_{cu,0}$——混凝土施工配制强度;

$f_{cu,k}$——混凝土设计强度等级;

σ——强度标准差。混凝土强度等级≤C20,$\sigma=4.0$MPa;混凝土强度等级 C25~C45,$\sigma=5.0$MPa;混凝土强度等级 C50~C55,$\sigma=6.0$MPa。

混凝土抗压强度是结构混凝土的最主要指标,必须达到设计要求,混凝土强度保证率不低于95%。但混凝土抗压强度也不宜过高,即超标太多,如超过混凝土设计强度1.4倍以上,该混凝土就不是最佳的混凝土,不仅增加了混凝土成本,而且会使混凝土胶凝材料用量过高,对混凝土体积稳定性和耐久性不利。

4.5.2 工作性

清水混凝土应具有与施工相适应的工作性,桥梁混凝土基本上采用泵送法施工。泵送混凝土属于大流动性混凝土,要求混凝土在不影响强度前提下具有良好的可泵性,即要有大流动性且不出现分层离析,保水性、黏聚性好,在浇筑时能密实且结构匀质性好。坍落度是其工作性的主要评定指标,坍落度不宜过小或过大。如果太小,则混凝土流动性差,在泵送时易堵塞管道，或产生“柱塞”现象，影响泵送效率，还对混凝土浇筑后的密实度有影响；如果太大，则易产生分层离析和泌水，使混凝土失去匀质性，进而影响混凝土最终强度和耐久性。

混凝土入泵坍落度主要与混凝土泵送高度有关，见表4-1。考虑到桥梁上部混凝土结构配筋较密、拌合物下料困难，泵送时混凝土坍落度值通常控制在较表4-1为大，坍落度、扩展度一般在180~230mm、450~600mm，并随泵送高度增加、配筋增密而增大。泵送混凝土试配时要求的坍落度值应为：

$$SL_0 = SL_p + \Delta SL$$

式中：SL_0——试配时要求的坍落度值（cm）；

SL_p——入泵时要求的坍落度值（cm）；

ΔSL——试验测得在预计时间内的坍落度经时损失值（cm）。

坍落度损失值越小越好，一般要求泵送混凝土的坍落度损失1h不应超过30mm。

混凝土入泵坍落度与泵送高度关系表　　表4-1

最大泵送高度（m）	50	100	200	400	400以上
入泵坍落度（mm）	100~140	150~180	190~220	230~260	—
入泵扩展度（mm）	—	—	—	450~590	600~740

4.5.3　耐久性设计

混凝土结构的外部劣化因素有一般的和特殊的两种。温度、湿度、太阳辐射热和混凝土中性化等为一般的外部劣化因素，是混凝土结构耐久性设计中必须考虑的。冻害、盐害、化学腐蚀（如硫酸盐腐蚀）等为特殊的外部劣化因素，应按混凝土结构所处的环境条件考虑。混凝土耐久性设计，是混凝土配合比设计应重视的重要技术指标，耐久性指标好坏是判断混凝土配合比设计合理性的重要条件，因此，应予充分重视。《高性能混凝土应用技术规程》（CECS 207:2006）对抗碳化耐久性设计、抗冻害耐久性设计、抗盐害耐久性设计、抗硫酸盐腐蚀耐久性设计、抑制碱集料反应有害膨胀等进行了规定，可作为混凝土耐久性设计的依据。

例如：九江长江公路大桥混凝土结构所处外部环境中劣化的主要因素是碳化、酸雨侵蚀作用，耐久性设计的重点是抗碳化、抗酸雨（中性化）耐久性设计，基于抗碳化耐久性设计的高性能混凝土的水胶比宜按下式进行确定：

$$\frac{W}{B} \leqslant \frac{5.83c}{\alpha \times \sqrt{t}} + 38.3$$

式中：W/B——水胶比（%）；

c——钢筋的混凝土保护层厚度（cm）；

α——碳化区分系数，室外取1.0，室内取1.7；

t——设计使用年限（年）。

《高性能混凝土应用技术规程》（CECS 207:2006）指出，如果混凝土的水胶比不大于0.38，可不考虑混凝土结构的碳化问题。

以最小保护层厚度3cm、设计使用寿命100年，进行水胶比的计算：

$$\frac{W}{B} \leqslant \frac{5.83 \times 3}{1.0 \times \sqrt{100}} + 38.3 = 40\%$$

通过计算可以看出,只要桥梁结构混凝土的保护层厚度大于3cm、水胶比低于0.40,均可满足100年抗碳化耐久性设计要求。

对于C40以下中低强度混凝土,一般耐久性主要是控制最大水灰比和最小水泥用量;而对于C40以上混凝土耐久性要考虑控制胶凝材料特别是水泥的最大用量,水化热和收缩裂缝等问题。

4.6 清水混凝土配合比设计方法

4.6.1 《普通混凝土配合比设计规程》关于水灰比的计算

《普通混凝土配合比设计规程》(JGJ/T 55—2011)确定的水胶比与目前外加剂应用技术水平明显不符,以配制C50预制T梁混凝土为例,强度标准差σ取6MPa,首先计算试配强度$f_{cu,0}$:

$$f_{cu,0} = f_{cu,k} + 1.645\sigma = 50 + 1.645 \times 6 = 59.87\text{MPa}$$

确定混凝土水胶比:

$$\frac{W}{B} = \frac{a \times f_b}{f_{cu,0} + a \times b \times f_b}$$

式中:$f_{cu,0}$——混凝土配制强度(MPa);

f_b——水泥实测28d胶砂强度(MPa);

a、b——与粗集料有关的参数,碎石取$a=0.53$、$b=0.2$。

水泥采用P·O42.5,当胶凝材料全部为水泥时,水泥水泥富余系数取1.12,$f_b = f_{ce} = 42.5 \times 1.12 = 47.6\text{MPa}$。则:

$$\frac{W}{C} = \frac{0.53 \times 47.6}{59.87 + 0.53 \times 0.2 \times 47.6} = 0.39$$

当胶凝材料组成为88%水泥+12%粉煤灰时,粉煤灰影响系数取0.90,$f_b = 42.5 \times 1.12 \times 0.90 = 42.8\text{MPa}$。则:

$$\frac{W}{B} = \frac{0.53 \times 42.8}{59.87 + 0.53 \times 0.2 \times 42.8} = 0.35$$

然而,因聚羧酸减水剂的使用,实际工程中预制T梁混凝土的水灰(胶)比一般在0.30~0.34,计算值与实际值明显不同。因此,对水胶比的经验取值成为现代桥梁混凝土配合比设计的主要手段。

4.6.2 高性能混凝土配合比设计方法

高性能混凝土的组分复杂,影响其性能的因素繁多。尤其是目前对高性能混凝土的理解尚有差异,所以对高性能混凝土的配合比设计尚无统一的成熟方法。近年来,国内外学者对高性能混凝土配合比设计进行了大量的研究,有诸如美国混凝土协会(ACI)方法(掺粉煤灰高强混凝土配合比设计和优化方法)、法国国家路桥试验室 LCPC 方法(硅灰高性能混凝土设计方法)、P.K.Mehta 和 P.C.Aïtcin 的固定浆集比法、P.L.J.Domone 方法、修正的鲍罗密(Bolomy)方法和台湾科技大学黄兆龙教授提出的致密配比法和大陆学者提出的全计算法。国内多数采用以下两种方法,一种是全计算法计算并辅以平行比较试验验证优化;另一种是致密配比法,两种方法设计要点不同,取得的结果可能也不尽相同。

(1)全计算法设计原理。

全计算法主要依据 Mehta 和 Aïtcin 两位教授所提出的理论:要使高性能混凝土同时达到最佳的施工和易性和强度性能,其胶凝材料浆体与集料应有一个最佳体积比,建议胶凝材料浆体积:集料体积=35:65,即对高性能混凝土,浆体体积取 350L。再在普遍适用的混凝土体积模型的基础上,推导求得高性能混凝土用水量 V_w 和砂率 S_p 的计算公式。

全计算以胶凝材料浆体体积与集料体积的最佳比例为基础,体现了清水混凝土"内实"的要求,再通过平行对比或正交试验,在适当的范围对胶凝材料用量、矿物掺和料掺量、用水量、砂率等参数进行对比,在满足性能要求的基础上,选择更为经济、更能保证外观质量等指标的参数。

(2)致密配比法设计原理。

致密配比法是基于集料致密堆积所发展起来的混凝土配比设计方法,该法将粗、细集料和矿物掺和料视为混凝土的"骨架"体系,首先进行致密配比设计,提升骨架的紧密度,以达到最低空隙率,获得最大单位重度。同时,将水和水泥(水泥浆)视为另一体系,根据两体系间的互补关系,在充分考虑流动性的基础上,确定合理的水泥浆富余系数,并利用粉煤灰掺和料的润滑技术,把混凝土最主要的劣化成分——水泥浆量尽可能降至最少,使得可透水的毛细孔隙降至最低或迫使路径拉长,通过火山灰反应,改变水泥浆体的空间网络并使之致密化,同时改善集料—浆体界面的密实性,降低了渗透性,为配制清水混凝土时减少水泥用量,同时获得具有良好工作性、耐久性、生态性和经济性的致密混凝土奠定基础。

4.6.3　配合比设计参数的选取建议值

高性能清水混凝土的流动性主要与集料的最大粒径、砂率、粗细集料级配情况、用水量、减水剂及矿物产掺和料的种类和用量有关;混凝土的离析主要与集料的最大粒径、砂率、集料级配情况以及水泥种类等有关;混凝土的强度主要与水泥的品种和强度、水泥用量、水灰比、砂浆富余量有关。桥梁高性能清水混凝土配合比参数参考以下选取:

(1)用水量。

根据低用水量法则,在满足工作性条件下应尽可能减少用水量。影响单位用水量的因素主要有混凝土拌合物的工作性、混凝土强度等级、石子的品种、表面状况和最大粒径、砂子的细度模数、含泥量以及外加剂的用量、与水泥的适应性等。为了控制胶凝材料用量,保证集料用量,单位用水量随混凝土强度等级的提高而降低。对于桥梁下部结构 C30、C35、C40 泵送混凝土,混凝土的单方用水量一般不宜大于 175kg/m^3,对于桥梁上部结构 C50、C55 混凝土用水量一般不宜大于 165kg/m^3,较佳的优选范围为 155~160kg/m^3。

(2)胶凝材料用量。

根据低水胶比法则,在混凝土工作性和强度条件下应尽量减少水泥用量,这是提高混凝土体积稳定性和抗裂性的一条重要措施。对于 C40 以下混凝土,胶凝材料总量(水泥和掺和料质量之和)不应小于 320kg/m^3,以改善混凝土的可泵性、外观质量和耐久性;对于 C50 及以上混凝土,胶凝材料总量不宜大于 550kg/m^3;自密实高性能混凝土的胶凝材料总量不应大于 600kg/m^3,控制胶凝材料用量,可减少预应力混凝土的收缩和徐变,降低水化热,避免收缩裂缝,有利于长期耐久性。不同强度等级的混凝土的胶凝材料总量宜在如下范围选择:

C30、C35:350~400kg/m^3;C40、C45:400~450kg/m^3;C50:450~480kg/m^3(非泵送混凝土)和 460~490(泵送混凝土);C55、C60:470~520kg/m^3(非泵送混凝土)和 480~530kg/m^3(泵送混凝土)。

(3)水胶比。

影响混凝土强度的因素很多,其中水胶比是主要因素。在一定范围内混凝土抗压强度与其拌合物的水胶比成正比,减小水胶比,混凝土抗压强度和体积稳定性提高。因此,用降低水胶比的方法来提高混凝土的强度是一种有效的途径,以抗压强度确定水胶比是合理的。但为保证混凝土的抗裂性能,水胶比应适当,不宜过小。《普通混凝土配合比设计规程》(JGJ/T 55—2011)规定的普通混凝土的理论水胶比计算公式为:

$$\frac{W}{B}=\frac{a\times f_{\mathrm{b}}}{f_{\mathrm{cu,0}}+a\times b\times f_{\mathrm{b}}}$$

对 C40 以下的中低强度等级混凝土可用 W/B 及 $W/B\pm0.03$ 进行试配,对于 C50 以上的高强度混凝土可用 W/B 及 $W/B\pm0.02$ 进行试配。

高性能混凝土的强度主要通过水胶比以及根据温控要求掺入不同粉煤灰掺量进行调节,对于 C40 以上的高性能清水混凝土要求水胶比 0.40。

(4)矿物掺和料掺量。

为了提高混凝土的后期强度和耐久性,根据活性掺和料与高效减水剂双掺法则,高性能混凝土的配制必须发挥活性掺和料与高效减水剂的超叠加效应。混凝土中的活性掺和料最常用的是优质粉煤灰和矿渣粉,粉煤灰面大量广,价格低廉。优质粉煤灰在混凝土中具有形态效应、微集料效应和火山灰活性效应,特别是在高效减水剂的复合作用下,上述三大效应可得到充分的发挥。

《普通混凝土配合比设计规程》(JGJ 55—2011)规定,粉煤灰在钢筋混凝土中的最大掺量,当水胶比≤0.4 时,取代硅酸盐水泥不大于 45%、取代普通硅酸盐水泥不大于 35%;当水胶比>0.4 时,分别不大于 40%、30%;对于基础大体积混凝土,粉煤灰的最大掺量可在上述基础上增加 5%;粉煤灰在预应力混凝土中的最大掺量,当水胶比≤0.4 时,取代硅酸盐水泥不大于 35%,取代普通硅酸盐水泥不大于 30%,当水胶比>0.4 时,分别不大于 25%、20%。《粉煤灰混凝土应用技术规范》(GB/T 50146—2014)规定,粉煤灰在钢筋混凝土中,取代硅酸盐水泥不大于 30%,取代普通硅酸盐水泥不大于 25%,当钢筋混凝土中钢筋保护层厚度小于 5cm 时,粉煤灰取代水泥的最大量相应减少 5%;粉煤灰在预应力钢筋混凝土中,取代硅酸盐水泥不大于 25%,取代普通硅酸盐水泥不大于 15%,《公路工程水泥混凝土外加剂与掺和料应用技术指南》(交通部公路科学研究院主编,人民交通出版社,2006 年)规定,粉煤灰取代水泥的最大限量为:用于预应力钢筋混凝土,粉煤灰取代硅酸盐水泥的最大掺量为 25%,取代普通硅酸盐水泥的最大掺量为 15%;用于高强混凝土、钢筋混凝土、抗冻混凝土,粉煤灰取代硅酸盐水泥的最大掺量为 25%,取代普通硅酸盐水泥的最大掺量为 15%。试验表明,在这种掺量下,特别是与高效减水剂复合时,混凝土的力学性能、碳化和抗钢筋锈蚀性能是完全能保证的,而且对干缩、抗硫酸盐侵蚀、抗氯离子侵蚀均有改善作用。

(5)砂率与粗集料用量。

合理砂率是保证混凝土工作性和长期耐久性的重要因素。砂率过小,混凝土保水性、黏聚性变差,混凝土内部密实性得不到保证;砂率过大,粗集料用量减少,水泥用量和用水量增加,对混凝土收缩徐变性能不利。

根据最大堆积密度法则,应优化混凝土中集料的级配设计,获取最大堆积密度和最小空隙率,以便尽可能减少水泥浆的用量,来达到降低砂率、减少用水量和水泥用量的目的。试验表明,砂率的大小与砂子的细度模数、水泥用量、砂石的堆积密度和石子的空隙率等有关。在配制泵送混凝土时,砂率对可泵性有一定影响,砂率随坍落度增大而增大。

高性能清水混凝土的砂率宜适中,一般为 35%~45%。对于预应力混凝土,砂率宜适中,一般控制砂率不大于 40%,保证粗集料用量不低于 1100kg/m^3。这对减少混凝土的收缩徐变和耐久性是必要的。

(6)减水剂。

除冬季施工或 T 梁构件对脱模要求较早外,其他季节或其他结构部位混凝土使用的高效减水剂宜选用缓凝聚羧酸系高性能减水剂,以推迟和削减水化热温峰,减少施工冷缝。减水剂的掺量可根据混凝土坍落度要求、不同季节的温度变化进行适当调整。不能随意减少或超掺,以防出现流动性过小、坍损过大或离析泌水。

4.6.4　清水混凝土的试配与优选

清水混凝土配合比在根据设计要求的混凝土强度等级、拌合物的工作性能、耐久性的相关指标(抗冻等级、抗氯离子渗透、抗碳化、收缩及抗裂性)进行配合比设计后,还应该用选定的原材料对计算的配合比进行试配和配合比调整,根据试配合调整结果,优选出工作性优良、耐久性好、满足试件强度要求、符合经济性和环保要求的配合比,并进行线外墩或梁试验验证外观质量效果,优选最佳配合比是高性能清水混凝土设计的关键环节。按下列步骤试配和调整:

(1)核对供应商提供的水泥熟料的化学成分和矿物组成、混合材种类和数量等资料,并根据设计要求和 4.6.3 节规定的参数进行配合比设计参数的选取,初步选定混凝土的水泥、矿物掺和料、集料、外加剂、拌和水的品种以及水胶比、胶凝材料总用量、矿物掺和料和外加剂的掺量。

(2)参照《普通混凝土配合比设计规程》(JGJ/T 55—2011)所采用的假定表观密度法,计算单方混凝土中各原材料组分用量,并核算单方混凝土的总碱含量和氯离子含量是否满足要求(见 2.4.3.3 节)。如不满足,应重新选择原材料或调整计算配合比,直至满足要求为止。混凝土的表观密度一般为 2450~2550kg/m^3,表观密度异常低时应对拌合物含气量进行测试。

(3)采用工程中实际使用的原材料和搅拌方法,通过适当调整混凝土外加剂用量或砂率,调配出坍落度、含气量、泌水率符合要求的混凝土配合比。该配合比作为基准配合比。试拌时,每盘混凝土的最小搅拌量应在 20L 及以上。

(4)改变基准配合比的水胶比(C40及以下混凝土±0.03、C50及以上混凝土±0.02)、胶凝材料用量(±20~±30kg/m³)、矿物掺和料掺量(±5%~±10%)、外加剂掺量或砂率(±2%)等参数,调配出拌合物性能与要求值基本接近的配合比3~5个。试拌时,每盘混凝土的最小搅拌量应在20L及以上。拌合物性能主要包括坍落度、扩展度、坍落度经时损失、凝结时间、含气量、泌水等,使之满足工程的泵送和浇筑要求。试验方法应按《普通混凝土拌合物性能试验方法标准》(GB/T 50080—2016)的规定执行。

(5)按要求对上述不同配合比混凝土制作力学性能和抗裂性能对比试样。其中,抗压强度和劈拉强度试件每种配合比宜制作3组,标准养护至3d、7d、28d时测定,试件的边长应采用150mm,试验方法按《普通混凝土力学性能试验方法标准》(GB/T 50081—2002)执行。抗裂性对比试验可参照《混凝土结构耐久性设计与施工指南》(CCES 01—2004)附录A2中平板试件法进行。条件许可时,超大体积承台混凝土或预应力高强混凝土还宜按照《水工混凝土试验规程》(DL/T 5150—2017)进行不同配比混凝土的绝热温升试验,并采用温度—应力试验机评价不同配比混凝土的开裂敏感性。

(6)从上述配合比中优选出拌合物性能和抗裂性能优良、绝热温升低、抗压强度适宜的一个或多个配合比各成型一组或多组耐久性试件,按规定养护至规定龄期时进行试验。混凝土抗冻试验(快冻法)、抗氯离子渗透试验(RCM方法、电通量法)、碳化试验按《普通混凝土长期性能和耐久性能试验方法标准》(GB/T 50082—2009)进行。快速氯离子扩散系数和抗冻性试验龄期为28d,电通量试验龄期为56d,碳化试验龄期为14d。

(7)预应力混凝土还宜进行抗压弹性模量、收缩和徐变试验。抗压弹性模量按《普通混凝土力学性能试验方法标准》(GB/T 50081—2002)进行,收缩和受压徐变试验按《普通混凝土长期性能和耐久性能试验方法标准》(GB/T 50082—2009)进行。混凝土弹性模量、收缩和徐变测定值应符合设计要求。

(8)根据上述不同配合比对应混凝土拌合物的性能、抗压强度、抗裂性以及耐久性能试验结果,按照工作性能优良、强度和耐久性满足要求、经济合理的原则,从不同配合比中选择一个最适合的配合比作为理论配合比。

(9)采用工程实际使用的原材料拌和混凝土,测定混凝土的表观密度。根据实测拌合物的表观密度,求出校正系数,对理论配合比进行校正(即以理论配合比中每项材料用量乘以校正系数后获得的配合比作为混凝土配合比)。校正系数按下式计算:

$$\text{校正系数}=\frac{\text{实测拌合物密度值}}{\text{理论配合比拌合物密度值}}$$

(10)当混凝土的力学性能或耐久性能试验结果不满足设计或施工要求时,则应重新选择水胶比、胶凝材料用量或矿物掺和料用量,并按照上述步骤重新试拌和调整混凝土配合比,直至满足要求为止。

(11)初选的配合比,模拟现场施工过程进行模拟试验,通过调整砂率和水胶比,观察在不同砂率发生±2%的变化时和水胶比发生±1%的变化时,对混凝土拌合物性能影响程度,振捣是否泌水、离析,对表面光洁度及色差的影响。混凝土配合比初步确定后,还须制作宽、高、厚不少于300mm×600mm×300mm(或200mm)的试验墩样板,观察表面色泽、气泡分布是否合乎对清水混凝土表面效果的要求,最终确定采用的配合比。必要时,在现场按照实际的施工方案做线外足尺模型或缩小模型试验,并根据线外试验的情况进一步优化,最终经业主、设计、监理确认的线外配合比作为清水混凝土正式施工的配合比。

4.7　索塔清水混凝土配合比设计实例

4.7.1　配合比设计指标

索塔一般采用 C50 混凝土,索塔混凝土的施工,除要解决高程泵送、塔柱根部及中下塔柱连接段大体积混凝土的温控防裂技术难题外,外观质量还要求达到清水混凝土标准。根据索塔混凝土结构的设计与施工要求,确定的配合比设计目标为:

(1)新拌混凝土性能:坍落度和扩展度应随泵送高程升高而增加,坍落度、扩展度分别为 210mm±20mm、550mm±75mm,1h 坍落度、扩展度损失值不宜高于 20mm、75mm。压力泌水率应<40%,含气量最高应控制在 2.5%以下。初凝时间 12~16h 为宜。

(2)力学性能:配制强度 28d≥60MPa、7d≥50MPa;弹性模量 28d≥4.0×10^4MPa、7d≥3.6×10^4MPa。从抗裂与耐久性出发,28d 试配强度不宜超出设计强度的 40%。

(3)早期抗裂性能:采取措施降低索塔混凝土的绝热温升,索塔 C50 混凝土 7d 绝热温升不得超过 60℃,宜小于 55℃;平板法开裂试验抗裂性等级Ⅲ级及以上。

(4)长期变形性能:应采取措施降低索塔混凝土的收缩和徐变,提高其长期体积稳定性。配合比设计时,依赖混凝土中的水与固体材料的比值(W/S)控制,要求 $W/S<0.08$,胶凝材料用量≤500kg/m^3,用水量≤160kg/m^3。

(5)耐久性能:索塔主要与大气接触,对混凝土性能劣化的主要因素来自碳化、酸雨侵蚀、钢筋锈蚀、冻融作用和碱集料反应等,以及影响清水混凝土外观耐久性的盐析、风化、污染等。结合大桥环境腐蚀因素及作用等级,索塔混凝土耐久性设计指标为:选用非碱活性集料,且单位体积混凝土中的可溶性总碱含量(等效 Na_2O 当量)≤3.0kg/m^3;抗碳化性能满足 100 年设计使用寿命;抗冻等级≥F150;抗渗性满足 56d 电通量<1000C、28d 氯离子扩散系数(RCM 法)<$5\times10^{-12}m^2/s$ 的要求;抗酸雨侵蚀性能优于普通混凝土。

4.7.2　致密配比法设计索塔高性能清水混凝土配合比

4.7.2.1　致密配比法设计配合比原理

致密配比法设计混凝土的原理,是通过寻求混凝土中粗细集料的最大重度,来寻找最小空隙率,通过曲线拟合得出集料间的最佳比例;粉煤灰的密度和细度均比砂小,从材料堆积理论上讲,密度小的材料填充密度大的材料,其曲线会表现为具有峰值的抛物线形式。按四分法取料,进行最大重度测定,将实验数据通过曲线拟合得出最佳填塞率 α、β,获得最大堆积密度 U_w。致密配比设计法首先将不同比例的粉煤灰与砂进行充填单位重试验,获得最大单位重,再以粉煤灰与砂为细集料与石子进行充填单位重试验,从而获得三者最大单位重。由此可计算出最小空隙率 V_v,所需要的填塞和润滑水泥浆量

$$V_p=V_v+s\times t=n\times V_v$$

式中：s——集料表面积；

t——包裹于集料表面的润浆厚度；

n——水泥浆量的富余系数。

然后依据强度和耐久性需求设定水胶比；最后求出拌和水量。

可以看出，致密配比法以大量体积稳定的集料为骨架，使粗细集料的堆积密度达到最大，从而使水泥混凝土的结构达到最密实的程度，在保证混凝土强度的同时最大限度地降低了水泥的用量。致密配比法的原理很好地契合了清水混凝土内实外美的要求，首先以骨架材料的最紧密堆积为基础，构成混凝土中最稳定的部分，浆体数量则以足够包裹骨架以及满足工作性要求为原则，既经济，又耐久，在混凝土内部密实的前提下，体现出外部的美感。

4.7.2.2 填充的方法及物理意义

采用粉煤灰先填充中砂，二者最佳混合后再填充碎石，相关参数的物理意义为：

$$\alpha=\frac{W_f}{W_s+W_f}\Rightarrow W_f=\frac{\alpha W_s}{1-\alpha}$$

$$\beta=\frac{W_f+W_s}{W_s+W_f+W_a}\Rightarrow W_a=\frac{(1-\beta)W_s}{\beta-\alpha\beta}$$

$$V_v=1-(W_f/\gamma_f+W_s/\gamma_s+W_a/\gamma_a)$$

$$V_{agg}=1-V_p$$

式中：W_f、W_s、W_a——粉煤灰、砂、石的质量；

α——粉煤灰填充河砂的填塞率；

β——粉煤灰与河砂的混合物填充碎石的填塞率；

V_v——最小空隙率；

V_{agg}——骨材的体积。

4.7.2.3 相关参数的确定

1）最佳填塞率 α 与最大堆积密度 U_w 的确定

将粉煤灰按照填塞率 α=6%～20%的比例掺入到河砂中，混合均匀，采用四分法取料将混合物按标准方法加入5L容量桶中振实，称量并计算振实堆积密度，每组测3组数据，计算算术平均值，结果见表4-2。

不同填塞率 α 及对应的堆积密度 U_w 表4-2

α	0.06	0.08	0.09	0.10	0.11	0.12	0.13	0.14	0.15	0.16	0.18	0.20
U_w(kg/m^3)	1810.5	1829.9	1838.8	1857.2	1858	1867.2	1873	1863.3	1852.9	1853	1835.8	1813.3

以填塞率 α 为横坐标，堆积密度 U_w 为纵坐标，作图如图4-2所示。采用Origin软件对试验数据进行二次拟合，得出二次拟合曲线方程 $Y=1671+2944X-11221X^2$，$R^2=0.93$，其中 $Y=U_w$、$X=\alpha$，如图4-3所示。对方程进行求一阶导数，并令其为0，求得 $\alpha=13\%$，即为粉煤灰填充中砂的最佳填塞率为13%。将 $\alpha=13\%$代回方程，即可求得粉煤灰与砂的最大堆积密度 $U_w=1864.1\text{kg/m}^3$。

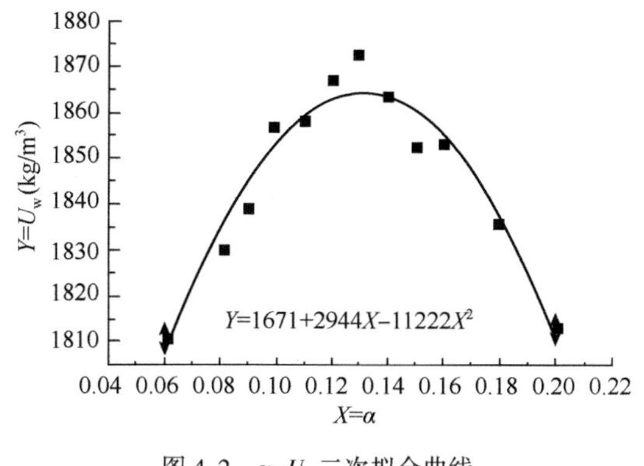

图 4-2　α-U_w 二次拟合曲线

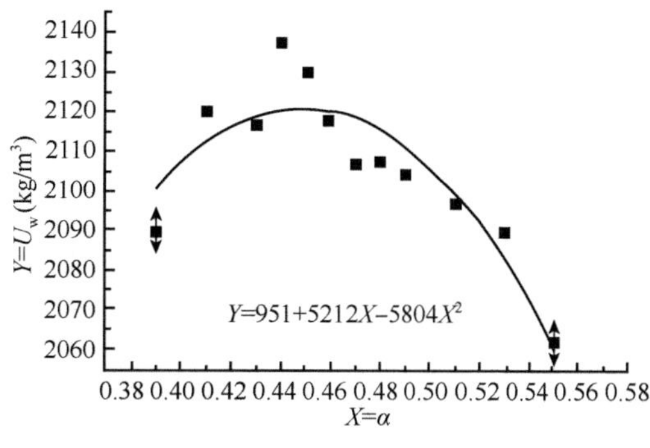

图 4-3　β-U_w 二次拟合曲线

2）最佳填塞率 β 与最大堆积密度 U_w 的确定

将粉煤灰与河砂的最佳混合物按照填塞率 $\beta=37\%\sim55\%$ 的比例掺入到碎石中，混合均匀，采用四分法将混合物按标准方法加入 10L 容量桶中振实，测其振实堆积密度，每组测 3 组数据，计算算术平均值，结果见表 4-3。

不同填塞率 β 及对应的堆积密度 U_w　　表 4-3

β	0.39	0.41	0.43	0.44	0.45	0.46	0.47	0.48	0.49	0.51	0.53	0.55
U_w（kg/m³）	2090	2120	2117.5	2137.5	2130	2117.5	2107.5	2107.5	2105	2097.5	2090	2062.5

以填塞率 β 为横坐标，堆积密度 U_w 为纵坐标，作图如图 4-3 所示。采用 Origin 软件对试验数据进行二次拟合，得出二次拟合曲线方程 $Y=951+5212X-5804X^2$，$R^2=0.77$，其中 $Y=U_w$、$X=\beta$。对方程进行求一阶导数，并令其为 0，求得 $\beta=45\%$，即粉煤灰与河砂混合物填塞碎石的最佳填塞率为 45%。将 $\beta=45\%$ 代回方程，即可求得粉煤灰、河砂和碎石的最大堆积密度 $U_w=2121.1\text{kg/m}^3$。

3）水泥浆富余系数 n 的确定

当致密系数 α、β 以及最大单位重 U_w 确定后，在水胶比固定的前提下，n 降低，则 $V_p=V_v+s\times t=n\times V_v$ 随之下降，即水泥浆量减小，集料用量增加；反之，则水泥浆量增加，集料减少；然而 n 值过小，虽然减少了水泥的用量，但混凝土的工作性和强度不良；如果 n 值过大，则不能降低水泥用量，从而体现不出经济性和耐久性。

由于水泥浆量需要放大，则骨材用量做如下调整：

$$W_s=\frac{V_{agg}}{1/\gamma_s+(1-\beta)/[\gamma_\alpha\beta(1-\alpha)]+\alpha/[\gamma_f(1-\alpha)]}$$

$$W_a=(1-\beta)W_s/[\beta(1-\alpha)]$$

$$W_f=\alpha W_s/(1-\alpha)$$

浆料体积率

$$V_p=V_w+V_c+V_f$$

设水胶比为 λ，则

$$\lambda=W_w/(W_c+W_f)$$

由上式可得

$$\lambda W_c + \lambda W_f = W_w$$

$$V_p = W_w/\gamma_w + W_c/\gamma_c + W_f/\gamma_f$$

故有

$$W_c = \frac{V_p - \left(\frac{\lambda}{\gamma_w} + \frac{1}{\gamma_f}\right) W_f}{\frac{\lambda}{\gamma_w} + \frac{1}{\gamma_c}}$$

$$W_w = \lambda W_f + \lambda W_c$$

式中：　　W、V、γ——各相材料的用量、体积、密度；

下角标 c、f、s、a、w 和 p——水泥、粉煤灰、砂、碎石、水和浆体。

4.7.2.4　配合比优化试验

1）配合比计算

依据强度和耐久性需求，设定水胶比为 0.32，分别令水泥浆富余系数 $n=1.2$、1.3、1.35、1.4，计算混凝土配合比，如表 4-4 所示，对应的混凝土拌合物工作性试验结果如表 4-5 所示。

致密混凝土配合比计算结果　　表 4-4

序　号	胶凝材料用量（kg/m^3）	水胶比	减水剂掺量（%）	混凝土配合比（kg/m^3）				
				水泥	粉煤灰	水	砂	碎石
A1（$n=1.20$）	441	0.32	1.2	322	119	141	791	1112
A2（$n=1.30$）	471	0.32	1.2	355	116	151	769	1081
A3（$n=1.35$）	486	0.32	1.2	371	115	156	759	1067
A4（$n=1.40$）	501	0.32	1.2	388	113	160	748	1051

致密混凝土拌合物的工作性及状态　　表 4-5

编　号	实测重度（kg/m^3）	坍落度（mm）		扩展度（mm）		拌合物状态描述
		初始	1h	初始	1h	
A1（$n=1.2$）	2487	205	140	380	—	水泥浆料勉强包裹住集料，有较多露石，混凝土拌合物和易性不良，流动性差，不符合工作性要求
A2（$n=1.3$）	2479	220	210	520	460	拌合物包裹性良好，黏聚性和保水性良好，满足经济性和工作性要求
A3（$n=1.35$）	2471	230	220	550	480	拌合物包裹性很好，坍落扩展快，黏聚性和保水性良好，满足经济性和工作性要求
A4（$n=1.4$）	2471	240	220	580	490	浆体十分充裕，工作性非常好，但不符合经济性与高体积稳定性要求

2)工作性能试验

由表4-7可以看出,随着水泥浆富余系数 n 的增加,各“骨架”材料的用量减少,混凝土体系的重度也随之减小。随着水泥浆富余系数 n 的增加,体系浆体数量增加,拌合物的工作性、包裹性均更佳。其中,A1配合比的坍落度和扩展度较小,无法满足高程泵送施工要求;A2、A3配合比的初始坍落度220~230mm,扩展度520~550mm,1h坍落度损失仅10mm,1h扩展度损失70mm,分别满足小于20mm和75mm的设计指标要求,能够进行索塔高程泵送施工,且经济性较好;而A4配合比的单方胶凝材料用量超过500kg/m^3,浆体量过多,工作性富余大,可以预测其收缩大、水化热温升高,有开裂的风险,既不经济,亦不耐久。因此,从拌合物工作性能可以初步判定,$n=1.3$ 和 $n=1.35$ 为合理的水泥浆富余系数。

3)物理力学性能试验

通过致密配比法设计出工作性满足设计要求的混凝土配合比后,还需对其进一步进行试验验证,检验其是否能够满足所设计的桥梁索塔工程清水混凝土的技术指标,表4-6为综合物理力学性能试验结果。

致密混凝土配合比物理力学性能试验结果　　表4-6

编　号	含气量(%)	压力泌水(%)	抗压强度(MPa)		劈拉强度(MPa)		弹性模量(MPa)	
			7d	28d	7d	28d	7d	28d
设计指标	<3.0	<40	≥50	≥60	—	—	≥36	≥40
A2($n=1.3$)	1.9	31.8	54.5	67.5	3.8	4.3	41.2	45.6
A3($n=1.35$)	2.0	34.6	58.6	68.6	4.1	4.6	40.5	47.7

从表4-6可以看出,A2、A3两组配合比的含气量小,体系密实,使得硬化混凝土表面气孔少,有利于清水混凝土的外观质量提高;压力泌水率 S_{10} 均小于40%,泵送性能优异;在力学性能方面,A2、A3配比的各龄期抗压强度、劈拉强度和弹性模量均超过设计指标,且具有较大富余,保证了混凝土结构质量。

对比上述各组拌合物的工作性以及硬化混凝土的物理力学性能和经济性后,可以确定 $n=1.3$ 为最佳水泥浆富余系数。考虑到索塔混凝土的施工需要随泵送高度的不同,配制不同工作性能的混凝土拌合物。特别是150m以上的上塔柱高程及超高程泵送难度大,为减小泵压,保证泵送施工顺利,需适当增加混凝土的胶凝材料的数量,采用水泥浆富余系数 $n=1.35$、流动性更大的A3配合比会更佳。因此,对于索塔高性能清水混凝土而言,$n=1.3$ 和 $n=1.35$ 同为最佳水泥浆富余系数,按此确定的A2、A3配合比分别适合于150m以下的下、中塔柱和150m以上的上塔柱的施工。

与此同时,采用高性能混凝土配合比全计算法对索塔C50高性能混凝土的理论配合比进行了计算,得到水泥、粉煤灰、砂、石、水与外加剂的用量分别为:

$$m(c):m(f):m(s):m(g):m(w):\mu=386:96:563:1194:164:1.1\%$$

在上述理论配合比基础上,采用平行比较优化试验方法优化了胶凝材料用量、水胶比、粉煤灰掺量、砂率,得到了如表4-7所示的T2、T3两个配合比。可以看出,通过致密配比法设计优化的索塔高性能清水混凝土配合比A2、A3(表4-6),与全计算法配合比设计+平行比较试验优化设计得到的混凝土配合比T2、T3基本一致(表4-7),如A2、A3与T2、T3的胶凝材料分别只相差$1kg/m^3$,A2、A3的粉煤灰掺量分别为24.6%、23.7%,而T2、T3的粉煤灰掺量为22.5%,A2、A3的砂率为41.6%,而T2、T3的砂率为41%,均相差无几;而且两组方法优化出的混凝土配合比在工作性能、物理力学性能方面也很接近。究其原因,是因为两种方法都以索塔清水混凝土内实外美为配制目标,充分试验了混凝土的各项性能,在得到最佳性能的同时,即意味着混凝土中各材料间达到了最佳的填充比例,密实而稳定。总之,这两种优化方法得到了相互佐证。

基于配合比全计算法与平行比较试验优化设计的混凝土配合比 表4-7

配比	混凝土配合比(kg/m^3)						坍落度/扩展度(mm)	抗压强度(MPa)		弹性模量(MPa)	
	水泥	粉煤灰	水	砂	碎石	外加剂		7d	28d	7d	28d
T2	364	106	150	767	1103	5.6	220/550	55.2	68.0	43.4	47.0
T3	376	109	155	759	1091	5.6	240/570	58.9	71.6	44.1	49.0

针对索塔高性能清水混凝土A2、A3两个配合比,经过多次复盘验证和微调,确定采用表4-7所示的T2和T3两个配合比分别用于索塔中下塔柱和上塔柱施工,与致密堆积法设计的A2、A3配合比设计参数相比,粉煤灰掺量由24.6%、23.7%统一降至22.5%,砂率由41.6%降至41%。

4)混凝土绝热温升试验

粉煤灰的掺入可以减少水泥用量,从而降低发热量很大的C_3A和C_3S的数量,降低混凝土的绝热温升,有利于减小温度应力。由图4-4可知,在7d龄期,等22.5%粉煤灰掺量条件下,胶凝材料$470kg/m^3$的T2绝热温升为52.7℃,较胶凝材料$485kg/m^3$的T3绝热温升降低1.6℃(2.9%);等$485kg/m^3$胶凝材料用量条件下,未掺粉煤灰的T1配合比绝热温升为62.1℃,掺22.5%粉煤灰的T3的绝热温升为54.3℃,T3较T1降低7.8℃(12.5%)。

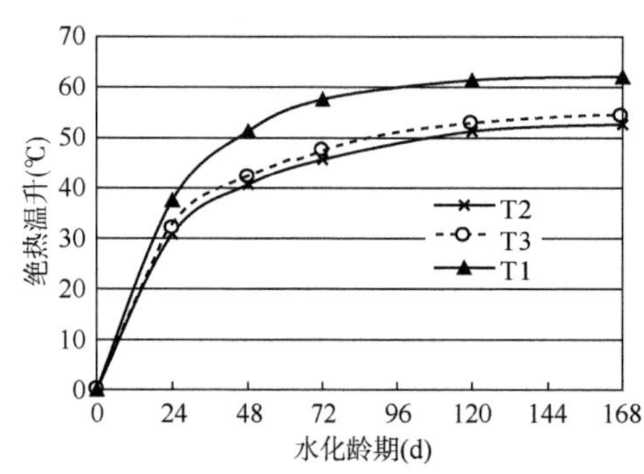

图4-4 索塔混凝土的绝热温升曲线

5)外观质量

同时,对优化出的索塔高性能清水配合比进行了外观试验,以检验拌合物的施工性能及成品的外观质量。图4-5为采用T2配合比浇筑的小型试验墩,混凝土拌合物和易性良好,初始坍落度220mm,扩展度550mm,脱模后混凝土表面光滑,无蜂窝、麻面、砂线等外观缺陷,色泽均匀、一致。

上述实验结果表明,通过设计"粉煤灰—细集料—粗集料"三级骨架密实填充结构,实现了粒料系统的高密实堆积。粉煤灰填充河砂的最佳填塞率$\alpha=13\%$,粉煤灰与河砂混合物填充碎石的最佳填塞率$\beta=45\%$时,粉煤灰—河砂—碎石骨架体系达到最密实堆积;水泥浆的富余系数n为1.3和1.35时,设计的高性能清水混凝土的工作性、力学性能、耐久性、经济性和外观质量均满足索塔工程设计和施工要求,且经济性较优。

图 4-5　采用 T2 配合比浇筑的小型试验墩

4.7.3　索塔清水混凝土的耐久性

4.7.3.1　试验方法

1)混凝土配合比

考虑到目前施工的索塔混凝土粉煤灰掺量一般在 10%~15%,而本文优化的粉煤灰掺量为 22.5%,所以研究粉煤灰掺量对索塔混凝土耐久性的影响很有必要。表 4-8 为粉煤灰掺量分别为 0%、15%、22.5%、30%四个 C50 配合比,其中 FA22.5 配比(粉煤灰掺量 22.5%)为实际施工所采用的配合比,除粉煤灰掺量不同外,其他设计参数均与 T3 配合比一致。由物理力学性能结果可以看出,随粉煤灰掺量增加,在控制坍落度达到设计值 210~230mm 的条件下,减水剂掺量由 1.3%降为 1.0%,即粉煤灰改善了混凝土的工作性。混凝土的抗压强度随粉煤灰掺量的增加而降低,但四个配比的各龄期强度均能满足设计要求。

索塔混凝土耐久性试验用配合比及基本物理力学性能结果　　表 4-8

编号	混凝土各原材料用量(kg/m^3)					减水剂掺量(%)	坍落度/扩展度(mm)	抗压强度(MPa)		
	水泥	粉煤灰	水	砂	碎石			3d	7d	28d
FA0	485	0	155	759	1091	1.3	210/575	54.5	67.4	74.9
FA15	412	73	155	759	1091	1.15	220/555	52.2	63.0	75.0
FA22.5	376	109	155	759	1091	1.1	230/555	46.6	53.3	71.9
FA30	339.5	145.5	155	759	1091	1.0	215/565	42.2	53.8	69.7

2)耐久性试验方法

(1)碳化试验,按照《水工混凝土试验规程》(DL/T 5150—2001)进行,试件尺寸 100mm×100mm×100mm,养护龄期 28d。

(2)抗酸雨侵蚀性能试验,采用干湿循环—酸雨侵蚀加速试验方法。成型100mm×100mm×100mm混凝土试件,标准养护28d后开始干湿循环—酸雨侵蚀试验。酸雨采用硫酸钠与硫酸的混合溶液模拟,硫酸钠溶液溶度5%,其中的SO_4^{2-}含量相当于35000mg/L,pH值为2.0。干湿循环—酸雨侵蚀制度为:酸雨溶液常温浸泡4d+自然干燥3d,每7d(1周)为一次干湿循环。每天调节侵蚀溶液,使其保持在pH=2.0,每循环一次更换一次溶液。通过测定试件的质量和抗压强度的变化率来评定混凝土材料的抗酸雨侵蚀能力。

(3)抗硫酸眼侵蚀性能:参照《普通混凝土长期性能和耐久性能试验方法标准》(GB/T 50082—2009)中的抗硫酸盐侵蚀试验方法,但使用10%硫酸钠溶液浸泡腐蚀和干湿循环加速实验方法来研究其损伤规律《普通混凝土长期性能和耐久性能试验方法标准》(GB/T 50082—2009)规定使用5%硫酸钠溶液。干湿循环制度为:硫酸钠溶液常温浸泡16h,晾干1h,80℃干燥6h,冷却1h,每24h为一次干湿循环。通过相对动弹性模量、质量损失和强度变化来表征其内部结构与力学损伤规律。抗压强度、质量测试试件尺寸100mm×100mm×100mm;抗折强度和相对动弹性模量试件尺寸100mm×100mm×400mm。抗硫酸盐侵蚀试验前,混凝土试件标准养护28d。

(4)抗渗透性试验,电通量和氯离子扩散系数两个耐久性指标依据《普通混凝土长期性能和耐久性能试验方法标准》(GB/T 50082—2009)中的电通量法和氯离子扩散系数快速测定的RCM法分别进行测定,试件尺寸ϕ100mm×50mm,养护龄期为28d、56d。

(5)抗冻性试验,依据《普通混凝土长期性能和耐久性能试验方法标准》(GB/T 50082—2009)中的快冻法进行,试件尺寸100mm×100mm×400mm,养护龄期28d。

(6)集料碱活性试验,依据《水工混凝土砂石集料试验规程》(DL/T 5151—2014)中的岩相法和砂浆棒快速法进行。

4.7.3.2 抗碳化性能

表4-9是索塔混凝土经过28d标准碳化的试验结果,在标准碳化条件下碳化28d,其量纲相当于大气条件下碳化50年。从表4-9可以看出,四组混凝土试块,在室内快速碳化试验中,碳化程度都很小,几乎可以忽略不计,有十分优良的抗碳化腐蚀能力。随粉煤灰掺量增加,混凝土的抗碳化性能并未显示出明显的差异。另外,《高性能混凝土应用技术规程》(CECS 207—2006)中也指出,如果混凝土的水胶比不大于0.38,可不考虑混凝土结构的碳化问题。本研究中的索塔高性能混凝土水胶比为0.32,按照上述试验结果和文献所述,不存在碳化引起的钢筋锈蚀。

混凝土碳化试验结果 表4-9

编号	碳化深度(mm)			
	3d	7d	14d	28d
FA0	0	0	0	0
FA15	0	0	0	0.04
FA22.5	0	0	0	0
FA30	0	0	0.04	0.05

粉煤灰对混凝土抗碳化性能的影响主要取决于两方面的作用,不利方面是粉煤灰掺入减少了水泥用量,同时粉煤灰与水泥水化产物 $Ca(OH)_2$ 又发生二次水化反应,消耗了大量的碱,使混凝土碱储备量明显下降,这可能会加速混凝土碳化进程;有利方面是,对于低水胶比的高性能混凝土,由于粉煤灰的加入,改善了混凝土的内部孔结构和水泥浆体—集料的界面结构,减少了 CO_2 进入的通道,可以改善混凝土的抗碳化性能。

4.7.3.3　抗酸雨侵蚀性能

由图 4-6 结果可以看出,在干湿循环-酸雨侵蚀作用下三组混凝土的质量和抗压强度均随侵蚀时间呈现先增加后降低的变化规律,与 FA0 配合比相比,FA15 和 FA30 的质量和强度开始降低的时间较晚;经过酸雨侵蚀 52 周干湿循环后,基准样 FA0 的质量损失和强度损失均为最大,FA15 与 FA30 的质量损失率差别不大,FA15 的强度虽然较侵蚀前期下降但还是高于初始强度,而 FA30 的强度出现一定程度的劣化。因此,抗酸雨侵蚀性能大小顺序为 FA15>FA30>FA0。说明在混凝土中掺入 15%~30%的粉煤灰,延缓了酸雨侵蚀混凝土性能开始劣化的时间,并降低了性能的劣化程度,改善了混凝土的抗酸雨侵蚀的能力。在混凝土中掺入粉煤灰,一方面减少了由水泥带入的 C_3A 含量和水泥水化生成的与酸雨溶液中侵蚀介质反应的 $Ca(OH)_2$ 数量;另一方面,粉煤灰的火山灰反应生成的 C-S-H 凝胶填充了毛细孔隙,其微集料效应也能使混凝土孔隙细化,增强了混凝土微观结构的致密化程度,也降低了硫酸盐侵蚀介质的侵入与腐蚀速度。

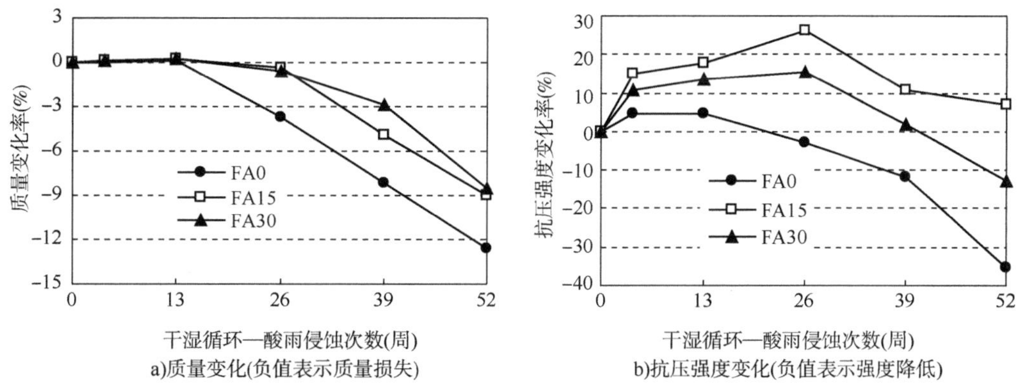

a)质量变化(负值表示质量损失)　b)抗压强度变化(负值表示强度降低)

图 4-6　索塔混凝土的抗酸雨侵蚀性能试验结果

4.7.3.4　抗硫酸盐侵蚀性能

由图 4-7 结果可以看出,干湿循环—硫酸盐侵蚀对混凝土的损伤表现为:先致密后损伤。三种混凝土的抗干湿循环—硫酸盐侵蚀能力大小为:FA22.5>FA15>FA30。具体分析如下:

混凝土在干湿循环—硫酸盐腐蚀下,其质量、动弹模量和强度均呈现先增加后减少的趋势(质量损失率负值表示质量增加)。这是因为混凝土中未水化的胶凝材料继续水化,混凝土的强度和致密度上升,混凝土内部缺陷减少,从而导致相对动弹模量上升。相对动弹性模量在 50 次循环、强度在 100 次循环分别达到最大,当过了最高点后,混凝土的相对动弹模量和强度将急剧下降,其原因是:硫酸盐先通过毛细孔,逐步扩散到混凝土内部,在硫酸盐含量很小的情况下，硫酸盐在混凝土内部的毛细孔中逐渐聚集、结晶，缓慢的填充混凝土内部的毛细孔，使混凝土内部的孔结构细化，降低混凝土内部的缺陷，从而提高混凝土的致密度，增加混凝土的相对动弹模量和强度；然后又有扩散到混凝土内部的硫酸盐生成钙矾石或者硫酸钠结晶，产生巨大的结晶压力，压迫混凝土内部的毛细孔壁，从而引起微裂纹的形成、扩展，表现为混凝土的相对动弹模量下降，最终导致混凝土表层开始剥落发生质量损失，强度降低，直至混凝土破坏。

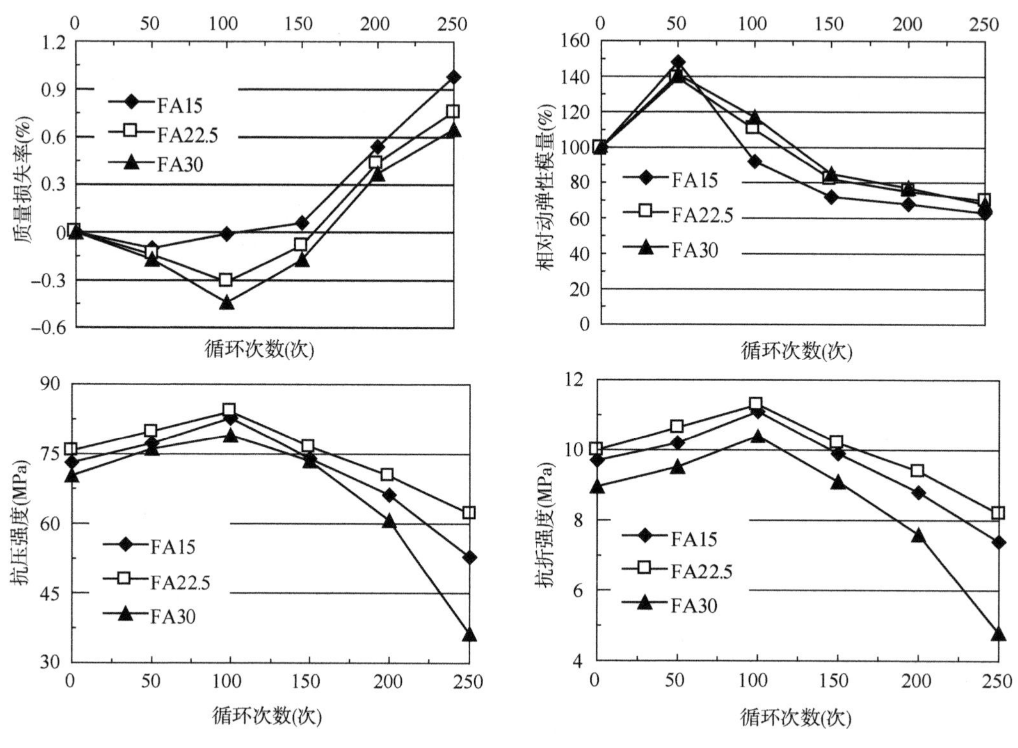

图 4-7　索塔混凝土在干湿循环—硫酸盐侵蚀作用下的性能变化

在干湿循环加速的硫酸盐腐蚀早期（100 次循环），粉煤灰掺量越大，质量增加和相对动弹性模量越高，强度增加的趋势几乎一致，但在腐蚀后期，FA22.5 的相对动弹性模量和抗压、抗折强度要高于 FA15 和 FA30，特别是其损伤速度明显低于后两者，表明了 FA22.5 的抗硫酸盐腐蚀能力明显高于 FA15 和 FA30，这显示了在混凝土中掺入 22.5%的粉煤灰可以有效改善混凝土的抗干湿循环—硫酸盐侵蚀性能，然而当掺量达到 30%时，混凝土各项物理力学性能的损伤速率加快，降低了抗硫酸钠盐侵蚀性能。适量粉煤灰对抗硫酸盐侵蚀性能的改善其原因在于：粉煤灰的掺入，降低了混凝土的早期强度和致密度，导致 FA30、FA22.5 的相对动弹模量低于粉煤灰掺量少的混凝土 FA15，但也为其提供了更多的空间和能力容纳钙矾石生长产生的膨胀压力。而在后期，由于粉煤灰火山灰效应的发挥，密实了混凝土结构，提高了混凝土的强度，同时由于粉煤灰对 $Ca(OH)_2$ 有吸收作用，减少了混凝土中钙矾石的后期生长，使其相对动弹模量和强度下降减缓，从而提高了混凝土的抗硫酸盐损伤能力。当粉煤灰掺量达到 30%时，由于可能存在较多未参与反应的游离粉煤灰，混凝土的强度下降明显，导致其抗硫酸盐侵蚀性能下降。

4.7.3.5　抗氯离子渗透性能

在混凝土的渗透性评价中，混凝土电通量和氯离子扩散系数都能反映混凝土的抗渗性。由表 4-10 结果可以看出，四组试件 28d 龄期的氯离子扩散系数均小于 $5\times10^{-12}m^2/s$、56d 龄期的电通量均小于 1000C，满足设计指标要求。随粉煤灰掺量增加，混凝土的氯离子扩散系数与电通量均呈先降低后增加趋势，且其值均小于未掺粉煤灰的试样，当粉煤灰掺量 22.5%时，抗渗透性最佳，说明粉煤灰的掺入提高了混凝土的抗渗透性。另外，养护龄期的延长也提高了混凝土的抗渗透性能。

混凝土抗氯离子渗透性试验结果　表 4-10

序　号	6h 电通量 Q(C)		氯离子扩散系数 D_{RCM}($10^{-12}m^2/s$)	
	28d	56d	28d	56d
FA0	1265.5	976.0	4.48	3.03
FA15	981.3	687.5	3.56	2.13
FA22.5	924.5	680.1	3.17	2.0
FA30	925.9	702.5	3.65	2.19

4.7.3.6　抗冻性能

由图 4-8 结果可知，快速冻融到 200 次循环时，四组混凝土试件的相对动弹性模量在 72%～82%，不低于 60%。因此，上述试件的抗冻等级均超过 F200，满足抗冻耐久性 F150 的设计要求。与 FA0 相比，掺粉煤灰的混凝土试件中 FA22.5 的相对动弹性模量最低，FA15 和 FA30 的相对动弹性模量基本上高于 FA0，说明 FA22.5 配比的抗冻性最差，FA15 和 F30 配比的抗冻性优于或与 FA0 相当。因此，粉煤灰对混凝土抗冻性的影响并不随其掺量增加而劣化。

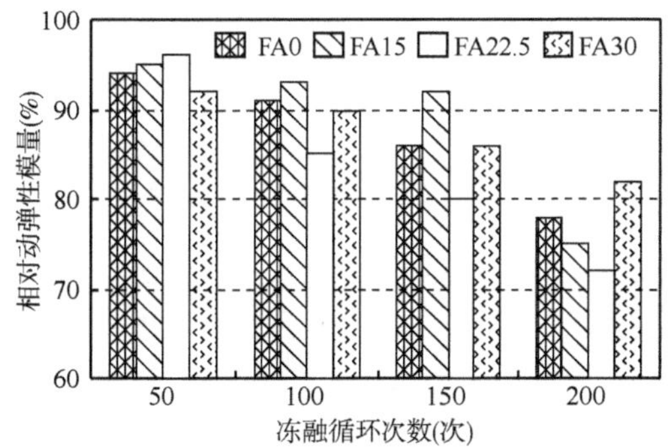

图 4-8　索塔混凝土的抗冻性试验结果

4.7.3.7　碱集料反应

1）岩相分析

图 4-9 碎石岩相分析结果显示，碎石主要矿物为方解石，含量在 98%以上，还含有少量铁质矿物。岩石中含较多的暗色角砾，这些角砾呈椭圆状或者扁平状，由隐晶质方解石组成。胶结物为微细粒隐晶质方解石，岩石中有局部结晶稍大的方解石集合体斑块。铁质矿物在岩石中星散状均匀分布，岩石裂隙中充填有炭泥铁质物质。该碎石无碱活性矿物。

图 4-10 为河砂岩相分析结果，河砂矿物碎屑主要为石英、微斜长石及少量白云母。岩屑主要为石英岩、火山岩、砂岩、少量花岗岩。该河砂无碱活性矿物。

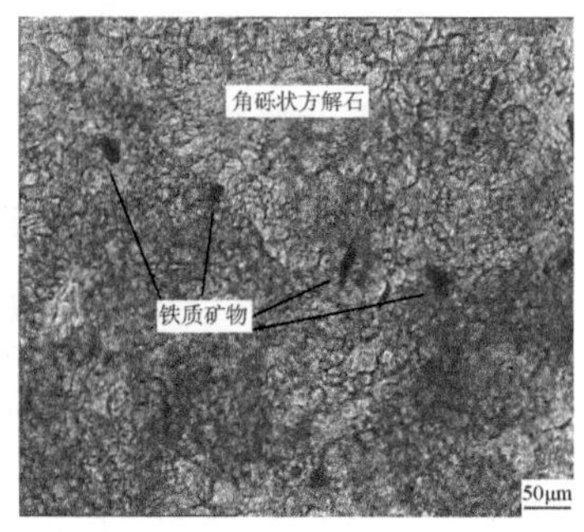

a)角砾状方解石中的铁质矿物

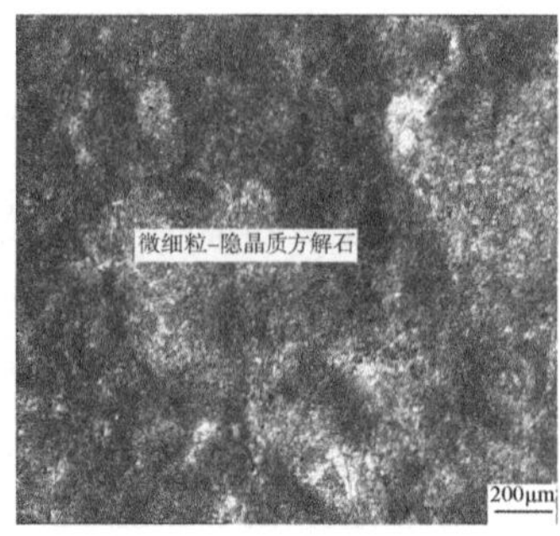

b)隐晶质方解石

c)裂纹中充填的碳泥质物质

图 4-9　碎石岩相分析结果

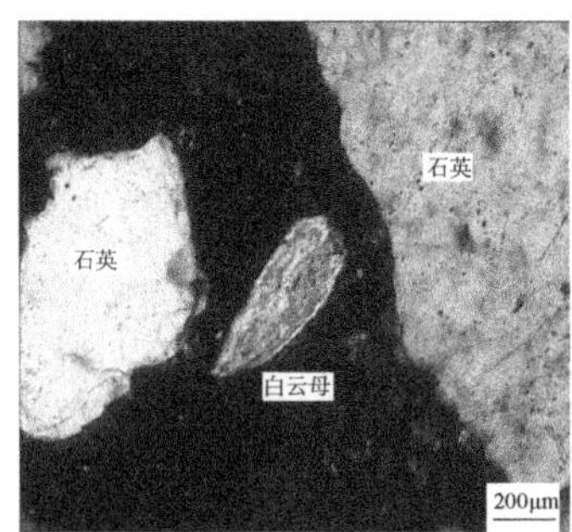

a)石英晶体和白云母

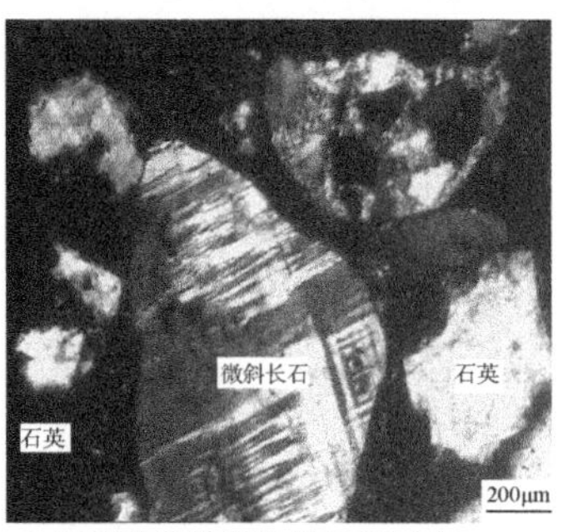

b)石英晶体和微斜长石晶体

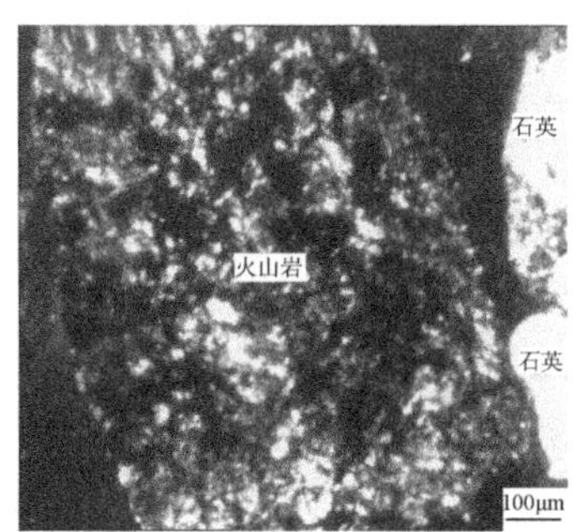

c)火山岩与石英晶体

图 4-10　河砂岩相分析结果

2)碱硅酸反应活性检测

为安全起见,进一步采用砂浆棒快速法对碎石、河砂的碱硅酸反应活性进行检测,表 4-11 结果表明,碎石与河砂的砂浆试件 14d 膨胀率分别为 0.06%、0.05%,均小于 0.10%的限定标准,由此可判定该碎石与河砂均不具有碱硅酸反应活性。

集料碱硅酸反应活性检测结果　　表 4-11

检验样品	砂浆试件膨胀率(%)			检验样品	砂浆试件膨胀率(%)		
	3d	7d	14d		3d	7d	14d
阳新金峰碎石	0.012	0.029	0.06	赣江河砂	0.018	0.04	0.05

3)混凝土的碱含量

表 4-12 为试验所用四个索塔混凝土配合比的每立方米的碱含量计算值。结果显示,随粉煤灰掺量增大,单方混凝土的碱含量降低,除 FA0 配比的碱含量略超过 3.0kg/m^3 的设计要求外,其他三个配比的碱含量均符合设计要求。

索塔混凝土的碱含量　　表 4-12

混凝土原材料碱含量测试结果(%)				混凝土碱含量计算结果(kg/m^3)			
水泥	粉煤灰	减水剂	水	FA0	FA15	FA22.5	FA30
0.59	1.46	2.13	0.01	3.01	2.88	2.60	2.48

注:混凝土总碱量=水泥带入碱量+粉煤灰有效碱含量+外加剂带入碱量+水带入碱量,其中粉煤灰中有效碱含量(可溶性碱)按总碱量的 1/6 计。

综合以上耐久性试验结果可知：在索塔高性能清水混凝土中掺入 15%～30%的粉煤灰，对其抗碳化性能没有负面影响，提高了抗氯离子渗透性能和抗酸雨侵蚀性能，抗冻性在粉煤灰掺量 22.5%时最低，但抗冻等级均超过 F20。

4.8　清水混凝土拌和生产与管理技术

4.8.1　清水混凝土生产工艺流程

清水混凝土生产工艺流程，如图 4-11 所示。

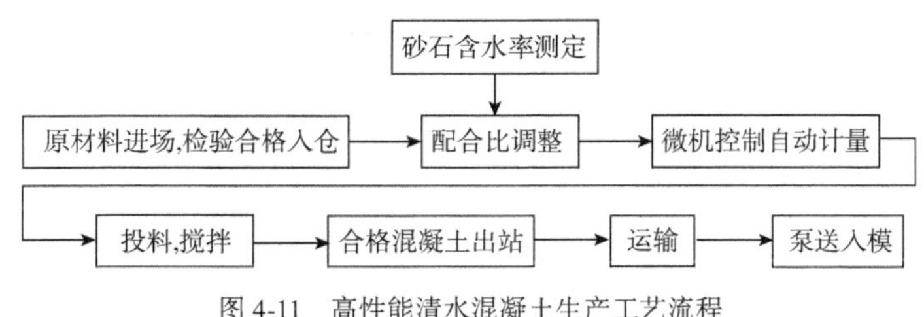

图 4-11　高性能清水混凝土生产工艺流程

4.8.2　清水混凝土搅拌站配置基本要求

（1）清水混凝土必须采用在集中的预拌混凝土搅拌站生产。高性能混凝土要求采用强制式搅拌机，其中以选择双卧轴搅拌机为宜。双卧轴搅拌机采用双筒、双轴搅拌，体积小、容量大，搅拌时间更短、生产效率高，较涡桨式、行星式和单卧轴等强制式搅拌机有明显的优越性。

（2）搅拌站应有足够的原材料储存场地，不同规格的集料应分仓堆放，为了避免雨雪引起集料含水率较大的波动，预拌混凝土的搅拌站应设封闭或半封闭的集料储仓（图 4-12）。九江长江公路大桥搅拌站要求设置 8 个集料储仓（待检和已检各 4 个，分 3 个级配碎石仓和 1 个砂仓），中间设有≥2m 高、≥0.4m 的隔离墙。料仓上方搭设金属雨棚，屋顶不漏水，上方外围封闭。

a)

b)

图 4-12　预拌混凝土搅拌站及半封闭砂石料场

（3）混凝土搅拌站配料仓分为集料料仓、粉体料仓和液体料仓。集料配料仓至少分成四格，包括 4.75～9.5mm、9.5～19mm、19～26.5mm（31.5mm）三挡碎石料仓和一挡砂仓。为了防止雨天集料含水率的波动,集料配料仓仓顶应设有防雨棚。粉料仓的储存量及数量视搅拌机的大小及工艺要求而定。水泥、粉煤灰、矿渣粉应采用散料仓分别储存,每个搅拌站应设置不少于3个水泥储料罐(150t以上)、2个粉煤灰储料罐(或1个粉煤灰、1个矿渣粉)储料罐。液体料仓包括水的储存箱和液体外加剂储存罐。水的储存一般设置楼底水池或楼顶水箱,容积必须较大。如有楼底水池,则可从水池直接泵至水计量斗,如用楼顶水箱,则可从水箱底部直接通至水计量斗。外加剂储罐至少2个,容量满足要求,且搭设雨棚。

(4)混凝土搅拌站应采用质量法配料,各料仓材料的质量(包括水、液体外加剂)均应统一采用电子秤计量系统分别计量。电子秤计量设备的精度应满足国家标准《建筑施工机械与设备　混凝土搅拌站(楼)》(GB 10171—2016)的有关规定,应在使用前经法定计量检定部门进行检定,并签发计量检定合格证明。预拌混凝土原材料的计量允许偏差不应大于表4-13规定的范围,原材料的计量偏差应每班检查1次。

混凝土原材料计量允许偏差(按质量计,%)　　表4-13

原材料品种	水泥	集料	水	外加剂	掺和料
每盘计量允许偏差	±2	±3	±1	±1	±2
累计计量允许偏差①	±1	±2	±1	±1	±1

注:①累计计量允许偏差是指每一运输车中各盘混凝土的每种材料计量和的偏差,该项指标仅适用于采用微机控制的搅拌站。

4.8.3　清水混凝土生产管理要点

根据影响混凝土质量的因素,混凝土生产管理要点主要包括原材料质量管理、配合比调整管理和搅拌过程管理三方面。

4.8.3.1　原材料质量管理——源头控制

(1)混凝土搅拌站应建立健全材料管理制度。

混凝土原材料的质量管理可参照图4-13进行,主要包括入仓管理和建立台账。入仓管理应对原材料的品种、规格、数量以及质量证明文件等进行验收检查,并根据有关规定进行取样和复检,经检验合格后方可使用。对于不合格产品,应驱除出场。及时建立原材料管理台账,台账应包括进货日期、材料名称、品种、规格、数量、生产单位、供货单位、复检报告编号及检验结果等。

(2)所有原材料应分仓储存,并有明显的标识。标识应注明材料的品名、产地(厂家)、生产日期或进货日期、等级、规格等必要信息。

①粗细集料料场应按不同品种或规格(粒级)分别堆放,不混仓、不得混入杂物,设置显著的标识牌。标识牌应标明集料名称、产地(厂家)、规格、进场日期、代表数量、拟使用部位和检验状态等必要信息。集料储仓各仓之间设置隔离墙进行分隔,防止混仓造成质量问题。集料储料仓地面应事先进行硬化处理,防止地面泥土进入砂石中,并设置必要的排水设施,料仓不能进水。

②水泥及矿物掺和料采用专用的仓罐存储,不同厂家、不同品种和强度等级的水泥、掺和

料分批储存,不得混仓,并做定期清仓。罐下有明显的标识牌。水泥、矿物掺和料出厂时间超过 3 个月应进行复检,合格者方可使用。储存散装水泥过程中,应采取措施降低水泥的温度或防止水泥升温,如在厂家加长储存时间或在现场增加储存罐数量以延长存放时间进行降温。水泥入仓前温度一般不宜高于 70℃。

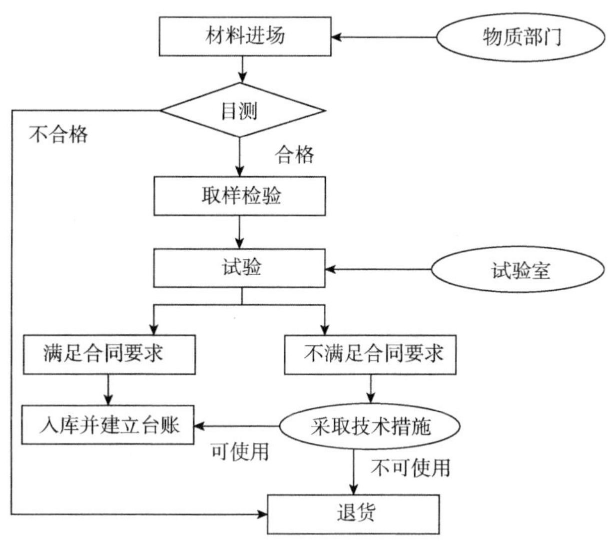

图 4-13　原材料质量管理流程

③外加剂应在专用仓库或固定场所妥善保管,按品种和生产厂家分别储存和标识。对于液体外加剂,应储存在密闭容器内,置于干燥阴凉处,防止日晒、受冻、污染、进水及水分的蒸发,防止外加剂高温变质,如出现沉淀、分层、发臭、变色等异常现象,应经检验合格后方可使用。粉体外加剂的储存、保管应防水防潮,避免外加剂受潮结块,如有结块,应进行检验,合格者应经粉碎至通过 600μm 筛孔后方可使用。可移动外加剂防晒棚见图 4-14。

(3)用于生产混凝土的水泥入机温度不宜高于 60℃。

图 4-14　可移动外加剂防晒棚

混凝土的施工性能与原材料的温度有密切关系,出于对混凝土水化热温升的考虑,不宜采用水泥温度在 60℃或更高的“热水泥”。“热水泥”拌和的混凝土出机温度高、坍落度损失明显,大大降低了拌合物的施工性能,而且“热水泥”还加大了入模温度,增大了裂缝发生和发展的危险。虽然通过增大外加剂用量可以得到需要的大的坍落度,但随着时间的增加,坍落度损失值明显,使施工性能下降。即使通过加水、加外加剂进行重塑处理勉强使用,也会因单方用水量和外加剂用量增加,加大了混凝土的收缩,降低了混凝土的耐久性。当前,磨细矿渣也常有温度居高不下,达 80℃以上甚至出现 106℃的情况,也有与“热水泥”相似的不良现象。基于技术经济的考虑,特别是对混凝土抗裂和耐久性的考虑,配制清水混凝土的水泥,由于对混凝土的施工性能较一般混凝土严格,应控制其入机温度在 60℃以下。

(4)用于清水混凝土的碎石宜水洗去除集料中的泥土和表面的裹粉(图 4-15、图 4-16)。

碎石是混凝土原材料的主要组成部分,所以对碎石集料的质量控制尤为重要。碎石表面裹粉或含泥量高,对清水混凝土的工作性、颜色、强度、耐久性和长期体积稳定性均有影响。因此,提高碎石集料的洁净程度,增强集料表面的黏附性,是改善清水混凝土质量的重要因素之一。

图 4-15 水洗前碎石

图 4-16 水洗后碎石

4.8.3.2 配合比调整管理——过程管理

配合比管理的关键在于控制原材料品质的稳定以及计量设备的精确,这两方面做到了,才能保证按设计配合比生产混凝土。

1)原材料品质稳定性管理

品质稳定是指施工所用原材料的性能与试验室试配时所采用的原材料性质一致或接近。原材料品质稳定性管理的目的是及时调整配合比,使混凝土性能与设计要求相符。因此,每次开机前,应采用现场原材料对配合比进行试拌,以验证现场原材料的质量稳定性。混凝土原材料性质可分为两大类:

一类不影响混凝土性能,只需对混凝土施工配合比(主要是用水量)进行必要的微调即可,如粗集料和细集料的含水率波动,针对这类性能变化,应严格测定粗细集料的含水率,宜每班测定含水率 2 次,并按含水率变化及时调整粗、细集料和拌和用水的称量,以确保混凝土实验室配合比和施工配合比的一致性。

另一类会引起混凝土性能变化，如水泥矿物组成的变化、细度的变化、水泥中混合材料的变化、减水剂减水率的变化、粉煤灰和矿粉等掺和料需水量的变化、集料级配的变化、集料含泥量的变化，单靠现场调整可能无法解决问题，需要试验室针对混凝土原材料性能而重新调整配合比，进行试配工作。这并不是说性能不同的原材料不能使用，要达到相同的性能，对于不同性能的原材料必须使用不同的配合比。当试验室试拌的拌合物或搅拌站试拌的拌合物的性能与设计、规定有出入时应进行调整，但必须遵循以下基本原则：维持混凝土设计的配合比的水灰（胶）比不变，相应调整用水量、外加剂掺量或砂率，或可调整原材料投料顺序。

（1）当胶凝材料需水量增大或减水剂减水率减小、砂石材料含泥量增大，致使混凝土拌合物坍落度小于设计要求时，此时应提高外加剂掺量，保持用水量不变，一般外加剂的增加量不宜超过胶凝材料用量的 0.3%。或保持水胶比不变，增加胶凝材料浆体用量（一般每增加坍落度 1cm，需增加浆体用量 1%～2%，但浆体最大增加量不应超过 5%）。

（2）混凝土拌合物坍落度高于设计坍落度值时，应适当减少拌和用水量或外加剂掺量，直至坍落度满足要求；如果拌合物中的浆体数量饱满，可以保持砂率不变，适当增加砂石用量。

（3）当砂石级配发生变化，致使混凝土拌合物黏聚性和保水性不良，即砂浆不足，应保持砂石用量不变，适量提高砂率，反之降低砂率。

（4）坍落度损失快，应查明是外加剂与水泥的适应性的问题、混凝土温度过高问题还是砂石集料含泥量过高的原因所致，不可盲目增加用水量或减水剂的掺量。夏季施工，应选用缓凝时间长、保塑性好的外加剂，以补偿因气温升高对凝结和坍落度的不利。

（5）针对水泥比表面积过大或 C_3A 含量过高、减水剂与水泥适应性不好导致的出机坍落度过低或坍损增大的问题，可采用外加剂后掺的方法，并应由施工单位试验室和驻地办试验室批准，形成记录备案。

2）计量准确管理

计量准确是保证混凝土质量的关键。目前搅拌站所用的计量设备精度是足够的，不应该引起混凝土质量波动，但由于设备使用时间过长、下料方式不对，或者由于其他原因，也可能导致计量不准。搅拌站经常遇到的计量不准确的原因主要有三方面：其一是粉状物料如水泥、掺和料等，由于粉状物料的吸附和团聚特性，粉状物料容易起拱，拱一旦坍塌，物料将会冲进料斗，致使物料过量；其二是细集料含水率过高，下料困难，如果采取人工方式协助下料，也经常会引起物料过量；其三是计量设备长期没有校准，设备在使用过程中会产生一定量的零点偏移，引起计量误差。

因此，粉状物料入库不要温度太高，胶凝材料应保证及时使用，储存时间短会减少粉料物料的起拱现象；控制进入料斗的细集料含水率，以免由于含水率太高而引起细集料下料困难；计量设备应定期检查，消除计量误差。

4.8.3.3　搅拌过程管理——过程控制

（1）开盘鉴定。监理人员和拌和站试验室技术负责人、质检人员，应以优选出的设计配合比为依据，首先确认所用原材料是否合格，并根据当日气候条件、砂石含水率和原材料情况，向搅拌站操作人员开具施工配合比通知单。操作人员在监理人员和试验室技术人员的监视下，将配合比称量数据输入电脑，同时监理人员和拌和站试验室技术负责人应在施工配合比通知单上确认签字认可备案。监理和技术人员应监视操作人员输入的全过程，并目测首盘混凝土用水量、坍落度，并抽取混凝土试样成型 3d、7d、28d 试件，作为混凝土出站检验试件。同时，拌和站技术人员应及时更新施工配合比标识牌。

(2)搅拌时间。整个搅拌的过程所需的时间包括投料时间、搅拌时间和卸料时间。搅拌时间应从原材料全部投入搅拌筒搅拌时起，至混合料开始卸料时为止所经历的时间。搅拌最优搅拌时间与搅拌机类型、搅拌机状态、搅拌速度、装料量、原材料性质以及混凝土材料性能要求密切相关。《混凝土质量控制标准》(GB 50164—2011)要求搅拌的最短时间不少于 60s；当搅拌高强混凝土时，搅拌时间应适当延长。《清水混凝土应用技术规程》(JGJ 169—2009)要求清水混凝土每次搅拌时间宜比普通混凝土延长 20～30s。因此，本规定清水混凝土的搅拌时间最短时间不得低于 90s(C50 以下混凝土)和 120s(C50 及以上混凝土)，冬季施工还应适当延长搅拌时间 30s，但最长也不宜超过 180s。

(3)拌制第一盘混凝土时，可增加胶凝材料和细集料用量 10%，或减少粗集料用量 1/3，保持水胶比不变，以便搅拌机挂浆。在下盘材料装料前，搅拌机内的拌合物料应全部卸清。搅拌设备停用超过 30min 时，应将搅拌筒彻底清洗后才能重新拌和混凝土。

(4)与生产其他混凝土相比，清水混凝土应加密对拌合物出机质量的检测频率，包括测定坍落度、扩展度、坍落度损失，观察有无分层、离析、泌水，评定均质性。

(5)制备成的清水混凝土拌合物工作性能应稳定，且无分层、板结、泌水、离析现象。混凝土拌合物的坍落度经时损失不应影响混凝土的正常施工，泵送混凝土拌合物的坍落度 1h 经时损失值不应大于 30mm。

(6)各盘材料配比应保持稳定，同一盘及连续各盘之间混凝土工作性能状态应一致，混凝土拌合物的颜色应均匀，确保供应的混凝土质量均匀、稳定。拌好的混凝土坍落度或扩展度应控制在拌合物稠度允许的范围内：设计坍落度≤90mm，允许偏差±10mm；设计坍落度 100～180mm，允许偏差±20mm；设计坍落度≥180mm，允许偏差±30mm；设计扩展度 350～450mm，允许偏差±30mm；设计扩展度≥500mm，允许偏差±50mm。拌好的混凝土含气量允许偏差：目标值±1.0%。

(7)在生产供应清水混凝土的台班内，不得在同一条生产线上穿插其他规格、品种的混凝土；运输车亦不得穿插运输其他混凝土。

(8)进入施工现场的混凝土应逐车检测混凝土的坍落度和温度，并目测混凝土外观色泽，有无泌水离析，并做好记录。混凝土拌合物应均匀、颜色一致，不得有离析和泌水现象。如遇混凝土坍落度或温度等超出其允许范围的混凝土，严禁使用，坚决退回。

本章参考文献

[1] 马保国.新型泵送混凝土技术及施工[M].北京：化学工业出版社，2006.

[2] Popovics S.陈志源，沈威，金容容，等译.新拌混凝土[M].北京：中国建筑工业出版社，1990.

[3] 黄大能.新拌混凝土的结构和流变特征[M].北京：中国建筑工业出版社，1983.

[4] 吴中伟，廉慧珍.高性能混凝土[M].北京：中国铁道出版社，1999.

[5] 廉慧珍.对“高性能混凝土”推广应用十年来的反思[J].混凝土，(7)：10-13.

[6] Meht P.K，Monteiro P.J.M.覃维祖，王栋民，丁建彤，等译.混凝土微观结构、性能和材料[M].3 版.北京：中国电力出版社，2008.

[7] 吴黄钧.清水混凝土施工品质控制之研究[D].台南:成功大学硕士学位论文,2011.
[8] 杨文旻.广州新客站项目清水混凝土配合比研究[D].广州:广东工业大学硕士学位论文,2010.
[9] 何锦华,王守合,杜建锋,等.超大面积清水混凝土结构清水混凝土配制及施工技术[J].混凝土,2006,(6):77-79.
[10] 陆凯华.高性能清水(不涂装)混凝土性能及施工技术研究[D].南京:东南大学硕士学位论文,2009.
[11] 吴海勇,马建高,石福弟,等.清水混凝土配合比设计及脱模剂的选择[J].混凝土,2007,(12):93-94,102.
[12] 陈健,徐伟.清水混凝土耐久性的内部结构微观分析[J].建筑施工,2005,27(10):62-64.
[13] Shan S P,Weiss W J,Wei Y.Shrink-age cracking can it be prevented[J].Concrete International,1998(4).
[14] 陈建奎,王栋明.高性能混凝土(HPC)配合比设计新法——全计算法[J].硅酸盐学报,2000,28(2):194-198.
[15] Aïtcin P C,Mehta P K.Principles underlying production of high performance concrete[J].Cement,Concrete and Aggregates,1990,12(2):70-78.
[16] 任世漫.预拌混凝土泵送性能研究[J].重庆建筑大学学报,1999(1):10-13.
[17] Wittmann F H,Schwesinger P.冯乃谦,等,译.高性能混凝土——材料特性与设计[M].北京:中国铁道出版社,1998.
[18] 黄兆龙,刘俊杰,李隆盛,等.高性能混凝土之致密配比法与早期性质[J].中国土木水利工程学报,1996,8(2):207-219.
[19] 刘军,王玲玲,王东山,等.混凝土矿质混合料致密配比设计模式分析[J].哈尔滨工业大学学报,2004,36(3):356-358.
[20] 丁庆军,黄修林,王红喜,等.采用密实骨架堆积法设计高掺量Ⅱ级粉煤灰高性能混凝土[J].混凝土,2007(8):7-10.
[21] 朱艳芳,王培铭.大掺量粉煤灰混凝土的抗碳化性能研究.建筑材料学报[J].1999,2(4):319-323.
[22] 中国工程建设协会标准.CECS 207—2006　高性能混凝土应用技术规程[S].
[23] 覃立香,胡曙光,马保国.粉煤灰对混凝土抗硫酸盐性能的影响[J].混凝土与水泥制品,1997(5):15-20.
[24] Xie H,Li Q,Ding Z.Investigation of the effects of acid rain on the deterioration of cement concrete using accelerated tests established in laboratory[J].Atmospheric Environmental,2004,38(27):4457-4466.
[25] 李北星,马立军,关爱军,等.箱梁 C55 高性能混凝土的抗裂性与耐久性研究[J].武汉理工大学学报,2010,32(14):40-44.
[26] 贾国盛.黄河特大桥主桥箱梁高强混凝土配合比的设计[J].铁道建筑,2001(8):19-21.
[27] 刘建忠,刘加平,周伟玲,等.预应力箱梁用粉煤灰混凝土的配制与性能研究[J].施工技术,2005,34(4):21-23.
[28] 富文全,韩素芳.混凝土工程裂缝分析与控制[M].北京:中国铁道出版社,2002.
[29] 覃维祖.混凝土的收缩、开裂及其评价与防治[J].混凝土,2001(7):3-7.
[30] 朱汉华,陈孟冲,袁迎捷.预应力混凝土连续箱梁桥裂缝分析与防治[M].北京:人民交通出版社,2006.
[31] 赵启林,周旺进,江克斌.预应力混凝土箱梁桥施工中的裂缝成因分析与修补[J].公路交通科技,2006,23(6):85-88.
[32] 臧华,刘钊,王立波.混凝土箱梁温度裂缝控制问题的探讨[J].施工技术,2006,35(7):112-113.
[33] 叶见曙,阮静,钱培舒,等.混凝土箱梁的水化热温度分析[J].桥梁建设,2004(4):7-9.
[34] 阮静,万水,叶见曙,等.混凝土箱梁温度场有限元分析[J].公路,2001(9):54-58.
[35] Holt E,Leivo M.Cracking Risks Associated with Early Age Shrinkage[J].Cement and Concrete Composites,2008,23(2):263-267.
[36] 中国工程建设协会标准.CECS 01—2004　混凝土结构耐久性设计与施工指南[S].北京:中国建筑工业

出版社,2005.

[37] 胡曙光,陈静,周志锋.约束可调式单轴温度—应力试验机控制系统[J].武汉理工大学学报,2007,29(1):55-57,61.

[38] Bentur A,Kovler K.Evaluation of Early Age Cracking Characteristics in Cementitious Systems[J].Materials and Structures,2003,36(3):183-190.

[39] Bentz D.P,Peltz M A.Reducing Thermal and Autogenous Shrinkage Contributions to Early-age cracking[J]. ACI Materials Journal,2008,105(4): 414-420.

[40] Holt E,Leivo M.Cracking Risks Associated with Early Age Shrinkage[J].Cement and Concrete Composites, 2008,23(2):263-267.

[41] Elahi A,Basheer P A M,Nanukuttan S V,et al.Mechanical and Durability Properties of High Performance Concretes Containing Supplementary Cementitious Materials[J].Construction and Building Materials,2010(24): 292-299.

[42] Bentz D P,Jensen O M.Mitigation Strategies for Autogenous Shrinkage Cracking[J].Cement and Concrete Research,2004,26(6):603-762.

[43] Haque M N,Kyaali O.Properties of High-Strength Concrete using Fine Fly Ash[J].Cement and Concrete Research,1998,28(10):1445-1452.

[44] 张士海,覃伟祖,张涛,等.混凝土早期抗裂性能评价——单轴约束试验方法的进展[J].混凝土与水泥制品,2002,125(3):13-16.

[45] 张国志.海工绿色高性能混凝土早期抗裂与抗氯盐侵蚀性能研究[D].武汉: 武汉大学博士学位论文,2006.

[46] 赵庆新,孙伟,缪昌文,等.磨细矿渣和粉煤灰对高性能砼徐变性能的影响[J].武汉理工大学学报,2005,27(11):35-38.

[47] 赵庆新,孙伟,郑克仁,等.粉煤灰掺量对高性能混凝土徐变性能的影响及其机理[J].硅酸盐学报,2006,34(4): 446-451.

[48] 黄卫兰.南京长江二桥混凝土徐变试验报告[R].南京水利科学研究院,2000.

[49] 陈灿明,黄卫兰.宜万铁路宜昌长江铁路大桥混凝土徐变试验报告[R].南京水利科学研究院,2005.

[50] 盛兆宝.高强混凝土的徐变试验报告[R].南京水利科学研究院,1993.

[51] 唐崇钊.厦门海沧大桥工程混凝土徐变试验报告[R].南京水利科学研究院,1998.

[52] 陆采荣,姜竹生,刘世同,等.五河口斜拉桥高性能混凝土长期变形试验研究[J].公路,2006,(5):20-25.

[53] 中华人民共和国国家标准.GB 50164—2011 混凝土质量控制标准[S].北京:中国建筑工业出版社,2012.

[54] 江苏省地方标准.DB32/T 1717—2011 大跨径桥梁高性能混凝土质量控制标准[S].2011.

[55] 赵国堂,李化建.高速铁路高性能混凝土技术应用管理技术[S].北京:中国铁道出版社,2011.

[56] 铁道科学研究院.铁路混凝土施工技术指南[M].北京:中国铁道出版社.

第5章 清水混凝土外观质量影响因素及控制技术

清水混凝土的施工工艺包含钢筋工程、模板工程和混凝土工程。模板工程和混凝土工程是清水混凝土成功与否的关键，对其结构力学性能、表观质量和耐久性起着决定性作用，钢筋工程对清水混凝土的外观质量也产生重要影响。

5.1 钢筋工程对清水混凝土外观质量的影响及控制措施

钢筋工程引起的清水混凝土的外观质量缺陷，主要是由于以下几个方面的原因造成：外露钢筋的锈蚀污染成品混凝土；钢筋保护层质量影响混凝土质量；钢筋绑扎、焊接后位置不准确造成支模困难等。

5.1.1 钢筋材料的锈蚀

钢筋或连接螺纹表面锈蚀严重，一方面锈水污染模板或在模板内堆积，或流经混凝土表面污染混凝土，影响清水混凝土观感质量；另一方面，钢筋或连接螺纹锈蚀，不仅会降低混凝土与钢筋的黏着力及混凝土与钢筋的机械嵌固形成的握裹力，而且混凝土浇筑、硬化后，钢筋会在表面钝化膜已破坏的情况下继续锈蚀，锈蚀生成物体积是其基体体积的2~4倍，这些锈蚀物在混凝土和钢筋间积聚，对混凝土形成膨胀挤压，导致混凝土顺筋开裂和保护层剥落，影响了钢筋和混凝土的共同作用，从而影响混凝土的外观和承载能力。因此，清水混凝土结构更应高度重视钢筋的锈蚀问题，采购钢筋宜选未锈蚀的钢筋；钢筋表面必须清洁，加工前应除去泥土、油污、锈蚀、水泥浆皮等，加工后钢筋下还应放置垫木、上覆盖防雨布（棚），以防雨防潮从而防锈蚀。

5.1.2 钢筋构件的制作、绑扎与焊接

（1）钢筋下料不准确，制作的钢筋尺寸不准确，箍筋加工不够平直、方正及弯钩不准确，造成模板无法就位，或使得保护层厚度不够引起钢筋锈蚀。

（2）绑扎钢筋多余的扎丝段未能向构件内侧弯折，造成因扎丝外露形成锈斑。钢筋绑扎用的扎丝宜为20~22号（特别粗大的钢筋也可用18号）镀锌钢丝；扎丝长度应满足钢筋绑扎牢固的要求，与所扎钢筋的直径、扎丝扣的形式有关，但下料长度不可过长，以免丝扣剩余过多的扎丝尾。清水混凝土结构的钢筋绑扎完毕，需将扎丝扣全部按倒，且多余段的扎丝应弯向钢筋骨架里面，以免翘起的扎丝和丝尾进入保护层的浅表部位，形成点点锈迹，影响混凝土外观。

（3）所有钢筋、预埋管的焊接操作必须在电焊下方采用保护措施，确保焊渣不损坏板面，影响混凝土成型后的外观质量。此外，钢筋焊接完毕后没有及时清理，焊渣留置在模板上将

造成梁、板底表面形成锈斑。

(4)钢筋绑扎的位置不准确,会给支模带来困难,因此所有钢筋的规格、间距、根数、位置均应符合设计要求。箍筋均应与受力筋垂直。钢筋及铁丝均不得接触模板,双层钢筋网采用铁马凳架设钢筋时,在不能取掉的情况下,应在铁马凳上加焊止水环,防止水沿铁马凳渗入混凝土结构。墙体钢筋为双层双向,内外钢筋网片间按一定间距设拉结筋,柱子钢筋用箍筋定位。钢筋遇孔洞时应尽量绕过,不能绕过时,截断钢筋应与孔洞加强钢筋相焊接。

(5)对拉螺栓与钢筋的协调处理。清水混凝土的对拉螺栓位置一般均为固定位置,为避免螺栓孔眼和钢筋发生冲突,模板就位前先弹出螺栓孔的位置。遇到对拉螺栓与钢筋发生矛盾时,将相邻的几排钢筋进行适当调整,但调整幅度必须在规范允许范围内,以确保对拉螺栓安装位置。

5.1.3 钢筋的保护层质量

《混凝土结构耐久性设计规范》(GB/T 50476—2008)、《公路工程混凝土结构防腐蚀技术规范》(JTG/T B07—01—2006)规定,保护层的厚度是指钢筋(包括纵向钢筋、箍筋和分布筋)外缘至混凝土表面的距离。混凝土中的碱性物质在钢筋表面形成的钝化膜,有阻止钢筋锈蚀发生、发展的重要作用,足够厚的保护层可有效防止环境中的二氧化碳、氯离子、氧气、水分和其他不良介质的侵入。保护不足或损坏,会使钢筋的钝化膜破坏,很快锈蚀、膨胀,混凝土出现顺筋开裂的情况,影响到结构的安全和外观。对有外观要求的清水混凝土面,更不允许有锈斑锈迹浸出,因此保护层的厚度尤为重要。

钢筋保护层的质量主要取决于其厚度及混凝土的密实性。相对于普通混凝土,清水混凝土钢筋保护层质量对其耐久性来讲就显得更为重要。与普通混凝土相比,由于取消抹灰层和饰面层而直接暴露于大气环境中,大气中的 CO_2、SO_2、NO_x 等因素使清水混凝土更加快速的产生中性化,过早失去对钢筋的保护作用,氯化物侵入混凝土中,使钢筋脱钝、锈蚀和保护层顺筋开裂等,从而危机构造物结构安全,降低其使用年限;同时,当薄弱处混凝土内毛细管水渗透,钢筋锈蚀体积膨胀会使该处混凝土爆裂,带色的锈水流就会污染混凝土立面。另外,部分桥梁的构件中,箍筋直径较大,考虑拉钩要求钩在主筋外的构造做法,实际施工中经常会出现箍筋几乎无保护层的问题,其往往被设计人员忽略,箍筋保护层无法保证,同时过多箍筋外露还会引起钢筋锈蚀而影响柱子的抗剪强度和污染清水混凝土影响观感质量。

《混凝土结构耐久性设计规范》(GB/T 50476—2008)、《公路工程混凝土结构腐蚀技术规范》(JTG/T B07—01—2006)根据混凝土结构设计的使用年限、环境条件和混凝土强度等级对保护层的最小厚度作出了规定,但设计时也不宜将保护层增大过厚,因为增厚的保护层对混凝土裂缝的发生、发展不利,一般出现保护层≥40mm 时,通常是在混凝土保护层中离构件表面一定距离处,增配细钢筋制成的构造钢筋网片来防裂;施工时,保护层厚度控制过厚,结构物截面有效尺寸降低,影响结构承载力,过薄则不能有效保护钢筋;保护层垫块没有统一布置,以及垫块因强度不够而压碎,也将造成保护层的质量得不到保证,从而无法保证清水混凝土的安全服役和外观质量。因此,应充分重视钢筋保护层厚度的均匀性和合格率,防止漏筋和钢筋可能的锈蚀对混凝土表面的污染。

清水混凝土结构的钢筋保护层垫块要用足够的强度、颜色与混凝土基体基本保持一致的成品塑料或混凝土垫块。垫块的规格尺寸，应根据被保护钢筋的直径、保护层厚度的结构特点选定。设置在平面或斜面模板上的保护层垫块，要适当增加密度，使被保护的钢筋骨架在自重和可能的施工荷载作用下，不发生明显的变形，确保保护层的厚度。

5.1.4 钢筋成品保护措施

(1)绑扎好的钢筋在工作面上不得受到推、拉、碰、撞等外力作用，以免发生变形或其他损伤。

(2)绑扎完毕的钢筋有锈水时，浇筑混凝土前冲洗模板、浇筑后养护混凝土都有可能使锈水污染清水混凝土面。因此，绑扎完的钢筋验收后应及时组织后续施工，避免钢筋较长时间暴露发生锈蚀。如果因难以避免的因素使施工中断，应有可行的防止钢筋锈蚀发展的措施(如用防水雨布将绑扎后的钢筋包裹严密)。如果留置在工作面以上的钢筋需要除锈，应将施工缝以下的清水混凝土面妥为保护，防止污染。

(3)对施工完成的钢筋混凝土结构外露钢筋进行涂刷水泥净浆防护。

5.1.5 钢筋的保护层控制措施

钢筋作为桥梁工程的重要组成部分，在结构受力中有着举足轻重的作用，而保护层质量是影响清水混凝土工程质量的最重要因素。应从钢筋制作安装入手，通过钢筋加工工厂化、下料精确化、绑扎安装过程标准化以及混凝土施工完成后钢筋保护层检测制度的实施，以确保钢筋加工及安装绑扎的质量和精度，准确控制保护层厚度，使其在模板安装过程中合格率达到95%以上，工后抽检合格率达到85%以上，同时加强成品(半成品)钢筋的防护及保护。

5.2 模板工程对清水混凝土外观质量的影响及控制措施

5.2.1 模板面板材料

在清水混凝土技术的发展和变革中，模板技术起着决定性的作用。模板材料的选择是清水混凝土施工成败的关键，不同类别、不同结构、不同施工工艺的清水混凝土都有与之相对应相匹配的模板材料，科学、合理地选择与之相适应的模板材料，是确定清水混凝土模板方案、进行模板设计的核心工作。桥梁工程清水混凝土构件与普通混凝土构件的施工工艺无异，因此模板材料的选择也基本与普通混凝土一致。

目前，市场上可选择的模板面板主要为钢面板、木胶合多层板、竹胶合板和塑料面板。《公路桥涵施工技术规范》规定："桥涵工程模板、支架可采用钢材、胶合板、塑料板和其他符合设计要求的材料制作。"因塑料板在防火性、脆裂性、价格等方面存在诸多不利因素，还很难得以推广应用；竹胶合板在平整度和连接性能上也存在弱势；钢面板易锈蚀，透气性不好且相对成本高。因此，清水混凝土应优先选择进口厚覆膜木多层(胶合)板或厚覆膜国产木多层(胶合)板。为保证工期，避免出现施工过程中的大批调换体系化模板的面板，具体面板的选择还应考虑模板在项目工程内周转次数的要求。

5.2.1.1 钢质面板

大模板所用钢材材质不宜低于Q235,对于不同使用条件的受力构件,所选用的材质由设计确定。宜采用5mm或6mm的厚钢板做面板,表面应平整、光滑、清洁。钢材本身品质优良,作为面板材料使用,其优缺点如下:

(1)钢材面板致密性好,质地均匀,板面平整度、表面光洁度均很好,利于控制清水混凝土表面的平整度,脱模剂涂刷的均匀性比较好控制,不易粘模,从而不易导致混凝土蜂窝、麻面等外观质量缺陷。

(2)钢材面板具有较高的强度和刚度,能够承受很大的侧向压力,施工过程中不易变形;可加工性能好,可进行各种机械加工,实现了大模板的标准化、工具化、定型化和通用化,能适应结构平面设计多变的要求,组拆灵活,效率高,周转次数多,综合成本较低。

(3)钢材具有良好的变形能力,施工、振捣过程中,能够承受的冲击、振动等荷载的力度和次数更多,成型的混凝土表面平整光洁,颜色一致,整体观感效果较好。

(4)钢材密度大,钢模自重较大,一次性投入大,模板造价高,施工中过于占用和依赖起吊设备,施工程序较繁和施工费用高等也是不可忽视的。

(5)钢板的致密性在众多材料中最好,其高致密性也引发了钢板透气性和亲水性较差,混凝土表面容易形成气泡、泌水水线等缺陷。

(6)钢质表面易锈蚀污染混凝土。

5.2.1.2 木胶合板面板

天然木材材质不均匀,平整度不高,作为模板整体刚度差,不利于混凝土表面的平整度和顺直度,且容易吸湿、吸水而导致力学和物理性能上的变化,收缩变形及边缘变形大,使拼装处的板缝可能产生变形。同时,木材有很多优点,如轻质高强、加工方便、导电和导热性能低、有很好的弹性和塑性、能承受冲击和振动等作用。

因此,木材单板经涂胶、搭配、压制等一系列工艺后制成覆膜木多层胶合板,既具有天然木材的一切优点,如重度小、强度高、纹理美观、绝缘等,又可弥补天然木材自然产生的一些缺陷如节子、幅面小、变形、纵横力学差异性大等缺点。

作为面板的木胶合板模板应具有以下要求:质地坚硬、表面平整光滑、色泽一致、厚薄均匀,并有足够的刚度,遇水膨胀率低于0.5mm;宜采用15mm以上的多层木胶合板作为面板。模板表面无裂纹和龟纹,表面覆膜层厚而均匀,平整光滑,耐磨性好,双面覆膜,覆膜质量$\geqslant 120g/m^2$。面板应具有均匀的透气性、吸水性,且重复利用次数高。

由于木胶合板有板面平整、组织紧密、质地坚硬、质量小、变形小、幅面大、不翘曲、横纹抗拉力学性能好等优点,使用不受季节、地区和环境温度的影响,且前期投入少、周转次数多、可操作性强,可灵活地根据设计意图进行排板,散装散拆,适合各种截面构件、易于现场加工等特点,使其作为优质模板而得到广泛应用,见图5-1。

常用的木胶合板有国产普通覆膜木胶合板和进口的酚醛树脂覆膜的全桦木维萨板。国产木胶合板面板的密实性不如维萨板,周转次数较少,一般使用次数在20次以下,对于外观要求高的清水混凝土只能使用2~4次,且部分模板的平整度、刚度和稳定性相对较差,遇水易变形、耐候性差。芬兰进口的维萨模板目前是国内外模板体系公司的首选面板，在众多大型的清水混凝土工程中成功应用。芬兰维萨模板为全桦木胶合板，由北欧寒带桦木单板十字交叉黏结而成，酚醛胶水胶合，正反两面由防水酚醛树脂覆膜，防水涂料封边。维萨板表面平整光滑，与硬化混凝土黏结性低、易脱模，弹性模量、强度高，刚度大，耐水性、耐腐蚀性均良好，目前较多使用的维萨模板为 13、15 层，规格一般为 2440mm×1220mm，厚度有 15mm、18mm、21mm 等多种。芬兰维萨板周转次数单面正常可达 40~50 次，用于清水混凝土也可达 20 次。

a)国产普通覆膜木胶合板

b)进口酚醛树脂覆膜维萨板

图 5-1　木胶合板

木模板虽然质量小，但有时不能满足设计所要求的对拉螺栓孔位置要求，整体刚度也较低。根据清水混凝土模板的要求，综合钢模体系和木模体系优点，经常采用钢木组合体系模板，即主龙骨为槽钢，次龙骨采用铝梁或木方，面板采用芬兰进口维萨板。

5.2.2　模板表面处理技术

由于模板材料表面本身光滑程度等的限制，为满足普通、饰面和装饰清水工程外观质量的不同要求，在模板材料选择的基础上，可以对模板表面进行再处理，常见的处理方式包括涂刷脱模剂以及在模板内粘贴同种类衬板，涂刷脱模剂和粘贴衬板统称为模板表面处理技术。

模板表面处理技术主要分为两类，一类是脱模剂，涂刷于模板材料表面，即钢模板或者木胶合板模板表面；一类是由于钢模板或木胶合板表面不够光滑，为了产生镜面效果或改善表面性能，粘贴于模板材料表面的衬板，衬板材料通常选用不锈钢板、透水模板布、亚克力板、PVC 膜等，衬板直接与混凝土接触。模板表面处理主要通过以下两种机理来改善混凝土外观质量，达到清水混凝土效果：

(1)表面光滑的憎水材料，能降低模板与混凝土间的黏结力，有利于气泡的溢出；而具有良好透气性的亲水性材料，亦可降低液相的表面张力，使湿润角减小，气泡脱离固体表面而破裂或逸出，减少结构表面气泡，改善混凝土外观质量。

(2)水泥与水经过化学反应，能立即发生水化反应，生成 C-S-H(水化硅酸钙)凝胶体、水化铁酸钙凝胶体、水化铝酸钙晶体和水化硫铝酸钙晶体，在表面光滑的模板贴面材料表面均匀分布而产生镜面光亮的效果，这也是镜面清水混凝土效果产生的原理。

因此，模板处理技术一方面是出于保护模板材料和硬化混凝土，一方面“引导”水泥水化产物均匀分布在模板表面，形成色泽均匀、表面光亮的清水混凝土效果。

5.2.2.1 混凝土脱模剂

1)脱模剂的作用

桥梁工程中,清水混凝土模板大多采用钢模板及覆膜木胶合板两种,选择适用于各面板材料的脱模剂也是清水混凝土施工重要的一个环节,选择正确与否对提高及改善清水混凝土的外观质量尤为重要。目前,我国脱模剂一般有油脂类脱模剂、水性脱模剂、油漆类脱模剂、石蜡类脱模剂等。

混凝土与模板分离必须克服模板与硬化混凝土之间的黏合力或者是混凝土表面内聚力,脱模剂通过化学或是物理反应消减这种作用,其脱模机理主要通过以下几种方式作用实现:

(1)物理润滑作用:脱模剂在模板和混凝土之间起润滑作用,减弱二者之间的亲和力从而起到脱模作用。

(2)成膜隔离作用:脱模剂涂覆在模板表面形成一层膜,依靠膜起到隔离作用从而脱模。

(3)化学作用:脱模剂与新拌混凝土中的部分矿物或离子起一定的化学反应,生成具有隔离作用的物质,从而起到脱模作用。

无论脱模剂是何种形态,也无论其具备上述任何一种单一作用或复合作用,从本质上来讲,混凝土与模板之间都是以一薄层憎水性物质存在,形成易于分离的界面,从而脱模。

2)纯油类脱模剂

(1)优点。

传统的油类脱模剂是采用柴油、清机油、液压油、变压器油或者清机油、柴油按不同比例调配而成的混合油,也有直接采用色拉油做脱模剂的,来源广泛。油脂涂于模板内壁起润滑和隔离作用,使混凝土在拆模时能顺利脱离模板,保持混凝土形状完整无损。在木模上使用,能渗入木模表面,对模板起维护和填缝作用。在钢模上使用,具有防止钢模锈蚀及由此导致混凝土表面产生锈斑的作用。同时,油脂类脱模剂具有较好的稳定性、较好的耐水性和较长的储存期。

(2)缺点。

油能与混凝土中的碱作用导致混凝土表面粉化,涂刷不均匀或使用含有污染物的油性脱模剂时,很容易使清水混凝土表面产生油污、色差、黑斑,严重影响外观效果,色拉油还会招引蚊虫,使模板表面附着一层蚊虫尸体,影响成品外观。尤其要注意废机油不仅严重影响混凝土成品的外观,且可能混含对模板和混凝土有害的硫酸以及对人身体有害的聚氯联苯,因此废机油应禁止使用。

3)乳化油类脱模剂

(1)优点。

乳化油类脱模剂又名为乳液类脱模剂。分为油包水乳液(W/O)和水包油乳液(O/W)两种类型。油包水乳液是将水通过乳化技术悬浮在油相中制成的,广泛应用于潮湿表面的模具或木模,用于钢模必须添加防锈剂,可减少色疵和麻面。水包油乳液是将油类分散在连续的水相中制成,通常以油类作为原材料,经过乳化得到水包油型的乳液脱模剂。这类脱模剂脱模效果好,制备工艺简单,成本低廉,对混凝土几乎无污染,对钢模、木模等多种模板均适用,因此在我国广泛使用。

(2)缺点。

乳化油类脱模剂目前应用比较广泛,但是其成膜后耐久性不好,且不能在负温下使用,雨水冲刷影响也较大,因此在室外施工中具有一定局限性。

4)模板漆

模板漆对模板有很强的吸附力,不浸水,耐磨性好,具有良好的隔离作用。模板漆一般是由水分子和成膜剂微粒等组成的乳液,乳化剂水分子包围在成膜剂微粒周围,使憎水基团朝向内部,亲水基团朝向外部,形成带电的胶团粒子,由于同性电荷的相斥作用,胶粒均匀分散使溶液保持均质,微粒间保持能量平衡。成膜后,随着乳液中水分子的不断蒸发,微粒间的能量平衡被破坏,成膜剂微粒互相接触连成一体,最终在模板表面形成薄薄的油层,由于油层的憎水性,使得模板与混凝土之间的黏结力减小,达到润滑目的。目前,国内最为成功、应用最为广泛的为北京金隅涂料公司生产的 BT-20 型模板漆,可用作木模、竹模、钢模等各种模具的长效脱模剂(图 5-2)。

a)使用前

b)使用后

图 5-2　BT-20 模板漆漆膜

(1)优点。

模板漆具有优异的防腐、防锈性能,确保模板露天堆放时不生锈;漆膜的隔离作用能使模板免受混凝土集料的磨蚀和水泥水化物的腐蚀,从而延长模板的使用寿命。

漆膜表面光洁度好,光亮丰满,能弥补模板表面缺陷,成型后的混凝土表面光亮平滑,颜色一致,手感细腻,有光泽,无污染,有利于提高混凝土的外观质量,尽显混凝土"本色",达到镜面清水混凝土效果。

漆膜具有极低的脱模吸附力,易于脱模和清理,避免了混凝土的黏附。

漆膜附着力好(同钢材的黏接强度达 9MPa)、耐磨、耐碱,可多次重复使用。

漆膜的热分解温度约为 350℃,并具有良好的耐热碱性(饱和氧氧化钙 80℃浸泡 48h,理化性能不下降),所以也适用于蒸养环境。

(2)缺点。

模板漆在使用过程中通常伴有使用一次漆膜脱落、漆膜不干、漆膜粗糙无光泽、混凝土粘模等缺点,需要在施工过程中进行相应的控制。另外,该漆的干燥时间较长,表干时间<8h,实干时间<24h,影响施工周期,且干燥时间受环境温、湿度影响很大,一旦掌握不好,将影响混凝土成品外观质量。

5)石蜡类脱模剂

石蜡具备良好的脱模性能,目前此类脱模剂主要是将石蜡融化于溶剂中制成溶剂石蜡,或是将石蜡乳化制成乳化蜡。

(1)优点。

实验证明,将融化的石蜡溶解在汽油、柴油、煤油等溶剂中制备的蜡油脱模剂,脱模效果好。

(2)缺点。

温度低时不易稀释涂匀,石蜡含量过高时大多会在混凝土表面残留,影响表面装饰。此外,在生产及使用过程中,存在大量的易燃溶剂油,造成安全隐患,故使用不多。

乳化蜡能很好地避免上述溶剂蜡的问题,可方便地喷刷或滚压,极大地方便了操作,广泛使用于钢模、木模等。

6)肥皂水溶液脱模剂

肥皂水溶液属于较早期使用的一种脱模剂,成本低廉,脱模效果一般,且肥皂水溶液为碱性溶液,影响混凝土构件成型后的表面质量。一般仅用于路基防护与排水工程小型构件预制的高强塑料模具。

5.2.2.2　衬板材料

采用组合式钢模板和木胶合板模板体系直接用于清水混凝土施工,由于钢模板表面光洁度较差,表面除锈不干净、平整度差、油污等缺陷,普通木胶合板表面耐磨性、平整性、光洁度的缺陷,使得最终清水混凝土的外观质量较差,因此工程实践中,常利用钢模板及普通覆膜木胶合板表面粘贴衬板材料的措施,实现整体安装、整体拆除、整体转移的“三整体措施”,综合模板面板材料和衬板材料共同的优势,实现清水混凝土效果,并已成功应用于多个清水混凝土工程。目前,常用的衬板材料有 PVC 板、亚克力板、透水模板布、不锈钢板等。

1)PVC 膜

PVC 膜有微透气性,类似于半透膜,对油性、碱性和有机溶剂耐受力强,不产生静电,不自吸灰尘,在 190℃高温下不变形,且有很强的易分解性,不污染环境。以 PVC 膜作为模板处理材料,能有效降低混凝土与模板之间的黏结力,使得混凝土与模板接触面间的气泡易于逸出,降低混凝土表面气泡量,从而改善其表观质量。使用 PVC 膜模板处理技术,施工工艺简单,可适应各种模板结构,成本低且对环境无污染,使用后能够回收再生产,属于环保型绿色建筑材料。

PVC 膜粘贴完工后,要采取保护措施,确保贴纸面的洁净和无损伤。吊装和安装模板时要避免贴纸被划破和污损,混凝土振捣过程中避免振捣棒接触模板壁,以免损伤 PVC 膜。PVC 膜不能重复使用,混凝土拆模后可直接在模板上撕下,重新贴膜。

例如:禹州电厂一期混凝土柱采用拼装大块钢模板表面粘贴 2.0mm 厚 PVC 板,阳角加木线条工艺,施工的清水混凝土柱表面平整、几何尺寸准确,光滑美观,棱角倒圆,受到了业界的高度赞誉,并荣获全国建筑业十项新技术推广应用金奖和全国工程质量最高奖——鲁班奖。该工艺特点为:普通钢模板采用 M12×25 螺栓连接成大块,并用砂轮抛光机清理干净,表面应平整、无错台。PVC 板厚度一般为 2.0mm,粘贴后用手推刨将 PVC 板边刨齐、倒口,并在支设模板前将 PVC 板外层保护膜揭掉。

2)亚克力板

亚克力板是由甲基烯酸甲酯单体(MMA)聚合而成,即聚甲基丙烯酸甲酯(PMMA)板材有机玻璃,属于无透气性的憎水性面材,具有良好的表面硬度和光泽,用于混凝土模板可降低模板与混凝土之间的黏结力,从而使混凝土表面气泡容易逸出。亚克力板用于清水混凝土模板面板材料具有一定的优势,但也存在一些问题,譬如压克力板不可与其他有机溶剂同存一处,更不能接触有机溶剂;表面很容易被擦伤;亚克力板冷热膨胀系数很大等,都是使用过程中必须考虑和注意的问题。

3)透水模板布

透水模板布是一种纤维组织,使用时贴在模板上,它能把刚刚浇好的混凝土表面多余的空气和水分排出,降低水灰比,从而提高混凝土的强度和耐磨性。透水模板布包含过滤层和排水层,过滤层的平均孔径尺寸必须小于 35μm,这样可以保证将水泥细粒滤除掉而不会堵塞排水层。透水模板布的排水能力必须能达到一定程度,这样就能保证过滤层不会过于密集,从而可以保证水能够自由通过。模板布的保水作用可以让混凝土面层获得潮湿的环境,潮湿的环境将可以减少混凝土面层出现的微小裂缝。采用透水模板布技术浇筑混凝土后,在混凝土内部压力、透水模板布的毛细作用及振捣棒等共同作用下,混凝土中的气泡以及部分游离的水分由混凝土内部向表面迁移,并可通过透水模板布中间层排出,如图 5-3 所示。

透水模板布很适合用在桥梁工程、码头工程、水利工程和其他大型的工程上,使用透水模板布可以有效减少构件表面混凝土的气泡,混凝土更加致密,可以使混凝土中的部分水分排出而水泥颗粒留在混凝土表面,导致数毫米深的混凝土表面水胶比显著降低。混凝土脱模后构件表面形成一层富含水化硅酸钙的致密硬化层,大大提高了混凝土表面强度、耐磨性、抗裂强度、抗冻性,使混凝土的渗透性、碳化深度和氯化物扩散系数也显著降低,同时减少了混凝土内部与外部物质交换的可能,从而提高了构件的耐久性。混凝土透水模板布具有均匀分布的孔隙,水能通过渗透和毛细作用经透水模板布均匀排出,不形成聚集,这样可减少砂斑、砂线等混凝土表面缺陷的产生。透水模板布的保水作用,为混凝土养护提供了一个良好的条件,减少了细微裂缝的产生。

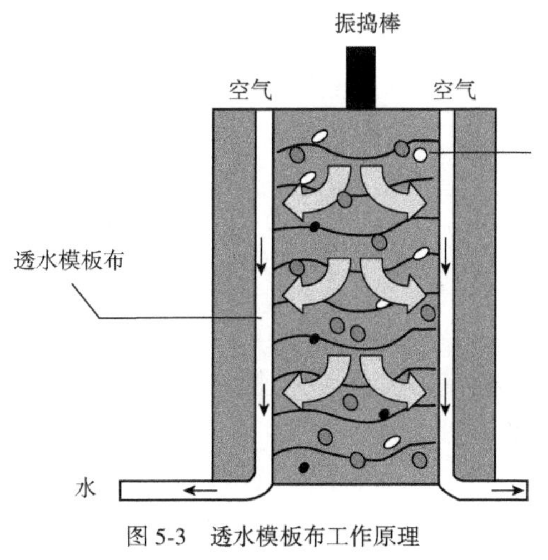

图 5-3　透水模板布工作原理

但是,在使用过程中混凝土透水模板布在施工中容易污染,施工时应采取相应的保护措施,避免模板布表面产生刮痕、油渍、泥点、污水等。施工前需要对钢模板基底除锈、除油、除模板漆,使之清洁、干燥,以便胶黏剂的喷涂和模板布的张贴。钢模板基底处理完成后,根据模板尺寸对模板布进行裁剪。若是基底部分模板,裁剪时边缘处应预留 5cm 左右的富余量,以免混凝土底部边缘产生水痕。

4)不锈钢板

不锈钢板表面光洁,有较高的塑性、韧性和机械强度,耐酸、碱性气体、溶液和其他介质的腐蚀。它是一种不容易生锈的合金钢,但不是绝对不生锈。也可采用镜面不锈钢板,它是不锈钢板通过表面处理抛光得来的,常见镜面不锈钢板分为6K、8K、10K三种。不锈钢板使用过后,表面会发暗,并且局部会粘有水泥浆。因混凝土的黏结力,局部会有翘起现象。表5-1列出各种模板表面处理材料性能效果的比较。

各种模板表面处理材料性能效果 表5-1

处理技术	使用次数	外观效果(以气泡数量、大小评定)	耐火或耐温性能	耐水性能	耐油污性能	模板基面要求
纯油类脱模剂	1次	差(有大气泡和较多小气泡)	一般	差	好	模板要求高,适合钢模、木胶合板
乳化机油类脱模剂	1次	好(无大气泡和有少量小气泡)	好	差	好	模板要求高,适合钢模、木胶合板
BT-20	2~3次	较好(偶尔有大气泡,有少量小气泡)	较好	成膜前差,成膜后好	好	模板要求高,适合钢质模板
透水模板布	3~5次	很好(无气泡)	差	好	好	模板要求低,适合钢模、木胶合板
亚克力板	2~3次	好(无大气泡和有少量小气泡)	差	好	好	模板要求低,适用于变形较小的钢质模板、木胶合板
PVC膜	1次	一般(偶尔有大气泡和较多小气泡)	差	好	好	模板要求低,适合钢模、木胶合板
不锈钢板	几十次	好(无大气泡和有少量小气泡)	好	好	好	模板要求高,适合钢模

5.2.3 模板的制作与安装

(1)清水混凝土模板与一般的混凝土模板一样,同样要求尺寸准确、搭设牢固、安拆方便,但对模板的表面状况、长度和对角线尺寸、平整度、严密性等方面要求更高,因此,制作和安装要更为精心。

(2)清水混凝土的模板制作时,模板面应完好,平整清洁,因此对于钢模板面应打磨除锈和抛光处理;裁切后的钢模板切口边必须采用铣边工艺,使拼缝严密,避免漏浆。对于裁切加工后的胶合板板边,必须刨平刨光,并需涂刷环氧树脂等防水材料封边,防止板边受潮、分层;封边处理可减少模板的损坏和有利于模板的周转。

(3)为了保证混凝土构件外形准确、线条顺直、棱角方正,接缝平顺,模板应事先预制成工具式的模板,避免临时在现场切割组拼。

(4)模板面板钉眼、焊缝等部位应进行处理——胶合面板与龙骨的连接,采用沉头螺钉正钉连接,钉头沉进面板1~2mm,螺钉面用腻子、原子灰等将凹坑补平、收光。焊缝必须打磨平整,不影响混凝土饰面效果。

(5)钢模板出厂前应按设计要求做好底漆、面漆,以免因模板锈蚀污染混凝土面。

(6)模板加工好后、安装前应先进行组拼,并对模板拼缝、相邻面板高低差、面板平整度及对拉螺栓的组合安装等情况进行调整、校核,组拼合格的模板应在背面进行编号,拼装式大模板组拼允许偏差为:模板板面局部不平度≤1.0mm、相邻模板表面高低差≤1.0mm、相邻模板拼缝间隙≤1.0mm,模板整体表面平整度≤3.0mm。清水混凝土应尽量选用面板幅面大的板面材料,以减少拼缝。模板拼缝不平整会造成混凝土表面平整度不合格。

(7)模板安装前,应涂刷脱模剂。脱模剂应均匀覆盖模板表面,不得有漏涂、流淌。脱模剂宜事先涂刷,表面干燥后方可安装,以免污染钢筋或结构施工缝处的混凝土表面。

(8)应对模板面板、边角和已浇清水混凝土表面进行保护,防止污染和损伤。

(9)模板面板间拼缝力求严密平整、无错台、无漏浆。模板拼缝不严密会造成混凝土漏浆,拆模后混凝土将出现蜂窝、麻面、露筋等严重质量问题。

(10)对木模板面板的拼缝处应粘贴双面胶、海绵胶条或黄胶带进行防漏浆处理,处理后的拼缝应保持面板的平整度,且不得使混凝土表面着色。全钢模板平接和阳角面板的拼缝可采用模板硬拼接缝与止水泡沫棒双重措施保证接缝严密、避免漏浆。

(11)对拉螺栓除满足模板受力要求外,还要满足排布要求,排布位置和直径大小要满足设计要求。安装对拉螺栓时和连接件应正确对位,不得硬拉硬撬损伤模板;对拉螺栓安装时要注意拧紧顺序使锁紧程度一直。对拉螺栓的位置不当、间距过大,或者螺栓规格过小都会造成墙模变形过大,混凝土墙面出现凸肚或翘曲现象。故对拉螺栓的设置位置和规格都要经过专门设计和计算。

(12)对拉螺栓孔在浇筑混凝土时容易漏出水泥浆,一方面导致对拉螺杆孔四周螺杆孔位置内混凝土不密实(图 5-4)而出现疤痕,同时可能污染墙面。因此,对拉螺栓与大模板间宜设塑胶套以防漏出水泥浆,同时螺栓孔大小与 PVC 管的直径应匹配,尽量减小 PVC 管与拉杆孔壁的缝隙,浇筑时,对拉螺杆眼位置振捣密实。

(13)螺栓污染和螺栓本身的锈蚀会污染墙面。故螺栓的螺母应设置防灰套管。穿墙螺栓宜采用铸钢、镀锌的部件,防止拆螺栓时造成外墙面的破坏和缺损。

(14)模板安装好后,应检查模板与已浇混凝土面的接触情况,模板与已浇筑混凝土的密封不严,因错台出现漏浆、烂根(图 5-5),影响清水混凝土的质量,必须要修补平顺,保持模板与已浇混凝土面接触严密。

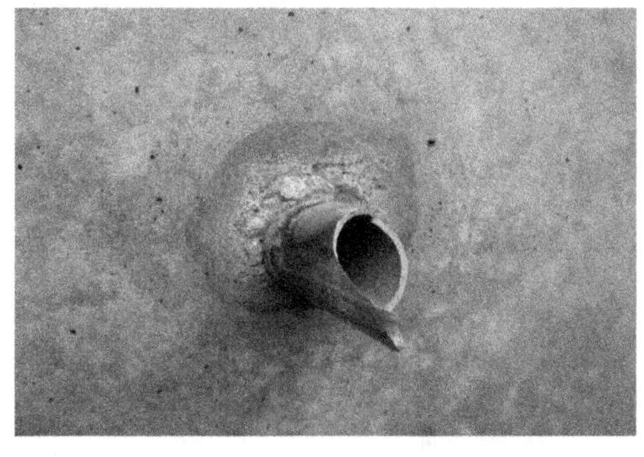

图 5-4　试验墩身根部有轻微的烂根

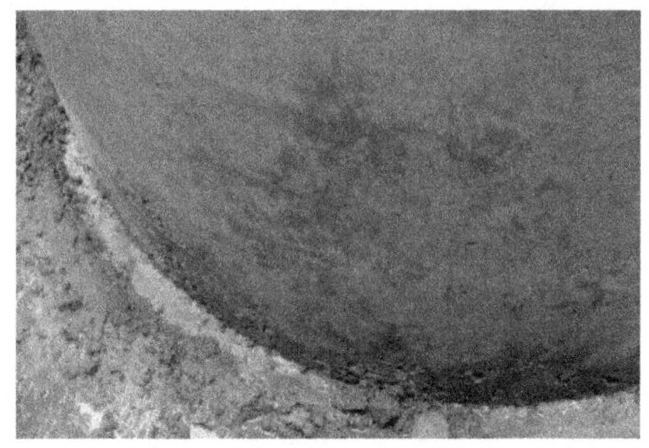

图 5-5　试验墩身根部有轻微的烂根

(15)螺栓孔修补时,修补砂浆与墙面颜色不一致会导致清水混凝土墙面美观。可以事前进行试配，力求补浆孔的颜色尽量与混凝土墙体的颜色接近或一致，同时在螺栓孔修补砂浆中掺入适量的白水泥和建筑胶水，可增强砂浆的黏合力及抗裂性能。

5.2.4 模板拆除与保护

1）拆模时间

清水混凝土应较普通混凝土适当延长拆模时间，有利于竖向混凝土结构的早期保湿养护。根据构件类型的不同，必须让混凝土达到一定强度后方能拆除承重模板。承重模板拆除过早，会造成混凝土强度不足而造成梁、板底产生裂缝。混凝土的拆模时间除需要考虑拆模时的混凝土强度外，还应考虑到拆模时的混凝土温度（由水泥水化热引起）不能过高，否则混凝土会因接触空气时降温过快而开裂。

非承重的侧模不能拆除过迟，否则混凝土会因养护不及时在表面产生裂缝，故侧模一般要在浇筑后 48h 后拆除，但同时混凝土强度应保证其表面及棱角不受损伤。

2）拆模方法

模板拆除的顺序和方法，应当按照配板设计的规定进行，遵循先支后拆、先拆非承重部位，后拆除承重部位的原则。

拆模时用大锤和撬棍硬砸硬撬会损伤混凝土梁、柱棱边，同时留下撬痕甚至损伤模板。如遇到模板与混凝土黏结较紧，先用木方敲击使之松动。因此，拆模时要加强对清水混凝土的保护，特别是对拉螺栓孔的保护。

3）模板保护

模板拆除后没有将表面的混凝土残浆清除干净就涂刷脱模剂，会造成混凝土表面出现麻面，因此，拆模后及时清理黏附在模板上的残留混凝土、水泥浆，修复局部的损伤，涂刷脱模剂进行例行保养；检查面板的几何尺寸和拼缝、龙骨及扣件松动情况，以防使用时面板脱落；特别是要检查胶合板模板边沿切口处有无封胶破损、对拉螺栓孔眼保护垫圈是否齐全，应及时封边好边沿切口、补充垫圈，以免降低模板的周转次数。

清水混凝土模板清理完毕后，应及时涂刷脱模剂，暂时不用的模板宜覆盖保护面板，防止模板受到二次污染。

5.3 混凝土工程对清水混凝土外观质量的影响及控制措施

5.3.1 混凝土拌合物的生产

1）混凝土原材料

在混凝土生产过程中，水泥及外加剂等原材料不能保证固定牌号、品种、批次，配制的混凝土不具有良好的一致性，则不能满足外观色泽一致的要求。水泥的熟料矿物组成、混合材料品种与掺量变化过大而导致水泥颜色不一致，也会在混凝土表面产生色差。当粗细集料含泥量过大或带有杂物以及集料的色泽不一致，也会造成混凝土质量色泽的不均匀。当粗集料的粒径大于构件混凝土最大粒径要求时会引起浇筑困难，造成露筋、蜂窝麻面。同时，针片状粗集料含量过多，也会在清水混凝土表面形成粗集料透明层。

2）混凝土配合比与拌合物工作性

配合比直接关系到混凝土拌合物的工作性。优良的工作性，是保证混凝土浇筑均匀密实成型，具有优良表观质量和良好的耐久性的前提。混凝土拌合物的工作性对清水混凝土的外观质量有较大影响，主要是混凝土流动性、黏度及含气量的影响。流动性大，和易性好，拌合物黏度适中，易振捣；有些混凝土虽然和易性好，但主要是依赖于外加剂复配时提高了引气成分来改善拌合物的包裹状态和和易性，导致混凝土含气量大，部分气泡难以排除，移动到模板表面形成气孔（图 5-6）；另外，有些混凝土虽然和易性好，但黏度较大，在振捣过程中，气泡难以提升，在模板表面形成大小气泡（图 5-7）。因此，清水混凝土要求拌合物具有较大的流动性、较低的含气量和适宜的黏度。

图 5-6　混凝土含气量较大引起表面较多小气孔

图 5-7　混凝土黏度较大引起表面较多大气孔

另外，当工作性不良时，会使清水混凝土产生泌水、离析和流浆现象，导致清水混凝土表面产生水印、气泡及蜂窝麻面等缺陷，尤其是混凝土坍落度过大将造成混凝土泌水水严重。当模板采用的是不透水的钢模板或吸水性能不好的木模板时，将导致混凝土拆模后泌水处和非泌水处外观不一致。

使用吊斗吊运施工的混凝土，运到工地的混凝土坍落度一般不宜小于 120mm，泵送混凝土，一般入泵的坍落度在 180～230mm，扩展度在 450～550mm 或更大一些，具体数值根据结构的特点、浇筑时的气候条件和难易程度选定。

3）混凝土拌和

混凝土搅拌时间不够会造成混凝土组分不均匀，造成清水混凝土表面产生色差。但是搅拌时间如果过长，可能使多棱角性的不坚硬的粗集料脱角、破碎。清水混凝土的搅拌时间，对于 C50 以下混凝土不得少于 1.5min，C50 及以上混凝土不得少于 2min，冬季还应相应延长 0.5min。生产清水混凝土前必须将混凝土搅拌机用水清洗干净，生产过程中不允许搅拌其他品种混凝土。清水混凝土出搅拌站前严格控制好拌合物质量，绝不允许出现离析和泌水现象。

4）混凝土运输

清水混凝土对于混凝土本身质量的稳定性、和易性、坍落度损失等要求严格。混凝土运输对质量的影响：一是在运输过程中造成混凝土离析、分层和坍落度损失过大，不能保证混凝土出机时的工作性能，将影响到清水混凝土的浇筑质量。因此，混凝土运输时间不能过长，对混凝土运输距离和场地平整度也要进行严格控制。二是混凝土运输罐车在运输清水混凝土前必须清洗干净,运输过程中应保持罐体运转,中途不得运送其他品种混凝土,以防混凝土污染,造成混凝土产生色差。

5.3.2 清水混凝土的浇筑

清水混凝土的浇筑工作包括布料、振捣和抹面修整等工序。浇筑工作完成得好坏,对于清水混凝土的密实性与耐久性、结构的整体性以及构件的外观质量有决定性的影响,是清水混凝土工程施工中保证其质量的关键性工作。混凝土浇筑过程中应注意以下几个方面的问题。

1)浇筑高度

浇筑时如果倾落的自由高度超过2m,会发生混凝土离析,从而导致清水混凝土表面发生分层、色泽不均匀的现象。因此,当自由下落高度较大时,应使用溜槽或串筒。

2)分层下料的厚度

浇筑清水混凝土的竖向构件如墩柱,要控制好分层下料的厚度,逐层振捣。如果下料过厚,增加了对模板的侧压力,有可能出现模板变形、漏浆甚至爆模的情况;即使不出现上述情况,也会因为振捣机械的性能达不到影响深度,容易出现振捣不足影响内在质量,导致不密实甚至出现蜂窝麻面;有时即使混凝土厚度不是很大,但是配筋密实影响振捣时,如果不合理进行分层浇筑,就不能保证混凝土振捣密实,清水混凝土拆模后也很可能会出现蜂窝、麻面等质量缺陷。因此,清水混凝土应严格控制每次下料的高度和厚度,保证分层厚度不大于30cm。

3)浇筑顺序

采用分层浇筑工艺时,如果浇筑顺序选择不当,会导致下层混凝土重塑性变差甚至初凝时上层混凝土尚未浇筑完毕,清水混凝土表面将会有明显的分层线痕迹或施工冷缝,影响外观质量。一个施工节段的混凝土必须连续浇筑,不得随意留置施工缝。清水混凝土相邻两层浇筑时间间隔一般不宜超过1.5~2h。

4)浇筑速度

对于截面尺寸不大的单个构件,如墩柱,不可过快浇筑。浇筑过快时,新浇的混凝土对模板的侧压力加大,会引起模板变形甚至爆模。而且在浇筑过程中,下部的混凝土尚未沉实即已浇筑上的混凝土,对上层混凝土的振捣会因影响到下层混凝土,有如过振一般,严重时会出现粗集料下沉、砂浆上浮、气泡集中,影响结构的匀质性和外观的情况。

因此,墩柱的浇筑宜采用数根柱为一组,依次循环浇筑,各柱分层下料、分层振捣的办法施工,延长每一根的浇筑速度,使每层浇筑的混凝土略微沉实,使砂浆持续上浮的情况在一定程度上得以改善,同时在可能条件下混凝土的坍落度值宜以允许值的下限控制。

5.3.3 清水混凝土的振捣

清水混凝土在浇筑时需要严格振捣管理,在振捣过程中应注意以下几个方面的问题。

1)振捣时间

振捣时间不够时,混凝土不能充分充满模型,且混凝土内部还存在很多孔隙和气泡,此时清水混凝土会产生缺角、蜂窝和表面气孔的质量缺陷;若混凝土过振,会造成混凝土离析泌水,因翻砂在表面隐约出现“水波纹”状的轻微色差或有偏大气泡积聚,影响清水混凝土的表面效果。同时,过振还可能造成胀模,影响清水混凝土的外观尺寸造成不合格。在施工实践中,可以根据以下特征判断混凝土振捣是否密实饱满:

(1)混凝土表面不再冒出气泡。

(2)混凝土不再显著下沉。

(3)表面不再泛浆。

(4)表面基本形成水平面。

2)振捣方法

振动器在操作过程中如果碰撞钢筋、模板、波纹管、钢绞线、锚垫板、回浆管和定位螺栓等,将会造成混凝土露筋、跑模和预埋件位置不准确。因此,在振捣时要注意内部振动器与侧模保持 5~10cm 的距离,并注意振动器插入位置。

混凝土振点应从中间开始向边缘分布,且振捣棒各插点的布置间距应均匀,交错式布点,层层搭扣,遍布浇筑的各个部位,并应随浇筑连续进行,严禁漏振。振捣棒插点间距不宜大于振捣棒有效作用半径的 1.5 倍,且保证插入下层混凝土内的深度宜为 5~10cm。对于边角要多插,同时保证每一振点表面呈现浮浆和不再下沉,防止混凝土构件缺角及蜂窝的发生。插入式振捣变换插点时,应做到“快插慢拔”,不得将振捣棒放在拌合物内平拖,不得用振捣棒驱赶混凝土。

采用二次振捣法,可以减少表面气泡,即第一次在混凝土浇筑时振捣,第二次待混凝土静置一段时间再振捣(在第 2 层混凝土摊铺前进行),而顶层一般在 0.5h 后进行第二次振捣。

混凝土在保证振捣密实的情况下,不宜长时间振捣,防止过振发生泌水、气泡聚集,掺粉煤灰混凝土振捣时,振捣后的混凝土表面不应出现明显的粉煤灰浮浆层。若因构件表面浮浆较厚,可采用加入适当清洁小石子再适度二次振捣的办法,避免表面层混凝土与下部混凝土颜色不一致。

5.3.4　清水混凝土的养护与成品保护

在混凝土养护过程中,主要是由于养护覆盖物、养护剂污染混凝土表面以及养护时机和时间没有掌握好会引起的质量缺陷。

混凝土拆模后应立即进行保湿保温养护。可以采用塑料薄膜、土工布、彩条布、保温棉毡严密覆盖,或自动喷淋养护的措施,使新浇混凝土处于潮湿的环境中,并控制混凝土的内外温差、降温速率在允许的范围内,使在规定的养护期内,混凝土有一个适宜的硬化和强度增长条件。

现场采用透明塑料布围裹养护时,要求围裹严密,否则也会造成混凝土的色差。因为紧贴的部位养护到位,颜色较深,空鼓的部位则会颜色浅,最终造成花脸。因此,要求养护用的塑料薄膜等应尽可能采用宽幅产品。相邻薄膜应至少重叠 150mm,并用胶带、胶水或其他方法紧密黏合,使整个混凝土表面形成完全防水覆盖,保持薄膜内有凝结水汽。如薄膜被风吹落或破损时,应立即修补。

为避免形成清水混凝土表面色差,模板拆除后其表面养护的遮盖物不得直接用草垫或草包铺盖,以免造成永久性黄颜色污染。为了避免出现水印或使混凝土面发花,色泽不均,不宜采用水管直接淋水养护,采用自动喷淋养护时,宜喷晒成雾状水,并确保混凝土面所有位置均能充分润湿。

对于同一视觉范围内的混凝土应采用相同的养护措施。

浇筑混凝土时,应对已经浇筑的相邻清水混凝土妥善地进行保护,在后续的施工活动中不应污染、损伤成品混凝土。

拆模后,应对清水混凝土易磕碰的阳角部位采用多层板、塑料等硬质材料保护,避免出现缺棱掉角情况。当挂架、脚手架、爬架、吊篮等与成品混凝土表面接触时,在接触部位应使用垫衬材料保护,防止碰撞、擦伤清水混凝土表面。

5.3.5 清水混凝土的施工缝处理

清水混凝土要求色泽均匀一致,故施工中尽量不留或少留施工缝。施工缝留置位置不合理,会严重影响清水混凝土的外观质量。另外,如果施工缝处理不当,会造成挂浆、麻面、砂带等缺陷。施工缝的位置应在混凝土浇筑前按设计要求和施工技术方案事先确定,施工缝的平面应与结构物的轴线垂直,宜留置在结构受剪力和弯矩较小且便于施工的部位。梁、板的清水混凝土面一般位于梁底和侧面及板底,留设施工缝时应注意这些面的接缝处理。各柱施工缝留设应尽量处于同一高程,所有水平施工缝应保持水平。施工缝的处理和混凝土浇筑应按如下方法进行:

(1)在施工缝处浇筑混凝土时,应先剔除施工缝混凝土表面的水泥砂浆和松弱层,并加以凿毛,确保80%的粗集料露出表面。人工凿除时,处理层混凝土强度须达到2.5MPa,经凿毛处理的混凝土面应用水冲洗干净并经充分润湿,一般不宜少于24h,残留在混凝土表面的积水应予清除。

(2)混凝土浇筑前,再次对接缝表面进行检查清理,若有杂物,应清理干净,以防夹渣。

(3)施工缝混凝土的浇筑应连续进行,暴露在可见面的施工缝边线,应特别注意加以修饰,做到线条平整顺直及高度整齐。

(4)上节段模板与下节段结构实体接触处(模板压脚位置)应粘贴具有防漏作用的衬垫,如海绵条、双面胶、防渗胶、止水带、黏合剂等,以保证模板的密封性。

(5)从施工缝处开始继续浇筑混凝土时,要注意避免直接靠近缝边下料。机械振捣前,宜向施工缝处逐渐推进。接缝两侧的混凝土应充分振捣,以使缝线饱满密实。

5.3.6 清水混凝土表面的修复

为使清水混凝土达到完整的饰面效果,对混凝土表面的局部观感缺陷有针对性地进行修复。修补遵循以下几个原则:只修补必要的缺陷部位,修补量越少越好,一般的观感缺陷可以不进行修补;修补的方法应针对不同部位及不同的缺陷采取有针对性的修补方法;修补时要注意对清水混凝土的成品保护,修补处应保持与原混凝土面色泽一致,做到不留痕迹。

修补材料及基本处理原则:清水混凝土修补面是比较小的,一般采用混凝土原配合比的水泥、掺和料与水和建筑胶乳配成水泥胶泥修补,修补面稍大时,可适当加入筛过的细砂,配成水泥砂浆修补。胶泥和砂浆需与混凝土基层色调保持一致,可采用掺配不同比例白水泥进行调配。修补前必须充分润湿待修补面,在修补面润湿而不留积水的条件下修补,修补后应及时进行保湿养护,使修补材料与基层紧密结合,强度能正常发展。

5.4　清水混凝土表面颜色一致性的影响因素与控制措施

5.4.1　清水混凝土施工及其表面色

清水混凝土表面颜色除受混凝土原材料的主要影响外,还受模板、脱模剂、水灰比、环境温度和湿度、施工工艺等的影响。

1)模板及脱模剂

清水混凝土施工采用钢模板或是木模板作为模板面板材料均可以获得较好的外观,不对混凝土最终外观质量产生决定性的影响,但会影响表面的线形及光滑程度、颜色,到底选用哪一种主要考量的是结构部位的特点、施工工法和模板加工、安装的难度。图 5-8 和图 5-9 分别是采用钢模与木模浇筑的混凝土试验墩(尺寸 1m×1m×1m,以下类同)的照片。

图 5-8　钢模表面涂刷柴机混合油脱模剂

图 5-9　木模表面涂刷柴机混合油脱模剂

脱模剂对清水混凝土最终的外观质量有很大的影响,如图 5-10～图 5-12 所示,统一采用钢模,脱模剂为模板漆时,由于尚未掌握模板漆操作使用经验,成型的混凝土表面有少许色差(图 5-10a),也出现混凝土粘模现象(图 5-10b)。根据以往经验,采用 BT-20 模板漆,可令该漆膜具有大理石质感,成型的清水混凝土光亮、平滑、外观质量良好,这在后续的实体工程中也得到证实,也说明脱模剂的涂刷方式等都对清水混凝土的外观质量有很大影响;脱模剂为色拉油时(图 5-11),混凝土颜色均匀,颜色较正;脱模剂为机油时,混凝土表面不光滑,有少许色差(图 5-12),当为柴机混合油时,混凝土表面变得光滑,颜色较均匀(图 5-13)。

脱模剂一方面起物理隔离的作用,减小混凝土与模板间的黏结力,另一方面通过静电斥力与引力的作用,在混凝土拌合物振捣后将浆体“拉”至模板一侧,而将混凝土中的气泡“推”至浆体内部,使得硬化混凝土表面平整、光滑、无气孔。另外,施工中除了在模板上使用的脱模剂外同时也会依附其他物质,如:污垢、粉尘、油漆以及金属部分的锈蚀等,在混凝土达到一定强度以后,这些物质也会依附于混凝土构件表面,形成各种难看的污点,严重者将直接影响构件的外观质量。更为糟糕的是,如果模板在使用前没有清理干净,在每次使用模板后,混凝土表面将形成毛面,同时模板上的污垢也越来越厚,甚至发生台阶状的尘垢,致使混凝土构件表面形成难看的台阶状花纹,严重影响混凝土构件的外观质量。当然,在模板比较光洁的情况下，混凝土表面的颜色不仅表现为基色，而且由于受脱模剂的影响，在混凝土构件表面将同时突出地表现出来，因此对脱模剂的选用尤为重要。

a)

b)

图 5-10　钢模表面涂刷 BT-20 模板漆

a)

b)

图 5-11　钢模表面涂刷色拉油脱模剂

图 5-12　钢模表面涂刷机油脱模剂

图 5-13　钢模表面涂刷柴机混合油

同时，各种模板之间很难做到整体性，因此模板之间以及螺栓孔与模板也就存在接缝，由于接缝处因模板制造、使用、保养等原因密合度不足及模板边缘未做防水处理，导致混凝土浇筑过程中，透过不密贴的部位出现漏浆、失水；水泥浆的流失在接缝不密贴部位就形成麻面、翻砂或呈青黑色或者是花斑毛面状（该处多为不密实状态），以及混凝土凝结过程中水分的流失形成色差。

2)水胶比

硅酸盐水泥加水后,水泥的主要成分 C_3S 和 C_2S 与水发生如下水化反应,拌和水即变成 $Ca(OH)_2$ 饱和溶液,确切地说就是碱和 $Ca(OH)_2$ 过饱和溶液,$Ca(OH)_2$ 从过饱和溶液中结晶析出。

$$2(3CaO \cdot SiO_2)+6H_2O \longrightarrow 3CaO \cdot 2SiO_2 \cdot 3H_2O+3Ca(OH)_2$$

$$2(3CaO \cdot SiO_2)+4H_2O \longrightarrow 3CaO \cdot 2SiO_2 \cdot 3H_2O+Ca(OH)_2$$

随着水泥水化反应和强度的增长以及各种环境的变化影响,混凝土内的水分蒸发,在混凝土内形成许多毛细孔,而在形成毛细孔的同时,在毛细孔内析出 $Ca(OH)_2$ 等结晶,这样透过光的折射,在混凝土表面形成白或灰白颜色,析出的晶体越多则颜色越白。一般情况下,水泥用量越大,或水灰比越大,晶体越多,颜色相对较浅,反之颜色较深而呈青灰色。水泥用量较大的混凝土颜色比贫混凝土深。坍落度是衡量混凝土稠度的常用方法,在任何工程中如果混凝土缺乏有效控制,且坍落度变化较大,就会形成不同的颜色梯度。

3)施工工艺

混凝土施工中,由于混凝土拌和或布料的不均匀性,极易造成混凝土表面颜色上的差异。

由于混凝土泌水或过振造成混凝土泌水而出现水线,形成类似裂缝状而影响外观,经常引起不必要的麻烦与怀疑;过振还可能造成混凝土离析或者形成花斑状(石子外露点),不仅是外观质量差,而且混凝土强度降低很多。如振动棒接触模板振捣,将会在混凝土构件表面形成振动棒印,而影响构件外观效果。

相邻两层混凝土施工存在较长的时间间隔,在第一层振捣完毕后顶面部分的混凝土将会有较多的砂浆,时间一长就会使该部分混凝土重塑性差或处于半初凝状态。当第二层继续浇筑施工时,就很难将该部分夹层中较多的砂浆均匀上提,从而使这部分混凝土中砂浆含量较多,产生较深颜色,所以就会留有分层缝色差,造成混凝土之间形成青白颜色的色差、不均性。

4)环境温度、湿度

水泥的水化反应受环境的影响较大,尤其是受温度的影响较大。当环境温度较低时,混凝土粗细集料、水的温度较低,同时受拌和机具、运输机具、容器、模板等的吸热影响,混凝土最终浇筑温度亦较低,水化反应较慢,强度增长较慢,混凝土达到较高强度则需的时间较长,水化反应不充分,析出的 $Ca(OH)_2$ 较少,因此混凝土成型后的外观颜色就呈现青色。相反,当温度较高时,造成混凝土浇筑温度较高,水化反应较快,较高的水化热致使混凝土内部温度迅速升高,析出的 $Ca(OH)_2$ 较多,因此颜色较多地表现为灰白色,混凝土虽然短时间内可以达到较高的强度,但后期增长有限。

另外,水泥的水化程度还受养护湿度的影响,因此混凝土的拆模时间、养护方式和养护时间与清水混凝土的颜色相关性也比较大。有时为了严格控制色差,拆模时间、养护方法和养护时间也应尽量一致,以免因混凝土水化程度的差异而造成颜色不一致。

5.4.2　清水混凝土表面颜色一致性的控制

清水混凝土除涂抹保护涂料外不再做饰面,因此混凝土颜色一致性就显得非常重要。混凝土表面色由于受水泥、粗细集料等的影响,是本色的质量;而受混凝土施工条件的影响,是随机变化的、不定的质量。因此,需通过施工保证措施,确保清水混凝土颜色的一致性,来比较反映混凝土基色的混凝土构件良好的外观质量。

(1)从原材料方面控制,包括工程所用水泥、掺和料、砂、石、外加剂要用同一厂家或产地、同一种类甚至同一批次。严格控制细集料的含泥量及粗集料的针片状颗粒含量、泥块含量和风化的颗粒含量,避免不必要的杂色。

(2)严格控制配合比的一致性,适当延长混凝土的拌和时间,确保拌和质量稳定;通过电子计量确保混凝土配合比各原料计量准确,特别是用水量和外加剂用量的准确,增加砂石检测含水率的频次,控制混凝土的均一性,避免色差。

(3)为了满足施工的流动性和混凝土耐久性的要求,在施工中应使用优质高效减水剂,以达到控制水灰比的目的,减少 $Ca(OH)_2$ 的析出对混凝土颜色的影响。同时,掺入粉煤灰或矿渣粉等掺和料,通过二次反应消耗水泥水化析出的多余的 $Ca(OH)_2$,改善界面过渡区微结构,达到提高混凝土强度的同时增加混凝土的耐久性目的。

(4)通过对模板的清理,保持其光洁,使用与混凝土基色一致的无害的脱模剂,保持混凝土构件表面颜色的一致性。

(5)清水混凝土的养护也很重要,拆模时间和养护措施都会影响混凝土的最终颜色。做好夏季施工时混凝土原材料降温及冬季施工时混凝土原材料加热和混凝土保温养护的准备,及时进行施工措施的调整,控制好混凝土的水化温度以达到控制 $Ca(OH)_2$ 析出量的目的。

(6)通过制订和组织实施严格、详细的混凝土施工方案,避免混凝土的过振离析泌水和混凝土施工的间断,避免色差。

本章参考文献

[1] 顾勇新.清水混凝土工程施工技术及工艺[M].北京:中国建筑工业出版社,2006.

[2] 冯乃谦,笠井芳夫,顾晴霞.清水混凝土[M].北京:机械出版社,2011.

[3] 周鹏华,代爽俊,卢松.清水饰面混凝土模板设计与施工技术[J].建筑技术,2004,35(8):607-609.

[4] 姚刚,高天,张利.清水混凝土施工的质量缺陷与预控措施[J].重庆建筑大学学报,2004,26(2):68-71.

[5] 李强,孟闻远,李辛民,等.清水混凝土工程模板体系的分析、选型与设计[J].混凝土,2006,(11):82-86.

[6] 满在勇.清水混凝土桥梁工程质量控制研究[J].中国建材科技,2012,(3):86-89.

第 6 章　桥墩清水混凝土施工工法

桥墩造型各异，有圆柱式墩柱、花瓶型薄壁、矩形薄壁墩等，墩身构造、高度、混凝土强度等级也不一致，因此，不同造型的墩柱混凝土施工有其独特的技术特点和施工要求。

6.1　圆柱式墩柱

6.1.1　施工工艺流程

圆柱墩模板在加工厂制作定型钢模板，钢模组装成整体后采用吊车吊装就位，混凝土采用吊装入模一次浇筑完成。墩柱混凝土施工工艺流程见图 6-1。

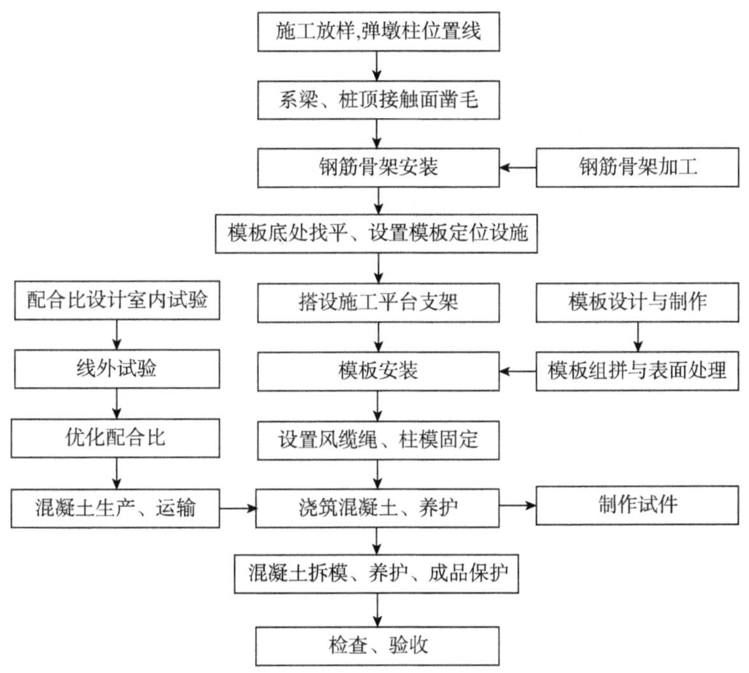

图 6-1　桥梁圆柱墩施工工艺流程图

6.1.2　施工准备

1）接触面凿毛

墩柱施工前，对其施工范围内基础顶面的混凝土表面浮浆进行凿毛，要求将系梁与柱式墩接触的混凝土石子凿露出来，形成凹凸粗糙面，以利于新旧混凝土良好的结合；同时，整修连接钢筋，用钢丝刷清理干净钢筋表面的水泥浆并进行打磨除锈；在混凝土浇筑前，保证混凝土接触面干净、润湿。

2)测量放样

(1)轴线控制:墩柱施工前,根据设计图,在系梁顶面对柱式墩进行中心点和边线放样(纵横十字线坐标),并引出护桩。施工中采用垂球对点,控制墩柱倾斜度,并利用全站仪对墩柱轴线进行控制,作为安装钢筋与模板的依据。

(2)高程控制:对立模位置的高程进行测量,并根据墩柱设计高度配设模板,在墩柱顶部使用水准仪进行高程控制。

6.1.3 钢筋加工与安装

墩柱钢筋骨架在钢筋加工厂统一加工,采用“长线法”在台座胎具上一次性制作成型,如图6-2a)、图6-2b)所示。主筋连接采用滚轧直螺纹套筒连接。

a)墩柱钢筋骨架成型胎具

b)墩柱钢筋骨架成型

c)外露钢筋防锈处理

d)钢筋安装后封盖

图6-2 钢筋骨架加工与安装

墩柱钢筋骨架整体加工完成后,对其规格、数量、排距、尺寸、高程、保护层厚度进行检查,检测合格后用平板车运至现场,吊机整体吊装。起吊部位设起吊扁担,减小钢筋骨架的变形。吊装就位时,钢筋骨架下放至距离系梁顶预埋钢筋20cm后,减缓下放速度,控制好墩柱钢筋的中心位置以及其垂直度,逐根拧紧连接套筒,完成所有主筋连接。

墩柱钢筋骨架安装调整好后,钢筋骨架外侧绑扎混凝土保护层垫块。垫块采用圆饼形或梅花形高强砂浆,按4个/m^2呈梅花形布置,并确保垫块绑扎牢固可靠,防止模板安装或混凝土施工时保护层垫块脱落。混凝土保护层厚度采用吊线锤进行校准。

对已安装好的墩柱钢筋骨架,在安装模板前应有临时稳定措施,防止倾倒。安装完的墩身钢筋总高度超过 9m 时,应安装风缆使其保持稳定,风缆可设在钢筋骨架内部。另外,为防止钢筋锈蚀,模板安装前,应采用塑料薄膜筒将钢筋骨架从顶口至下口完全封盖起来,见图 6-2d)。

6.1.4 模板设计、制作与安装

模板对混凝土结构外形尺寸的精确和美观起着重要的作用,也是清水混凝土施工技术的关键。为保证墩身混凝土接缝直顺、线条一致和表面光洁,柱式墩模板采用大块定型钢模,钢模板必须具有足够的刚度及光洁度,并且要求单元面积大,接缝较少,接缝严密平顺,因此必须把握好模板设计和加工的各个环节。

6.1.4.1 模板设计

柱式墩模板选用厚度 6mm 的冷轧定型钢板,以保证模板具有一定的刚度,起吊和混凝土灌注时不易产生变形。竖肋为 10mm 厚钢板、宽 8cm,横肋为 10mm 厚钢板、宽 10cm,模板法兰板为 10mm 厚钢板、宽 10cm;模板与模板之间用 ϕ20mm 高强螺栓连接。

柱式墩模板设计按照一道竖向模板接缝考虑,因此设计为由两块半圆形模板对接组装而成。由于各墩柱高度不一,为提高模板的利用率,便于不同墩柱的拆装和倒用,综合考虑墩柱高度、数量等特点合理配置模板,将柱式墩模板分节为垂直高度不同的标准节和非标准节组装使用,模板分节宜遵循通用性强、单块面积大,接缝少、组合及安拆方便的原则。模板纵、横向拼接均采用平口缝。为避免墩柱出现错台及明显拼缝现象,模板上下节与节之间、两片半圆之间严格依法兰连接,每节模板预留的螺栓孔严格按统一尺寸定形,以便保证模板拼接时的垂直度和平整度。模板连接螺栓必须采用双螺栓帽锁定,并保证螺栓外漏丝扣不少于 3 扣。

6.1.4.2 模板制作

模板委托有经验的专业厂家加工制造,并派技术人员定期进厂跟踪检查。模板严格按设计要求,在工厂完成放样、下料、铣边、焊接、预拼装和修整,确保模板加工的精度和质量。同时,在模板外面涂刷防锈漆 2 道、里面打磨平整光滑。一套模板制作完毕后,先在厂家试拼,各项指标检验合格后,按照拼装设计图将模板编好号后运输至工地。

模板运至现场后,进行整体拼装验收,检查模板的内径尺寸、长度、平整度等加工精度偏差,螺栓孔位偏差、拼缝的平整度、严密性、是否有砂眼以及焊接质量等。模板拼缝、错台、平整度应达到板面局部不平度≤1.0mm、相邻两板面高低差≤1.0mm,拼缝宽度≤1.0mm,模板整体表面平整度≤3.0mm。

6.1.4.3 模板组拼

1)模板表面打磨与清洗

模板初次使用时应彻底清洁,即对钢模板内表面进行除锈、抛光,以保证混凝土表面光洁度。其操作步骤为:先采用角磨机斜向对模板内表面进行全面打磨,除去表面浮锈和氧化层呈现金属光泽(图 6-3a),再用工业砂布磨平使其表面光亮、光滑(涂刷模板漆时不宜抛光),

然后用干棉纱布将模板表面擦拭干净,模板表面不能有油渍、水分、锈迹、灰尘;若用干净的手或白手套触摸模板表面发现有黑色污物未清理干净,则应采用洗涤剂水泥将整个模板表面进行彻底清洗,再用清水冲洗,不过须擦干净且模板达到实干状态才能涂刷脱模剂。

a)墩柱模板内表面打磨

b)接缝处粘贴双面胶条

c)涂刷脱模剂后的模板

d)模板端封盖

图 6-3 模板表面与拼缝处理

2)模板组拼

墩柱模板按先拼片成节、再拼节成柱的顺序组拼。模板拼接前,先沿模板环向拼缝周边及竖向拼缝处粘贴双面胶条止浆(图 6-3b),注意粘贴双面胶时要均匀平整、顺直,双面胶粘贴离模板面 1mm 左右,防止安装模板时双面胶进入里面,影响混凝土质量。然后,将模板拼装成型,拼装时先安装定位销,检查模板接缝合格后,再安装模板拼缝的连接螺栓,连接螺栓采用双螺栓帽锁定,并保证螺栓外漏丝扣不少于 3 扣,确保模板拼装连接牢固。拼装完成后,严格检查确保所有接缝严密,不漏浆,无错台现象。对于不合格的拼缝,应采取打磨和填抹玻璃胶等方法处理,但玻璃胶不得涂抹到模板面板上。

3)涂刷脱模剂

墩柱模板拼装完毕后、吊装前,将模板内侧表面涂刷统一的脱模剂。脱模剂根据墩柱线外试验,选用优质高效脱模剂。脱模剂涂刷要求薄而均匀,避免漏刷、流挂,如图 6-3c)所示。脱模剂采用柴机混合油时,应待油剂自然风干后(一般以表面不粘手为标准),墩柱模板才进行安装。冬、春季采用柴机混合油时,由于气温较低,脱模剂涂刷后气泡较多,而且涂刷厚度对表面光泽度影响较大,脱模较好的地方可达镜面效果,而脱模较差处则相对较差,形成一定的反差,脱模效果不是很理想。而优质的变压器油相对比较稀,可以克服低温影响,涂刷较为均匀，而且脱模效果较好，表面颜色较为均匀，反差较小。脱模剂采用 BT-20 模板漆时，需待模板漆实干（20~24h）后才可进行模板安装。模板刷涂模板漆的优点是：表面形成瓷釉，不但可以保护模板置于室外或阴雨天不生锈，而且更易确保成型混凝土表面光滑平整、色泽一致。

为防止模板再次被污染，宜用塑料膜将模板两端封盖严密，见图 6-3d）。

6.1.4.4　模板安装

1）测量放样与定位

模板安装前，将基础顶面清洗干净，根据设计图纸对墩柱中心点和模板内外边线进行测量复核，确定无误后用墨线弹出。在位置线处四周对称设置四根钢筋头定位，保证墩柱轴线、边线的准确，采取措施防止模板移位。

2）设置找平层

对模板承垫的底部不平整处预先采用高强度等级水泥砂浆设置找平层或塞海绵条（图 6-4），以保证模板底口位置与桩基系梁混凝土顶面密封结合，防止漏浆“烂根”。但找平层和海绵条不得侵占墩柱实体，避免钢筋无保护层。吊装模板前，应检查混凝土保护层垫块是否按要求布设完毕。

3）搭设施工平台支架

墩柱模板安装前，沿墩柱四周采用直径 48mm、壁厚 3.5mm 的钢管搭建两排支架，用于施工人员上下，间距 1.2m，步距 1.2m，支架高度比墩柱略高 1m。

4）模板吊装

墩柱模板采用汽车吊整体将模板从钢筋骨架顶部一次套装就位。吊装前，检查整体组拼的墩柱模板拼缝、连接件、螺栓的数量及紧固程度，以及检查钢筋骨架是否妨碍柱模套装，否则采用铅丝将柱顶钢筋预先向内绑拢，使墩柱模板能从顶部顺利套入。

所有墩柱模板安装就位时，两片半圆模板的竖向拼缝方向应一致，与桥梁纵轴方向或桥底人行方向平行，确保拼缝在墩柱上整体装饰效果和隐蔽性。

5）模板固定

墩柱模板安装就位后，采用垂线法调整墩柱模板垂直度（图 6-5），检查校正对中及垂直度无误后，在墩柱模板顶口四周对称设置 4 根缆风绳打地锚将模板固定拉紧，防止墩柱混凝土浇筑过程中墩柱模板移位和变形。

图 6-4　模板底口砂浆找平

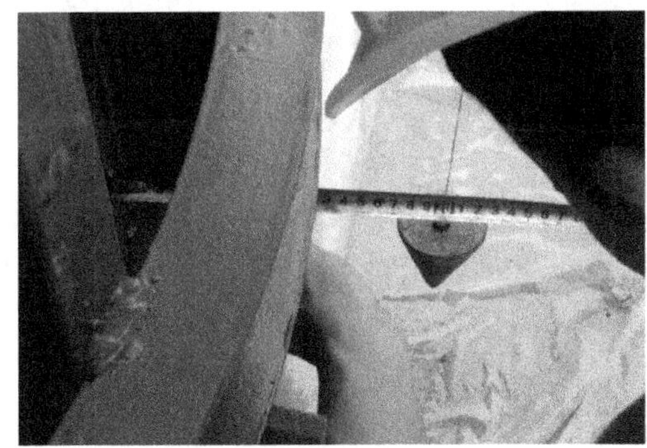

图 6-5　吊锤检查模板垂直度

缆风绳锚固端采用钢管打入地面以下1m,保证其稳固可靠。缆风绳与地面夹角,根据场地45°~60°不等,但要求其受力均匀,不得单边受力过大,即倾斜度、松紧度要一致,其上下不应施加任何多余荷载。缆风绳的地锚周围宜设置围栏,防止碰撞破坏。

6)浇筑前混凝土的准备工作

墩柱模板安装固定后,测量模板顶高程,并根据设计高程计算出混凝土面距模板顶的高度。

浇筑混凝土前,清楚模板内的杂物,采用水泥砂浆在模板外封堵模板底部缝隙,防止漏浆造成底部混凝土“烂根”等现象。

6.1.5 混凝土施工

6.1.5.1 混凝土配合比设计

圆柱式墩是主要的清水混凝土外露构件之一,混凝土原材料优选是保证其外观质量的基础,墩柱混凝土要获得较好的色泽一致性、数量较少、直径较小的气泡和表面一定的光洁度,柱式墩采用C30混凝土,混凝土拌合物的入模坍落度宜控制为140mm±20mm,且工作性能应稳定,无离析泌水现象。为改善混凝土的工作性,可掺入一定比例的Ⅰ级粉煤灰作为掺和料,但出于硬化混凝土色泽和控制墩顶浮浆层厚度考虑,粉煤灰均不宜超过15%。

6.1.5.2 混凝土拌制与运输

(1)在清水混凝土拌和生产中,一定要严格按试验确定的配合比投料,不得带任何随意性,随气候变化随时抽验砂子、碎石的含水率,及时调整用水量,确保施工配合比与试验室配比的一致性,特别是用水量和水胶比的准确性,确保水胶比在极小范围内波动;并严格控制搅拌时间不短于90s(夏季)和120s(冬季),确保碎石表面裹浆均匀、拌合物坍落度稳定和拌合物外观颜色一致。因此,清水混凝土生产中,控制同一视觉范围内的墩柱所用清水混凝土拌合物的水胶比、坍落度、搅拌时间和环境气温等技术参数、制备环境的一致性是关键点,混凝土水胶比或坍落度的较大变化常使混凝土出现盘与盘之间颜色明显的差异。

(2)试验人员对运至现场的每车混凝土的坍落度进行取样试验,坍落度宜为160mm±20mm,并保证混凝土的匀质性,超出允许范围的混凝土严禁使用。混凝土罐车运输过程中宜以2~4r/min的转速搅拌,当搅拌运输车到达浇筑现场时,应高速旋转搅拌20~30s再卸入料斗,确保拌合物的均匀性。

6.1.5.3 混凝土浇筑

(1)墩柱混凝土浇筑前,先对模板内外进行检查,检查内容主要有两项:一是模板内底部是否有积水,积水要用棉纱彻底醮干净;二是模板周边堵缝是否严密、模板固定是否牢固。

(2)混凝土采用罐车运输、汽车吊提升吊斗或汽车泵泵送入模,混凝土布料通过挂设串筒布料,一次浇筑成型。施工中需要严格控制混凝土浇筑速度和混凝土的下料高度和分层厚度,控制出料口与浇筑面之间的距离小于2.0m的高度,确保不离析、不漏振,不出现混凝土分层现象。

墩柱高度大于2m时，浇筑时需要通过串筒下料，防止混凝土自由下落时离析。在柱式墩模板内设置节高1.0m一节的铁皮串筒，串筒上口内径30cm、下口内径25cm，串筒下放至混凝土浇筑面2m以内，串筒上口接料斗，墩柱混凝土水平分层浇筑，循序渐进一次浇筑完成（图6-6）。

a)汽车吊提升料斗浇筑

b)设置串桶下料

图 6-6　圆柱墩混凝土浇筑

（3）混凝土分层厚度宜控制在30～40cm。为做到布料有的放矢，应根据墩柱的内径和料斗的容积，控制料斗的下料量，保证一次性下料的厚度适宜，或采用标尺杆控制每次下料分层厚度在40cm以内。以ϕ1.5m的圆柱形墩为例，采用容积为1m^{3}的料斗，则一满料斗混凝土可布料的厚度为：

$$h=\frac{V}{s}=\frac{1.0}{3.14\times0.75^2}=0.57(\mathrm{m})$$

因此，布料一层30～40cm厚度的混凝土，则只需混凝土方量0.53～0.71m^3。布料时，混凝土尽量沿钢筋网内部先布料一圈，防止中间堆料过高，混凝土匀质性变差。布料时，要特别注意避免因混凝土砂浆溅到模板上而影响墩身外观质量，整个浇筑过程中设专人负责清洁模板内表面。

（4）为保证混凝土表面的光洁度，减少气泡，保证清水混凝土外观质量效果，当一层混凝土布料摊平后，先将振动棒沿钢模周边振捣一遍，将气泡引出，然后振捣中间部位，将混凝土内的气泡和泌水从中间引出。注意振动棒不得碰触钢筋和模板，与模板之间保持10cm左右的距离。

（5）混凝土振捣采用插入式振捣棒作业，每个墩柱可配置2台ϕ50型插入式振动棒，由若干名有经验的混凝土振捣工轮流振捣，振捣人员通过爬梯下到墩柱模板内靠近混凝土浇筑面进行振捣，保证不漏振、欠振和过振。插入式振捣器振捣遵循“快插慢拔”原则，移动间距35～40cm，插入点均匀排列，振捣上层时，插入下层混凝土5～10cm（控制方法采用在振动棒管上用胶带纸标出控制标志线，控制插入的深度），以消除两层之间的接缝。根据线外试验结果，以ϕ1.5m的圆柱形墩为例，每层的振点个数宜为25～30个，每振点振捣时间控制在30～35s为宜。

（6）为了保证墩柱混凝土表面颜色一致，混凝土浇筑过程中，每罐车混凝土应尽快用完，尽量减少混凝土坍落度损失。混凝土自拌和结束至入模前的间隔时间最长不宜超过2h，夏季高温天气还应适当缩短。

(7)浇筑混凝土应连续进行,如必须间歇,其间歇时间应尽量缩短,并应在下层混凝土能重塑之前,将上层混凝土浇筑完毕,确保不出现施工缝或分层印迹。

(8)墩柱混凝土浇筑时,为提高施工效率,减少同一视觉范围内墩柱表面色差,同一排的两侧墩柱宜对称均衡浇筑。对于空中设有横系梁的柱式墩,为保证墩柱和系梁顺接以及混凝土外观质量,提倡墩柱系梁与墩柱一起浇筑成型,系梁两侧墩柱应对称浇筑,同步到达系梁,然后基本同步往上浇筑施工。

(9)墩柱的浇筑宜采用数根柱为一组,依次循环浇筑,各柱分层下料、分层振捣的办法施工,延长每一根的浇筑速度,使每层浇筑的混凝土略微沉实,使砂浆持续上浮的情况一定程度上得以改善,同时在可能条件下混凝土的坍落度值宜以允许值的下限控制。

(10)在混凝土浇筑过程中,随着浇筑的不断进行,混凝土中胶凝材料浆体不断积累上浮,因此在墩柱中、上部浇筑时,应控制好坍落度,对浮浆及时清除,如有泌水及时排出,防止混凝土因质地不均产生色差。

(11)混凝土浇筑快结束时,宜适当减小混凝土坍落度,以控制好墩柱顶高程以及其平整度,必要时采取超浇混凝土将顶层砂浆排除掉。为减少表面气泡和裂缝,墩顶混凝土宜采用二次振捣和二次收浆。待墩顶混凝土强度达到2.5MPa后,对其混凝土顶面进行凿毛,以利于后续浇筑的盖梁新混凝土与墩柱旧混凝土的良好结合。

(12)在混凝土浇筑过程中,加强对模板的保护,浇筑混凝土时注意振动棒不能接触模板,并派专人对模板进行检查,如发现漏浆、松动,及时进行处理。

6.1.5.4 模板拆除与保养

模板拆除前,墩顶混凝土须在混凝土初凝后及时用土工布覆盖其表面。

墩柱模板在混凝土强度保证其表面及棱角不至于因拆模受损时方可拆除,一般在混凝土强度达到2.5MPa以上。一般夏秋季,混凝土浇筑完成后约24h后开始拆除模板,冬、春季气温较低等情况应适当延长拆模时间,以免拆模时混凝土棱角损伤、混凝土产生“掉皮”现象等质量缺陷。

模板拆除时,先用汽车吊吊住待拆模板一侧顶部,然后拆除两片模板的定位销和连接螺栓(其相连模板应有临时固定措施),再用撬棍轻轻撬动单块模板同时吊车吊住模板往外拉,模板与混凝土完全分离后缓慢吊离(图6-7),防止因拆模而造成混凝土表面和棱角的损伤。分散拆除模板时,应自上而下、分层拆除。

模板拆模后要及时清理干净模板表面,拆除的模板依编号分类妥善存放,以备下次使用。

墩身施工周期长,对模板的保养也十分重要,否则很难使不同时间施工的混凝土成品达到基本相同的外观质量。模板存放、吊装、拼装、调整、拆卸,使用后表面的处理都必须按照规定的程序进行,不允许野蛮施工,损害模板。墩身施工完成后要求包裹养护,包裹材料在箱梁完成后拆除,以保护成品外观。

6.1.5.5 混凝土养护与成品保护

模板拆除后,立即采用塑料薄膜将墩柱包裹密封,并采取人工洒水、墩顶滴灌(在墩顶设置一水桶，并在水桶底部开小孔，形成自动养护，始终保持混凝土表面湿润）等方式进行养护，达到既保湿又防止污染的目的（图 6-8）。养护采用干净的自来水养护，并在墩柱旁注明养护起止日期，以免遗漏。常温下，混凝土保湿养护时间不低于 7d，平均气温低于 15℃应适当增加养护时间至 10~14d。

图 6-7　模板用汽车吊拆除吊离

图 6-8　墩柱混凝土滴灌养护

当气温低于 5℃，应采取蓄热养护，即在墩柱侧面拆模后，立即采用两层塑料薄膜将墩柱包裹，接缝部位采用胶带粘接密封，并在塑料膜外部包裹一层土工布进一步保温，采用塑料包装带扎紧。

外露钢筋应及时涂刷水泥净浆防护，防止钢筋锈蚀。

墩柱施工完成后，严禁在墩柱周围进行倾填，并对系梁及承台周围的建筑垃圾及时清理，并应防止施工机械碰到墩柱损伤混凝土表面。

墩身包裹养护材料在上部结构完成后拆除，以保护成品外观。

6.2　花瓶型薄壁墩

6.2.1　施工总体方案与工艺流程

花瓶型薄壁墩施工工艺流程见图 6-9。

6.2.2　施工准备

1）预埋筋定位

预埋钢筋定位是预防控制墩柱钢筋保护层最关键的工序。承台施工时，将墩身钢筋按设计图要求预埋在承台内，钢筋接头位置应错开，预埋钢筋的外露长度以方便施工为宜（0.5~1.5m）。

（1）承台模板安装完毕后，放设墩柱底部四周拐点并在承台模板上做好连线标记（十字中心线），作为墩柱预埋钢筋主筋平面位置控制基线，根据设计保护层净距要求确定墩身主筋位置，精确定位预埋钢筋。

（2）利用扣件式钢管制作成一定型胎具，在预埋墩柱主筋时，在承台施工平台上按墩柱中心线布置胎具，并在胎具上按设计图纸规定的主筋间距做好标记，预埋钢筋沿胎具布设。一方面能保证钢筋预埋准确，另一方面，浇筑承台混凝土时，即使钢筋因混凝土冲击造成移位，也能及时恢复。

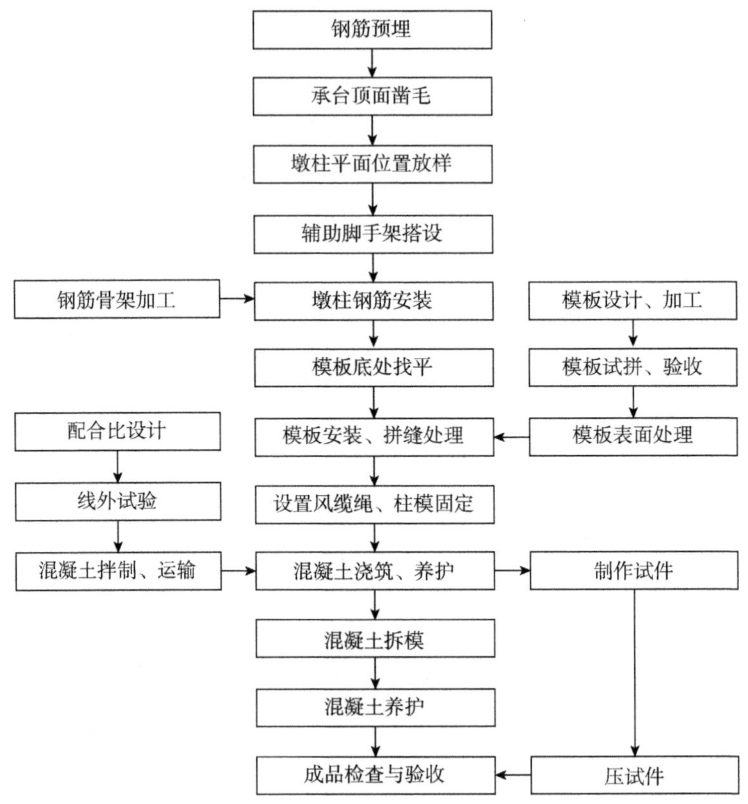

图 6-9　花瓶型薄壁墩整体浇筑施工工艺流程

(3)预埋主筋与承台钢筋焊接牢固，预埋钢筋埋置好后，还可以绑扎足够数量的箍筋形成劲性骨架防止预埋钢筋变形，涂刷防锈水泥浆，丝头旋入机械套筒后用塑料薄膜整体包裹保护。

(4)完成墩柱模板支撑钢筋预埋件安装；承台混凝土浇筑、振捣时加强对预埋筋的保护工作，确保预埋主筋不变形、移位。

2)施工场地平整

施工前应先对墩柱周围场地进行平整，将承台基坑回填区域进行夯实，夯实完成后进行墩柱施工辅助脚手垫层的施工。垫层宽度范围宜比承台边宽 1.2m，对两墩之间场地也应进行适当平整硬化作为施工通道，如图 6-10 所示。

3)接触面凿毛

承台混凝土达到 2.5MPa 强度后，钢筋绑扎前对墩柱预埋钢筋内侧范围内承台顶面混凝土进行凿毛，直至混凝土面有较多石子外露(露出新鲜混凝土)为准，并用水将表面冲洗干净，如图 6-11 所示。

4)测量放样

钢筋绑扎前，用全站仪在承台顶面定出墩柱的中心和纵、横向轴线和柱模内外面轮廓线，并采用墨线弹出连线，作为绑扎、安装钢筋和立模基准，并测出墩底四周拐点高程。

图 6-10　施工场地平整

图 6-11　承台顶面凿毛

6.2.3　脚手架搭设

为了确保墩柱钢筋定位准确，施工时需根据墩柱高度及范围，进行脚手架搭设。

施工双排脚手架采用碗扣式支架搭设，如图 6-12 所示。脚手架离墩柱模板周边 0.5m，脚手架步距 1.2m，立杆间距为 1.2m。脚手架搭设到顶层时，里排立杆要高于模板顶或操作平台 40～50cm，外排立杆高出模板顶口 1～1.5m，搭设两道护身栏，并挂密目安全网进行防护。脚手架外侧利用钢管及扣件设置符合规定要求的斜杆或剪力撑，确保支架的整体稳定性。在墩柱外侧搭建一道人行爬梯，人行爬梯步距 30cm、宽 60cm，爬梯和钢管脚手架之间用扣件牢固连接，确保安全，保证上下爬梯人员安全。

图 6-12　双排脚手架爬梯及混凝土浇筑施工平台

6.2.4　钢筋加工与安装

墩柱钢筋在后场钢筋加工厂（棚）弯制、矫直、除锈、车丝或加工成半成品，汽车运输到现场，精确放样定位，现场连接、绑扎成型。

墩柱主筋加工时，注意丝头的保护，检验合格的丝头套上保护帽（胶套）或拧上连接套筒，防止丝头损坏和锈蚀；加工好的半成品分类堆放，做好上盖下垫保护或存放于钢筋加工棚内。

墩柱主筋采用带锁母的滚扎直螺纹套筒与承台预埋主筋逐个连接，钢筋接头拧紧后采用力矩扳手进行拧紧力矩值检验。同一断面的钢筋接头数量不得超过断面钢筋数量的 50%，对接时保证钢筋的垂直度,可间接设置箍筋,预先形成劲性骨架;完成主筋连接后,进行箍筋和水平钢筋的绑扎,做到上下层网对齐,层间距正确,扎丝头一律弯向内侧。为增强钢筋骨架的刚度,安装水平钢筋可采取绑扎与点焊结合的方式。最后,进行墩柱防裂钢筋网的绑扎,注意防裂钢筋网的搭接长度不小于 2 倍孔眼距离。

墩柱钢筋全部绑扎完成后,在墩柱钢筋骨架侧面梅花形布置与混凝土同强度的专用砂浆垫块,要求与设计要求的钢筋净保护层厚度匹配且与混凝土颜色一致,并相互错开绑扎牢固;混凝土保护层垫块密度设置原则:直线段不少于 4 个/m^2(图 6-13)曲线段可视实际情况加密。

图 6-13　花瓶型薄壁墩钢筋绑扎

6.2.5　模板设计、制作与安装

6.2.5.1　模板设计

墩柱模板采用工厂精加工的大块定型钢模板。根据墩柱高度、宽度及墩柱结构形式,结合整体施工的工艺,薄壁墩模板由不同长度的若干节进行组合搭配,并遵循模板分节通用性强、单块面积大,接缝少、组合及安拆方便的原则,进行合理分节分块设计及定制。

墩柱模板结构设计成体外拉杆形式即无拉杆形式,综合考虑混凝土对模板的最大侧压力及泵送混凝土时对模板的冲击力和振捣混凝土产生的附加力等要求,以及模板组合成型后刚度、强度、变形量和大面平整度的要求,墩柱模板具体结构和配置为:面板采用 6mm 正平钢板;附面板肋为 10 槽钢,间距约 300mm;连接边为 10 号角钢或厚 12×100 带钢;侧板大肋为 2×[14 槽钢;主板大肋桁架结构用料为 2×[14 槽钢,10 号工字钢、[8 槽钢配合,桁架高 700mm,大肋形式用料为 2×[30 槽钢,间距为 750mm;对拉螺栓为 M32。

6.2.5.2　模板制作

墩柱钢模委托专业生产厂家加工。模板板面应光洁平整、无翘曲破损,为减少模板的拼缝,除特殊及异形块模板外,每块模板的面积一般应大于 1.0m^2,板块拼缝位置应事前规划,排列整齐。

(1)模板的组装焊接,宜采用组装胎具定位及合理的焊接顺序。

(2)模板加工毛刺、焊渣要清理干净,除锈要彻底,防锈漆涂刷均匀。

(3)模板加工时,应按钢结构加工规范进行,焊缝尺寸符合要求,焊缝外形应光滑、均匀,不得有漏焊、焊穿、裂纹、夹渣、咬肉、开焊、气孔等缺陷。

(4)校正模板时,不得碰伤其棱角,且板面不得留有锤痕和刮痕。

(5)模板使用前需进行现场组拼,统一编号,并检查合格。本模板拼装成型后,要求达到以下标准:模板整体表面平整度≤3.0mm;相邻模板板面高低差≤1.0mm,两块模板拼缝间隙≤1.0mm;板面局部不平整度≤1.0mm。

6.2.5.3　模板安装

(1)墩身钢筋绑扎完成经检验合格后,方可进行模板安装。

(2)立模前,根据墩柱高度预先编排好顺序再进行模板配置,模板在安装前必须进行试拼,试拼完成后应将模板集中摊平,进行打磨除锈、抛光。打磨采用喷砂除锈机或角磨机,要求为清除表面浮锈及面板氧化膜;在进行模板除锈的同时,每完成一块即采用 200 目水砂纸对面板抛光,要求为面板表面无锈点及氧化层斑点,面板颜色一致光滑。完成抛光后,对模板表面的锈迹、铁屑和灰尘等污物进行清洗。模板采用洗洁精溶液清洗,清洗干净后用干净的棉纱擦干。

(3)模板表面清洗清洁后,涂刷优质高效脱模剂(图 6-14)。脱模剂应经线外墩试验选定(或直接采用涂刷模板漆的工艺)。本工程采用柴油、机油混合油料,掺配比例为柴油:机油=1∶2,涂刷工具为羊毛滚轴刷。脱模剂在模板表面均匀涂刷,不流不滴,略风干后才能进行模板安装,不得污染钢筋及承台混凝土。模板暂不安装时,需用塑料薄膜覆盖防尘、防水,避免板面受到污染或生锈,导致浇筑后的混凝土表面出现色斑。

图 6-14　脱模剂涂刷

(4)模板安装前,承台顶面混凝土用高压水冲洗干净,但不得有积水。

(5)立模时,底节模板内边线应和承台顶面预先标识出的墩柱轮廓线重合。模板底部与承台顶面接触处设置双面胶或海绵防漏条,并用高强水泥砂浆封堵密实,防止混凝土浇筑时漏浆而产生“烂根”现象。

(6)模板板缝间填塞双面胶,粘贴双面胶时应注意使其边线应离面板边约 1mm,不得超出模板面或远离模板边。立模过程中随时检查接缝处的平整度(图 6-15b),保证拼装加固后的板面之间平整,无错台,接缝严密,拼装牢固,整体结构稳定。同时,检查保护层垫块是否与模板紧贴、有无损坏,做好保护层控制。

(7)模板吊装应设置吊装扁担,每节段模板拼装好后,严格检查模板的中心偏位和垂直度,调整模板拼缝和错台,板缝调整后再紧固连接螺栓(图 6-15c),通过墩柱侧面斜拉杆和双背楞将模板双向加固,保证模板有足够的强度和刚度。合格后拼装下一节模板。

a)模板逐节安装

b)模板拼装调平

c)模板紧固

d)模板牢固性检查

图 6-15　模板安装

(8)模板安装完成后,对其平面位置、模顶高程、模内净空、竖直度及模板紧固程度(图 6-15d)等进行全面量测检查,确保模型尺寸准确、安装牢固,检查合格后在模板上口四角用 4 根缆风绳将钢模板四边呈八字形拉紧固定(墩柱高度 10m 以上时,在中部再加 4 根风缆绳)。

(9)做好分节模板安装保护工作,加快模板安装进度,尽快完成混凝土浇筑,一是为避免分节模板安装时间较长脱模剂挥发,导致混凝土拆模后产生色差;二是避免模板安装后等待浇筑时间过长,模板表面被污染,影响外观质量。模板支设完毕,如果不立即浇筑混凝土,应用彩条布将模板上口包扎裹紧,防止灰尘等污染模板、雨水锈蚀钢筋或使模内积水。

(10)为有效控制施工质量,首件实体墩柱施工前,应进行试验墩线外试验,验证模板质量、混凝土配合比和振捣等工艺,以科学指导首件墩柱的施工。

6.2.6　混凝土施工

6.2.6.1　混凝土配合比设计

花瓶型薄壁墩采用 C40 混凝土,采用一次整体浇筑。根据施工工艺,采取泵送(汽车泵)的混凝土入泵坍落度为 150mm±20mm,混凝土的初凝时间为 6~12h(具体根据浇筑进度确定)。采用汽车吊提升料斗施工工艺的混凝土入模坍落度为 140mm±20mm,混凝土坍落度不宜过高，以免墩柱施工形成过厚的浮浆层。薄壁墩混凝土配合比根据实际采用的原材料在试验室进行优化设计并经线外选定，在保证混凝土施工性能和强度的同时，确保外观质量达到清水混凝土的要求。

6.2.6.2　混凝土搅拌与运输

(1)浇筑开盘前，混凝土搅拌站应认真测定砂、石料的含水率并根据原材料情况试拌微调减水剂掺量、砂率，确定施工配合比，按施工配合比投料，并随机抽样测坍落度，确保泵送混凝土的入泵坍落度在 130~170mm，坍落度损失控制在 30mm/h 之内。每盘料的搅拌时间不应小于 90s。

(2)夏季施工时，应对混凝土原材料和运输设备采用有合理有效的降温措施，控制混凝土入模温度不应超过 30℃时，并尽可能安排在一天中温度较低的时候进行。

(3)混凝土罐车运输到现场，逐车检查混凝土的坍落度，观察混凝土的黏聚性和保水性，确保拌制的混凝土质量稳定，不泌水、不离析，色泽一致，合格后方可泵送入模。

6.2.6.3　混凝土浇筑

(1)浇筑混凝土前，检查模内有无杂物，将杂物清理干净，并将结合面洒水润湿。

(2)混凝土浇筑采用汽车泵泵送、串筒下料入模的方式，入泵坍落度控制在 130~170mm。当卸料高度大于 2m 时，为防止离析，采用串筒下料，卸料高度超过 10m 时，串筒还应设置折线形或螺旋线形，达到减速消能目的，串筒出料口不得对准模板或预埋件，下料堆积高度不宜超过 1.0m。同时，混凝土布料要均匀，防止模板受力不均。落在模板上的灰浆和混凝土要及时清理(图 6-16)。

a)汽车泵泵送

b)混凝土振捣

图 6-16　混凝土浇筑

(3)混凝土浇筑按“同一坡度、薄层覆盖、顺序推进、一次到顶”的浇筑方法，确保混凝土的浇筑质量。施工中需要严格控制混凝土浇筑速度和混凝土的分层厚度，确保不漏振，不出现混凝土分层现象。混凝土每层浇筑厚度控制在 30~40cm，一层混凝土基本摊平后，其振捣顺序从模板周边向混凝土中间进行，一层振捣结束后再布置下一层混凝土。振捣采用 $\phi50$ 高频插入式振捣棒，插点布置均匀，相邻插入点间距 35~40cm，振捣延续时间以 25~30s 为宜，以混凝土表面略有浮浆、混凝土不再下沉、不再冒气泡为振捣合适的标志，且不得漏振、欠振，避免过振。混凝土浇筑过程中，振捣人员要根据混凝土坍落度的微小变化，宜采取不同的振捣时间。对于结构圆弧倒角等不易排气部分，可以进行二次振捣工艺，减少气泡的产生。

(4)混凝土振捣遵循“快插慢拔”的原则，每一处振捣完毕后应边振动边徐徐提出振动棒，将混凝土里的空气赶出，减少气泡的产生。振动过程中避免振动棒碰撞模板、钢筋、预埋件等。

(5)下层混凝土没有振捣密实前不得浇筑上层混凝土，振捣上层时，振动棒应插入下层混凝土 5~10cm，以消除两层之间的接缝，同时振捣上层时要在下层混凝土能充分重塑之前进行。

(6)混凝土表面泌水时，要及时清理干净，但不得扰动混凝土，可用棉纱或海绵沾出。由于混凝土重力影响，在浇筑到接近墩顶时容易出现较多的灰浆而产生色差，影响整个墩柱的外观质量，可在施工前准备一些干净的 4.75~9.5mm 的细石，加入小石子后进行二次振捣，并排除多余灰浆。

(7)墩顶钢筋网片事先绑扎，模板立好后放入模内。当浇筑混凝土距墩顶面最低点 30~40cm 时，进行墩顶钢筋的安装(图 6-17a)，但在放入模内时一定要检查其位置的精确性，墩顶保护层应有足够的厚度。检查模板位置及钢筋绑扎无误后继续浇筑墩顶混凝土(图 6-17b)。

a)墩顶钢筋网片安装

b)墩顶混凝土浇筑

图 6-17　墩顶混凝土浇筑

(8)浇筑时应严格控制墩柱的顶面高程及平整度。墩顶混凝土浇筑完成后及时进行一次收浆，控制表面平整度，混凝土初凝前进行二次收浆，防止混凝土表面出现塑性裂缝。墩顶部混凝土收光后立即用土工布覆盖，蓄水养护。

(9)混凝土强度达到 2.5MPa 后，进行墩顶支座垫石混凝土人工凿毛。

(10)本桥采用盆式橡胶支座，螺栓孔采用取芯机在墩柱混凝土浇筑完成后 72h 后取芯成孔。钻孔前由测量人员精确测量孔位的平面位置和高程，并向操作人员详细交底。

6.2.6.4　混凝土拆模

(1)墩柱混凝土浇筑完在夏、秋季时约 24h 后方可拆模(冬季或春季时间更长)，防止由于墩柱强度低，拆模时损伤墩身。

(2)花瓶型薄壁墩柱模板采用自上而下、分层拆除(图 6-18)。

(3)拆模起吊前，应检查所有连接螺栓和连接件是否完全拆除，模板与墩身混凝土完全脱落后，方可起吊。拆模时，应设有缆绳或人扶垂直吊起，切不可使模板摇晃，以免损伤墩身混凝土或造成人员伤害。

(4)拆除的模板分类堆放，集中清理，刷好脱模剂备下次使用。

6.2.6.5　混凝土养护与成品保护

(1)在常温、潮湿季节，模板拆卸结束后立即对墩柱进行晒水，并及时采用塑料薄膜缠裹养护(图 6-19)，注意用胶带粘贴接口保持塑料薄膜覆盖严密，防止水分散发，如果发现湿度不符合养护要求，则采用由墩顶向下浇水的方法补充水分。在高温、干燥季节，采用塑料薄膜罩套墩柱，同时在墩顶设置滴灌桶接带孔水管缠绕墩身进行覆膜滴淋养护，并定时给水桶补清水，该法可始终保持混凝土表面湿润。混凝土的包裹保湿养护时间不短于 7d。

图 6-18　模板拆除

图 6-19　混凝土覆膜养护

(2)冬季施工时，在塑料薄膜缠裹后加设加厚土工布缠裹保温养护，并根据情况在支架内侧增加帆布覆盖，养护龄期延长至 10～14d。

(3)墩身施工完成后包裹养护材料在箱梁完成后撤除，以保护成品外观。

6.3　矩形薄壁墩

6.3.1　总体施工方案及工艺流程

矩形薄壁墩施工一般采取滑模、爬模、翻模三种方式进行。滑模施工较难控制，但是因为有自身提升动力系统，施工比较方便。翻模则需要用塔吊或者吊车进行提升，但因为是组合模板，单块模板较轻，所以使用于高空施工中。爬模是现浇竖向钢筋混凝土结构的一项较为先进的施工工艺，在山区铁路施工中被普遍采用。

(1)翻模是由 3 节大面组合钢模板及外工作平台、塔式起重机、手动葫芦组合而成的成套模具，每节模板的高度为 3m(与 9m 长的定尺钢筋相适应)，每次向上翻身 2 节，保留顶层一节作为接头模板，循环交替翻升，周而复始，直至完成整个墩身的施工。

(2)墩身竖向主筋分节绑扎，劲性骨架固定，主筋连接采用滚扎直螺纹连接。

(3)混凝土采用罐车运输至现场，通过混凝土输送泵车泵送入模浇筑。

(4)施工人员在外工作平台上进行模板拆卸、安装、绑扎钢筋、混凝土浇筑等。翻模施工工艺流程见图6-20。

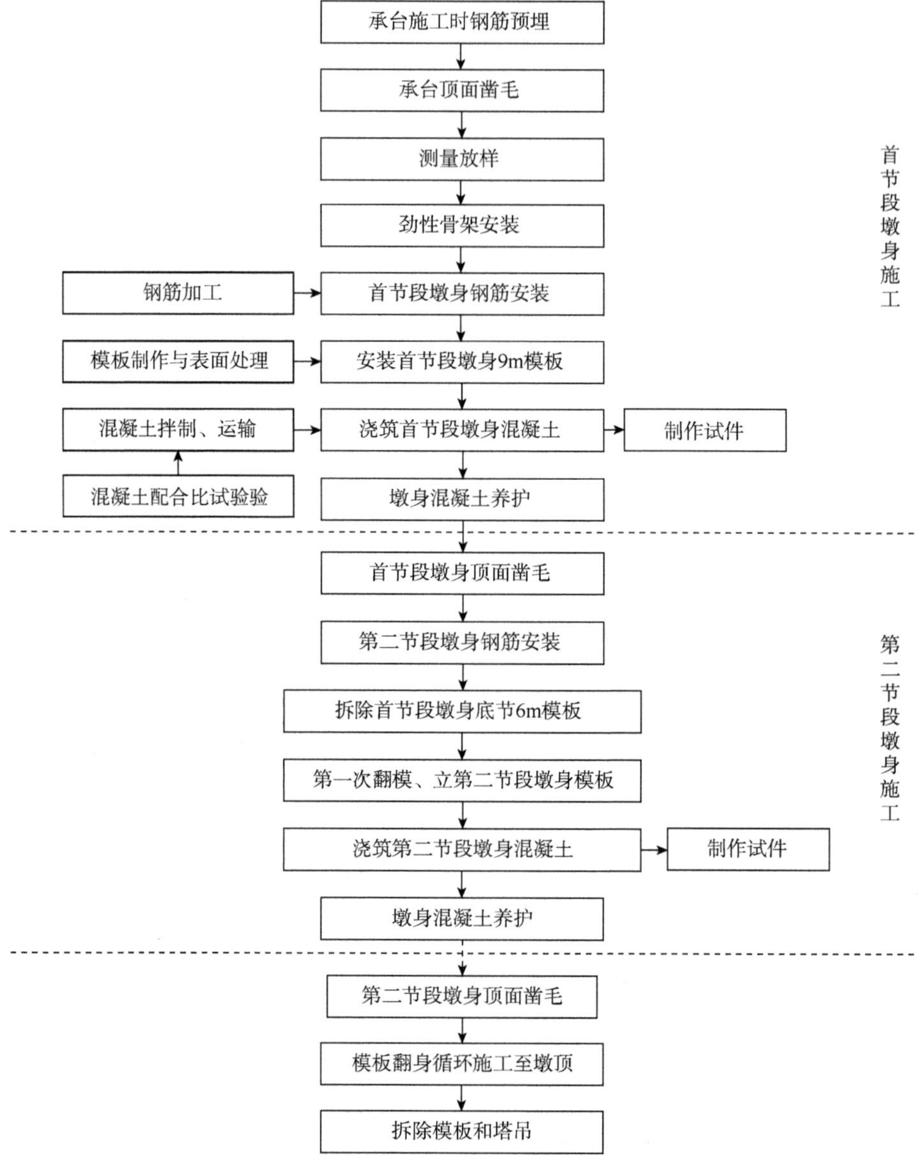

图6-20 矩形薄壁墩翻模施工工艺流程

6.3.2 施工准备

承台施工时预埋件预埋

(1)墩身钢筋预埋。

承台钢筋绑扎时,根据设计图纸和承台放样数据,将墩身主筋按设计准确预埋(图6-21),预埋深度符合图纸要求,外露长度以施工方便和钢筋保护为原则,同时注意主筋接头位置应错开(同一截面主筋搭接数量不超过50%),错开距离不小于35d。

图 6-21　承台上的墩身预埋主筋,通过与承台固定筋焊接绑扎保证预埋位置准确

考虑到主筋外露时间过长,应在其表面涂刷水泥净浆防锈(图 6-22a),否则在墩身钢筋绑扎前,应采用钢丝刷对生锈的预埋钢筋进行除锈(图 6-22b)。

a)钢筋防锈

b)钢筋除锈钢筋防锈处理

图 6-22　预埋主筋防锈与除锈

(2)劲性骨架基座预埋。

承台钢筋绑扎时,根据劲性骨架平面布置图,准确预埋劲性骨架基座,确保平面位置准确,以便墩身施工时劲性骨架的安装。

(3)承台顶凿毛。

承台混凝土浇筑完后,混凝土初凝前对承台顶面进行压光找平(墩身钢筋内不需要压光找平)。承台混凝土终凝且强度达到 2.5MPa 后,人工对承台顶面与墩身相接触部分混凝土进行凿毛,剔除浮浆和松散混凝土,凿至混凝土表面露出面较多石子为为准(图 6-23),并冲洗干净,以便墩身与承台混凝土有良好的黏结。

图 6-23　承台顶面混凝土凿毛效果

(4)测量放样。

承台施工完毕后,根据设计资料进行墩身放样,确定墩身的中心、外边界和纵横向轴线等,并用墨斗线弹出。

(5)支架搭设。

为了便于桥墩高空施工,搭设双排脚手管支架施工(图6-24)。支架沿墩身外围四周封闭式搭设,四面均设双排架,横距60~90cm,纵距60~90cm,步距120cm,支架顶部设置临时施工平台,支架外围满铺密目安全网。

a)脚手架

b)塔式爬梯

图6-24 矩形薄壁墩施工支架搭设

支架根据承台尺寸设计脚手架外围尺寸,预留出薄壁墩位置,且在薄壁墩四周预留100cm间距,便于墩身混凝土施工时模板的安装和拆除。支架外围用钢管和扣件按45°~60°角设剪刀撑,增加支架的刚性和稳定性。支架上设人行通道,人行通道的走道板设防滑条,同时在支架上铺设脚手板,形成施工平台。

6.3.3 劲性骨架制作与安装

劲性骨架是供高、宽、大的薄壁墩在测量放样、主筋安装、模板安装就位的依托受力构件,以增加抗风性能、钢筋骨架的稳定性、尺寸准确性和可操作。劲性骨架由立柱、平联、斜撑组成(图6-25)。立柱采用100mm×100mm×10mm等边角钢制作,平联和斜撑采用75mm×75mm×5mm等边角钢制作。骨架线形加工精度要求较高,要求测量人员在平整场地精确放出标准样线,再下料焊接加工。先确定出立柱的位置,并安装固定立柱,然后焊接平联和斜撑,组合成单节段单片劲性骨架。前后节段的各个接头位置要前后编号试对接,方便以后吊装时准确快速安装。

图6-25 劲性骨架定位钢筋图

劲性骨架按图纸要求在后场分片加工、使用平板车运输至现场,采用吊车单片安装与前一节劲性骨架焊接。先安装单片骨架,再用事先定长下料的联系撑角钢将骨架间焊接连成整体,以增大劲性骨架的整体刚度。

劲性骨架根据骨架设计图纸和墩身分节高度进行安装。劲性骨架安装时测量注意控制劲性骨架的垂直度,安装完毕后,进行墩身钢筋安装。墩身钢筋定位依靠劲性骨架准确定位。

6.3.4　钢筋制作与安装

6.3.4.1　钢筋制作与运输

墩身钢筋根据设计图纸在钢筋加工场集中、批量加工成半成品(图 6-26),以保证加工精度。墩身主筋采用滚扎直螺纹接头连接,钢筋的滚轧、套丝及螺纹套筒的一端套接均在后场完成,对于两端都滚轧、套丝的钢筋,一端套上螺纹套筒,另一端用塑料包裹套对端头进行保护,待钢筋运输到前场安装到位后利用管子钳在安装现场完成连接。为了保证钢筋连接的顺利进行,加工好的钢筋在运输及吊装过程中要加强保护,尤其是钢筋的外露螺纹及套筒的内螺纹。

图 6-26　钢筋半成品工厂加工

由于墩身钢筋型号较多,每一种型号钢筋应做好相应标识;对不同型号和类型的钢筋分块进行堆放,通长钢筋(即 9m 一节钢筋)集中在一个地方统一堆放,做好上盖下垫保护或存于钢筋棚内。钢筋采用龙门吊装车、平板车由钢筋加工场运输至施工现场、履带吊或汽车吊进行卸车,在操作平台上设置堆放区进行钢筋堆放。

6.3.4.2　钢筋安装

钢筋半成品运至现场进行绑扎,通过劲性骨架保证钢筋安装精度(图 6-27)。主筋除顶部的分节长度根据墩高而改变以外,中间各节主筋的长度均为 9.0m。主筋与承台预埋主筋、上下节段主筋采用滚扎直螺纹套筒连接,同一断面的钢筋接头数量不超过断面钢筋数量的 50%,相邻钢筋接头错开不小于 35d,对接时先调整上下钢筋轴线再连接,保证钢筋垂直度。完成主筋连接后,进行箍筋、拉钩筋绑扎,形成整体钢筋骨架。箍筋、拉钩筋安装应按设计位置先画线,然后再自下而上摆放钢筋进行绑扎,做到上下层网格对齐、层间距正确。绑扎钢筋的扎丝多余部分向构件内侧弯折(图 6-27a),防止外露造成锈蚀。

a)钢筋绑扎扎丝头向内侧弯折

b)保护层垫块安装

图 6-27　钢筋绑扎

箍筋、拉钩筋绑扎完成后,按设计要求的钢筋净保护层厚度(3cm)在墩身钢筋骨架侧面梅花形布置梅花形高强砂浆保护层垫块,并相互错开绑扎牢固,垫块与模板接触面为线接触(图6-27b),减小垫块外露面积,避免垫块颜色与混凝土不一致造成表面色差。

墩身表层防裂用D6@10cm焊接钢筋网通过扎丝绑扎固定在墩身主筋上。先在施工节段的钢筋骨架上、中、下部位分别布置水平定位钢筋 $\phi12$,与水平箍筋并排且点焊在水平箍筋外边缘,按设计间距布置表层钢筋焊网中的竖向钢筋与3根水平定位钢筋绑扎,最后布置钢筋焊接网的水平钢筋与竖向钢筋点焊。表层钢筋焊接网加工高度与施工节段高度一致,表层钢筋焊接网搭接竖向高出施工混凝土面20cm以上。

6.3.5 模板设计、制作与安装

6.3.5.1 模板设计与制作

墩身模板由专业厂家进行加工,进场后对模板尺寸、编号、板面局部不平、板面和板侧挠度误差、连接配件的孔眼位置、钢材质量、焊接质量等进行检查,合格后再对整套模板进行预先拼装,完成模板拼缝、错台、平整度调整,确保墩身模板达到以下质量验收标准:板面局部不平整度≤1.0mm,相邻两板面表面高低差≤1.0mm,拼缝宽度≤1.0mm,模板整体表面平整度≤2.0mm。

6.3.5.2 模板的安装与翻身

1)模板表面清理

模板场内预拼完后拆分成块,将模板集中摊平,磨光机打磨至金属亮色(图6-28)。圆弧倒角采用弯制再焊接制成,因此需对圆弧倒角处进行打磨,消除节段痕迹。

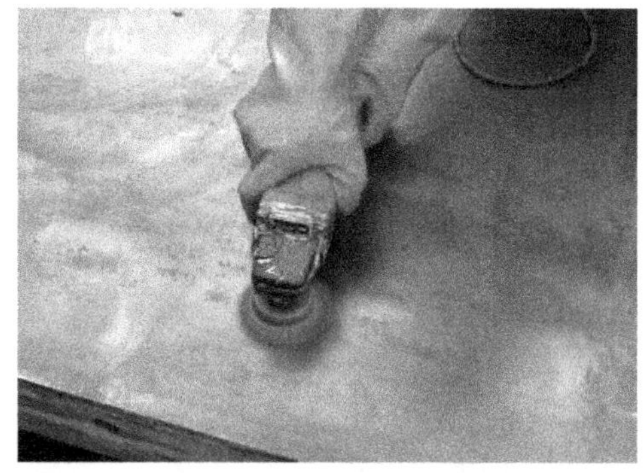

图6-28 模板打磨

对表面打磨完成的模板,进一步清洗干净表面的污渍。第一步,使用汽油清洗表面顽固污渍,采用刀片检查,直至刀片刮不起油渍(图4-29a、b);第二步,使用洗洁精水清洗模板表面污渍,采用白手套进行检查(图4-29c、d);第三步,用清水冲洗模板表面污渍(图4-29e),并用干净的抹布抹干,采用白手套进行检查。

2)脱模剂涂刷

根据线外矩形薄壁墩试验对色拉油、机油、液压油、马贝水性脱模剂四种脱模剂的优选,确定采用液压油脱模剂。液压油的优点是：熔点高，高温下不变质、性能稳定；浇筑的混凝土表面色斑少、有光泽、色泽较均一、少气泡。色拉油的弊病是：高温下易变质；熔点低、易流淌（图 4-30）、容易污染已浇混凝土面；夏日易吸附蝇蚊，使混凝土表面形成斑点；混凝土浇筑完成后，色拉油易形成污垢吸在模板表面，且难以清除。

a)汽油清洗

b)刀片检查油污

c)洗洁精水清洗

d)项目管理工程师查看模板清理

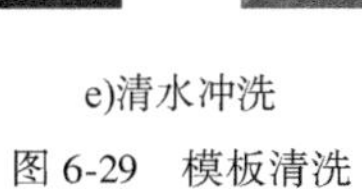

e)清水冲洗

图 6-29　模板清洗

模板表面干燥后，进行脱模剂涂刷。涂刷脱模剂前，模板摆放略微倾斜（图 6-31a），防止脱模剂堆积。涂刷时，先用喷壶喷晒一层脱模剂（图 6-31b），然后用滚筒涂刷均匀（图 6-31c），并防止模板再次污染。涂刷要求均匀、不可过厚、防止流淌，确保模板表面的镜面感（图 6-31d）。

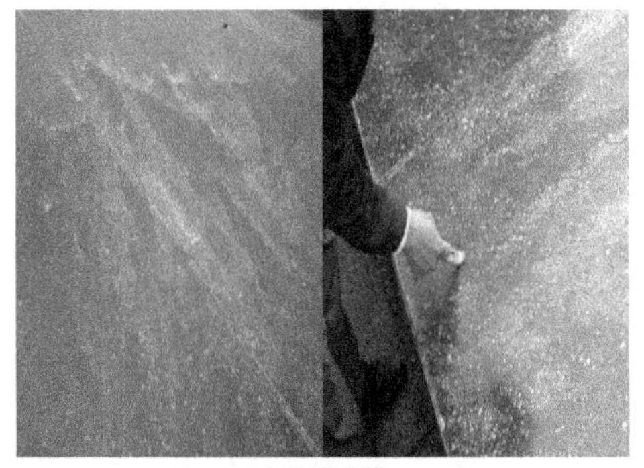

a)色拉油变质

b)色拉油流淌

图 6-30　使用色拉油脱模剂的不良效果

a)模板摆放略微倾斜,喷壶喷晒脱模剂

b)滚筒滚刷脱模剂

c)涂刷时脚踏处垫干净抹布防止再次污染

d)脱膜剂涂刷完成后验收

图 6-31　脱模剂涂刷

3)模板安装

立模时,在承台上测放出墩身角点,并测出角点高程,便于调平模板下口。根据测量放出的角点,用墨斗弹出墩身轮廓线,便于模板就位和复核模板偏位情况。

模板采用履带吊提升,人工辅助将模板基本就位,再用撬棍对模板进行微调,保证模板底口与墩身边线一致。模板与模板之间用螺栓连接。每节模板拼装好后,用垂球法检测模板垂直度,钢卷尺检测模板内空及对角线,满足要求后拧紧连接螺栓和背带上 $\phi 25$ 精轧螺纹钢拉杆进行加固,保证模板有足够的刚度和强度。合格后拼装下一节模板,节间采用螺栓拧紧,防止浇筑混凝土过程中移位、漏浆。

为控制混凝土外观质量，模板拼装、加固过程中主要采用了以下几点工艺措施：

(1)安装首节段模板前，首先对墩底模板下端与承台接触边的内侧用水泥净浆涂刷找平，然后模板外围再用高强水泥砂浆封堵密实，防止混凝土浇筑时漏浆。

(2)模板安装前，模板拼缝处(包括与承台接触的墩底模板底口)采用宽度 2cm 双面胶粘贴止浆(图 6-32a)。粘贴时，双面胶边缘略离模板内边 1mm，不得伸入模板或远离模板边，下次拼装模板时需更换双面胶，并须将模板拼缝处的漏浆清理干净。

(3)模板螺栓逐个拧紧(图 6-32b)，不可漏上或漏拧，防止相邻模板在浇筑过程中发生相对位移，造成错台、漏浆。

(4)安装时拼缝错台，采用撬棍调整(图 6-32c)。

(5)模板安装时，变形处先采用撬棍对于螺栓眼进行细调，到位后再紧固模板螺栓，同时也可通过附近的对拉螺杆松紧进行调整。

(6)对拉螺杆安装前，在对拉螺杆外套内径 ϕ32mm PVC 管，以便拉杆拆除。模板上拉杆孔眼要求开孔规则，减少其与套管间间隙；拉杆套管伸出模板 5~10cm，保持拉杆眼形状规则；拉杆套管与孔眼之间环向间隙采用土工布塞填紧密，防止漏浆(图 6-32d)。

a)粘贴双面胶止浆

b)拧紧模板连接螺栓

c)撬棍调整模板间隙，拧紧螺栓

d)拉杆套管与孔眼之间间隙采用土工布塞填

图 6-32　模板安装

(7)随时检查接缝处的平整度和拼缝质量，确保拼装加固后的板面之间的平整，接缝严密，无错台现象。模板拼缝处伸入模板内的双面胶应用裁纸刀剪裁齐平。另外，模板拼缝还可打上玻璃胶，以进一步保证接缝严密、不漏浆。

(8)随时检查保护层垫块是否与模板紧贴、有无损坏,做好保护层控制。

(9)模板存放、运输、吊运过程中,应专人指挥,轻拿轻放,采取措施防止模板扭曲、压坏、变形或损伤脱模剂涂层。

(10)定期对模板进行检查,对有问题模板进行维修、校正,破损严重进行更换。

模板安装完成后,技术人员进入模板内对安装质量进行检查,对模板顶面高程、平面位置、垂直度及模板紧固、拉杆孔、内空尺寸、拼缝、错台、模板底口与承台之间的空隙封堵严密性等方面进行全面量测自检,自检合格后报请监理工程师进行检验,检查合格后方能浇筑混凝土。模板安装完成后,若不能及时浇筑混凝土,用彩条布将模板上口包扎裹紧,防止灰尘等污染模板、雨水锈蚀钢筋或使模板内积水。

4)模板拆除与翻升

模板拆模时,先抽出拉杆,然后卸除模板的连接螺栓,将模板用钢丝绳连接在履带吊上,用撬棍等工具将模板松开,待模板与混凝土完全脱开后,用履带吊将模板向上起吊吊到模板整修处进行整修待用。待第二阶段钢筋安装完毕,采用履带吊将模板吊起,进行安装,安装方法同前。为控制墩身混凝土外观质量,模板拆除和翻升中的工艺控制措施包括:

(1)模板拆除时,采用木楔多点布设,严禁采用撬棍在单点进行拆除。

(2)拆除时,钢丝绳竖直靠近模板,防止模板晃动幅度过大碰撞墩身而造成模板的变形和墩身外观质量的损伤。

(3)模板在拆除过程中应注意清理障碍,在确认对拉螺杆全部拆除、模板装置上部无障碍时方可提升。

(4)对于翻模做到节节清理、节节涂刷脱模剂,对模板及相关部件进行检查、校正、紧固和修理。

(5)为控制墩身上下节段间渗油(脱模剂)、渗浆,施工可采取以下改进措施:

措施一:下节段墩身混凝土浇筑完毕后,将钢筋外围与模板之间的混凝土进行收面压平。收面时,将混凝土面形成一个倾向钢筋侧的小斜坡,使流体无法沿着外壁流出。

措施二:在上节段墩身模板安装前,在下节模板的接缝位置涂上玻璃胶进行堵缝(图6-33a),再进行模板安装。

a)玻璃胶涂刷

b)改进前效果

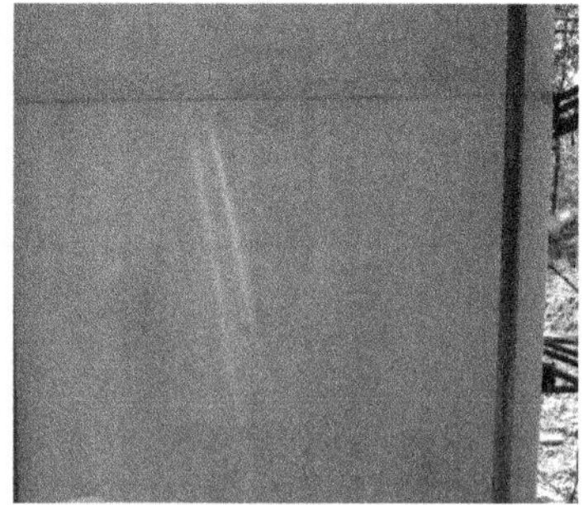

c)改进后效果

图6-33 墩身上下节段模板接缝处理及混凝土效果图

措施三:上节段墩身模板安装时,翻升的模板再次就位后紧固下节未翻动模板的拉杆等,减小模板与墩身之间的缝隙,防止接缝处漏浆、错台。

6.3.6 混凝土施工

矩形薄壁墩墩身采用C40混凝土，采用泵送工艺施工。混凝土入泵坍落度为180mm±20mm，根据浇筑进度，混凝土的初凝时间设计为大于8h。

6.3.6.1 混凝土搅拌与运输

(1)对砂石质量严格控制，砂石料仓搭设集料大棚，用以防污、防雨、防晒。砂、石料严格按照进场批次及频率进行检验与抽检(每船砂、石料均需检验与抽检)，严控砂、石含泥量，碎石须经四重清洗后进场(见第四章)。砂、石料堆存中严防二次污染和堆底浸水，同时，避免不同批次和级配的砂、石料的混料。

(2)每次开机前，取当天使用原材料进行试拌，确定生产配合比。

(3)混凝土搅拌时，最先投入砂，然后投入水泥、粉煤灰、水及外加剂，砂浆料搅拌55s后，再投入碎石一同搅拌65s即可出料。

(4)混凝土搅拌生产过程中安排试验室人员全过程监督，从搅拌机开机至正常出料期间，将随时抽查坍落度，一旦发现有不合格料，禁止其运出搅拌站。

(5)密切观测混凝土拌合物的质量，坍落度每工班测量4次，有变化随时测，开机、气温较高和有变化随时测，当坍落度在目标值±20mm时属于正常；并随时观察混凝土拌合物是否离析、泌水，混凝土拌和是否均匀、颜色是否一致；及时发现问题，查明原因，采取正确的方法调整拌合物质量。出机口拌合物坍落度目标值应为入泵坍落度值与当时气温下运输坍落度损失值两者之和，考虑到混凝土运距很近，几乎没有坍损或坍损很小，故出机口拌合物坍落度按入泵坍落度值180mm±20mm控制。另外，一台搅拌楼的每盘之间，各搅拌楼之间，拌合物的坍落度最大允许偏差为±20mm。

(6)混凝土拌合物采用罐车运输，罐车装料前，先将罐车倒转几圈，防止罐车内有残留积水或水泥块；罐车运输途中，搅拌筒应保持2~4r/min的慢速转动，防止混凝土在运输途中发生离析；到达浇筑现场时，应高速旋转20~30s后再将混凝土拌合物喂入泵车受料斗中；运输车每天使用完后应清洗干净。

(7)混凝土拌合物运输到施工现场，逐车检查混凝土的坍落度，观察混凝土的黏聚性和保水性，确保拌制的混凝土质量稳定，不泌水、不离析，色泽一致，合格后方可泵送入模，确保墩身混凝土的外观质量。

(8)低温或高温天气施工时，应采取合理有效的措施，控制混凝土拌合物入模温度在5~30℃。

6.3.6.2 混凝土浇筑

1)浇筑前准备

施工前做好墩身底部、每一节段墩顶部位的接茬工作，并应在混凝土浇筑前保持接茬部位干净、湿润。

2)混凝土泵送

泵送设备根据墩身高度选用汽车泵或拖泵。采用拖泵作业在固定混凝土输送管时，泵管不应接触已支立好的墩身模板,以避免泵送混凝土时泵管的冲击力使模板偏位。墩底设10~20m长度的水平管连接至混凝土泵的出口,垂直运输的泵管随墩高不断升高而接长,每次浇筑混凝土时,在浇筑平台中部布设水平管,并采用套接软管到放料点,沿墩身四周均匀浇筑混凝土。

3)混凝土布料

混凝土布料时,严控混凝土的倾落高度不得大于2m,当下落高度超过2m时,采取在汽车泵布料杆上套接一定长度软管伸到墩身模内或悬挂串筒来减少混凝土的自由下落高度,防止混凝土离析,见图6-34。

a)混凝土软管布料(下落高度≤2m)

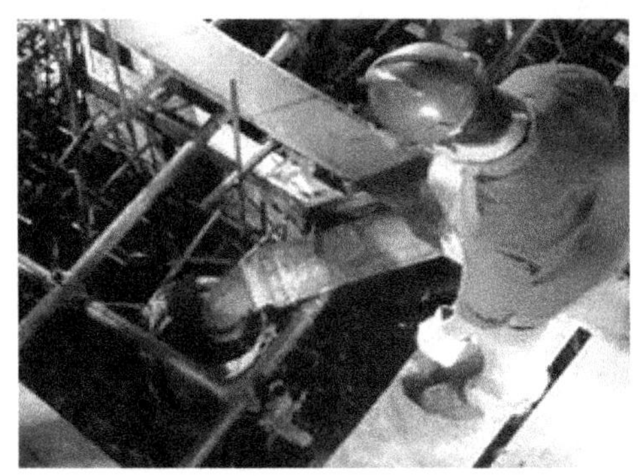

b)混凝土串筒辅助布料(下落高度>2m)

图6-34 混凝土布料

混凝土布料沿墩身宽度方向均距设置若干布料点,串筒底部距离混凝土浇筑面距离不超过2m,在串筒出料口下面,混凝土堆积高度不宜超过1m,严禁采用振捣棒平拖混凝土或将下料口处堆积的混凝土推向远处进行布料,以避免混凝土离析、泌水及边缘浮浆。泵管或布料管应设钢支架架空,不得直接支撑在钢筋骨架上,也不得碰撞或直接搁置在模板上。

混凝土浇筑时采用水平分层布料,最大分层厚度不得大于50cm,并严格控制层间浇筑间隔时间(即下层混凝土振捣完毕至上层混凝土的覆盖时间),确保上层混凝土在下层混凝土能重塑前浇筑完成,避免分层面出现分层线印迹,更不得出现施工冷缝。

4)混凝土振捣

混凝土振捣采用ϕ50振捣棒(图6-35a),由固定、熟练的振捣工进行振捣作业。按40cm间距布置一个插点逐步进行振捣,先振捣中间,后沿墩身四周进行振捣,避免漏振以防出现蜂窝、麻面;每一振点的振捣持续时间,应以混凝土表面不再沉落、无气泡逸出,表面基本液化泛出灰浆、表面平坦为度,振捣时间控制在30s左右,不可过振以防发生泌水、气泡聚集;振捣时与侧模保持5~10cm间距,避免碰到钢筋和模板;振捣要求快插慢拔,每棒均深入下层混凝土5~10cm。

5)墩顶混凝土收浆

每个节段墩身混凝土浇筑完毕后,将墩顶钢筋外围与模板之间的混凝土进行收面压光并与模板上缘平齐,确保施工缝和模板接缝重合,上下节段接缝平整,并将混凝土收面形成一个倾向钢筋侧的小斜坡(图 6-35b),以避免上节段立模和浇筑混凝土时,脱模剂滴油和水泥浆沿着外壁流出,达到控制墩身上下节段间渗油、渗浆污染混凝土表面的目的。

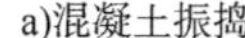

a)混凝土振捣

b)墩顶收面形成一个向钢筋侧的小斜坡

图 6-35　混凝土振捣与收面

6.3.6.3　混凝土拆模、养护及墩顶凿毛

拆模时间遵循宜晚不宜早的原则。一般情况下,规范有要求时,拆模时间不早于规范要求,规范无具体要求时,拆模时间不早于 24h。为防止拆模时混凝土强度低而损伤墩身,在实际施工中,墩身混凝土拆模时间控制在浇筑完成后 24~48h,夏季施工取低值,冬季取高值。

墩身混凝土的养护采用在墩顶裸露面覆盖土工布(混凝土初凝后)和墩身周边(模板拆除后)覆盖塑料薄膜,并结合喷淋晒水的方法进行养护[图 6-36(a、b)],养护过程中注意经常检查薄膜的完整情况和膜内是否有凝结水,确保混凝土面始终保持润湿状态。冬季施工时,先用塑料薄膜缠裹保湿,再用土工布包裹保温进行养护(图 6-36c)。混凝土的养护时间夏季不短于 7d,冬季不短于 14d,其他季节介于 7~14d。

墩身顶面接缝混凝土,待混凝土强度达到 2.5MPa 时,采用风镐凿毛处理,直至露出石子为止,以便墩身混凝土接触良好。混凝土凿毛时,杜绝污染下层已浇混凝土。

a)夏季高温混凝土喷淋养护

图　6-36

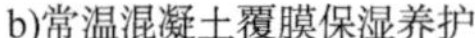

b)常温混凝土覆膜保湿养护

c)冬季混凝土保温养护

图 6-36 墩身混凝土养护

6.3.7 混凝土成品保护与外观修饰

6.3.7.1 成品保护

在浇筑上层节段混凝土前,在模板底口贴上兜底塑料薄膜,防止钢筋锈水、水泥浆流淌污染已完工的下层节段成品混凝土。

在成品混凝土表面包裹塑料薄膜(图 6-37),防止表面污染,即使墩身养护结束后,为保护实体墩的外观质量,继续保留塑料薄膜至整个墩身浇筑完毕。吊装钢筋、模板等物质以及桥下倒车时,注意防止碰伤已经安装好的钢筋和浇筑的混凝土成品。拆模后,拉杆套管(PVC 管)用切割机小心切割,使套管与混凝土表面平齐,防止金刚砂轮片碰伤混凝土表面(图 6-38)。

图 6-37 墩身混凝土采用塑料薄膜包裹成品保护

6.3.7.2 拉杆孔眼的修饰

模板拆除、拉杆套管切割平整后,采取干硬性的聚合物改性水泥净浆对拉杆孔眼进行封堵修补处理,使之与混凝土面平齐、色泽一致,与拉杆孔周边混凝土无收缩缝隙和明显色差。

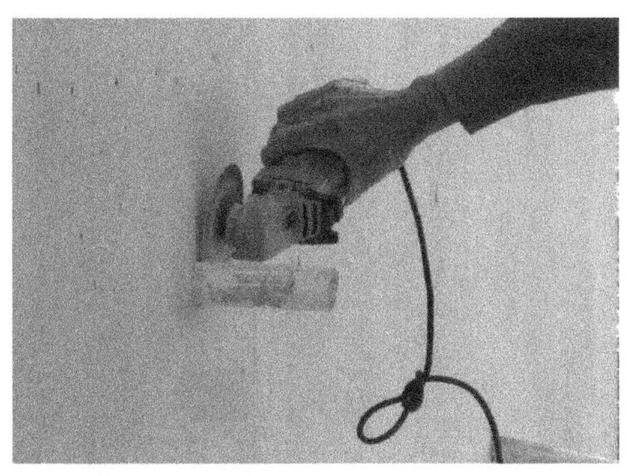
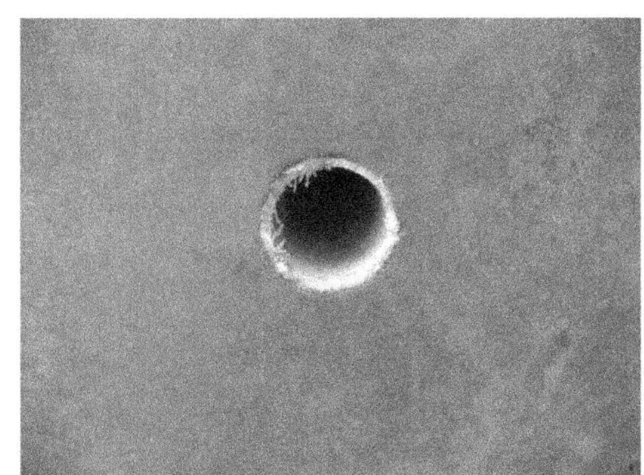

图 6-38　墩身 PVC 拉杆套管切割

首先,采用普通硅酸盐水泥、白色硅酸盐水泥、膨胀剂、聚合物乳液(如羧基丁苯橡胶或建筑胶水)调配出强度等级 55MPa、颜色与墩身实体混凝土表面颜色接近或一致的补偿收缩干硬性浆体(图 6-39a、b),颜色主要通过调配普通硅酸盐水泥与白色硅酸盐水泥的比例来调整。

a)调配聚合物改性水泥净浆

b)色差调配与比对

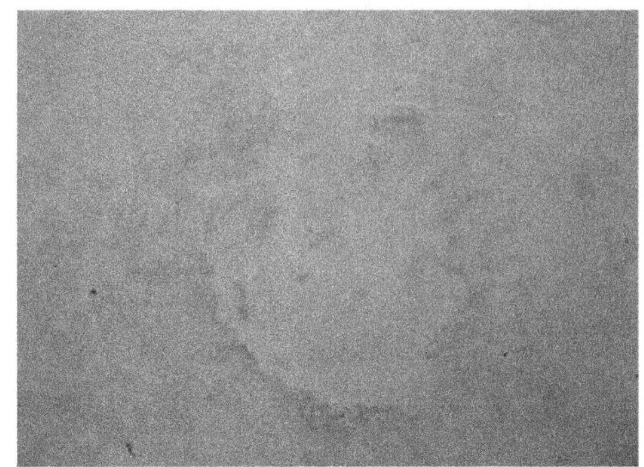

c)拉杆孔封堵后近观图

d)拉杆孔封堵后远观图

图 6-39　墩身拉杆孔眼修饰

封堵施工工艺如下:清理干净螺栓孔中粘存的杂物,用钢丝刷绕拉杆孔周圈刷毛,并用压缩空气吹净,再反复喷水使螺栓孔壁表面保持润湿;将聚合物改性水泥净浆分层塞入拉杆孔,用橡胶锤将拉杆孔分层敲实并最后抹平,浆体终凝后擦拭被污染的周围混凝土面,用砂布对其打磨平整;被堵部位采用裁剪的塑料薄膜粘贴养护3~4d,然后将粘贴的塑料薄膜撕开,与实体混凝土一起采用喷淋养护的方式,确保拉杆孔处浆体硬化后的颜色与墩身混凝土的色泽基本一致(图6-39c、d)。

部分A级圆柱式墩外观效果如图6-40所示,花瓶型薄壁墩混凝土外观质量如图6-41所示。

图6-40 部分A级圆柱式墩外观效果(A级)

图6-41 花瓶型薄壁墩混凝土外观质量

第 7 章　预制梁清水混凝土施工工法

7.1　后张法预应力混凝土 T 梁预制

7.1.1　混凝土 T 梁特点

预制 T 梁在结构上具有特殊性，反映在浇筑工艺上主要有以下几方面的特点：

(1)T 梁多采用后张法进行预应力施工，内部预埋了三根波纹管，在浇筑波纹管以下混凝土时，不便采用振捣棒振捣。特别是马蹄部位，只能采用附着式振捣器进行振捣。

(2)马蹄部位与腹板连接处为斜面，排气困难。

(3)由于 T 梁腹板薄，布筋率高，对粗集料的最大粒径、混凝土工作性有较严格的要求。一旦混凝土黏聚性差，下料时易因钢筋阻碍而离析。同时，粗集料粒径过大，或者混凝土过黏，则可能造成混凝土下料困难。

(4)T 梁由于布筋率高，钢筋、模板等约束多，当混凝土水泥用量大、水灰大、混凝土离析时，易造成干燥收缩、温度应力等而出现裂缝。

(5)T 梁锚固区波纹管阻碍、布筋率高，且布料时易出现浆体富集等现象，造成锚固区强度偏低，变形大，预应力张拉时易发生张拉事故。

(6)T 梁横隔板薄，钢筋布置密，与腹板 90°连接，混凝土入模阻碍大，且振捣不方便。

由于预制 T 梁钢筋与预应力波纹管布置密集等原因，导致模板制作与安装复杂，混凝土浇筑与养护困难，一旦 T 梁预制施工中混凝土原材料选择和配合比设计不合理，拌合物工作性控制不当，模板安装和模板表面处理不到位，或布料、振捣和养护工艺不规范，则容易产生以下外观质量通病：表面气孔、气泡、蜂窝麻面、水纹水线、表面色差、裂缝、烂边、烂根等，这一问题在工程实践中已被屡屡证实。外观质量缺陷不仅仅影响构件美观，更是整个构件混凝土匀质性不良、表层混凝土结构不致密的反映，直接影响到 T 梁混凝土结构的耐久性。

以下以某 30m 跨径的预应力混凝土 T 梁的预制施工为例，介绍 T 梁混凝土的施工工艺与外观质量控制技术。该预制 T 梁梁底宽 50cm，腹板厚 20cm，边板顶板宽 185cm，中板宽 170cm，梁高 200cm，每片梁设有 2 道端横隔板，3 道中横隔板。

7.1.2　施工工艺流程

钢筋在钢筋标准模具上加工成型，整体吊装到位，模板按照横隔板分段拼装后，再吊装组装成整体，混凝土由拌和站集中拌制，龙门吊配合料斗吊送入模，附着式振动器及插入式振捣棒振捣，喷淋或覆盖晒水养护，采用千斤顶两端对称张拉，张拉力及伸长量双重控制，采用真空辅助压浆进行孔道压浆，龙门吊移梁。后张法预应力混凝土 T 梁施工工艺流程见图 7-1。

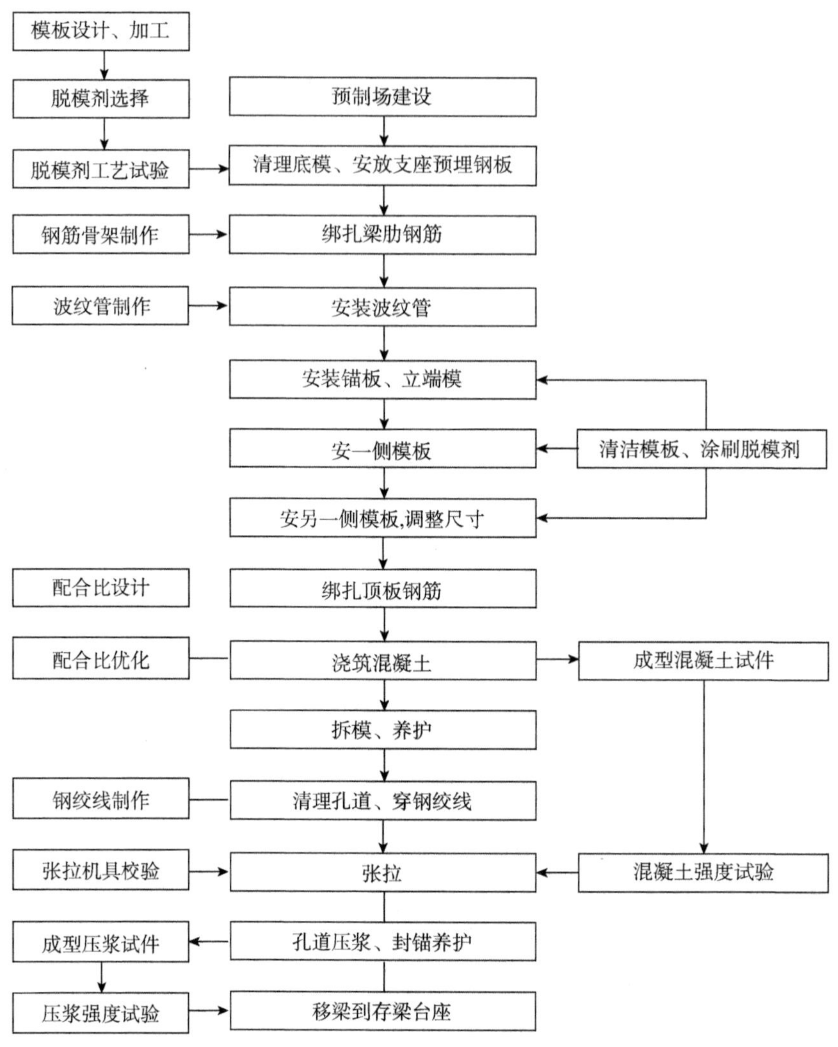

图 7-1　后张法预应力混凝土 T 梁施工工艺流程图

7.1.3　模板施工

7.1.3.1　模板设计与加工

预制梁的模板虽然是施工过程的临时结构,但十分重要,它不仅控制梁体尺寸精度,而且对工程质量、施工进度和工程成本有直接影响,因此制梁模板在设计、制造时应满足以下要求:

(1)具有足够的刚度、强度和稳定性,应能可靠地承受施工过程中可能产生的各种荷载,保证梁体设计的各部形状、尺寸和预埋件的准确位置,且具有能经数次反复使用不致产生影响梁体外形的刚度。

(2)模板板面光滑平整,接缝严密,确保混凝土在强烈的振动下不漏浆。

(3)模板应便于制作、组拼及装拆容易,重量轻,倒用周转周期长等特点。

(4)为方便脱模,减小脱模时混凝土对模板的黏结力,将所有转角处均设计为圆弧形过渡。

T 梁模板由侧模、内模、底模和端模组成,内模、侧模由整体或拼装式钢模组成,并配有相应的装、拆机构。

1)底模

底模采用 6mm 厚钢模板,通过与台座边缘包边的[5 槽钢点焊和台座进行连接。底座和钢底模宽度不得小于 49.5cm(比梁体宽度略小 3~5mm),以确保梁体几何尺寸不出现负公差。台座外侧边上贴一层 5mm 厚橡胶条、双面胶带来止浆。施工前更换破损的止浆带,打磨底模,涂刷模板漆,确保施工完成后 T 梁底面混凝土平整、光滑、色泽一致。为提高梁体外观质量,模板打磨可采用快速镜面加工机对模板进行多道工序的打磨,使普通钢模板表面的光洁度达到镜面效果(图 7-2)。

图 7-2　镜面加工作业

横隔板底模不应与侧模连成一体,应采用独立的钢板底模,保证在侧模拆除后,横隔板的底模仍能起支撑作用,张拉施工后方可拆除,避免横隔板与翼缘、腹板交界处出现因横隔板过早悬空而产生裂纹。

2)侧模

侧模采用整体定型钢模,钢板厚度 6mm,侧模的长度一般要比设计梁长长 1%。侧模适应横隔板分块,两中间横隔板间分为 3 块,端横隔板向梁端部为 1 块,端横隔板与相邻中横隔板之间分为 3 块,即端截面腹板加厚部分、腹板渐变部分、中间正常部分各 1 块。模板接缝采用榫形,并垫塞 2mm 密封橡胶条,以防止漏浆和便于以后拆模,侧模与底模连接处用空心橡胶管密封,底脚设对拉拉杆,侧模上口拉杆采用 ϕ20 圆钢。侧模断面如图 7-3 所示。

3)端模板

端模面板厚 6mm,端模为整体式模板,模板上应严格按设计规定的钢筋位置、间距进行开槽、开孔。端模用螺栓与侧模板连接,与侧模板的间隙用橡胶条填充,用[20a 槽钢做骨架进行加固,用螺栓进行连接。螺栓孔采用机械打孔,严禁使用气割或者电焊割孔。

4)模板制作

模板采用定型钢模,面板采用 6mm 厚冷轧钢板,纵向背肋采用 8 号槽钢,横断面支撑采用 12 号槽钢,斜撑采用 8 号槽钢,立撑采用 14 号槽钢。T 梁腹板保持竖直,使支座水平,2%横坡通过调整翼缘板与腹板的夹角来实现。梳形模板的钢板厚度不应小于 10mm,保证浇筑混凝时模板不变形、不移位(图 7-4)。

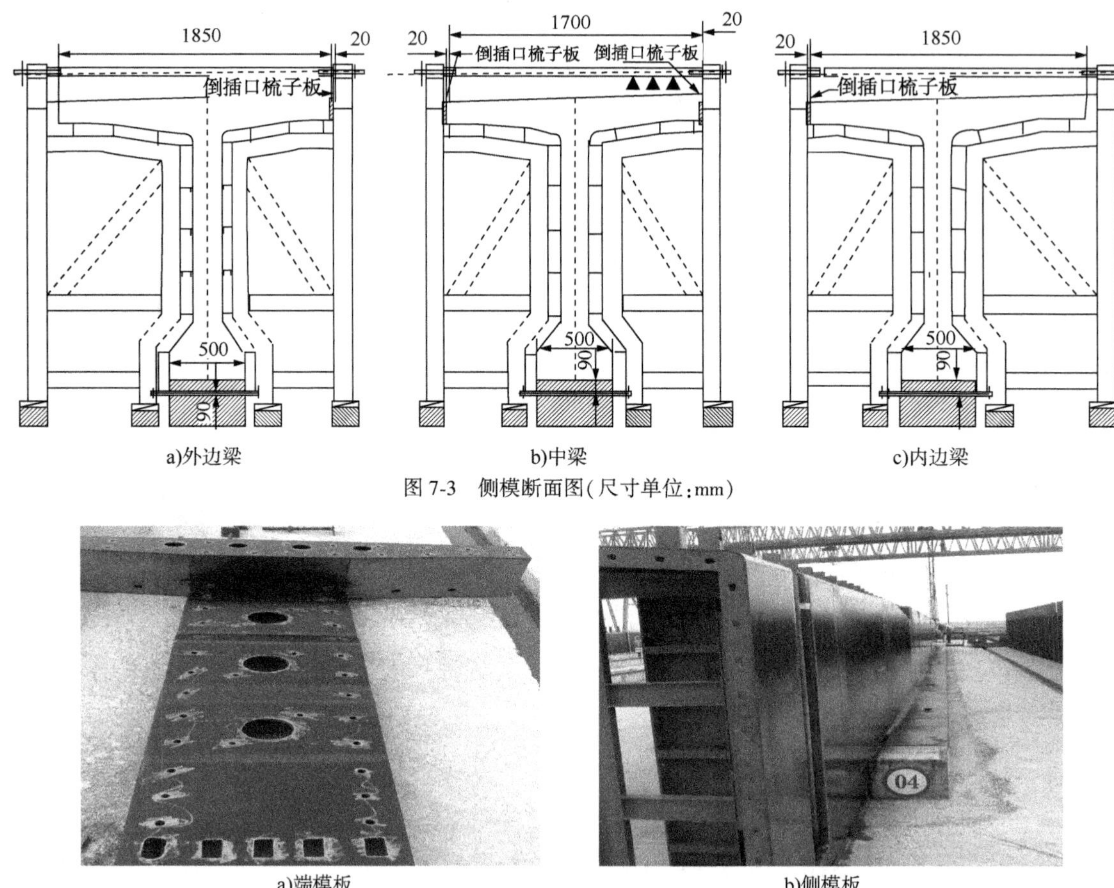

a)外边梁　b)中梁　c)内边梁

图 7-3　侧模断面图(尺寸单位:mm)

a)端模板　b)侧模板

图 7-4　T 梁模板实物图

模板必须由专业工厂进行加工生产。施工队伍指派专人负责对模板的加工质量进行中间检验,加工完成后出厂前在厂家进行试拼和交工检验,确保拼装后模其结构强度、刚度、材质、平整度、光洁度、连接件和各部件尺寸满足设计要求,拼好的模板错台、缝隙和局部平整度允许误差±1mm,模板间接缝严密无变形。验收合格后,对模板编号,拆分装车运输至工地后,由模板厂家技术指导人员对现场工人进行培训,现场试拼。现场试拼完成后,对模板外观质量、表面平整度等进行检测,检测合格后,向监理工程申请验收,验收合格后才能投入使用。

7.1.3.2　模板表面处理

1)脱模剂的选用

预制梁模板面板常采用涂刷柴机混合油、色拉油、模板漆等作为脱模剂,采用模板漆作为脱模剂可基本解决梁面色差的问题,且气泡也明显减少,构件表面易达到镜面效果。

2)模板漆施工工艺

(1)模板表面预处理:模板漆施工前对基底处理要求无锈、无油、清洁、干燥、有一定粗糙度。

①模板打磨:采用角磨机配合电动钢丝刷斜向对模板进行全面打磨,以使打磨后的模板

表面露出金属光泽、形成纹理，并保持一定的粗糙度。尤其是在首次使用时，要对模板认真进行除锈，清除表面浮锈、焊渣及面板氧化膜。注意不要将模板表面处理得过于光滑，否则会降低模板漆的黏结力，影响模板漆周转次数。

②模板清洁：模板打磨完成后，用干抹布擦干净模板表面油渍、水分、锈迹、灰尘等；对于一些难以去除的污渍，可先用洗衣粉或洗洁精水清洗，然后用清水洗净，风干或干抹布擦干备用。模板达到实干状态才能上漆。

(2)模板漆涂刷。

①环境要求：模板漆干燥时间与环境温湿度密切相关，模板漆涂刷选择适宜的温度进行，一般以 20℃左右为佳，大于 25℃时宜在早晚温度不高的情况进行，尽量避免在模板表面温度过高或者太阳暴晒的状况下涂刷模板漆。低温潮湿、下雨、环境温度过高(>30℃)或过低(<10℃)等天气，需在搭设的专门的模板漆涂棚进行作业，最大限度地减小环境因素对模板漆涂刷和性能的影响。

②配比：为加速模板漆的交联固化，可考虑模板漆与配套催干剂(BT-23)掺配使用，催化固化后的漆膜性能没有降低，掺配时需严格执行质量配比法。一般而言，气温 20℃以下时，模板漆与催干剂比例为 10∶1.5；气温在 20~28℃，二者比例为 10∶1；气温高于 28℃，可不掺配催干剂。

③涂刷方法：模板漆采用较软的羊毛刷涂刷，模板漆涂刷一道即可，要控制涂刷厚度，过薄将影响脱膜效果，过厚则不经济，模板漆最佳用量为 15~20m^2/kg。如新模板第一次使用，可涂刷二次，间隔时间为模板漆指触未干还粘手时涂刷第二次。

为防止漏涂，可采用横竖方向交叉涂刷，效果较佳；每次涂刷，蘸取模板漆的量不宜过多，且每蘸取一次，涂刷的面积越大越好，多次涂刷，以保证每次涂刷薄而均匀。当脱模剂一次涂刷偏厚时，脱模剂会向下流淌，在表面形成“泪痕”，最终反映在混凝土表面。模板漆一次配料量根据模板表面涂刷面积进行，配好的料原则上 4h 内使用完毕。

(3)涂刷顺序：翼板-腹板-马蹄；涂刷方向：翼板先纵后横，腹板先横后纵，马蹄先纵后横。

(4)防护措施：在模板漆表干前(约 3h)，严禁粘灰、粘水，在实干前(约 24h)防止雨淋。模板漆涂刷完成 24h 以上方可浇筑混凝土。为防雨淋和灰尘污染，模板漆表干后可采用适当的遮盖措施。一旦模板漆造成损坏从而造成局部脱落时，可采用 100 目粗砂纸打磨掉松动的漆膜，然后用模板漆补刷即可。

(5)周转次数及重涂措施：模板在周转到下一片预制 T 梁时，模板漆上的浮灰一定要清理干净，以防止浮灰影响到下一片 T 梁的外观。根据实践数据，在正常使用条件下，模板漆使用 2 次以上，漆面就显得较为粗糙，会影响混凝土的外观，因此模板漆一般周转 2 次，达到周转数次后，需要采用厂家配套的脱漆剂进行脱漆处理，或采用机具将原有漆膜打掉，然后擦净表面的蜡质和污物，用清水冲洗再晾干，即可重新涂刷新的模板漆。切记不能在原有漆膜上直接涂刷新的模板漆，否则会影响重涂的附着力，进而影响到模板漆的周转次数和使用效果。

另外，一套 T 梁模板其模板漆的周转次数要一致，要重涂时必须一起重涂，否则会因同套模板上模板漆的光洁度不一致而影响到混凝土的外观。T 梁模板表面处理示意图见图 7-5。

a)模板打磨

b)模板打磨上漆车间

c)模板漆涂刷

d)涂刷模板漆后呈镜面效果的T梁模板

图 7-5 T 梁模板表面处理示意图

7.1.3.3 模板安装

(1)清理底模杂物,打磨干净后涂刷。为防止张拉后梁体端部底角因应力集中而开裂或“掉角”,在底模端部下铺设一块 30cm 长、50cm 宽、5mm 厚的橡胶垫。台座边缘槽钢贴橡胶条止浆,收紧拉杆保证模板与台座边缘密贴。

(2)安装模板时,先侧模、后端模。侧模采用龙门吊配合人工支立,模板之间采用螺栓连接,螺栓连接的钢模板之间靠面板处均应贴塞止浆胶带或密封橡胶条,以防漏浆。两侧模板采用上下对拉系统,模板底板用 ϕ20 圆钢制作成的拉杆连接加固,顶板用 ϕ22 圆钢制作成的拉杆连接加固,拉杆每隔不超过 80cm 布设一根,与台座拉杆对齐布置。侧模背带下端设置活动调节螺丝底托,用底托调节模板高度。

(3)端模板安装前,先将锚垫板后螺旋筋安装到锚垫板上,再与波纹管相对应安装。端模板应与侧模和底模紧密贴合,并与预应力孔道轴线垂直,保证预留孔道位置的精确。

(4)横坡变化的 T 梁翼缘板宜设置可调节螺杆,按设计要求调整横坡。严禁使用固定不可调整的横坡模板来施工横坡变化的 T 梁。

(5)对梳形板、预留孔洞、拼接缝等易漏浆部位,应采取有效的堵浆措施,宜使用强力胶皮、泡沫填缝剂、高强止浆橡胶棒等进行止浆封堵,封堵物质不得伸入预制梁混凝土内。严禁使用砂浆、不跳、海绵止浆。针对横隔板、端模处预留钢筋外伸容易造成漏浆的情况,采取在钢筋上套橡胶皮或橡胶皮套再内填塞泡沫填缝剂的止浆措施。翼缘板部位设止浆带。

(6)模板在安装后应按有关规定对台座反拱、模板的安装质量进行检查,尤其应检查梁宽、梁长、顺直度、模板各处拼缝、模板与台座接缝及各种预留孔洞、预埋件的位置(图 7-6)。

a)模板顶部拉杆

b)台座边缘角钢贴双面胶止浆带

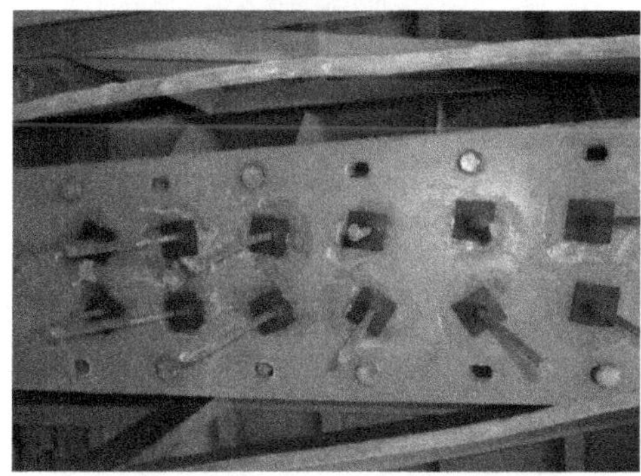

c)模板预留钢筋位置外套强力橡胶或填塞泡沫填缝剂止浆

d)模板顶部拉杆

e)合模

图 7-6　T 梁模板安装示意图

7.1.4　钢筋施工

(1)为防止钢筋加工造成台座钢板的二次污染,影响梁底面外观质量,提高台座和模板的周转效率,有效地控制钢筋间距,钢筋骨架采用整体加工的方式,对预制 T 梁主梁梁肋钢筋在专用胎架上(钢筋加工台座)绑扎成型,然后再整体吊装的方式安装。顶板钢筋在侧模立好后绑扎(图 7-7)。

(2)钢筋骨架绑扎后,安装专用高强度混凝土保护层垫块,保护层垫块强度应不低于

50MPa，厚度为35mm。保护层垫块安装数量每平方米不少于4个，其位置相互错开，呈梅花形布置，纵横向间距以50cm为准，绑扎牢固可靠。绑扎垫块和钢筋的铁丝头不得伸入混凝土的保护层内。

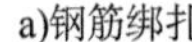

a)钢筋绑扎

b)梅花形保护层垫块

图7-7　钢筋施工

(3)支座预埋钢板应进行热浸镀锌防锈处理，在钢筋绑扎前采用树脂等材料粘贴在底模上，防止在混凝土浇筑时上浮、移位。

(4)在立模前，对已安装好的钢筋骨架及预埋件进行检查。

7.1.5　预应力管道安装

(1)预应力预留孔采用波纹管成孔，波纹管使用前，应进行试验，合格后方可使用。安装时，按设计图中预应力筋的曲线坐标安装定位钢筋，穿入波纹管，必须将定位钢筋网片固定在腹板钢筋上，以防浇筑混凝土时波纹管上浮。

(2)波纹管用U形或井字形定位钢筋固定，直线段每0.8m设置一道，曲线段每0.4m设置一道。波纹管的定位筋与梁肋钢筋点焊牢固，以保证定位钢筋准确。波纹管与普通钢筋位置发生冲突时，普通钢筋应避让波纹管。

(3)波纹管之间的连接管采用大一级直径的同类波纹管，接头管的长度为200mm，且连接处用密封胶带封口，确保不漏浆。

(4)波纹管与梁端锚垫板的连接处及锚垫板压浆孔采用胶带密封，防止漏浆。

(5)波纹管安装就位过程中，尽量避免反复弯曲，以防管壁开裂。同时，在焊定位钢筋时，对波纹管采取防护措施，如在管道上覆盖湿布，防止因焊渣灼穿管壁而发生漏浆、堵管。

(6)波纹管安装就位后，宜在圆形波纹管内预穿比其内径小5mm的硬质塑料衬管，防止波纹管在浇筑混凝土挤压变形、漏浆，衬管应在混凝土初凝后及时抽出。

(7)波纹管安装后无死弯并确保定位准确，检查其位置、曲线形状是否符合设计要求，波纹管的固定是否牢靠，接头是否完好，管壁有无破损等，如有破损，应及时修补。必须反复检查和调整，使其顺直。

7.1.6　混凝土施工

7.1.6.1　混凝土配合比设计优化

T梁混凝土采用吊斗施工，坍落度为200mm±20mm，扩展度控制小于500mm，坍损控制

1h不大于10%。为满足混凝土无蜂窝、麻面、气泡等要求，首先在混凝土配合比设计上采用聚羧酸高效减水剂与粉煤灰双掺技术及较小的水胶比进行优化设计，掺入一定比例的Ⅰ级粉煤灰以改善和易性。在试配中对外加剂现场调试，使混凝土性能达到良好的工作性和坍损要求。

7.1.6.2　混凝土拌和与运输

(1)混凝土采用搅拌站集中拌和，严格按施工配合比拌和混凝土，控制拌和时间、水胶比、坍落度等因素，且砂石原材料上料时注意控制同一片梁混凝土拌合物必须使用同一批次的砂石料，以避免因砂石料的粒径、含水率等的变化给混凝土生产质量造成较大的影响。

(2)混凝土搅拌时间控制为120s，严格控制混凝土坍落度在18~22cm，浇筑底腹板时坍落度按上限控制，浇筑顶板时坍落度按下限控制。每车混凝土出场前及到现场后均要进行坍落度和均质性检查，不合格的混凝土不得入模。

(3)混凝土采用混凝土罐车运输至梁场，卸入吊斗，然后由龙门架或其他起吊设备提升吊斗进行灌注混凝土。

7.1.6.3　混凝土浇筑要点

1)混凝土浇筑工艺与方法(图7-8)

a)附着式振捣呈梅花状布置

b)吊斗施工浇筑预制T梁

图7-8　T梁混凝土浇筑

T梁混凝土浇筑采用斜向分段、水平分层的方法，分段长度为两个横隔板之间的距离，分层厚度不超过45cm，从梁的一端向另一端推进，不允许设施工缝。每片梁的浇筑时间宜控制在3~4h，不得超过6h。其浇筑方法和注意事项如下：

(1)浇筑顺序：由于T梁的马蹄部分钢筋较密，为保证质量，可采用先浇完马蹄部分，后浇腹板(分3层)，再浇T梁翼板混凝土的整体式水平分层浇筑方式。为减少龙门吊的来回移动，提高布料效率，也可采用单隔板分段水平分层的浇筑方式，即从一端开始，先浇筑马蹄部位混凝土长度为单隔板长度后，再阶梯式浇筑腹板部位第一、二、三层混凝土，当腹板第一层混凝土的分层坡脚到达马蹄部位单隔板长度位置后，马蹄部位再向前浇筑单隔板长度，以此类推向梁体的另一端推进。T梁横隔板与腹板同时浇筑，布料至横隔板时，应当对横隔板重点布料，填充饱满后方可继续转移其他部位布料。顶板混凝土采用从一端向另一端一次浇筑成型,便于表面收浆抹平。

(2)浇筑方向:由梁的一端循序进展至另一端,在接近另一端时,为避免梁端混凝土产生蜂窝等不密实现象,改为从另一端反向浇筑,在距梁端4~5m处合龙。

(3)分层下料、振捣,每层厚度不宜超过45cm,上层混凝土必须在下层混凝土振捣密实后方能浇筑,以保证混凝土有良好的密实性,并要注意分层的间断时间应能保证在下层混凝土初凝前完成上层混凝土浇筑。T梁腹板部位的厚度只有20cm,在高频的附着式振捣器以及插入式振捣棒的振捣作用下,气泡可向两侧模板排出,且垂直方向没有变截面,有利于气泡的移动,所以,布料厚度可稍厚一些。

(4)混凝土浇筑入模时下料要均匀,注意与振捣相结合,混凝土的振捣与下料交错进行。

(5)为避免腹、翼板交界处因腹板混凝土塑性沉降而造成纵向裂纹,采用以下两种防止措施:

①在腹板混凝土浇筑完毕后略停一段时间,使腹板混凝土能充分沉落,然后再浇筑翼缘板。但必须保证在腹板混凝土初凝前将翼缘板混凝土浇筑完毕,并及时整平、收浆。

②当翼缘板混凝土浇筑完毕后,在腹板与翼板交界处重新振捣一次,可有效防止腹板于顶板处出现裂缝。

(6)料斗移位或灌注底腹板时,应防止混凝土撒落在顶板内模上形成干灰或灰渣,灌注底腹板混凝土时滴落在内模及翼缘顶板上的混凝土应及时清理掉。

2)混凝土振捣要领

为了保证混凝土内实外美,施工中采用附着式高频振捣器(频率为100~200Hz)和插入式振捣器(ϕ50mm、ϕ30mm)联合完成。其中附着式振捣器振捣T梁的马蹄部和腹部(波纹管以下),马蹄上口斜面宜作为混凝土分层控制高度,以利排气;插入式振捣器振捣腹部和翼板。T梁混凝土振捣要领如下:

(1)附着式高频振捣器按梅花状布置,第一排布置于马蹄斜面部位,第二排布置于与第一排相距50cm的腹板模板上,振捣器水平间距1.2m布置一个,两排振捣器交错布置,呈等腰三角形,且梁体两侧的附着式振动器也要交错布置,以免振动力互相抵消。附着式振捣器通过在模板上焊接厚1cm,长30cm×宽30cm的钢板,用螺栓连接于钢板上。附着式振动器与侧模振动支架要密贴紧固,以使混凝土最大限度地吸收振动力。

(2)混凝土布料至马蹄上口斜面部位,相应位置的马蹄模板上的附着式振捣器全部开启,采用间断式多次振捣(每次振捣5~10s,间隔10s,总共振捣22~25s)以有利于排气和表面过振,根据实际情况也可采取一次性连续振捣22~25s的方式。附着式振捣器安排两人专门负责集中控制,一人负责一侧开、关,严禁超时间振动。

(3)附着式振捣器开启数量以灌注混凝土长度为准,严禁空振模板。灌注波纹管以上腹板部位混凝土时,严禁开启马蹄部位的振捣器,以防下部即将结硬的混凝土表面出现麻面。

(4)腹板混凝土的分层厚度应不大于300mm,插入式振捣器振捣遵循快插慢拔原则,移动间距35~40cm,插入点要均匀排列,与侧模应保持5~10cm距离,且插入下层混凝土5~10cm深度以消除接触面,每点振动时间为20~25s,对前后两次的混凝土交接处应加强振捣,防止形成明显接缝。避免振捣器碰到波纹管、钢筋及其他预埋件。

(5)灌注翼板混凝土时,振捣以插入式振捣器以为主,平板振动器将混凝土面整平。

(6)梁端混凝土振捣采用 ϕ30mm 振捣棒振捣，移动间距 25~30cm，以保证梁端混凝土振捣密实。模板边角、钢筋较密及波纹管密集处，插入式振捣器难以发挥作用的地方，采用捣固铲或插钎人工捣固，配合附着式振捣器振捣。

(7)模板边角以及振动器振动不到的地方应。梁的负弯矩齿板及梁端锚下部分钢筋较密，应重点振捣。在梁端锚固区增设附着式振捣器，或采用 ϕ30mm 振捣棒振捣，以利梁端混凝土振捣密实。

(8)振捣过程中，指定专人检查模板、钢筋、预埋件、预应力管道的变形、松动或移动，发现螺栓及楔子、支撑等松动应及时拧紧，漏浆处时堵严，钢筋和预埋件如有移位，及时调整保证位置正确。

3)顶板混凝土收面及拉毛

(1)梁面混凝土应确保密实、平整，因此除应按规定进行振捣外，还须进行两次收浆抹平，二次收浆在混凝土初凝前完成，以防裂纹和不平整。

(2)顶面拉毛采用定型拉毛器拉毛，槽深 1cm 的每米不少于 10 道，其余槽深 5mm 左右。

4)混凝土质量检查

在混凝土拌和开始稳定正常之后，浇筑马蹄、腹板和翼板时，分别成型混凝土试件。每一片梁应取试件不得少于 7 组，其中标养试件 4 组，现场同条件养护试件 3 组，作为拆模、张拉和移梁等工序控制的依据。除标准养护试件外，现场同条件试件均随梁养护，其养护条件与梁相同。当现场养护结束，试件脱模后，标养试件立即放入实验室标准养护室养护。

7.1.6.4 混凝土的养护

(1)梁体顶面混凝土及时用透水土工布覆盖保湿，终凝后人工晒水进行养护。侧模、端模拆除后，也应尽快做好混凝土的保温保湿养护工作。夏季施工养护期限不得少于 7d、冬季施工不得少于 14d(图 7-9、图 7-10)。

图 7-9 T 梁覆盖土工布洒水养护

(2)T 梁截面变异大，常规养护较为困难，但必须严禁采用不覆盖而直接采用人工晒水的干湿交替循环养护或不养护。T 梁施工中混凝土养护主要采用了以下两种措施：

①喷淋养护：腹板侧面采用自动喷淋系统养护，并保证足够的水压，不留喷淋死角，确保淋湿所有外露面。喷淋式养护时，T 梁顶面、端头采用无污染土工布覆盖浇水养护。波纹管端头应临时堵塞，防止水流入导致波纹管生锈。

图 7-10　T 梁自动喷淋养护

②覆盖土工布保湿养护：当混凝土浇筑完毕后，立即将宽幅土工布覆盖于 T 梁顶板，洒水湿透土工布；待到达脱模时，将模板松脱，略微停放后将该部分模板移走，立即将梁体顶板上的宽幅土工布放下覆盖至梁底，以达到保温保湿的效果，前几次洒水不宜多，适当洒水使土工布湿润即可，以保温为主，待 T 梁表面温度降至与养护用水温度相差不大于 15℃时，可加大洒水频率及洒水量。混凝土养护设专人负责。

(3) 在气温低于 5℃的情况下，严禁向混凝土表面晒水，应对混凝土表面进行覆盖，采取保温措施进行养护，并应适当延长拆模时间。

(4) 对于孔道内的硬质塑料管在浇筑完成混凝土初凝后即可抽出。

7.1.6.5　混凝土拆模、凿毛与成品保护

1) 拆模

(1) 拆模的时间直接影响到混凝土质量和模板的使用周转率，拆模时间应根据设计要求、气温和混凝土强度而定。侧模、端模拆除时的混凝土强度不应低于 2.5MPa，且能保证其表面和棱角不会因拆模造成损伤。为防止早期开裂，拆模还应控制 T 梁内部混凝土与表层混凝土之间的温差、表层混凝土与环境之间的温差均不大于 20℃，否则应采取有效措施防止混凝土在拆模过程中开裂，如采取逐段拆模，边拆边盖的拆模工艺。T 梁混凝土的拆模要避开一天中温度较低和风速较大的时段，实际施工中 T 梁从浇筑完毕至拆模的间隔时间在常温下一般控制在 18 ~ 24h。

(2) 拆模时，首先拆除吊装孔预埋件，其次拆除外模连接件，然后拆除外模与底模连接螺栓，模板离开梁体后，移出一定空隙再起吊，以免直吊时碰撞梁体，对梁体造成损伤，吊移外模后拆除端模。

(3) 拆模应细致小心，要防止对梁体边角、表面及模板的损坏，拆模时严禁用大锤猛击模板，不可使用撬杠硬撬模板。

(4) 模板的维修与加固不能改变结构尺寸，若是焊接作业时应采取有效措施防止过大的焊接变形。模板面板在使用后应防护，外侧面应及时刷漆防护。

2) 凿毛

拆除模板后，及时进行翼缘板、横隔板横向端部、结构连续梁端等现浇混凝土连接处的混凝土进行表面凿毛，以保证新旧混凝土能结合良好。

(1)凿毛前应先将凿毛范围用墨线标出,墨线宜距外边2cm,将对凿毛作业有影响的外露钢筋弯曲。

(2)在弹线区域内分块自下往上凿毛,凿毛深度一般4~6mm,以完全去除浮浆和露出分布均匀的粗集料,形成凹凸麻面为准,以此增加表面粗糙度,并且表面还应进行彻底清理,以提高新老混凝土之间的黏合力。凿毛完成后再将弯曲外露钢筋调直,如图7-11所示。

图7-11 凿毛锤凿毛

3)成品保护

(1)浇筑完混凝土后,T梁上外露钢筋应及时涂刷水泥净浆防护,以防止钢筋生锈后经雨水流到混凝土上。如图7-12所示。如有污水流到混凝土表面要及时冲洗,同时对于表面粘有浮灰或存有锈迹,要立即用细砂纸打磨,直到清除干净。

图7-12 外露钢筋涂刷水泥浆防锈

(2)梁段混凝土浇筑完成后适当延长拆模时间,以防止混凝土出现粘模和收缩裂纹。

(3)在混凝土强度达到设计强度90%且养护龄期满足7d或设计规定龄期要求后,方可进行张拉,张拉时T梁可在两侧用型钢或方木在横隔板处对称撑起,也可采取其他有效措施,防止T梁向一侧倾覆。张拉应缓慢进行,保护好梁底、端部,避免掉角。

(4)预应力施工时,对采用的压浆管、油管进行检查验收,确保油管接头密封以及油泵、压浆设备、千斤顶的完好,避免张拉和压浆过程中的压浆料浆液及液压油污染混凝土面,对于已经附着的水泥浆要立即用清水进行冲洗。

(5)梁体移出、堆放、吊装时,应按设计规定的吊点位置进行捆梁和吊装,做好保护措施防止碰撞。应采用梁托保护梁底及腹板,在钢丝绳与翼板接触处应加垫橡胶皮垫等方式保护翼板不被破坏。梁体安装到位后,应对被破坏的局部部位进行修补。

7.2 后张法预应力混凝土箱梁预制

下文以30m箱梁为例,介绍预制箱梁清水镜面混凝土施工工艺和外观质量控制技术。30m预制箱梁中心线高180cm,底板宽100cm,中梁顶板宽240cm,边梁顶板宽282.5cm,腹板、底板跨中厚度为18cm,端部腹板、底板厚度分别为28cm、25cm,顶板厚度为18cm。

7.2.1 施工工艺流程

后张法预应力混凝土箱梁施工工艺流程见图7-13。

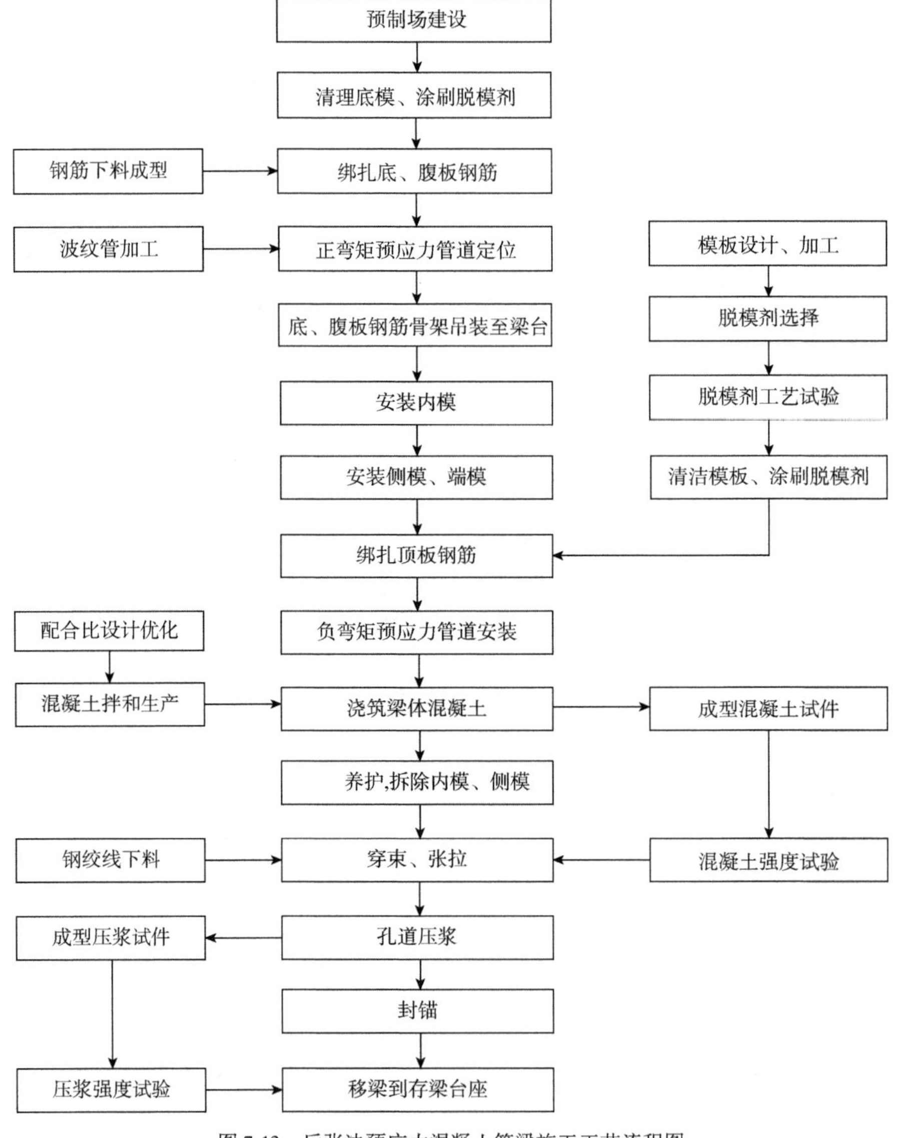

图7-13 后张法预应力混凝土箱梁施工工艺流程图

7.2.2　模板施工

7.2.2.1　模板设计

模板结构合理性对实现清水混凝土效果、施工控制及施工工效非常关键。箱梁预制模板采用大块定型组合钢模板，模板设计分为外侧模、底模、端模和内模四部分（图 7-14、图 7-15）。

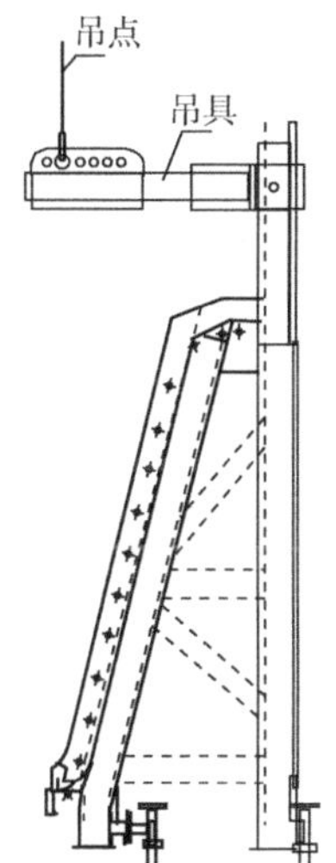

图 7-14　预制箱梁外侧模结构设计图与实物图

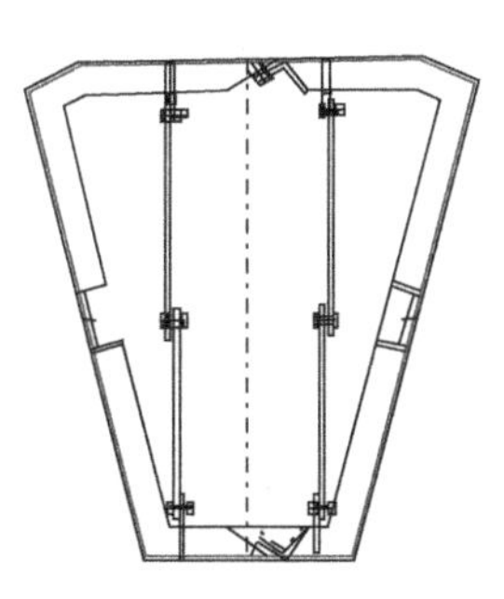

图 7-15　预制箱梁内模结构设计图与实物图

1）外侧模板

外侧模采用大块定型刚模板与台座配套设计，外模结构为：面板采用 $\delta=6$mm 钢板，横向肋板为主肋[8 型钢，加劲肋为扁钢间距 30cm，竖向布型钢桁架，模板分块连接采用法兰螺栓连接。两侧模底口与底模采用 M25 对拉杆连接，底模与侧模接缝处粘贴橡胶条，防止混凝土施工过程中漏浆。顶口采用 M25 拉杆和 2[12 压杆配合使用，M25 拉杆与侧模桁架采用螺栓连接，压杆与侧模桁架采用 M16 勾头螺栓连接，防止混凝土施工过程中模型向外或向内移动，压杆在内模靠近两腹板附近设 M25 顶杆，防止底腹板混凝土施工过程中内模的上浮。

2)内模系统

内模设计为1/2节段整体抽拔式,由模板体系与纵向收缩体系构成,通过连杆系统的拉伸,可收缩、可整体拆除。结构为面板δ=6mm钢板,肋板采用12mm×100mm钢板,间距45mm×45mm,模板连接法兰为∠100mm×100mm等边型钢。模板连接采用法兰螺栓连接。

3)底模板

底模板分段加工,与制梁台座两侧边缘预埋的[6.3槽钢进行采用塞焊,底模采用δ=8mm钢板厚的Q235钢板,并在槽钢内镶嵌ϕ5cm橡胶棒,以防止浇筑混凝土时漏浆。

4)端模板

端模面板为δ=10mm钢板,端模为整体模板,用螺栓与外侧模板连接,与侧模板、内模板间的间隙用橡胶条填充。

7.2.2.2 模板制作与试拼

整个模板体系不设拉杆,提高了外观质量。分块模板与分块模板之间对接口采用企型孔,对接面板边缘加工时须进行铣边,同时在连接法兰上设置定位销,以确保拼接精度。面板与面板拼接缝采用满焊后打磨抛光处理,不能采用填塞腻子粉等方法处理,以免混凝土施工时产生印记。

模板采用在专业工厂按照设计图纸尺寸和加工要求加工的定形钢模,进场后侧模先验收编号,再在箱梁台座上进行试拼,符合表7-1的验收标准后方可投入使用,模板大面平整度误差不大于1mm,错台不大于1mm。并检查侧模与台座底板拼缝是否密贴,如果有缝隙对底模进行打磨,直至拼缝密贴。

预制箱梁进场模板验收标准 表7-1

序号	检验项目		允许偏差(mm)	检查方法
1	外形尺寸	长和高	0~1	用钢尺量
		肋高	±5	
2	面板端偏斜		≤0.5	用2m靠尺
3	连接配件(螺栓、卡子等)的孔眼位置	孔中心与板面的间距	±0.3	用游标卡尺
		板端中心与板端的间距	0~0.5	
		沿板长、宽方向的孔	±0.6	
4	板面平整度		1	用2m靠尺
5	板面和板侧挠度		±1	精确水准仪
6	模板相邻两板面的高低差		1	用2m靠尺
7	对角线误差		≤3	用钢卷尺

7.2.2.3 模板面板处理技术

模板首次使用前,因放置时间较长而产生锈迹,因此在使用前要认真打磨除锈。除锈的方法为采用P-106型喷砂除锈机进行打磨(图7-16),打磨要求为清除表面浮锈及面板氧化膜。每打磨完成一块,立即采用200目砂纸对面板抛光打磨,要求为面板表面无锈点及氧化层斑点，面板颜色一致，露出金属亮色，用手掌擦抹呈光滑感。完成抛光后，立即涂刷模板漆，涂刷工艺和注意事项同 7.1.4.3 节预制 T 梁模板漆涂刷（图 7-17）。

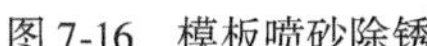
图 7-16　模板喷砂除锈

图 7-17　涂刷涂膜剂的外侧模板

模板漆涂刷一次可连续使用 2～3 次。模板漆在一次涂刷、浇筑脱模完成后，立即进行"无伤"处理，将模板上的灰浆、灰尘抹洗干净。对于在浇筑过程中出现的振捣棒碰坏部分利用刀片或刮刀将原破损模板漆进行清除、补漆处理。对于损坏严重，出现脱落不能再次使用的模板，采用砂轮机进行全部打磨，完成后利用 200 目砂纸对模板表面再次抛光，并利用沾有松节水的模板对面板进行擦拭，清除浮尘，再重新涂刷模板漆。

7.2.2.4　模板安装

箱梁模板采用大块定型组合钢模板，模板安装主要为箱梁内模及侧模的安装，安装采用人工配合机械进行。模板在模板漆干燥彻底后方可进行拼装。

1）内模安装

（1）箱梁底、腹板钢筋绑扎完成后，进行箱梁内模安装，在首片箱梁施工时，利用龙门将预先拼装完成的箱梁内模整体吊装至钢筋骨架内部。在后续施工时，利用卷扬机将箱梁内模从预制完成的箱梁内部牵出，在相邻的预制梁台间对模板进行清理及涂刷模板漆，然后再牵引至预制梁钢筋骨架内，进行安装。

（2）内模到位后，首先将内模展开，连接成整体，利用千斤顶进行内模轴线及标高的调整，为确保箱梁腹板和底板结构尺寸，内膜与侧模以及底模之间设置 $\phi16$ 钢筋支撑，腹板钢筋支撑沿梁长方向间距 150cm，梁高方向间距 40cm，按梅花形布置；底板内模支撑沿梁长方向间距 150cm，梁宽方向 30cm 同排布置。为保证箱梁混凝土表面无露筋现象，支撑钢筋两端设置专用混凝土垫块，垫块设预留孔，混凝土垫块与支撑钢筋连接成近似哑铃状，支撑钢筋与腹板、底板钢筋点焊，防止支撑钢筋脱落、倾倒（图 7-18）。

2）外侧模安装

底、腹板钢筋及预应力管道定位完成后，进行箱梁外侧模板的安装，在安装外侧模板时，严格由跨中轴线向两侧安装。

（1）模板拼装检查过程中，要确保拼缝的平整。每次拼装前都要彻底清理模板企口上的模板漆和混凝土残留等杂物（如不清理，后期模板拼装过程中会影响拼缝的平整度）。拼装过程中严格控制模板面板间的错台，当错台经拼装调整后仍不能消除，则应对接缝进行处理。处理方法为对突出的一侧面板进行打磨，打磨范围的宽度根据错台的宽度确定，错台高度与打磨区域的宽度之比为 1∶200。模板拼装完成后对面板间的拼缝用腻子粉进行填充，填充后用 200 目的细砂纸打磨平整。

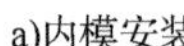
a)内模安装

b)侧模安装

图 7-18　箱梁模板安装

(2)在拼装过程中，模板向底腹板钢筋侧面靠拢时，不宜在模板下落过程中同时向钢筋水平靠拢，以避免在模板下落过程中与高强砂浆保护层垫块接触，使模板表面的涂膜剂被剐蹭，损伤脱模剂涂层。当脱模剂涂层损伤后，会在表面形成划痕，严重的会使脱模剂整片脱落，混凝土浇筑完成后会在表面形成凸起的印记，影响外观。模板由起重设备吊装，初步摆放到位后，进行微调，使模板向钢筋水平靠拢。

(3)模板就位后，将外模底口与底模靠紧，调整模板垂直度，满足要求后将模板固定。

(4)侧模连接采用法兰螺栓连接，连接螺栓采用双螺母，并保证螺栓安装到位后，螺栓外露长度不小于 3 丝。

(5)侧模安装完成后，检查模板骨架支撑，对支撑不实的部位利用钢板进行垫实。

7.2.3　钢筋与预应力管道的施工

钢筋绑扎、定位不准确时会出现因钢筋保护层偏小使混凝土表面出现钢筋纹路印记。预应力管道的位置直接影响到底板和腹板交接处混凝土的浇筑。当预应力管道偏向腹板的某一侧时，混凝土便在通道较小一侧下料不畅，粗集料易堆积于预应力管道上方，下方的粗集料偏少，使混凝土表面出现色差，振捣时因预应力管道上方浆体较多而产生大面积水纹或水线，严重时造成腹板根部或底板出现空洞。因此，钢筋和预应力管道的安装和定位对清水混凝土外观质量的影响不容忽视。

7.2.3.1　底、腹板钢筋绑扎

底、腹板钢筋采用在定形胎架上绑扎成型，再整体吊装的方式安装，利用胎架绑扎的钢筋位置准确，外观整齐美观，便于整体吊装(图 7-19)。

用于绑扎底、腹板钢筋的定形胎架按照底、腹板骨架钢筋尺寸加工，包括胎架框架系统和钢筋定位系统。钢筋按设定位置摆放就位后，用扎丝在胎架上绑扎固定，然后开始底、腹板钢

筋绑扎。节点钢筋绑扎必须采用双扎丝,接头缠绕不少于 3 圈,且完成后将扎丝接头反扣向腹板内侧。绑扎完成后,整体平顺,且要保证两端平齐。

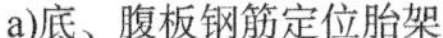

a)底、腹板钢筋定位胎架

b)底、腹板钢筋定位

图 7-19　底、腹板钢筋绑扎

7.2.3.2　预应力管道定位

箱梁腹板预应力管道数量多,且均按照曲线布置,因此管道定位点较多,定位精度高。底腹板预应力管道的定位,采用在胎具上完成,该工艺特点为:定位精度高,施工效率快,确保整体吊装后,整体管道定位准确。

预应力管道的每个定位部位按照设计的管道坐标和设计要求的定位间距确定。按设计图纸要求,曲线段定位钢筋间距 50cm,直线段定位钢筋间距 100cm,对于起弯点,根据线形情况进行加密。

腹板的曲线管道固定在腹板箍筋上。在腹板钢筋绑扎之前,先在箍筋上焊接水平钢筋用于放置预应力管道。用于固定预应力管道的箍筋加工完成后放置在专门用于焊接预应力管道定位钢筋的胎具上焊接水平钢筋,然后按照顺序将腹板钢筋放置在底、腹板钢筋胎架上绑扎固定(图 7-20、图 7-21)。

图 7-20　预应力管道定位筋胎具

图 7-21　绑扎成型的底、腹板钢筋

定位钢筋焊接胎具按照设计的预应力管道坐标位置加工,可准确定位管道定位钢筋的位置,一次可成批量焊接,效率高,焊接的定位钢筋的位置准确。

预应力管道按照事先确定的位置，安装就位，然后用U形环焊接在水平筋上进行固定。定位钢筋采用U形 $\phi 8$ 圆钢，定位时确保管道坐标满足要求的同时，确保焊点及定位的牢固。焊接钢筋时，对预应力管道采取保护措施防止被灼穿。

7.2.3.3 保护层垫块安装

箱梁混凝土设计的钢筋净保护层厚度为2cm。钢筋保护层是否满足要求主要从两个方面控制，一方面控制半成品钢筋加工的精度和绑扎成钢筋骨架的外延尺寸的精度，另一方面在钢筋骨架上绑扎混凝土垫块。保护层垫块采用与箱梁混凝土设计强度相同的预制混凝土保护层垫块，其厚度与设计保护层的厚度相匹配，颜色与混凝土一致，吊装前安装好。保护层垫块布设密度：不少于5个/m^2，呈梅花形布置，以满足工后钢筋保护层合格率不低于90%。保护层垫块要设在外侧钢筋表面，绑扎时必须采用双扎丝和钢筋绑扎牢固，接头缠绕不少于3圈，保护层外露侧面与钢侧模方向一致、密贴。

7.2.3.4 底、腹板钢筋骨架吊装

箱梁底腹板钢筋及预应力管道定位完成后，利用两台100t龙门吊整体吊入已安装好底模的制梁台座上，再吊装内模（图7-22、图7-23）。

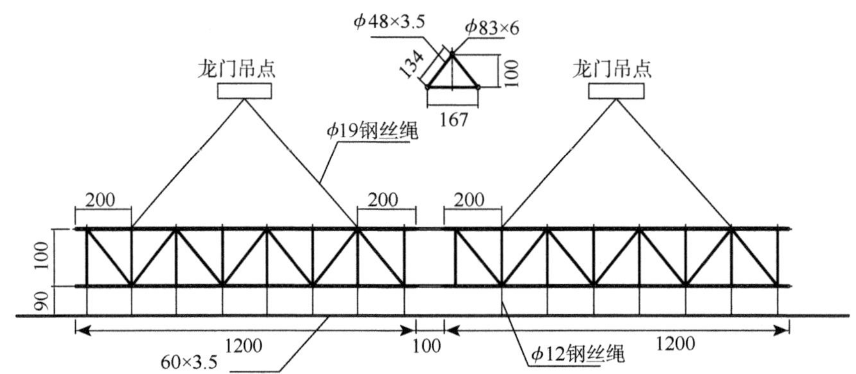

图7-22 底、腹板钢筋骨架吊架示意图（尺寸单位：mm）

在吊装前，在绑扎好的底腹板钢筋上画出跨中线，以便于与台座跨中线对齐，确保箱梁的起拱。

起吊钢筋骨架所用的吊具采用斜拉框架结构，钢筋骨架吊移时采用扁担吊，且吊点不应少于4个，确保钢筋骨架起吊平稳、不变形。在吊装时，严格按吊架的起吊位置起吊，以确保吊装的平稳，减小钢筋骨架变形。同时，吊装过程专人对讲机指挥，以确保信号一致，龙门吊运行同步。入模后严格将底模中点与钢筋骨架中点对应。

图7-23 底、腹板钢筋整体吊装入模

7.2.3.5　顶板钢筋绑扎

顶板钢筋在底、腹板钢筋、内模和外侧模依次就位后绑扎。内模就位前需对已吊装就位的底、腹板钢筋进行调整，消除吊装引起的变形。顶板钢筋在箱梁模板上进行绑扎，在一侧翼缘板外侧，设置∠5×5 型钢定位架，以保证顶板钢筋绑扎的平顺。箱梁顶板外伸钢筋的绑扎尺寸必须符合设计要求，采用挂线绑扎施工，使钢筋外伸端头平齐。在穿入纵向钢筋时，先安装顶板负弯矩锚下加强筋。在预制外侧边梁时，注意泄水孔的预埋，预制所有的边梁时注意防撞护栏上钢筋预埋的位置（图 7-24）。

图 7-24　顶板钢筋绑扎

绑扎好的顶板钢筋在浇筑混凝土时容易受人为因素而改变初始绑扎的位置，从而使部分顶板钢筋的保护层不能满足设计要求。通过铺设焊接型钢框架并搁置方便移动的可承载一定质量的竹胶板或脚踏板形成混凝土浇筑施工平台，来解决顶板钢筋受集中荷载后发生变形使保护层得不到保障的问题。

7.2.4　混凝土施工

7.2.4.1　混凝土配合比设计

预制箱梁采用 C50 混凝土，混凝土拌合物入模坍落度要求为 180mm±20mm，坍落度 1h 损失不超过 10%，混凝土黏聚性好、不离析、泌水。为保证混凝土浇筑不出现冷缝，要求混凝土在施工环境下的初凝时间为 6～8h。因此，当气候有变化时，应通过试验掌握不同温度下的坍落度损失值和初凝时间，以便及时调整减水剂的缓凝时间和掺量。

7.2.4.2　混凝土拌和与运输

混凝土采用拌和站集中拌和，拌和采用干拌 40s+湿拌 120s 的二次搅拌工艺，底、腹板和顶板混凝土坍落度控制区别对待，底、腹板一般选取 180～200mm，顶板一般选取 160～180mm。

混凝土采用混凝土运输罐车运输至梁场，混凝土运至现场后取样检测混凝土拌合物的坍落度,并观察拌合物的黏聚性和保水性,混凝土坍落度符合要求且拌和均匀、颜色一致,无离析和泌水现象方可卸入吊斗,然后利用10t活动龙门提升吊斗进行混凝土灌注。

7.2.4.3 混凝土浇筑控制要点

1)混凝土浇筑工艺与方法

混凝土浇筑采用水平分层、斜向分段连续浇筑一次完成,由梁的一端向另一端循序渐进的方式。混凝土水平分三层布料,第一层浇筑底板及腹板高约60cm,第二层浇筑至腹板与顶板交接处,第三层浇筑顶板,利用木尺测量控制布料厚度。浇筑两侧腹板混凝土时,宜采用同步对称浇筑,防止两侧混凝土面高低悬殊,造成内模便宜或其他后果。当两腹板混凝土灌平后,开始浇筑顶板混凝土,顶板混凝土采用从一端向另一端一次浇筑成型,便于表面收浆抹平。

混凝土浇筑时按布料顺序依次进行人工振捣(配备多名振捣工)。第一层混凝土浇筑10m长度后,返回立即进行第二层布料,保持上、下两层混凝土之间的前后浇筑距离为5m,以此类推水平分层向前推进,在距离另一端3m位置时,为缩短浇筑时间,避免梁端混凝土产生蜂窝和施工冷缝等质量通病的出现,改为从另一端逆向浇筑合龙。在完成底、腹板混凝土浇筑后,顶板混凝土浇筑前,逐段拆除为防止内模上浮的压杆,不应在顶板浇筑后立即拆除内模压杆,以防内模反作用力在混凝土强度形成前使箱梁内腔顶板倒角处出现裂缝。

2)混凝土振捣要领

由于箱梁斜腹板呈76°角,振动棒的下放及插入较为困难,易出现过振、漏振现象,因此在波纹管密集的跨中位置及梁端部钢筋密集部位,采用ϕ30mm小型振捣棒进行振捣(图7-25),振捣时间为20s,且配合使用高频附着式振动器。

a)附着式振动器安装位置

b)腹板混凝土振捣

图7-25 箱梁混凝土浇筑

附着式振动器在距台座面35cm和80cm处上下错落交叉布置于腹板侧模上(图7-25),纵向间距2m布置一个,这样两侧腹板上每侧均布置附着式振动器,以保证混凝土沿腹板顺利到达底板。

位于模板下部的附着式振捣器在该振动器左右各2m的第一层混凝土布料完成后开启，位于模板上部的附着式振捣器在该振动器左右各2m的第二层混凝土布料完成后开启。附着式振动器使用点振模式，按浇筑顺序依次向前逐个开启，每次开启时间控制在4~6s/次，每个振动器连续开启5次。

第三层顶板混凝土布料完成后，采用ϕ50mm型振捣棒振捣。振捣过程遵循快插慢拔原则，振捣棒插入间距保持在30~40cm，确保振捣密实。

3）顶板混凝土收浆抹面

人工站在竹胶板或脚踏板的操作平台上抹面收光，防止混凝土面上留下脚印。顶板混凝土浇筑完成后，及时使用铝合金刮杠将混凝土表面整平，再分两次收浆抹平，首次用木抹子抹平，第二次在混凝土初凝前30min用钢抹子收浆、压光，接着对顶板进行拉毛处理。

4）混凝土质量检查

在混凝土拌和开始稳定之后，分别浇筑箱梁底板、腹板、顶板混凝土时，随机取样成型混凝土试块，每一片梁应取试件不得少于7组，其中标养试件4组，现场同条件养护试件3组，作为拆模、张拉和移梁等工序控制的依据。

7.2.4.4 混凝土的养护

1）非冬季自然养护

待顶板混凝土初凝后，在梁体表面立即用塑料薄膜覆盖，遇大风、高温天气，边收浆边用薄膜覆盖，待混凝土终凝后，换成白色土工布覆盖并晒水保湿养护。侧模和端模拆除后，采用喷淋工艺进行养护（图7-26），即在箱梁四周，布设喷头，单侧腹板相邻喷头间距为0.5m。喷淋装置通水后利用水压将水从喷头处以雾状射出，使梁体始终保持湿润状态，达到养护的目的，根据气温，养护龄期为7~10d，设专人负责。场内设置箱梁养护标识牌，标识牌内容应明确施工部位、施工负责人、现场技术员、现场监理、操作工人姓名及养护时间。

图7-26 箱梁喷淋养护

箱室内采用蓄水养护，内模拆除后，在内箱端部，利用箱梁底板厚度端头大于跨中7cm的船型结构形成的储水槽，在槽内蓄满水，利用其蒸发水分进行箱内混凝土的养护。

箱梁养护喷水前用塑料薄膜对箱梁腹板外侧表面进行覆盖，防止箱梁顶板的灰浆、外露钢筋上的锈迹等顺着水流流向腹板，使其表面遭到污染。

2）冬季蒸汽养护

当进入冬期施工时，即环境温度连续5d的日平均气温低于5℃或最低气温低于-3℃时，立即启动蒸汽养护设施。箱梁采用移动式养护罩进行养护，在制梁台座两侧设置蒸汽养护管道(图7-27),在端头处安装阀门,保证能通过阀门而控制保温棚内的温度。

图7-27　箱梁管道蒸汽养护

蒸汽养护所使用的管道除了与蒸汽锅炉直接连接的主管道外,其他安装在预制梁场的管道均为箱梁在其他季节养护时所使用的管道。因此,在梁场建设时已经按照输送蒸汽的使用要求安装了镀锌钢管和铜阀。在即将使用蒸汽养护前,对锅炉和管道等进行检查,清理锅炉和管道内水垢,检查锅炉加热系统,并试通蒸汽,检查管道的密闭性。

冬季施工采用蒸汽养护,当养护温度达到设计值的70%后即可停止蒸养。预制箱梁管道蒸汽养护的要点如下:

(1)混凝土底板浇筑结束后,即可覆盖蒸汽养护罩。养护罩落地不少于30cm,使蒸汽不致外出,使冷空气不致进入,底脚采用重物压实,防止漏气和掀开,蒸汽棚架应高出顶板20cm左右,保证顶板的养护温度。

(2)蒸汽养护分静停、升温、恒温和降温四个阶段。静停期间应保持棚内温度不低于5℃,浇筑完成后4h后方可升温,以不超过10℃/h的升温速度升温4h,达45℃时保持恒温30h左右(或当蒸汽养护的强度达到设计值的70%后即可停止蒸养),恒温期间蒸汽养护罩内温度不宜超过45℃,然后适时地减少蒸汽量或根据情况停止蒸汽的供应,再以10℃/h之内的降温速度持续降温4h,总共38h。

(3)蒸汽养护过程中,通气以后定时测定养护罩内温度,并做好记录。蒸养时,每0.5h测一次温度,并反馈到锅炉房,根据实测温度调蒸汽量。被通过加气或停气,将升温幅度控制在10℃/h之内。

(4)蒸汽养护结束后,应及时采取措施,继续对混凝土进行保温保湿自然养护,可根据具体气温情况,继续保留养护罩保温或拆除养护罩而采取覆盖土工布养护。

(5)拆除养护罩时,将养护罩的两端打开,进行箱梁室内的通风,缓慢地将梁体表面的温度降至与环境温度之差不大于15℃时方可拆除养护罩,并立即对顶面、箱内进行保温保湿养护,时间不少于7d。

7.2.4.5　混凝土拆模、凿毛与成品保护

1)拆模

当预制梁混凝土强度达到2.5MPa(昼夜平均温度15℃需8~12h,昼夜平均温度25℃,需

4~6h)拆除内模;当混凝土强度达到设计强度 70%(昼夜平均温度 15℃需 36~48h,昼夜平均温度 25℃,需 24~36h)拆除外侧模和端模。

(1)内模拆除。

内模可采用 1.5t 卷扬机抽拉,脱模前松除内模螺栓及拉杆锁,利用卷扬机将半侧模板收起,在收起同时安装好临时支撑,临时支撑采用 5mm×8cm 方木,长度 140cm,避免收起角度过大卡死,应遵循底板、侧板螺栓一次性拆除完毕,顶板螺栓拆一节松一节的原则。

(2)侧模拆除。

侧模拆除过程,操作工人谨慎操作,特别是棱角部位混凝土的保护,尤其是在拆除端头堵头模板及横隔板的侧模时。

(3)梳齿板及端头模拆除。

使用小榔头轻轻地将梳齿板向外敲出 2cm,然后再向下敲打,使其落下。拆除端头模板时首先将模板敲离混凝土面,然后在混凝土与模板接缝处打入木楔,将模板与混凝土分离,以避免混凝土棱角及模板的损坏。

模板拆除后,立即采用洗衣粉水对面板进行清洗,对拼缝残留物进行清除,经验收合格后,方可进行拼装。

2)凿毛

模板拆除完成后,立即进行凿毛区域(湿接头、湿接缝)的凿毛工作,凿毛时先用墨斗弹出凿毛区域的范围,翼缘板下由混凝土边缘线上 2cm,梁端部腹板由外缘混凝土预留 2cm。将凿毛区域内表面的浮浆全部凿除,均匀露出粗集料。凿毛完成后将箱梁外漏钢筋使用水泥浆涂刷,防止钢筋发生锈蚀污染梁体。

3)箱梁存放和安装前后的成品保护

预制箱梁在存放、安装时和安装后成品保护工作也非常重要,此时对箱梁产生的损伤或污染很难修复,因此应采取相应的保护措施加以保护。主要有以下几点:

(1)在箱梁存放期间避免对箱梁表面的碰撞和剐蹭,防止机械设备因漏油等原因造成污染。

(2)强化操作人员的“打造精品工程”意识,避免工人对箱梁表面随意踩踏或在箱梁表面乱写乱画,禁止用沾有油污的手套或抹布等擦拭梁体表面。

(3)在预制箱梁吊装时为防止钢丝绳对梁体产生勒痕或使受压部位混凝土开裂,在与钢丝绳接触部位先垫一层土工布,然后垫一层用废旧轮胎制作的橡胶垫,再垫一块与箱梁棱角形状相同的钢板,最后进行起吊作业。

(4)预应力管道压浆或桥面系后续施工时若不采取相应的保护措施,很容易对箱梁造成污染,因此在管道压浆或桥面系混凝土浇筑前应对箱梁容易污染的部位进行覆盖。当箱梁被污染后,应立即用清水冲洗干净。

预制清水混凝土 T 梁外观效果。预制清水混凝土箱梁外观效果,见图 7-28、图 7-29。

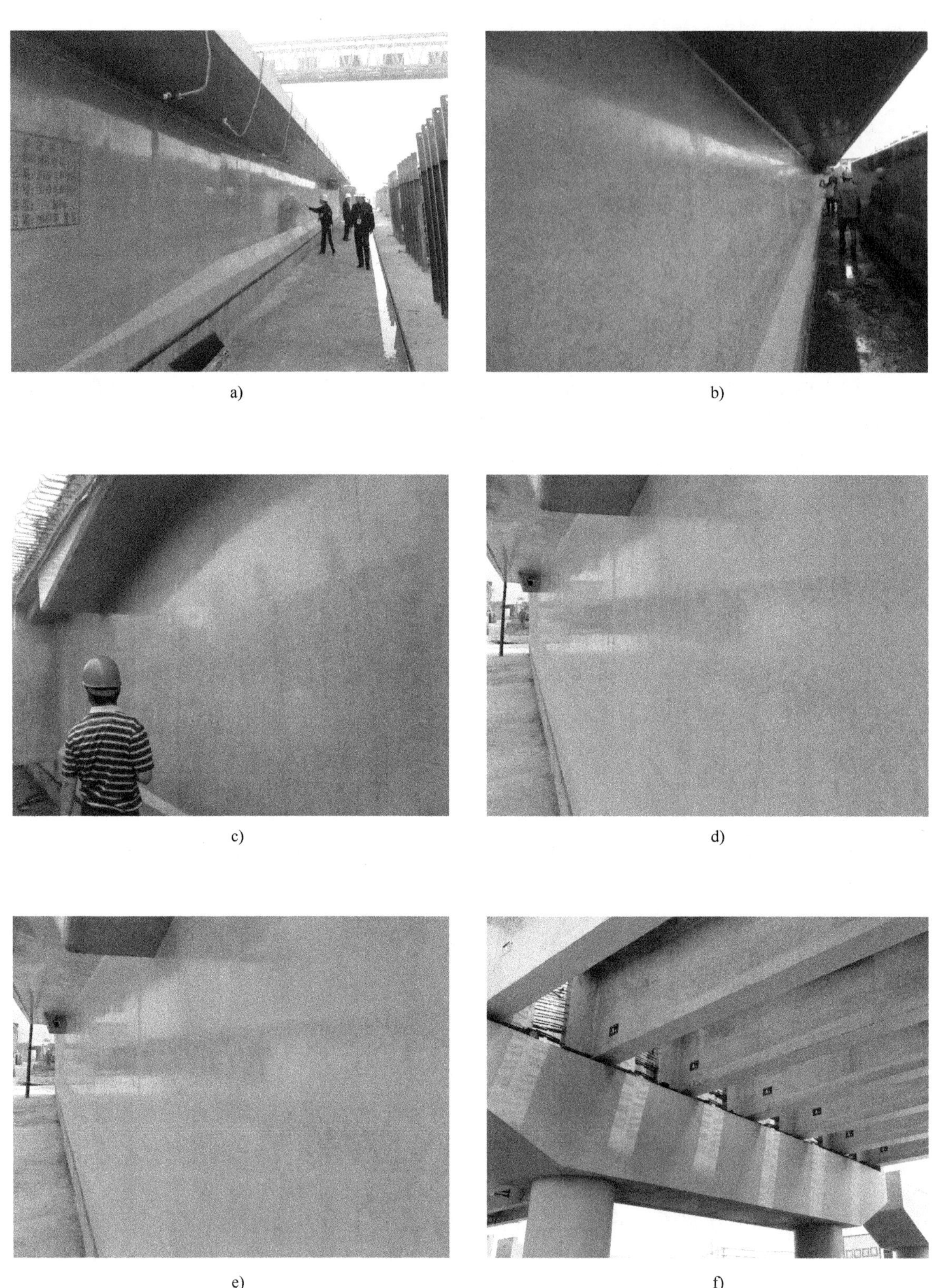

a)　　b)　　c)　　d)　　e)　　f)

图 7-28　预制清水混凝土 T 梁外观效果

a)镜面效果1

b)镜面效果2

c)镜面效果3

d)镜面效果4

e)存梁

f)安装后效果

图7-29　预制清水混凝土箱梁外观效果

第 8 章　现浇箱梁清水混凝土施工工法

8.1　满堂支架现浇预应力混凝土连续箱梁

满堂支架法现浇预应力混凝土连续箱梁在桥梁工程中是一种较为常见的施工方法，施工时多点支撑，沉降容易控制，张拉时支架反弹小，线形容易控制。对于不跨越道路，梁底距地面高度不大于 20m，且地质稳定、低级承载力良好，不存在池塘、水沟等影响地面处理的现浇梁，可采用满堂支架施工。

塔式满堂支架适用于支架高度不大于 30m 连续箱梁施工，支架具有周转次数多，周转时间短，使用辅助工具少的特点，减少人力、物力，适用于多跨现浇梁施工，既保持了工程质量，又能加快施工进度，具有良好的经济效益。

8.1.1　施工工艺流程

桥墩施工完成后，对墩间的地基进行处理，提高承载力，满足支架施工要求。按桥梁分节段施工范围内搭设支架，利用支架作为连续混凝土箱梁承重支撑体系，上方搭设分配梁和翼板支架，铺设底模，完成支架预压消除非弹性变形以后，再进行钢筋与内模施工，最后浇筑混凝土，拆除支架并前移，进行下一节段施工，直至箱梁施工完成。支架现浇混凝土箱梁流程图如图 8-1 所示。

8.1.2　支架施工

1）地基处理

施工前支架确定地基承载力。地基必须满足设计承载力和沉降要求。先清除干净地面的腐殖土和表面含水率过大黏土等不良土，然后用压路机对地基进行碾压，碾压平整后回填 25cm 厚 5%石灰改良土作为持力层，压实度达到 95%以上，再浇筑 20cm 厚 C30 混凝土面层（设 1.5%横坡），地基四周设置排水沟。

2）塔式满堂支架搭设

塔式支架搭设根据设计的布置形式进行，立杆采用外径尺寸 ϕ60mm 钢管，每根立杆底端设正方形钢垫块，顶端设可调 U 形顶托。为保证支架的整体稳定性，每框塔式支架纵、横向设置交错拉杆，框与框间采用钢管连接，并按规范要求设置整体剪刀撑，如图 8-2 所示。支架使用前，应对各部件进行外观检查，弯曲、壁厚不合格、锈蚀严重等有明显质量缺陷的不得使用。

3）支架预压

支架搭设完成经验收合格后，调整顶托至设计高程，铺设底模及侧模（图 8-3），然后对支架进行预压（图 8-4）。预压荷载为支架需要承受全部荷载的 1.2 倍，分 50%、75%、90%、100%、110%、120%六级进行加载。观测点纵桥向按每一跨箱梁的跨中、1/8 跨、1/4 跨、支点位置的支架顶部与底部，横桥向按左中右布置 7 个沉降观测点（图 8-5）。

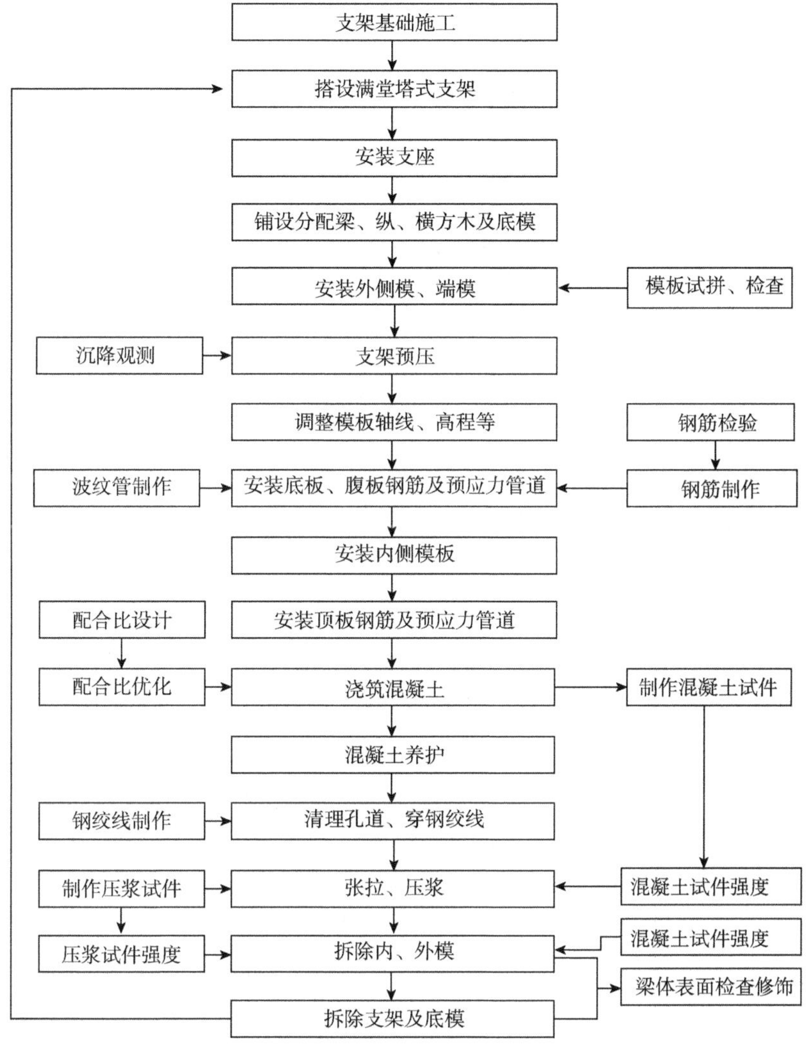

图 8-1　支架上现浇混凝土箱梁施工流程图

图 8-2　塔式满堂支架搭设示意图

图 8-3 底模与侧模铺设

图 8-4 对支架预压

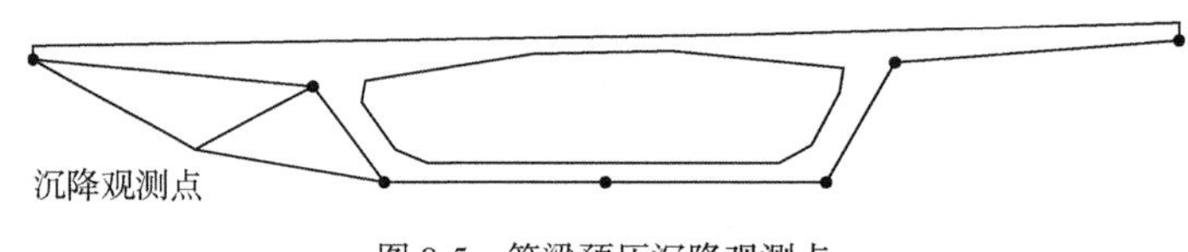
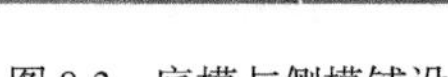

图 8-5 箱梁预压沉降观测点

支架加载和卸载过程中及时对观测点的高程进行记录,计算支架弹性变形和非弹性变形,根据弹性变形值对底模设置预拱度,通过可调顶托对箱梁底模高程进行调整。

8.1.3 模板施工

8.1.3.1 模板的选用

现浇箱梁外模板要选用优质不褪色竹胶板,其表面光洁度必须达到镜面反光效果,不能有线条纹路、坑窝和疤印,且硬度也必须达到一定要求,在绑扎钢筋时避免损坏模板板面。模板设计以刚度控制为主,同时确保有足够的强度和稳定性,以及在模板倒用过程中不产生较大的变形。

8.1.3.2 模板安装

模板安装顺序为先底模、再外侧模,待底板、腹板钢筋安装完成后,再安装内模。

为保证模板板外形美观,长边纵向铺设、排列整齐,模板拼缝控制在一条线上,不能错缝。模板与方木用钉子固定,不能出现脱空现象。为防止漏浆、保证混凝土的外观质量,竹胶板接缝采用双面胶密封,并将暴露在上部的多余部分割除、找平。现浇梁外模竹胶板使用次数≤2次,同时保证完好率≥95%。

1)底模

底模由纵向分配梁、横向分配次梁和面板组成。

现浇箱梁的外模采用竹胶板,因此模板的加固很重要。支架安装、预压完成后,在支架顶托上铺设纵向 I12 工字钢,在工字钢上安装横向方木,调整顶托至预定高程,形成箱梁底模;横向方木采用 8.5cm×9cm 截面的方木,横向方木间距 30cm。利用铁钉或铁丝连接方木,保证工字钢与顶托,工字钢与方木连接可靠、平稳。分配梁上沿桥梁中心线向两侧铺设 18mm

厚竹胶板作为箱室、翼缘板底模(图 8-6)。翼缘板底模和腹板侧模采用 8.5cm×9cm 方木制作加强肋,间距 30cm,将方木钉在模板上,成型安装。

底模安装时,底模纵、横拼缝力争整齐,相邻模板拼缝、墩身与模板接缝处粘贴双面胶,相邻两块模板之间共用一根方木,缝口高差不得大于 2mm。底模不得使用破损的竹胶板。底模铺设完成后,用清水将模板表面冲洗干净。

2)外侧模

侧模采用竹胶板及方木组合结构,腹板处模板采用 18mm 厚高强覆膜竹胶板,尽量用整块模板,铺设方向为长边纵桥向铺设,且与底模板缝相对齐(图 8-6),相邻两块模板后面共用一根方木楞(图 8-7),模板缝间填塞双面胶。外侧模方木使用前应刨平,以防止因为方木变形而造成方木与竹胶板局部密贴程度不佳。

图 8-6　底模施工

图 8-7　腹板模板施工

为保证底板的边线纵向顺直,底模与腹板模之间连接采用底模包侧模的方式。整联侧模与底模结合处外侧用 5cm×10cm 方木条紧靠侧模钉在底模上,即侧模靠在钉固在底模上的方木上,为确保侧模与底模协调变形和避免漏浆引起烂根,侧模也采用斜钉固定在方木上。外腹模板与底模相接处用两道双面胶作为垫里,以防漏浆避免边角混凝土表面出现蜂窝、麻面及表面漏砂现象,使拆模后的箱梁底板边线条光洁、均匀顺直。外腹模板底口外采用方木作为挡板,防止腹板外移。腹板侧模和翼缘板底模,采用 8.5cm×9cm 方木制作加强肋,间距 30cm,将方木钉在模板上,成型安装。

为保证腹板外观,应在侧模上均匀涂刷脱模剂。另外,为防止露筋现象,注意按要求检查保护层的厚度。

3)内模

箱梁内模采用方木加 15mm 厚竹胶板分段预制、整体拼装。模板拼缝控制在一条线上,不能错缝。模板与方木用钉子固定,不能出现脱空现象。

内模采用定型木支架支撑(图 8-8),模板为 15mm 竹胶板。支架采用 5cm×8cm 和 8.5cm×9cm 方木钉制成型支撑框架。在箱室内框架纵向布置间距 60cm,在框架每个竖向撑杆处,将每个框架用方木纵向连接成整体,同时在框架两个承托变截面处,安装两根 6cm×8cm 方木作为剪刀撑,以保证框架的整体稳定性。由于内模采用分段预制、整体拼装,分段间应加强连接,防止出现错台。

内模安装前,要先对底模进行清洗。为防止浇筑腹板混凝土时造成底板混凝土挤压上拱涌入内模,将腹板底脚模板加宽 20cm,作为混凝土压浆板,内模框架底不设模板。内模采用混凝土垫块和“钢板凳”作支撑。钢板凳利用直径 20mm 钢筋焊制,内模框架的每个立杆下安装一个。

a)制作好的节段内模支架

b)内模固定

c)内模安装

d)内模检查验收

图 8-8 内模施工

为方便底板混凝土浇筑,在制作内模时,在顶板下预留一道宽 25cm 的槽口,槽口模板采用活动竹胶板,每块长 1m,底板浇筑完一段后,再用模板将槽口封闭。为防止内模出现上浮现象,内模与底板钢筋宜进行连接,且浇筑腹板时控制浇筑速度。

4)端模板

端模采用大块优质胶合板,端模安装时保证接缝横平竖直,且使端模中线和底模中线重合,并保证梁体高度和垂直度满足设计要求。安装前,涂刷优质脱模剂,保证模板易于拆除,且不粘带表层混凝土;端模加固采用钢管脚手架和方木进行加固,防止跑模。模板缝用方木垫平钉牢,严防漏浆。

模板拼缝及模板的刚度是影响混凝土平整度的主要因素。模板安装要保证全桥通缝,安装到位后,应保持模板表面清洁、无破损。外模安装后,对模板平整度、错台、拼缝进行自检,确保面板平整度不大于 2mm,相邻板面错台小于 2mm,模板各项检验指标满足规范要求。外模检验合格后,表面铺设土工布、垫块及方木,用于材料、临时机具堆放及人员行走,加强模板保护。

8.1.3.3　模板防护

在模板的使用前、使用中、使用后，都应有一定的防护措施，以保证建筑模板不受损坏并尽量减少污染，具体如下：

(1)采取在上下楼梯铺设土工布的措施，防止施工人员鞋上的泥土等沾染模板，另外，桥面上禁止吸烟、禁止乱丢垃圾、禁止在箱内锯木头等确保模板清洁。所有在模板上行走人员要穿鞋套，对模板表面进行保护。

(2)在绑扎钢筋时，要求操作工人轻拿轻放，尽量避免碰伤模板表面。

(3)焊接钢筋时，要用湿布、铁皮等垫在模板和钢筋之间进行防护，以免电焊烧伤模板而出现黑疤。

(4)在底板钢筋及腹板钢筋安装完成后、内模安装前，宜采用风吹方式将底板上的杂物和灰尘吹走，期间尽量不要反复用水冲洗底板。

(5)在钢筋绑扎完成后至浇筑混凝土前，模内会有许多杂物，应采用高压水进行冲洗模板表面，并在适当的位置设一块活动底板及时将灰尘、烟头、焊渣等杂物排除掉，使模板恢复原有的光洁度。如果仅用风吹，模板达不到原有的光洁度，粘在模板表面上的灰尘吹不掉，进而会粘到混凝土表面上，从而将影响成品混凝土的表面亮度。

(6)在振捣浇筑混凝土时，振捣棒头严禁接触模板表面，否则拆模后会有一块粗糙的圆疤。

(7)模板拆除后，应及时清除模板上的残余，并涂刷脱模剂，在清扫和涂刷脱模剂时，模板要临时固定好并存放在模板间。

8.1.4　钢筋与预应力管道施工

8.1.4.1　钢筋绑扎

当底模及外侧模安装并调整好后，可进行钢筋的绑扎。钢筋绑扎施工顺序如下：

绑扎底板底层钢筋(先横向后纵向)→安装底板预应力管道→绑扎底板上层钢筋(先纵向后横向)及定位筋→绑扎腹板钢筋(先箍筋、后内外层水平分布筋)及纵向预应力管道→绑扎顶板及翼缘板下层钢筋(先横向后纵向)→安装横向预应力管道→绑扎顶板及翼缘板上层钢筋(先纵向后横向)→部分预埋筋→检查钢筋、管道及锚垫板→底板杂物清理、混凝土浇筑，如图 8-9 所示。

a)铺设底板底层钢筋

b)腹板钢筋安装

图　8-9

c)顶板钢筋安装

d)顶板预留天窗

图 8-9　钢筋施工

(1)在模板上按设计提供的各种型号钢筋的尺寸划线、编号,放样时应从中心线向两端量出。然后,按照各种型号钢筋位置布料,其顺序为从里向外,从下向上,并按穿插就位的先后放置,避免散乱,并应特别注意钢筋接头按规范错开,减少断面接头数量。

(2)主筋接头不得设于受力不利位置(支点和跨中),并使接头交错排列,受拉区同一机械或焊接接头范围内接头钢筋的面积不得超过该截面钢筋总面积的 50%。

(3)钢筋绑扎采用 22 号铁丝,一面顺扣法,并在钢筋交叉处兜扣绑扎,绑扎后铁丝头弯向混凝土内侧,以保证绑扎质量。

(4)钢筋与模板之间设置与钢筋保护层厚度相匹配并与箱梁混凝土同强度等级、同色泽、呈梅花形的混凝土保护层垫块。混凝土保护层垫块按梅花形交错布置,不少于 5 个/m^2,在箱梁腹板和横隔梁钢筋下要求垫块布置紧密一些,必须保证能够承受起成型后的钢筋质量,以防止垫块承受压力过大而被压碎造成钢筋无保护层。

(5)为保证箱梁混凝土浇筑后光亮无痕,保护层垫块与模板面之间采用点接触,减少线接触、避免面接触,这样拆模后看不到垫块的痕迹。保护层垫块绑扎固定在距模板最外层钢筋上,垂直面贴模板,不得破损。

(6)伸缩缝和防撞护栏预埋钢筋应提前制作,绑扎过程中及时予以预埋,其位置要精确无误,同时按设计要求预留泄水孔位置。

(7)每跨箱梁顶面设施工天窗 2 个,一端一个。天窗位置、尺寸严格按设计图纸要求设置,一般应设在受力最小处,天窗位置的钢筋应依据设计图纸按照天窗补强钢筋预埋部分,采用竹胶板制作定型模板(图 8-9d)。

(8)进场的钢筋避免锈蚀,尤其雨季施工,锈水会附着在底模上影响底板外观。

(9)在底板钢筋及腹板钢筋安装完成后、内模安装前,对现浇箱梁底板采用森林灭火器或吸尘器对底板进行全面的清理,利用灭火器的强力风可以有效地将底板上的杂物和灰尘吹走。钢筋安装过程中,尽量不要反复用水冲洗底板,以避免单纯采用高压水枪反复冲洗导致的钢筋锈蚀及锈水滴到底板,污染底板,导致浇筑后的现浇梁底板混凝土上有锈迹。

(10)尽量少采用点焊连接,不得已时,应采取事先在模板上洒水、下垫湿抹布、铁皮、铁盒等措施进行预防,防止焊渣掉在底模板上灼伤模板引起底板混凝土局部黑斑,继而影响外观质量。同时,将焊渣及时清理防止聚集成堆影响外观。

8.1.4.2　波纹管安装

(1)预应力管道采用塑料波纹管成孔,安装时,波纹管方向与穿束方向一致。

(2)在钢筋绑扎过程中,应根据预应力设计的位置通过定位钢筋精确定位波纹管与锚垫板位置。锚垫板牢固地安装在端模上,锚垫板孔应与管道同轴线,不得错位,并确保锚垫板端面与波纹管管轴线保持垂直。波纹管与钢筋位置发生冲突时,钢筋应避让波纹管,但钢筋只能弯曲不能切断。

(3)为防止位置发生移动,防止浇筑混凝土时波纹管发生变形,影响穿束,波纹管采用 U 形定位钢筋固定在主梁钢筋上,并用铁丝绑牢或焊接在钢筋上,U 形定位钢筋按直线段≤100cm 设一道,曲线段≤50cm 设一道。

(4)波纹管接头采用套接接长,接头处由大一号波纹管作为接头管,套接管长度大于20cm,并用胶带密封接口,避免浇筑混凝土时浆液渗入。

(5)钢绞线采取先穿法施工。波纹管安装就位,经检查合格后,进行预应力束穿束工作。所有钢束穿束完成后,仔细测量波纹管最低缘与模板面板之间的净距,确保其满足设计要求,并对对波纹管全面检查,对有孔洞,接头松动等部位全面加固合格后,才可以进行内模安装。

(6)为方便压浆时排气和排水,在每条管道曲线顶点处设置排水孔(图 8-10a),用 PVC 塑料管与波纹管开孔处延伸出来,相连处用胶带密封好。

(7)为了确保孔道畅通,钢筋、模板安装尤其是电焊作业施工时,应加强对波纹管的保护。钢绞线穿束完毕、浇筑混凝土前,必须安排专人对波纹管进行全面、细致的检查,发现破损及时修补,防止漏浆。混凝土振捣人员应熟悉孔道位置,严禁振捣棒与波纹管接触,以免孔壁受伤,造成漏浆。

(8)安装好的管道应线形顺畅,无急弯或起伏不定的现象(图 8-10b)。

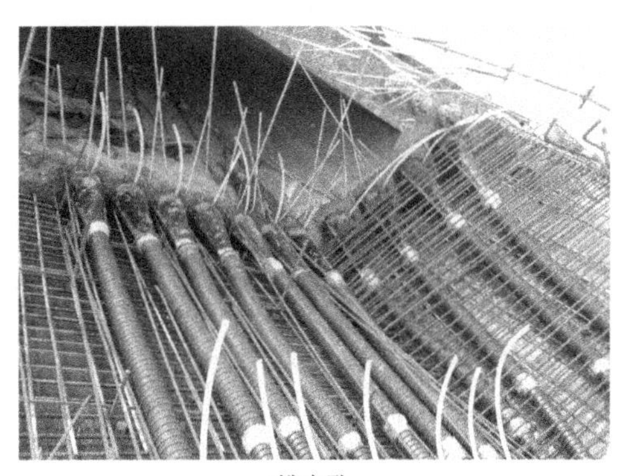
a)排水孔

b)安装好的波纹管

图 8-10　预应力管道施工

8.1.5　混凝土施工

8.1.5.1　混凝土配合比设计

箱梁采用 C50 混凝土,泵送工艺,每段梁体均一次浇筑完成,混凝土配合比设计的关键是满足施工要求的工作性和设计强度前提下控制混凝土的水化热温升和收缩徐变，该混凝土拌合物设计要求为：坍落度 200mm±20mm，扩展度 500mm±50mm，初凝时间 20h。为此，该混凝土在配制时，可通过添加较多量（22.5%）粉煤灰与缓凝型聚羧酸减水剂双掺技术来提高混凝土的早期抗裂性和控制混凝土的长期体积稳定性。

8.1.5.2 混凝土拌合物生产与运输

（1）砂、碎石采用装载机上料，注意控制同一跨的混凝土拌合物使用同一批次的砂石，并对粗细集料进行严格控制，保证粒径不超标，以避免因砂石料的粒径、含水率和色泽的变化给混凝土质量和外观造成影响。

（2）在高温夏季（最高气温 35℃以上）和寒冷冬季（昼夜日平均气温 5℃以下或最低气温低于-5℃），应分别对原材料采取降温和加热措施，控制箱梁混凝土拌合物的入模温度最高不宜超过 28℃（对应出机温度不宜超过 26℃）和不宜低于 5℃（对应出机温度不宜低于 10℃）。

（3）混凝土搅拌时间一般为 120s，冬季延长至 150s，确保混凝土的各原材料充分搅拌均匀。

（4）严格控制混凝土拌合物坍落度在 180～220mm、扩展度 450～550mm 范围，浇筑底、腹板时坍落度按上限控制，浇筑顶板时坍落度按下限控制。

（5）每车混凝土出场前及到现场后均要进行坍落度和均质性检查，混凝土拌合物应拌和均匀、颜色一致，坍落度基本稳定，防止出现忽高忽低，不得有离析和泌水现象，使混凝土的外观颜色不一致。不合格的混凝土不得入模。

（6）采用多台混凝土运输罐车运送混凝土，保证箱梁混凝土连续浇筑作业。

（7）根据每段梁体混凝土的浇筑速度和泵管布料范围，采用两台汽车泵同时布料，并排停在箱梁的左侧，浇筑分两个区域进行，第一台泵负责前 40m 范围，第二台泵负责横梁附近 20m 范围。

8.1.5.3 混凝土浇筑

1）施工准备

混凝土浇筑前，应采用高压水枪对模板进行集中、彻底冲洗，人工辅助细致清洁，并确保模板表面、接缝处混凝土不得有积水，污水及杂物通过底模板的最低处设置的活动模板抽出。

混凝土浇筑前，对模板、钢筋、预应力、预埋件进行全面检查合格后，方可进行箱梁混凝土浇筑。尤其是派专人检查钢筋垫块情况，必要时必须增补。

由于现浇箱梁混凝土方量较大（50m 跨箱梁每延米混凝土浇筑量平均值 13.23m^3，则分段浇筑长度 40～60m 延米，其一次总浇筑方量则是 529～794m^3），中间不能停顿，所以除了保证混凝土拌和质量外，还要选择适宜的天气条件，保证电力供应，拌和站、运输设备、泵送设备、振捣棒设备都要保持完好状态，还要有一定的备用设备并做好应急方案（如备用发电机）。人员安排好并保持充足的精力和体力，以保证施工质量。

在进行后续箱梁混凝土浇筑前，须对施工缝进行处理。将前一次浇筑混凝土垂直施工缝面凿毛，凿毛表面以露出石子为宜，并用水冲洗干净，在浇筑第二次混凝土前，对垂直施工缝宜充分润湿并刷一层水泥净浆。为保证混凝土连续、均匀浇筑，混凝土可采用多台汽车泵泵送布料并配备足量的 ϕ50mm 型和 ϕ30mm 型插入式振捣棒振捣。

2) 混凝土浇筑顺序

为保证梁体线形美观，现浇箱梁每节段梁体混凝土均一次浇筑完成。总体浇筑方向和顺序为：水平分层、斜向分段或阶梯式分段、横桥向全断面(以均匀消除沉降)推进式，从箱梁低端向高端纵桥向连续浇筑；竖向按先浇筑箱梁底板、腹板，最后浇筑顶板的顺序依次对称分层浇筑；顶板混凝土按照自低侧向高侧浇筑。

3) 混凝土布料工艺

混凝土布料按预定顺序由专人负责指挥，控制出料管口高度距离浇面面在 2m 以内，混凝土卸料时要均匀铺开，严禁集中卸料，每层厚度在 30cm 左右。

首先，混凝土拌合物从两腹板与顶板交汇处顶板位置下料，由斜腹板自动流入浇筑腹板与底板结合处倒角区域，混凝土浇筑至压浆(脚)板边 30cm 位置时即停止从腹板下料，改为从内模顶板中心预留的混凝土浇筑下料槽口下料补浇底板剩余混凝土，保证底板混凝土的粗集料均匀，并及时摊平、补足、振捣，控制好高程，达到设计要求。

其次，浇筑剩余腹板混凝土，腹板混凝土分层浇筑厚度不宜大于 30cm，应并采用同步、对称、均匀布料的方式浇筑两侧腹板混凝土。

最后，浇筑顶板。当两侧腹板混凝土浇筑到与翼板的交接处后，开始浇筑顶板混凝土，采用从低端向高端水平一次浇筑成型，以便于表面收浆抹平和高程控制。

混凝土浇筑步骤如图 8-11 所示。

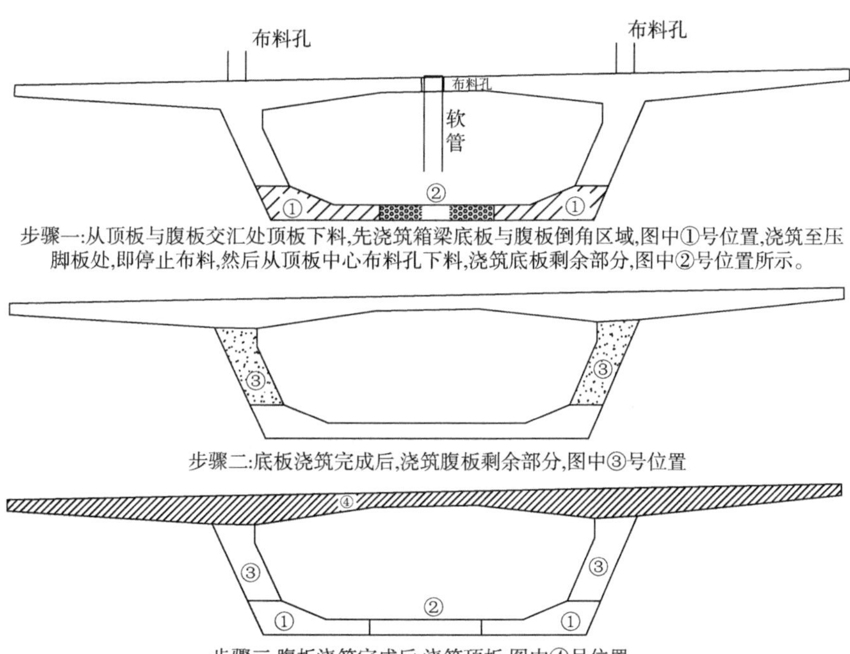

图 8-11　混凝土浇筑步骤

4) 振捣工艺

箱梁混凝土主要采用插入式振捣棒振捣。钢筋较密的腹板、横梁处以及锚下钢筋密集区域采用 ϕ30mm 型振动棒振捣，其他部位采用 ϕ50mm 型振动棒振捣。振捣时，振动棒应插入下层混凝土 5~10cm，并与模板保持 5~10cm 距离，避免碰撞模板、钢筋、波纹管及其他预埋件。振捣

棒移动间距 ϕ30mm 型控制在 20~25cm，ϕ50mm 型控制在 30~35cm。混凝土振捣遵循“先外后内、快插慢拔”的原则，振捣密实的标志是混凝土停止下沉，不冒气泡，表面平坦泛浆。

5）顶板混凝土收浆抹面及拉毛处理

顶板混凝土采用二次收浆的方法进行收浆、抹面。混凝土振捣完毕后，采用木抹子进行第一次收浆、抹平，辅助采用 3m 铝合金刮尺进行初平，待混凝土将要初凝时，采用铁抹子进行精平，还可同时采用小型电动磨面机精光抹面，保证桥面平整度控制在±10mm 以内。收浆整平后横桥向进行拉毛处理，深度控制在 2~3mm。顶板混凝土收浆、拉毛后，由专人采用土工布及时全方位覆盖晒水养护，防止顶板混凝土塑性收缩裂缝的产生。

8.1.5.4 混凝土浇筑质量控制措施

1）底板混凝土

（1）浇筑底腹板时，为防止混凝土溅到翼缘板上形成“色差”，应制作向内倾斜的下料槽或四周围挡槽辅助下料，阻挡混凝土污染翼缘板。

（2）底板混凝土浇筑到内模压浆板边 30cm 位置时，停止从腹板布料，改为从内模顶预留的槽口布料，保证底板混凝土的粗集料均匀。

图 8-12 底板混凝土振捣

（3）因底板设置双层钢筋，波纹管夹在两层钢筋之间，波纹管与底板之间的底层钢筋容易振捣不到位，会造成波纹管下存在水泥浆，易出现裂缝。因此，底板振捣时，应加强混凝土箱梁波纹管下的振捣及操作人员的施工质量意识。

（4）底板混凝土浇筑过程中，为确保底板与腹板交接处倒角部位混凝土密实，尤其注意其振捣顺序，必须先振底板后振腹板，以防倒角部位出现空洞，见图 8-12。同时，应采用榔头对倒角处模板进行敲击，发现有空洞现象，及时进行开孔处理，确保倒角混凝土密实无空洞。

（5）底板混凝土振捣时，禁止振捣棒头碰撞底板，以免局部形成“白斑”印迹而影响底板外观质量。底板顶面最好采用平板振捣器振捣，并且要抹平压光。

（6）为严格控制底板混凝土的厚度，安装内模前，在底板钢筋上焊接 ϕ12mm 的钢筋作为底板厚度控制点，纵桥向每 2m 一道，横桥向 2 道；底板浇筑过程中，安排专人对底板厚度随时进行检查，防止底板厚度超厚。内模倒角部位必须设置压浆板，防止混凝土大量涌入，多余的混凝土必须清理干净。

2）腹板混凝土

（1）浇筑两侧腹板混凝时，为防止内模上浮，混凝土应从两侧腹板对称、均匀布料，两幅板混凝土面高差控制在 30cm 以内，并适当放缓浇筑腹板的速度，以防止两边混凝土面高低悬殊造成内模上浮或其他后果。

（2）为防止腹板混凝土出现分层印，腹板混凝土可采用阶梯式推进法浇筑，第一层混凝土浇筑 4~6m 距离后，返回浇筑第二层混凝土，保持上层与下层混凝土之间的前后浇筑距离在

2m 左右，以此类推水平分层向前推进，但应尽量缩短分层间隔时间，控制上、下两层混凝土间隔时间不超过 1～1.5h（与环境温度、湿度和风速有关），避免分层浇筑因间隔时间过长在接缝处形成分层印迹，而影响腹板外观质量。

（3）底板与腹板交接处混凝土振捣完毕后，浇筑腹板混凝土时，此交接部位不得再进行振捣，以免腹板混凝土下沉出现空洞。

3）顶板混凝土

为控制顶板高程在误差±10mm 的要求，混凝土浇筑之前，在面层钢筋上按照设计箱梁顶面高程焊接四排纵向架力钢筋作为高程带，进行顶面高程控制，也可采用在顶板混凝土高程控制面上挂线的方法控制混凝土面。

4）其他

混凝土浇筑时，每隔 1h 左右对预应力钢束进行一次抽拔活动。为防止砂浆流入波纹管内造成堵塞预应力孔道而影响孔道的压浆质量，混凝土浇筑完毕后，应用检孔器通孔，检查孔道情况。

8.1.5.5　混凝土养护

夏季施工，箱梁顶板采取土工布覆盖+不间断晒水的方式养护（图 8-13），箱室内底板在混凝土终凝后少量蓄水养护，内模四壁及顶面定时洒水养护；侧模采用带模养护，模板拆除后，在箱梁腹板外侧及箱梁顶板底侧采取不间断晒水的方式养护。夏季养护时间夏季不得短于 7d，养护期间，混凝土表面始终处于湿润状态。

图 8-13　顶板混凝土浇筑与养护

冬季顶板混凝土浇筑后，在箱梁顶面先覆盖一层塑料薄膜，然后覆盖双层土工布及彩布条进行保温养护。箱梁侧面和横断面采用防雨帆布或彩条布进行覆盖，箱室内部则可在混凝土表面喷涂养护液+土工布覆盖进行养护。冬季施工，养护时间不少于 14d。当气温低于 5℃时，不得向混凝土面上洒水。

8.1.5.6　模板、支架拆除

1）模板拆除

（1）模板拆除的基本顺序为：端模→内模→侧模→底模。

（2）外侧、内侧及端部的非承重模板拆除，应在梁体混凝土强度达到 2.5MPa 并保证其表

面及棱角不因拆除模板而受损坏方可进行;底模、翼板等承重模板拆除则根据混凝土强度确定,其拆除时的混凝土强度应大于设计值的90%,混凝土龄期不少于7d。

(3)拆模时,梁体表面温度与环境温度之差不得大于20℃,气温急剧变化时不得拆模。

(4)拆模后,应立即清除模板表面和接缝处的残余灰浆并均匀涂刷脱模剂,修整后备用。现浇梁外模竹胶板单面使用次数≤2次,同时保证表面完好率≥95%。

2)支架拆除

(1)张拉、压浆完成后,即可进行支架拆除作业。根据设计要求拆除支架:拆除范围根据设计规定进行;支架拆除整体顺序为:多跨连续箱梁,各跨箱梁应同时从中跨跨中向支座方向对称拆除支架。

支架拆除顺序:先拆除剪刀撑→松动顶托→落纵向工字钢、横向方木及竹胶模板→拆除水平杆(每层)→拆除立杆、底托→清理场地。

(2)支架拆除时,安排测量人员对梁体各跨特征点进行观测,高程变化量是否在规定范围内及梁体是否有混凝土裂缝。发现问题立即停止拆卸,分析原因进行处理。

8.1.5.7 成品保护、成品验收

(1)顶板横桥向外露钢筋涂刷防锈水泥浆液,翼缘板下粘贴双面胶,做好翼缘板底板、腹板防污染措施。

(2)拆除模板后,及时组织监理工程师对箱梁进行验收,观察箱梁浇筑面是否平顺、有光泽,并按检验评定标准检查项目,实测保护层厚度、顶面高程、断面几何尺寸、表面平整度是否满足设计要求,及时进行评定。

8.2 挂篮悬臂浇筑预应力混凝土连续箱梁

预应力混凝土变截面连续梁桥始建于1950年,距今已过有60余年,目前世界最大跨径的预应力混凝土变截面连续梁桥的跨径达330m,跨越性能力和经济比突出,适合各种跨峡谷、河流。施工无须搭设支架、不中断既有线交通,具有广泛的适用性。

挂篮悬臂浇筑法是依靠挂篮的移动逐段悬浇完成桥梁的施工方法,该法一般将梁每2~5m分成一个节段,以挂篮为施工机具进行悬臂对称施工。挂篮施工是一个能沿梁顶滚动或滑动的承重结构,其锚固悬挂在已固定的前端梁段上,在挂篮上可进行下一梁段的模板、钢筋、预应力管道的安设,以及混凝土的浇筑和预应力张拉、压浆等作业。完成一个阶段的循环后,挂篮即可前移,然后固定,从而可以进行下一节段的悬浇,如此循环至悬浇完成。由于挂篮悬臂浇筑施工无须搭设支架,也不影响桥下交通和通航,尤其适用于各种跨峡谷、河流、湖泊以及跨越既有公路和铁路等预应力混凝土变截面连续梁桥、连续刚构桥、T型刚构桥的施工。

挂篮悬臂浇筑法不需要重型起吊设备,节省施工场地;模板可多次使用,施工用钢量少;主梁接缝较为密实,整体性能好;施工简便等。但缺点是高空作业安全风险较大,施工周期较长,节段混凝土龄期不同,悬浇梁线形及挠度呈动态变化,主梁高程需考虑挂篮变形、混凝土收缩、徐变等的影响,因此施工控制具有相当的难度。只有掌握其施工技术要点,严格控制,才能确保箱梁施工质量。

8.2.1 总体施工工艺

连续箱梁的0号块段(梁中支点为0号块段)及边跨直线段均采用钢管桩贝雷梁支架施工。桥墩施工完成后,拼装墩旁钢管桩贝雷梁支架施工0号块,0号块施工完成后,拼装挂篮,采用挂篮对称悬浇后续节段,左右幅同时施工。施工完成边跨直线段后,先合龙边跨合龙段,然后进行中跨合龙段施工。边跨合龙段和中跨合龙段采用吊篮施工。

挂篮悬臂浇筑箱梁施工工艺流程见图8-14。

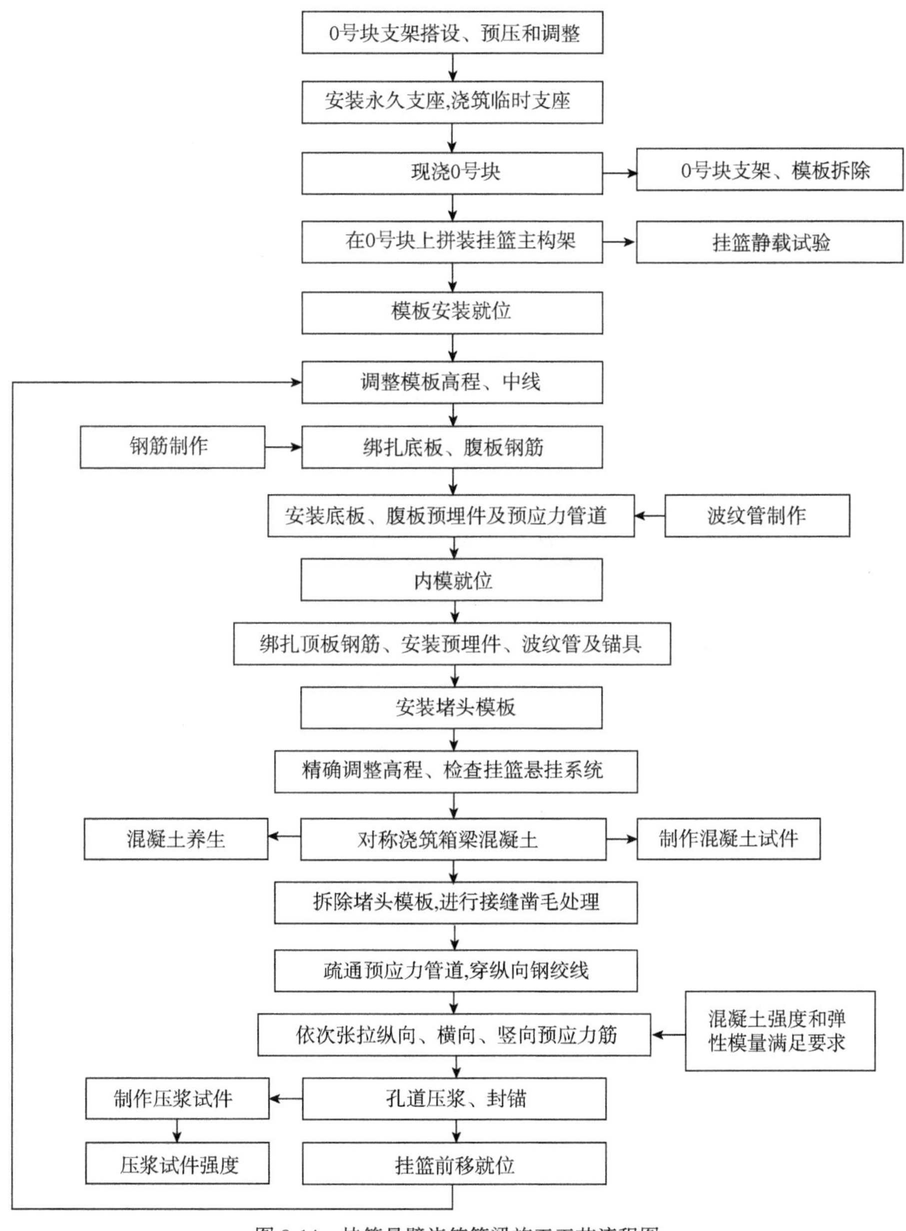

图8-14 挂篮悬臂浇筑箱梁施工工艺流程图

8.2.2 三角轻型挂篮的设计

8.2.2.1 挂篮的设计

当前,国内外挂篮朝着轻型重载方向发展。反映挂篮的设计优化与否的两个主要控制指标为:挂篮的质量与最大悬浇梁段混凝土的质量比 K_1、主桁架用钢量与最大悬浇梁段混凝土的质量比 K_2。K_1值愈低,表示整个挂篮设计愈合理,K_1值宜控制在 0.3~0.5;K_2值愈低,表示挂篮承重构件的受力愈合理,使用材料愈节省。结构优化的三角挂篮,吸取各种挂篮设计施工的优点,改进力的传递系统,成为一种常用挂篮形式。

8.2.2.2 挂篮的构造

三角轻型挂篮由主梁承重系统、底模系统、侧模系统、内模系统、走行系统及锚固系统 6 大部分组成,立体示意图如图 8-15 所示,基本构造见图 8-16。

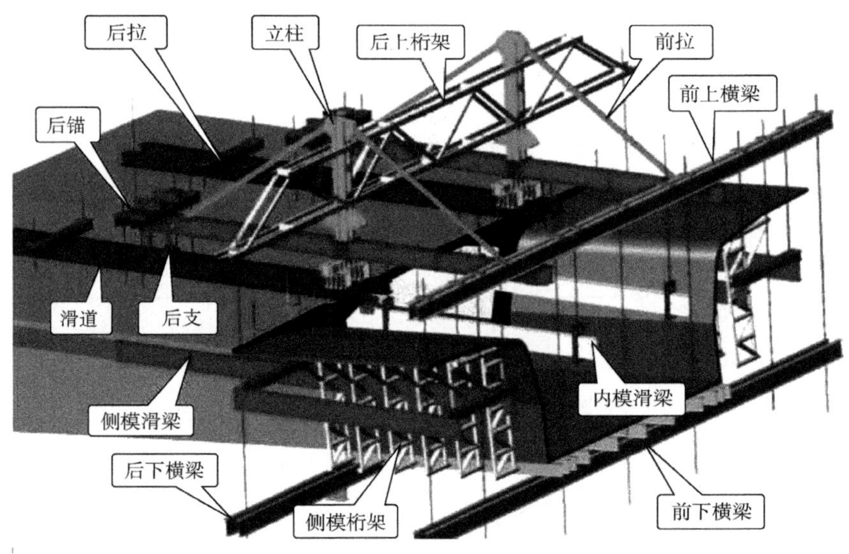

图 8-15 三角形挂篮立体示意图

(1)承重系统:是挂篮的主要受理结构,由两榀三角桁架(主梁、立柱、斜拉杆)、立柱平联、前上横梁、后上横梁组成。

(2)底模系统:直接承受节段混凝土质量,其由底模纵梁、前下横梁、后下横梁及底模板等组成。底模板采用大块定型钢板。

(3)侧模系统:由侧模桁架、侧模板及侧模滑梁等组成。侧模板采用大块定型钢模板。

(4)内模系统:由内模、支架、内模滑梁等组成。内模采用钢木组合钢模。

(5)走行系统:主梁滚筒、侧模滑轮、内模滑轮。

(6)锚固系统:扁担梁、主梁后锚杆及底模后锚杆。

(7)工作平台:前工作平台、后工作平台(吊篮)及侧模平台。

(8)其他部件:前吊杆、后下横梁吊杆、吊杆连接件、Ⅳ钢螺帽及连接器、导链、销轴、拉条、千斤绳、滑车等。

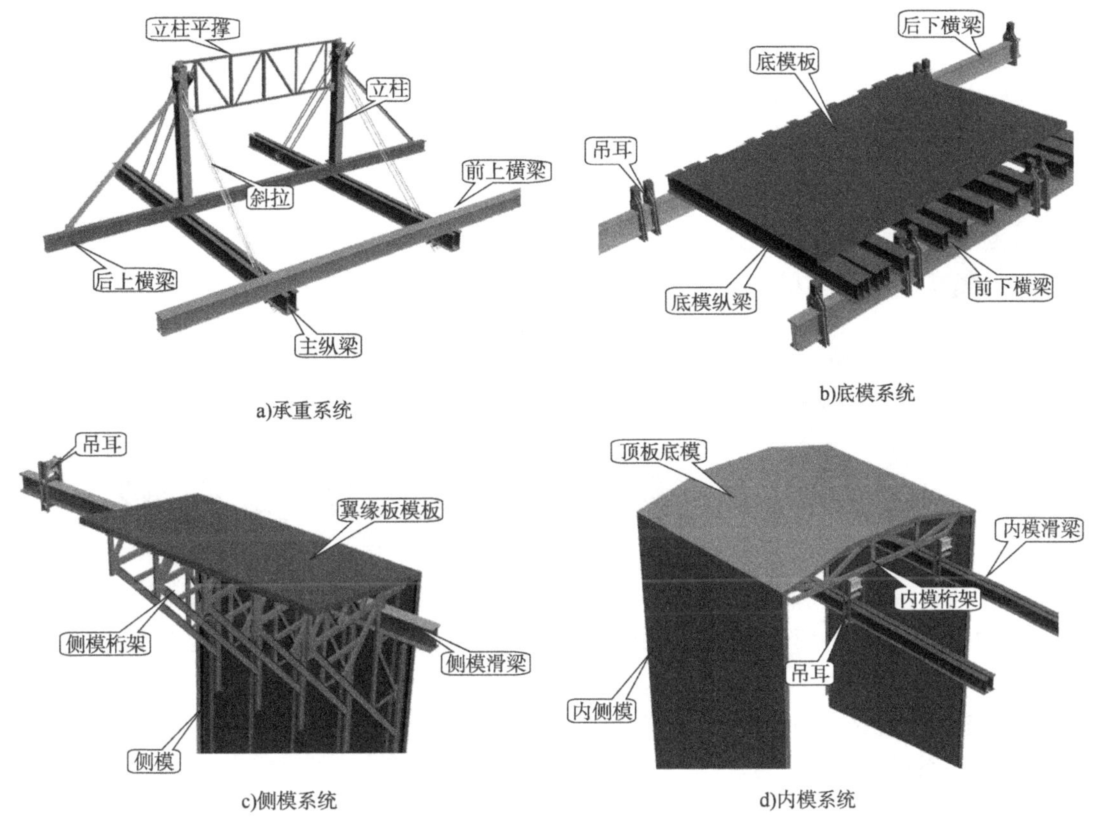

a)承重系统　b)底模系统

c)侧模系统　d)内模系统

图 8-16　三角形挂篮主要系统构造示意图

8.2.3　箱梁 0 号块段施工

0 号块的施工流程为：支架拼装（浇筑临时支座）→安装支座→安装底模→支架预压→安装外侧模及腹底板端模→安装底、腹板钢筋及预应力管道、竖向精轧螺纹钢→安装隔墙钢筋、隔墙精轧螺纹钢→安装腹板剩余钢筋→安装横隔墙侧模及人洞模板→拼装内模托架→安装上内侧模及顶板模板、端模→绑扎顶板钢筋→顶板预应力管道及预埋件→浇筑混凝土→养护→张拉、压浆。

8.2.3.1　支架体系安装施工

0 号块施工采用钢管桩贝雷梁大支架施工工艺，每个 0 号块共设计 ϕ800mm×10mm 钢管桩 8 根，利用承台作为承重基础。为保证钢管桩受力均衡，在钢管桩内灌满河砂，并注水密实，桩顶 50cm 灌注 C50 混凝土。钢管桩顶纵桥向设置 I45cm 型钢分配梁，分配梁顶设置 4 组贝类梁横梁，贝雷梁顶设置 I28 型钢分配梁，其上部设置 45cm×45cm 步距碗扣支架，除承重外还用于调整底模高程，侧模支架采用 2 组贝雷梁。

主要设计要素：0 号块总质量：607.84t；钢管桩单桩承载力：1314.16kN；横向贝雷梁最大变形：0.86mm（施工时按实际压载测量值进行修正）。

1）钢管桩安装

一个0号块支架共有钢管桩8根，横桥向共布置4排，每排2根（图8-17）。钢管桩为ϕ800mm×10mm螺旋管，高度5.8m，与事先预埋在承台上的预埋钢板焊接。位于墩身同一侧的两排钢管桩之间焊接[20槽钢剪刀撑进行加固。

图8-17　0号块支架拼装

钢管桩通过吊车进行安装。钢管桩安装时应严格控制其垂直度，偏差不大于1%。钢管桩安装完成后，在钢管桩顶口按设计要求开槽口，并在钢管桩内填满砂，用水密实，并在钢管桩槽口底面以下预留50cm，浇筑C50混凝土。钢管桩顶部放置双拼I45a工字钢横梁。横梁和钢管桩之间的接触部位通过焊接四个三角形缀板连接。

2）支架体系纵梁安装

支架纵梁由贝雷梁拼装而成，每组按单层双排布置，共8组。每组共有贝雷梁10片，贝雷梁之间用花架连接。贝雷梁通过吊车吊装就位后U形卡与桩顶横梁固定，并在I45a工字钢横梁顶面焊接挡块，限制贝雷梁沿顺桥向水平移动。

贝雷梁主梁安装前应对桩顶横梁顶面进行抄平，确保贝雷梁纵梁顶面高程相同。当桩顶横梁顶面高程有差异时，可通过在桩顶横梁顶面垫钢板的方法进行调整。

3）型钢分配梁铺设

纵梁上型钢分配梁为I28工字钢，长度6m，按照设计间距进行铺设完成，沿横桥向通过焊接角钢将同一排的分配梁连接成整体，防止在搭设上层的碗扣支架时发生移位和倾倒。分配梁安装完成后，在外侧焊接1.2m高的防护栏杆并挂安全网。

4）模板支架搭设

模板支架包括底模支架和侧模支架。底模板支架为碗扣钢管和普通钢管搭设的组合支架，普通钢管为ϕ48mm×3.5mm钢管。立杆间距按照设计间距进行布置，底板下立杆间距为45cm×45cm，平杆间距均为60cm。钢管支架顶部放置可调节高度的顶托，顶托上放置双拼I14型钢作为分配梁。钢管支架搭设时应注意立杆间距在箱梁不同区域下的差异。

翼缘板下的支架包括两组长12m的双排单层贝雷梁和位于贝雷梁外侧的普通钢管支架。贝雷梁放置在侧模桁架的正下方，在贝雷梁上按照侧模桁架间距摆放2I14型钢，用U形卡固定，然后在I14上放置木楔块，用于调整侧模高程和侧模下落。贝雷梁外的普通钢管支架支撑在翼缘板下方的桁架上，因高度较高，因此在搭设过程中及时安装剪刀撑，并与底板下的钢管支架连接成整体。支架搭设时严禁用破损和变形的钢管。

8.2.3.2　临时支座及墩顶底模处理

临时支座设计为钢筋混凝土结构,为确保合龙解除速度,降低劳动强度,施工时分三次浇筑,每间隔 20cm,在混凝土上方铺设 3mm 厚硬塑料板,隔离上下层混凝土。

临时支座浇筑完成后,在墩顶四周沿墩身外边缘用 M10 号砂浆砌砖,横桥向砌砖宽度 24cm,顺桥向宽 12cm,砌砖要求上下错缝,砂浆饱满,砖外表面要与墩身表面平齐,顶面距箱梁底面 5cm,顶面利用混凝土砂浆进行抹平、压光。永久支座四周利用竹胶板方框进行隔离,防止砂子进入制作中。

支座抗震挡块按照设计位置吊装就位,为防止施工过程抗震挡块滑移或脱落,在其下方焊接临时支撑,施工完成后割除。

8.2.3.3　箱梁 0 号块段支架预压

为了确保施工安全,减少支架的非弹性变形,准确获取实际弹性变形参数,得出压重与支架本身的变形关系,为修正弹性挠度提供可靠依据,在施工中有效地控制梁体线型,施工前对支架进行压载试验。

1)预压试验方法

支架通过原位堆载的方法进行荷载试验,堆载重物采用编织袋装砂。预压前计算出不同单位横断面上荷载分布情况,砂袋堆放时按照单位横断面荷载分布情况进行堆放。最大试验荷载为最不利施工荷载的 120%。

2)预压阶段及荷载

压载分成三个阶段完成:第一阶段,底板质量;第二阶段,腹板质量,第三阶段,顶板和翼缘板重量,对各阶段预压荷载选为各部位混凝土自重的 120%。

3)测点布置

0 号块压载测点共布设三组:第一组布设于底模上,用于观测压载过程支架整体及模板系统的弹性变形及非弹性变形,第二组观测点布设于贝雷梁横梁下,用于观测贝雷梁挠度变形,并与理论变形对比;第三组布设于支撑钢管桩上,用于观测钢管桩压缩变形及位移。

4)预压实施程序

(1)空载测量:在进行压载前,首先检查支架及模板系统,确保支架及模板系统各接触点无缝隙,按压载方案要求布设测量控制点,并进行空载测量。

(2)第一阶段压载实施:空载测量完成后,将称好的沙袋,按设计堆载方案,利用汽车吊进行底板部分的堆载,堆载过程保证两侧荷载对称施加,同时避开测量点。堆载完成后,进行观测控制点测量,并详细记录,持荷 1h 后,再次进行测量,若无变化,进行第二阶段堆载,否则须继续持载,重新测量,直至测量结果稳定。

(3)第二阶段压载实施:第一阶段测量完成后,按设计堆载方案,利用汽车吊继续进行腹板部分的堆载,堆载过程保证两侧荷载对称施加,同时避开测量点。堆载完成后,进行观测控制点测量,并详细记录,持荷 1h 后,再次进行测量,若无变化,进行第三阶段堆载,否则须继续持载,重新测量,直至测量结果稳定。

(4)第三阶段压载实施:第二阶段测量完成后,按设计堆载方案,利用汽车吊继续进行顶板、翼缘板部分的堆载，堆载过程保证两侧荷载对称施加，同时避开测量点。完成后对各控制点进行测量，并详细记录。每间隔 3h 进行一次测量，连续三次无变化进行一次性卸载，完成后再次对各控制点进行测量。

(5)测量数据的整理。

根据每阶段加载测量数据，确定支架系统的弹性变形及非弹性变形，并把弹性变形值与理论变形值进行对比，修正施工预拱度。

8.2.3.4 模板、钢筋及预应力管道安装施工

模板体系由底模板、侧模板体系、内模板体系三部分构成。底模板采用挂篮底模，外侧模采用挂篮悬浇用钢模板体系，安装前除锈、涂刷脱模剂。箱梁内侧因倒角较多，截面变化较大，因此内模采用钢木组合模板，内模侧采用 $\sigma=18$㎜木胶板作为面板，5cm×8cm 方木作为竖向背肋，2[10作为横向背带，通过对拉螺杆与外侧模对拉，箱内利用钢管支架支撑加固(图 8-18)。

a)外侧模安装

b)内模安装

图 8-18 0 号块模板安装

侧模利用吊车或塔吊提升至支架顶与底模靠紧，立于贝雷梁桁架上，侧模和贝雷梁和桁架之间放置分配梁和木楔。木楔用来调整侧模高程和施工完成后使模板与成型梁段分离。在侧模吊装就位后，在侧模翼板下方搭设钢管支撑，防止其倾覆。侧模用螺栓连接好后，调整高度及垂直度。为防止漏浆，侧模接缝之间、侧模与底模接缝之间贴双面胶带。侧模立好后，在 0 号块两端按照该节段分界线的设计位置安装腹板及底板封头模板。封头板采用竹胶板加工，按照纵向钢筋和纵向预应力管道位置预留孔洞，待安装完成后用发泡剂堵塞缝隙，防止漏浆。

模板首次投入使用前，采用人工砂轮机对面板进行打磨除锈，并用 200 目砂纸进行抛光，完成后采用肥皂水进行清洗，确保面板洁净。脱模剂采用柴机油混合物(体积比 1∶3)，利用羊毛刷人工涂刷，涂刷要求为均匀一致，薄厚适中，目测表面脱模剂均匀，无下流现象，用手指划过模板面，无明显油渍。

钢筋及预应力管道安装均为常规施工，在此不做叙述。

8.2.3.5 混凝土施工

箱梁 0 号块采用一次浇筑成型，为确保 0 号块浇筑质量，需要注意以下事项：

(1)混凝土配合比设计:为保证 0 号块混凝土温度裂缝得到有效控制,防止混凝土较高的收缩徐变引起箱梁预应力损失,混凝土应采用优质粉煤灰与缓凝型聚羧酸减水剂双掺技术进行配制,以尽量减少水泥用量和用水量,延长混凝土缓凝时间,并改善混凝土的和易性和可泵性。0 号块混凝土拌合物的坍落度设计值为 200mm±20mm,坍扩度 500~550mm,坍损 1h 内不大于 20mm,含气量最高应控制在 3.0%以下,初凝时间控制在 20h 左右。

(2)混凝土拌制:混凝土拌和时间不少于 120s。实际施工中,混凝土的入模坍落度值控制为:底板 160mm(减小坍落度的目的是为防止翻浆),腹板 180mm,顶板 200mm。坍落度的调小,通过在设计配合比基础上适量减少减水剂或用水量取得。

另外,虽然 0 块隔墙厚度小于 1.5m 不需要设冷却水管,但考虑到 0 号块混凝土水泥水化热较大,为了降低混凝土入模温度,气温高时应选择在夜间进行,控制混凝土入模温度不大于 30℃,必要时还应对料场的碎石进行晒水降温或用冰块对拌和用水进行降温。

(3)混凝土浇筑顺序:底板→腹板→顶板。浇筑时按由外向内的顺序分层对称浇筑,顶板混凝土从两侧向中央推进。分层厚度不得大于 30cm。

(4)混凝土布料:混凝土浇筑时设置多个布料点(设在每个转角点和中间点),同时布料点应固定。

(5)混凝土输送:混凝土采用汽车泵输送,采用串筒入模,防止混凝土自由下落离析。串筒底端与混凝土面间距控制在 2m 以内,混凝土最大堆高不得超过 1m,确保混凝土的匀质性。

(6)混凝土振捣:混凝土振捣采用 ϕ50mm 振捣棒振捣,对腹板、角隅和锯齿板等钢筋、预应力管道密集处用 ϕ30mm 振捣棒振捣。为避免振捣棒触及侧模和内模,振捣棒应与侧模和内模保持 10cm 的距离。在顶板混凝土浇筑完成后,用插入式振捣棒对顶腹板交界面处进行充分的二次振捣,确保连接处密实、可靠。

(7)混凝土收面、拉毛:底板和顶板在混凝土初凝前完成人工收面工作,分两次进行。顶板混凝土浇筑完成后,首先用木抹子按顶面高程控制点进行初平,完成后采用线绳通过高程控制点,缠绕形成网格,然后再次利用钢抹子进行精确收面。另外,顶板混凝土在初凝前人工用端部齐平的扫把,沿横桥向由外侧向内侧进行拉毛,拉毛深度不小于 3mm,且纹路规整。

(8)混凝土养护:混凝土终凝后,对裸露的顶面及时覆盖白色土工布进行洒水养护,对箱室腹板喷淋养护、底板进行蓄水养护。冬季采用覆盖土工布及彩条布全封闭包裹进行保湿、保温。

(9)混凝土凿毛:在拆模后及时对箱梁的断面进行人工凿毛,凿毛时应在混凝土保护层外侧保留 10mm 完整边界,并用墨线弹出凿毛区域,防止凿毛时对混凝土棱角造成损失。

0 号块混凝土浇筑及施工完成的 0 号块见图 8-19。

8.2.4　挂篮悬浇施工

8.2.4.1　挂篮拼装

待箱梁 0 号块段节段施工完毕后,尽快安装、调试挂篮(图 8-20),挂篮拼装顺序如下:

(1)在 0 号块段顶面上先进行放样,定出主梁位置线,并精确定位主梁垫块,找平,安放主梁垫块,安装主梁。

图 8-19　0 号块混凝土浇筑及施工完成的 0 号块

图 8-20　挂篮拼装

(2)安装后上横梁:主梁就位后,吊装后上横梁,并通过高强螺栓与主梁连接。

(3)安装立柱:将立柱吊装至设计位置,通过高强螺栓与后上横梁连接。

(4)安装斜拉带精扎螺纹钢,并按照给定吨位对称张拉。

(5)四片主桁全部安装并锚固好后,安装主桁立柱平联,保证其整体稳定性。

(6)安装前上横梁:将主桁、后上横梁、前上横梁形成整体。

(7)安装后锚扁担梁:并利用千斤顶对称顶升锚固。

(8)依次安装后下横梁、前下横梁,并将其通过吊杆对应固定在后上横梁和前上横梁上。

(9)依次安装底模纵梁、铺设底板模板。

(10)安装内模及侧模滑梁,滑移侧模就位,安装内模桁架。

8.2.4.2　挂篮预压

挂篮拼装完成后,对结构螺栓、焊缝、杆件数量、规格等进行仔细检查,合格后进行超载预压试验。预压的目的在于取得挂篮结构刚度与挠度值之间的线性关系,同时检验挂篮的安全性。

1)加载试验方法

挂篮通过原位堆载的方法进行荷载试验,堆载重物采用袋装河砂,见图 8-21。挂篮安装完成后在挂篮的底模上按照施工过程中最大荷载工况下荷载的分布情况,确定各区域堆载砂袋的体积。最大试验荷载为最不利施工荷载的 120%。

图 8-21　挂篮预压

2)试验荷载分级加载步骤

试验中荷载等级可分为以下几级:

(1)模板安装完毕为初始状态。

(2)加载到钢筋绑扎完毕。

(3)加载到底板混凝土浇筑完毕。

(4)加载到腹板混凝土浇筑完毕。

(5)加载到顶板混凝土浇筑完毕。

(6)加载到超载 20%的状态下。

3)压载数据测量及处理

(1)分级加载、分级测量各控制点变形,完成 20%超载加载后,每间隔 3h 进行一次控制点变形测量,总持载时间不小于 24h,直至连续 3 次测量无变化后,分级进行卸载,并分级进行控制点测量。测点包括:底篮前后模架跨中挠度,底篮前后模梁各吊点处挠度,主桁架纵梁前吊点处挠度,上前横梁跨中挠度,主桁架纵梁后锚处高程等。

(2)根据分级压载和卸载后的观测值,确定各分段所产生的弹性变形和非弹性变形,并绘制弹性变形和非弹性变形曲线,确定完全非弹性变形值及消除完全非弹性变形的压载值,并回归线性方程,从而确定各梁段浇筑混凝土时所产生的弹性变形值。

(3)把此次的成果与理论计算进行对比,并进行成果分析。

(4)预拱度重新调整和计算,确定底模高程。

8.2.4.3　挂篮悬臂段施工

1)钢筋安装

悬浇梁多数为三项预应力结构,且截面变化较为复杂,因此钢筋绑扎安装经常会出现相互干扰现象,因此钢筋加工精度控制尤为重要,在进行安装时必须综合考虑预应力管道、预埋件等整体位置关系,同时遵循设计及规范的相关要求。钢筋工程重点做好以下几个方面:

(1)做好钢筋大样的尺寸复核工作,尤其是腹板箍筋,底板、翼缘板及梗斜处的挂钩筋,确保尺寸准确,并保证加工精度,加工完成的钢筋构件半成品编号后分类堆存。钢筋存放时应上盖下垫,防止锈蚀。

(2)箱梁钢筋绑扎(图 8-22)的顺序为:底板钢筋绑扎、预应力管道安装→腹板及横隔梁钢筋绑扎、预应力管道安装→顶板(含翼板)钢筋绑扎、预应力管道安装、竖向预应力筋安装。

(3)顶、底板钢筋绑扎前按钢筋布置间距在箱梁模板或钢筋上作出标记,绑扎时严格按标记布设、绑扎钢筋。安装翼板钢筋时,应注意与护栏预埋钢筋的连接。为确保腹板、顶板、底板钢筋的位置准确,应根据实际情况增加架立筋数量。

(4)钢筋保护层垫块采用成品高强砂浆垫块,厚度及强度按设计要求确定。安装时,垫块按梅花形布置,间距不超过 1m,底板和顶板适当加密,确保顶、底板钢筋保护层的留设符合设计及规范要求,以免因保护层原因出现混凝土裂纹或漏筋现象;垫块的固定要牢固。垫块表面应洁净,颜色应与结构混凝土外表一致。

(5)绑扎过程中严格控制锚下钢筋网片的绑扎和螺旋筋位置。

(6)绑扎过程中严格按设计要求安装底板钢束的防崩钢筋,并将其两肢与顶层横向主筋焊接,跨中梁端可适当加密防崩筋的布置。

2)预应力管道安装

(1)预应力管道采用塑料波纹管,波纹管位置用定位钢筋固定,定位钢筋可按照直线段

80cm,曲线段50cm的间距布设,曲线半径过小的部位加密定位钢筋。定位钢筋用直径为10mm的钢筋制作成井字形,波纹管从中间穿过。管道的定位钢筋与梁体钢筋网架焊接牢固焊接,确保预应力钢束定位准确,并防混凝土振捣过程中波纹管道上浮。预应力管道的定位见图8-22d)。

a)绑扎完成的底板钢筋

b)腹板钢筋安装

c)绑扎完成的顶板钢筋

d)预应力管道定位

图8-22　钢筋及预应力管道施工

(2)应保证管道接头的密闭,安装完成接头管后,用胶带将接头部位缠裹紧密,以防止施工时混凝土灰浆流入管道内造成堵塞。对在下一节段施工中需要接长的管道,在该节段的端部预留50cm的接头管道(直径大于需接长的管道),以保证后续施工管道的连接。

(3)钢筋焊接时,应对焊接部位旁边的波纹管采取保护措施,焊接时用铁皮或石棉布遮挡,防止焊渣、火花烫伤波纹管。严禁在施工过程中人为踩踏和物体打击波纹管。

(4)当普通钢筋与预应力钢筋定位有相互干扰时,应遵循"普通钢筋中的次要受力筋为主要受力筋让路、普通钢筋为预应力钢筋让路"的原则,可以适当调整普通钢筋的间距以便于让预应力钢筋通过,不可任意切段钢筋,实需切断时,在浇筑该部分混凝土时钢筋必须恢复,任何情况下必须保证预应力管道形状圆滑、线形流畅,绝对禁止"死弯"的出现。

3)预埋件安装

钢筋安装过程中,注意不得遗漏梁体永久预埋件及预留孔洞(包括泄水孔、通气孔、翼缘板下方滴水槽、护栏预埋钢筋）和挂篮预埋件（吊杆孔）。施工过程中，必须采取措施确保预埋件位置准确。当顶板钢筋与泄水孔冲突时，桥面泄水孔处钢筋可适当移动，并增设螺旋筋和斜置的井字形钢筋进行加强，预埋孔位置与梁部钢筋发生冲突时，钢筋孔适当挪动进行避让。

4）模板安装

现浇梁底、侧模板均采用 6mm 大块定型冷轧钢模板，内模采用组合钢模。鉴于以往悬浇箱梁挂篮模型的弊端，在模板设计和施工上可从以下几个方面进行改革：

（1）整体上采用桁架和面板分离设计，之间采用钩头螺栓固定连接，局部点焊，解决运输问题，同时提高模板和桁架的周转次数。

（2）桁架及面板均采用分块设计，水平分缝，常规尺寸，整体结构（高度和线形）利用小角模调节，模板之间采用螺栓拼接，解决运输问题，过程中可根据周边环境和具体施工情况拆除部分桁架和面板。

（3）施工过程中，外模高度越来越小，桁架刚度也越来越小，因此较大悬臂翼缘板外侧增加吊杆，保证翼板模型整体受力，确保成桥线形。

（4）因底板二次抛物线变化，每段底模搭接长度（即底模板与已浇梁段混凝土搭接）严格控制在 10～15cm，并在安装模板前沿已浇梁段与模板接触处安装止浆条，以减小底板接头处错台，保证梁底线形平顺。

（5）内模桁架设计为 1/2 片临时对接，保证腹板变宽内模支架调整方便。

为控制好悬臂箱梁桥的线形和混凝土外观质量，模板安装时还应注意以下几个问题：

（1）底模及腹板外侧模表面必须平整，板上不允许有局部凹陷。面板补缺的钢板，应用砂轮打磨，达到质量标准后再除油污和焊渣，有变形翘曲者弃用。

（2）外侧模、底模、内模、端模首次使用前，采用砂轮机和砂纸对面板进行除锈、抛光。对于悬浇后的模板，要做到节节清理、节节涂刷脱模剂。可采用固定比例的柴机油混合物（体积比 1∶3）作为脱模剂，操作方法为：利用羊毛刷人工涂刷，以一滚轴刷脱模剂为准，反复在面板涂刷，直至油料用完，要求油料均匀一致，薄厚适中。检查标准为：目测表面脱模剂均匀，无下流现象，用手指划过模板面，无明油渍。

（3）安装模板前，沿老混凝土与模板接触处、外模与底模间内贴双面面胶，以防漏浆。模板拼装做到拼缝紧密、平整，控制模板拼缝高差为±0.5mm，平整度为±2mm，垂直度±2mm。模板成型后，用泡沫胶在模板外边嵌补所有缝隙。

（4）模板在吊装过程中注意不要与其他物体相碰撞，以免模板变形或损伤。

（5）挂篮底模后横梁在箱梁底板处的吊点应采用千斤顶紧固，保证底模与箱梁底板密贴，施加力达到该吊点的全部施工荷载，翼缘板底模亦同此要求。

（6）拉杆与模板间的空隙，要堵塞严密，防止漏浆。

（7）滴水槽要做规范，线形要顺直，对易损坏混凝土的，一律加焊并打磨平滑。

（8）混凝土凿毛时，不得损坏混凝土边棱，以免影响接缝美观。

（9）挂篮行走时尽量保持轴线准确，以利安装、调整模板，并保证吊带的竖直受力。

（10）模板安装时位置要准确，内外模与底模连接处紧密、平整、不漏浆，保证结构物处露面美观，线条顺畅。模板安装完毕后对其平面位置、顶部高程、节点联系和纵横向稳定性进行检查，确认合格后方可浇筑混凝土。

模板施工见图8-23。

a)外侧模桁架

b)挂篮模板

图8-23　模板施工

5）悬浇段混凝土施工

箱梁各悬浇节段混凝土在浇筑前，必须严格检查挂篮中线及挂篮底模高程，预应力束管道，钢筋、锚头、人行道及其他预埋件的位置，核对无误后方可浇筑。中线高程要考虑箱梁预拱度。

悬浇段混凝土采用输送泵泵送浇筑，实际施工的混凝土出机坍落度落度一般控制在180～220mm，并随环境温度及运输和浇筑速度做适当调整。梁段混凝土的悬臂浇筑应注意以下几点质量控制措施：

（1）混凝土较为适宜的入模坍落度：底板为160mm，腹板为180mm，顶板为200mm。混凝土配合比中应减少减水剂中的缓凝组分含量，以较0号块段混凝土适当缩短混凝土的初凝时间，以提高早期强度尽早施工预应力。

（2）悬臂段混凝土的浇筑两侧对称进行，一次性浇筑完成，浇筑顺序为底板，对角交错同时浇筑一侧腹板，再同时浇筑另一侧腹板，最后同时浇筑顶板。混凝土浇筑最大容许不平衡重不得大于1/2施工梁段质量，但实际施工中控制混凝土偏差方量为1～2m^3，超方量不大于梁段理论质量的3%。

（3）浇筑底板与腹板时，注意控制浇筑时间差，避免出现腹部根部冷缝现象。浇筑顶板前，对腹板顶部的表面进行二次振捣。

（4）腹板和顶板混凝土的浇筑顺序必须从挂篮前端向尾端方向浇筑，以避免新、旧混凝土间产生裂缝。

（5）因腹板过高，挂钩钢筋过密，浇筑混凝土布料利用自制的小直径串筒布料，同时振捣要求人工下模型进行振捣，保证混凝土的均匀密实。

（6）所有顺桥向预应力管道在浇筑混凝土时，宜在波纹管内插入硬塑料管做衬管，以防预应力管道被压扁、压坏而堵塞管道影响压浆的进浆、漏浆。

（7）悬臂浇筑梁段养护应采取自动喷淋与人工辅助晒水养护相结合的方式，确保梁体表面在养护期间内保持润湿。冬季施工应采取保温保湿养护措施。

（8）拆模后立即进行凿毛，凿毛时应在混凝土保护层外侧保留10mm完整边界，并用墨线弹出凿毛区域，防止凿毛时对混凝土边棱造成损伤，以免影响接缝美观。

混凝土施工见图 8-24。

图 8-24　混凝土施工

8.2.4.4　挂篮滑移

挂篮滑移在施工梁段纵向预应力钢束张拉完成后进行，挂篮滑移施工工艺流程为：

前块段浇筑、张拉及压浆完毕→准备工作→底篮及外侧模下降→锚固外侧模滑轮小车→拆除挂篮后锚→拆除箱内吊带→拆除翼缘板吊带→安装挂篮滑行动力装置→安装挂篮保险装置→同步启动两侧长行程千斤顶使挂篮前移→调整挂篮轴线及高程→施加挂篮后锚→装设箱内吊带→装设箱内吊带→调整外侧模板→内模前移就位。

挂篮滑移见图 8-25。

图 8-25　挂篮滑移

挂篮滑移是悬浇施工重点控制环节，涉及主梁结构安全及施工安全，挂篮前移控制重点和注意事项如下：

(1)已浇块段钢束张拉及压浆完毕。

(2)行走轨道下的反压梁、螺栓及竖向预应力筋无漏锚或锚固不紧情况。

(3)挂篮后锚行走小车及外侧模滑轮小车工作状态正常。

(4)主要结构构件及连接点完好，牵引设备、钢丝绳完好。

(5)挂篮前移利用其所配备的千斤顶顶推，两侧要保持同步，两悬臂挂篮要基本上对称前移，走行过程中要注意挂篮中线及走道方向的观测，发现偏位后及时纠正，确保挂篮到位时偏移值不超过规范要求。

(6)挂篮走行前，前后支点与滑到接触处均应涂抹黄油以减小摩阻力。

(7)遇有 6 级以上大风天气时，不得进行挂篮的走行作业，应采取措施确保挂篮安全。

(8)移动挂篮时避免损伤精轧螺纹粗钢筋，避免碰撞、弯折粗钢筋。

(9)挂篮移动过程中用倒链拉住挂篮尾部，防止挂篮溜滑。

(10)专职安全员、技术员、作业队伍班组长,在滑移前对挂篮进行检查,填写检查记录,经过现场技术负责人及生产副经理认可,方能进行挂篮前移。

8.2.5 合龙段施工

按设计要求先进行边跨合龙,再进行中跨合龙。

1)边跨合龙

边跨合龙段位于悬臂端和支架现浇边跨直线段之间,支架现浇段是相对稳定的,而悬臂端在温度变化、日照、风力等影响下,会发生轴向伸缩、竖向挠曲及水平向偏移变形。在合龙段预应力钢筋张拉之前,尤其是混凝土浇筑早期,这些变形可能导致合龙段混凝土开裂,施工工艺应保证合龙段适应这些变形,避免裂缝的出现。

为了保证合龙段混凝土浇筑并达到设计强度期间,悬臂端和支架现浇段之间的相对位置不发生变化,抵抗温度升高使得悬臂纵向伸长产生的压应力等的作用,合龙前在一天中气温较低时段将合龙段两边梁体利用型钢骨架锁定;刚性骨架锁定后,按设计要求尽快张拉布置在顶板与顶板中的临时预应力钢束以抵消两端因温度降低而缩短所产生的拉应力,并应尽可能浇筑合龙段混凝土。这样,通过设置承受压力及拉力的装置使合龙段混凝土得到保护。另外,在施工组织安排方面,尽可能缩短边跨直线段和最后一段悬浇段的混凝土龄期差,以减少混凝土徐变影响带来的内应力。

浇筑前,采用在悬臂端的水箱中加水的方法设平衡重,近端及远端所加平衡重吨位为合龙段质量的1/2。配重工况见图8-26,边跨合龙段施工示意图见图8-27。

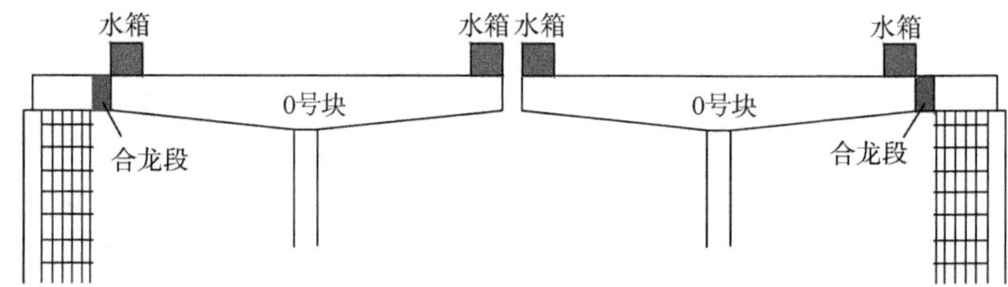

图8-26 合龙段配重方案示意图

2)中跨合龙

中跨合龙段是两个中间墩悬臂浇筑梁段的合龙,由于两边均为悬臂段,温度等外界因素的影响会更加显著。合龙前将一侧挂篮后退,合龙位置另一侧挂篮前进,利用挂篮合龙,在中跨合龙前先将边跨支架以及0号块段处的临时固结解除。中跨合龙的具体措施与边跨合龙段基本相同。中跨合龙段施工示意图见图8-28。

3)合龙段混凝土施工质量控制要点

(1)边、中跨合龙段安装模板时与两端浇筑成型的梁段混凝土必须夹紧,保证接缝的平整、滑顺。

(2)合龙处刚性骨架的设计和临时束的张拉力必须严格按设计要求实施。刚性支撑锁定时间根据气温和梁温连续观测结果确定,要求在梁体相对变形最小和温度变化幅度最小的时间区间内,对称、均衡、同步锁定。

(3)合龙段混凝土浇筑时间应选择温度变化幅度较小的日期且一天中气温较低时段进行

浇筑(夜间 11 时以后),并应在气温回升之前完成浇筑,保证合龙段混凝土处于气温上升的环境中,在受压的状态下达到终凝,避免混凝土开裂。

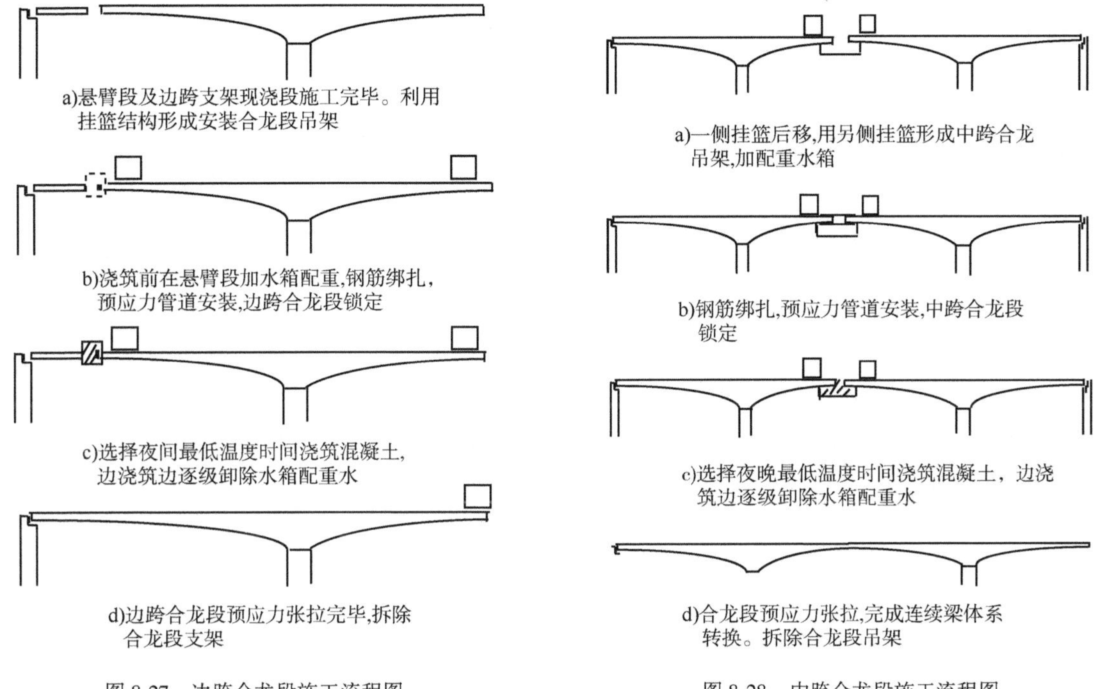

图 8-27　边跨合龙段施工流程图

图 8-28　中跨合龙段施工流程图

(4)合龙段施工时,不宜引起该段施工的附加应力,因此,在浇筑过程中需要调整两悬臂端合龙施工荷载,使其变形相等,避免合龙段产生竖向应力。调整悬臂端合龙施工荷载的措施是:浇筑混凝土前在两个悬臂端各加载合龙段混凝土质量 1/2 的配重(设置水箱配重),浇筑混凝土时变浇筑边卸载配重。

(5)合龙段混凝土宜比梁体提高一个等级且采用补偿收缩混凝土,以提高其抗裂能力。

(6)合龙段混凝土浇筑完成完毕,顶面覆盖土工布,箱体内外以及合龙段前后的 1m 范围内,由专人不间断晒水养护。养护期间,夏天要做好合龙段降温工作。常用的降温措施有:梁顶面洒水降温,梁侧喷水降温,箱梁内洒水及通风降温。冬天做好混凝土保湿保温工作。

(7)合龙段混凝土强度达到设计要求后,应尽早进行预应力张拉,按照设计的规定制订专门的预应力张拉程序,保证预应力施工的均匀性,防止梁、板局部因应力过大产生破坏。预应力张拉完成后按设计要求完成连续梁的体系转换工作。

8.2.6　成品保护

悬浇梁段混凝土施工过程中和施工完成后,重点从下面几点进行成品保护:

(1)在强度和养护龄期都满足设计要求时,方可进行预应力张拉。

(2)在挂篮移位时,应对称匀速进行,避免因大的冲击造成对梁的损伤。

(3)预应力施工时,对采用的压浆管、油管进行检查验收,确保油管接头密封以及油泵、压浆设备、千斤顶的完好,避免张拉和压浆过程中的水泥浆及液压油污染混凝土面,对于已经附着的水泥浆要立即用清水进行冲洗。

(4)预埋件及外露时间较长的钢筋采取涂刷保护层并包裹塑料薄膜等保护措施。如有污水流到混凝土表面要及时冲洗,同时对于表面粘有浮灰或存有锈迹,要立即用细砂纸打磨,直到清除干净。

8.3 下行式移动模架逐孔现浇预应力混凝土连续箱梁

8.3.1 移动模架工法特点

移动模架系统MSS(Movable Scaffolding System)是一种自带模板、利用纵梁支撑对混凝土桥梁进行现场浇筑的施工机械,施工时无须在桥下设置模板支架,而采用两个支撑在牛腿上的钢结构主梁支撑外模板,两主梁通过牛腿支架支撑在桥墩住上,在桥位上完成立模、绑扎钢筋、浇筑混凝土直到预应力张拉等全套的现浇桥梁工艺,并能在一孔梁体施工完成后实现逐孔前移连续施工。移动模架工法是世界桥梁施工的先进工法,具有工厂化施工、标准化作业、梁体整体性好、施工周期短、施工质量易于控制、施工不影响桥下的交通、不干扰周边环境、现场文明施工好等诸多优点,一般适用于跨径为30~60m的连续多跨简支梁桥或连续梁桥等结构的逐孔施工。

移动模架逐孔现浇施工法与支架上现浇施工的主要区别是前者仅在一孔桥下设置支撑,经体系转换成桥,而后者是在一联或多跨下设置支架,体系转换次数很少,或者没有。移动模架逐孔现浇连续箱梁优点是:需要的支架数量少,MSS周转次数多,周转时间短(一般情况下6~15d施工一跨,受跨径、施工难度、天气等影响),利用效率高,自动化程度高,工序简单,减少了人力、物资的浪费;地基处理范围小,一般只处理模架拼装的部位,不必对梁下的地基进行特殊处理,特别适合施工场地受限制,在水域上、高墩和地基承载力差而无法采用满堂支架法的情况;由于每跨都是标准化施工,操作可以越来越熟练,有利于工程质量的稳定和提高。另外,移动模架逐孔现浇施工缝一般设置在跨径的1/4~1/6处,即接近连续梁零弯矩点附近,施工状态与成桥状态受力模式比较接近。

图8-29 下行式移动模架

目前,移动模架支撑主要分为上行式MSS和下行式MSS两大类。顾名思义,上行式MSS主承重梁位于混凝土梁之上,下行式MSS主承重梁位于混凝土梁之下。在此,重点针对下行式移动模架(图8-29)和在移动模架外模上贴焊不锈钢板控制混凝土外观质量措施做详细的阐述。

8.3.2 总体施工工艺

下行式移动模架现浇箱梁施工通过在墩身预留孔上安装墩旁托架,上面安置移动模架主梁,使箱梁质量及施工荷载通过主梁及墩旁托架传至墩身。施工过程中,移动模架利用支承台车及相应的液压系统进行落模、开模、纵移、合模四个阶段作业，从而完成箱梁循环施工。移动模架现浇预应力连续箱梁总体施工工艺流程见图 8-30。

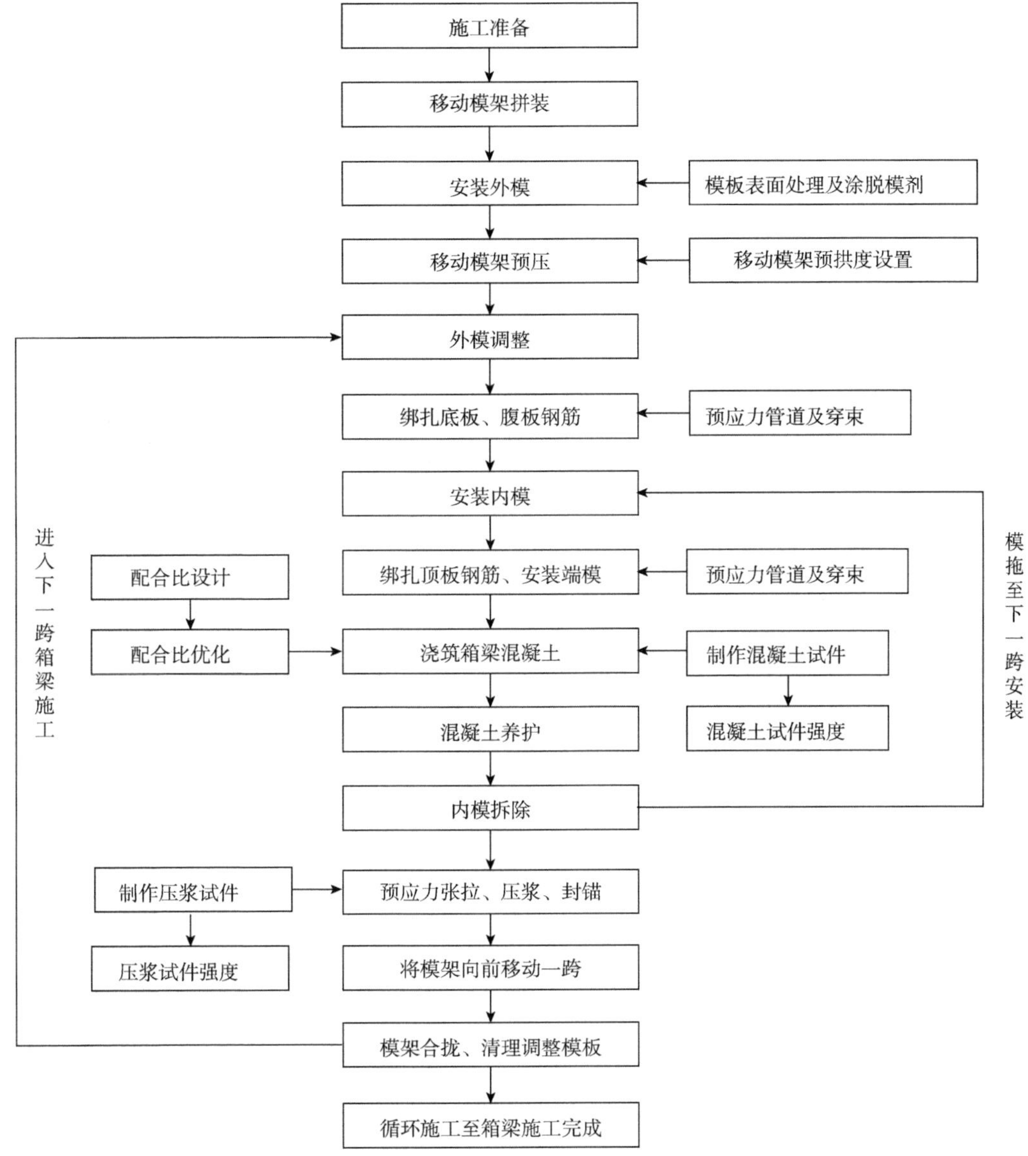

图 8-30　移动模架现浇预应力连续箱梁施工工艺流程图

8.3.3　移动模架设计与施工

8.3.3.1　移动模架拼装

1) 移动模架拼装顺序

移动模架构件根据现场拼装顺序分批进场，移动模架拼装顺序见图 8-31。

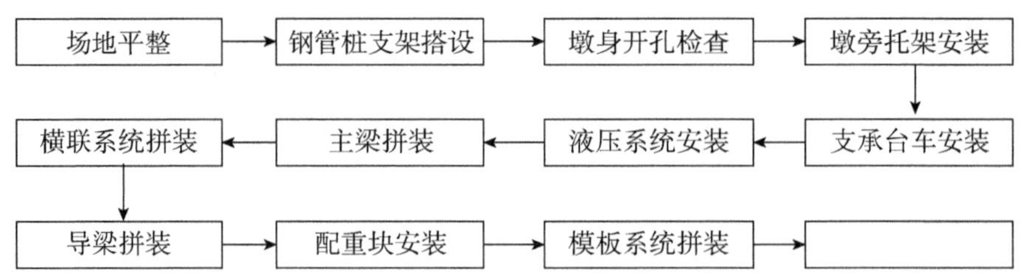

图 8-31 移动模架拼装流程图

2)移动模架拼装工艺要点

(1)场地平整。

移动模架进场前,在移动模架拼装的两个墩位之间以及两个承台区域进行场地平整。先将施工区域的泥浆、淤泥等软弱土清理干净后,回填混合料,推平并压实。

图 8-32 场地平整及钢管支架搭设

(2)钢管桩支架搭设。

移动模架拼装前,根据移动模架主梁拼装需要,搭设钢管桩支架。钢管桩搭设前,根据移动模架主梁质量进行钢管桩支架设计计算。

移动模架拼装时,每两节主梁在地面拼装成一个节段,再进行吊装,搁置在钢管桩支架上。吊装后,两个节段在钢管桩支架上进行拼装。钢管桩支架施工如图 8-32 所示。

(3)墩旁托架安装。

陆上墩旁托架安装施工时,可采用吊车进行安装,亦可采用卷扬机配滑车进行安装。水上墩旁托架安装施工时,因地形原因,只能采用卷扬机配滑车进行安装。

墩旁托架安装步骤:清理墩身开孔→地面组拼墩旁托架→整体吊装双侧墩旁托架(或卷扬机安装双侧墩旁托架)→穿精轧螺纹钢并张拉紧(每根螺纹钢筋施加要求的预紧力为 25t)→托架调平。墩旁托架安装示意图见图 8-33。

a)采用吊车起吊

b)采用卷扬机配滑车起吊

图 8-33 墩旁托架安装

桥墩两侧托架支撑应对称安装，安装前应清除墩身开孔杂物，垫橡胶板。托架安装时，先在地面将托架构件拼装成整体结构。完成后，起吊将托架插入墩身预留孔内。托架置入墩身预留孔时，应对托架顶面用水准仪抄平，以便使天车在板面上顺利滑移。用精轧螺纹钢筋将两侧的墩旁托架连成一体，然后每根精轧螺纹钢筋的预紧力应达到设计要求，尽量使每根螺纹钢筋受力均匀，将托架固定在墩身上。用水准仪测量墩身两侧的托架支撑的高程，使其两边的高差小于 5mm，使托架支撑能够受力均匀。将千斤顶置于中部、后部墩旁托架上并与墩旁托架固定。

(4)支承台车安装。

墩旁托架安装完后，安装油顶支座及 1000t 支顶大油缸(此时油缸活塞为缩回状态)，吊装支承台车于墩旁托架轨道上；连接横移油缸销轴；接液压油管；接电。支承台车安装示意图见图 8-34。

图 8-34　支承台车安装

(5)主梁拼装。

在地面组装两节主梁为一节段，根据单组主梁上拱度 90mm 进行上拱度预设，不允许旁弯，然后拧紧钢箱梁连接螺栓。

吊车将各个节段主梁抬吊就位在钢管桩支架上，在钢管桩支架上将两节段主梁拼装。当两节主梁拼放到一起后，用千斤顶链条葫芦进行准确对位，先上上下连接板，再上左右连接板，先用冲钉进行定位，再紧固螺栓，连接主梁。移动模架主梁的连接采用 10.9 级 M24 高强螺栓连接，用电动扳手进行螺栓紧固。主梁安装示意图见图 8-35。

图 8-35　主梁拼装

(6)横联安装。

用吊车将横联一片片吊起对齐与主梁连接起来，先装靠近墩身的横梁。安装螺纹千斤顶前，底模横联上螺纹千斤顶要添加润滑油，后用吊机将千斤顶吊装到横联上并安装。

先安装好横联上螺旋千斤顶，螺旋千斤顶伸出量要适当，使之能伸长能缩短，初定安装高度为 702mm。再把两片横联先连成一榀，吊机位于两根钢箱梁中间，将每榀横联装于两钢梁之间，螺栓固定后才能松钩。安装顺序为从中间向两端安装。横联两端与主梁连接用 M24 螺栓拧紧力矩 500N · m，两段横联连接用 M30 螺栓确保打紧受力。横联安装示意图见图 8-36。

(7)导梁拼装。

主梁前、后两端分别需要安装前、后导梁。待主梁安装完毕后，导梁同样地面组装两节导梁为一节段，采用汽车吊抬吊并拼接于主梁两端。导梁与主梁间连接用 M30 螺栓(拧紧力矩 700N · m)，导梁安装示意图见图 8-37。

图 8-36　移动模架横联系统

图 8-37　导梁拼装

(8)配重块安装。

主梁安装完后，吊车将配重块吊装到位，根据设计图纸进行配重块安放。配重块安装示意图见图 8-38。

(9)底模安装。

底模分段安装，随主梁一起起拱，并根据箱梁施工需设置的预拱度进行设置。底模边安装边调整，不能安装完后再进行模板调整。底模安装示意图见图 8-39。

图 8-38　配重块安装

图 8-39　底模安装

(10)侧模及翼模安装。

底模调整后再进行外侧模及支撑安装，安装侧模及翼模时一定要注意模板的正反，正面是桥梁曲线半径的内侧，反面是外侧。调整侧模线型达到制梁的要求。侧模安装示意图见图 8-40。

图 8-40　侧模及翼模安装示意图

8.3.3.2　移动模架预压

(1)预压目的。

移动模架使用前先进行预压,目的是:检验移动模架各部分结构的承载能力及整体稳定性;消除结构的非弹性变形;观测弹性变形量并将变形数据与理论变形量继续对比,以正确确定移动模架的预拱度值。

(2)预压荷载值。

最大单跨箱梁自重与施工荷载之和,并取 1.1 倍的安全系数进行取值,即 110%取值。

(3)沉降观测点。

在移动模架墩旁托架、主梁、底模、翼缘上设置测点,观测时同一仪器测量、同一测量人读数。每次观测都要对上述测点的高程进行测量和记录,保存好原始数据,以备复核,测量精度和读数误差为±1mm。

①在移动模架四个支腿上分别布设 4 个测点,共 16 个测点。

②在每片主梁上分别设 14 个测点,共 28 个测点。

③在每片横联对应底模上分别设 3 个测点,共 45 个测点。

④翼模上每大块模板两端头设观测点,每边 15 各观测点,共 30 个测点。

(4)加载方式。

采用分级加载方式:0→50%→80%→100%→110%,每级加载完后对沉降观测点进行测量记录,并对数据进行计算分析。

(5)预压堆载。

堆载时根据现浇箱梁荷载分布图模拟堆载,理论混凝土梁载荷见图 8-41 和图 8-42。预压材料采用砂袋和钢筋相结合的方式进行堆载预压,现场预压情况见图 8-43。

(6)预压卸载。

模架卸载时仍采用分级方式进行:110%→100%→80%→50%→0。每卸下一级载荷,均对所有测点进行一次测量,并做详细记录,为后续数据分析时与加载时的挠度进行比较提供依据。

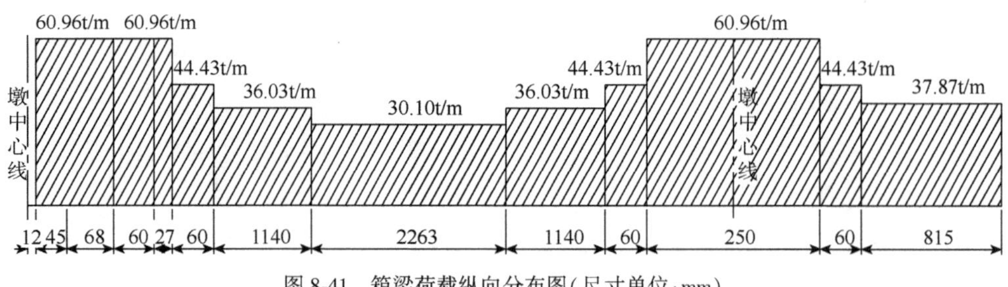

图 8-41 箱梁荷载纵向分布图(尺寸单位:mm)

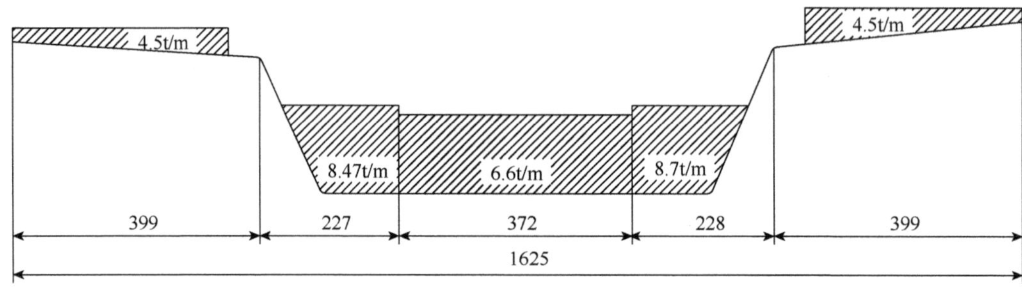

图 8-42 箱梁荷载横向分布图(理论混凝土梁 100%荷载)(尺寸单位:cm)

图 8-43 堆载预压

(7)移动模架预拱度设置。

移动模架变形有非弹性变形和弹性变形。非弹性变形主要来自底模与顶托之间不严密。混凝土浇筑过程中,因荷载逐渐加大,使底模与撑杆之间空隙变小至密贴,造成箱梁下挠。非弹性变形可通过预压予以消除。弹性变形主要来自移动模架主梁和横联因荷载加大后下挠。在预压过程中,通过测量监控,找出弹性变形值。

移动模架预拱度根据弹性变形值进行相应设置。根据加载及卸载各阶段的实测结果,对模架的弹性变形及非弹性变形进行分析,整理成表。然后根据弹性变形数据表和计算出的箱梁纵桥向各点反拱数据,计算出模架底模需要设置的预拱度。

8.3.3.3 移动模架就位

1)移动模架拼装预压完成后后退就位

移动模架拼装及预压完后,将移动模架倒退至第一联首施工节段位置,倒退分四个步骤进行倒退。

步骤一:移动模架安装完成。安装墩旁托架及支承台车,将主梁吊装放置于支承台车上,连接横联及底模,安装侧模及支撑,安装前后导梁,移动模架安装就位。

步骤二:模架对开。把第三套支腿安装在后一支墩,然后把模架后侧台车的纵移油缸及滑靴反向安装;松开横向连接系,启动支承台车上的横移油缸,模架分成左右两组向两侧横移。

步骤三:主梁倒退一跨。启动纵移油缸,两组模架分别向后方桥位纵移,单边纵移距离差控制在 2m;纵移到位,将两组模架向中部合拢到位;连接横联及底模中部连接螺栓;吊装 PM(n+3)号墩托架支撑、墩旁托架及台车至 PM(n)号墩。

步骤四:主梁退至施工部位。重复步骤二、三,将模架倒退至施工位置。

移动模架倒退到位后,开始进行移动模架逐跨箱梁施工。

2)移动模架常规跨施工后就位

移动模架就位后,开始进行箱梁施工。移动模架正常施工步骤可分为如下四个步骤:

(1)安装移动模架、调整模板、浇筑箱梁。

①移动模架就位。

②启动模架顶升油缸,将模架顶升至制梁高程。

③扎制底板及腹板钢筋笼,布置波纹管及预应力钢束。

④安装内模系统并调整就位。

⑤扎制顶板钢筋笼,布置波纹管及预应力钢束。

⑥全断面快速浇筑混凝土、检测浇筑情况、养护,脱开外模、施加预应力、压浆、检测。

(2)落模。

①除内模系统外,将移动模架整体下放 250mm,模架整体脱模。

②移动模架整体落于前、后支承台车上。

(3)模架对开。

松开横向连接系,启动支承台车上的横移油缸,模架分成左右两组向两侧横移。

(4)主梁移至新的制梁位。

①启动纵移油缸,两组模架分别向前方桥位纵移,单边纵移距离差控制在 2m。

②纵移到位,将两组模架向中部合拢到位。

③连接横联及底模中部连接螺栓。

④松开挂在台车上的模架顶升油缸,落于墩旁托架上,将模架顶升至制梁高程。

⑤吊装 PM(n)号墩托架支撑、墩旁托架及台车至 PM(n+3)号墩。

⑥开始正常步骤制梁循环程序,依次制梁。

移动模架常规跨施工步骤见图 8-44。

单跨箱梁施工完成后,移动模架纵移至下一跨箱梁施工位置进行循环施工作业。移动模架过跨包括脱模落架、横移、纵移和合模就位四个阶段,移动模架过跨状态实景图见图 8-45。

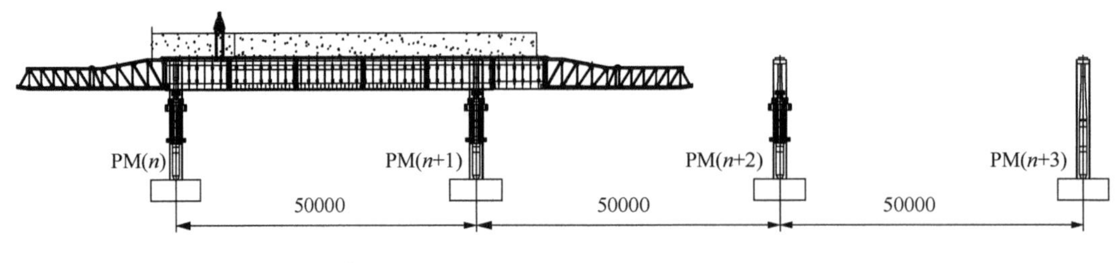

a)步骤一:移动模架就位、箱梁施工

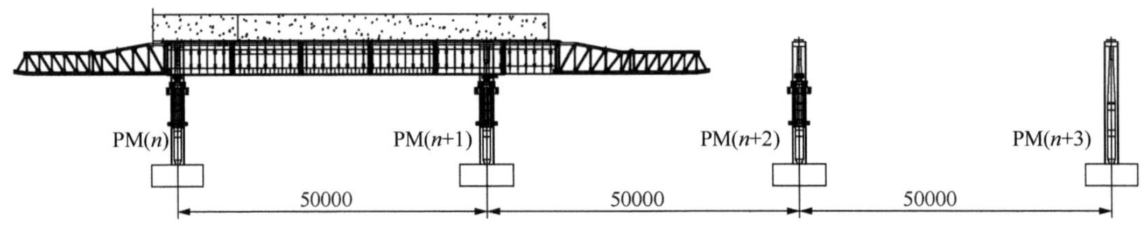

b)步骤二:落模

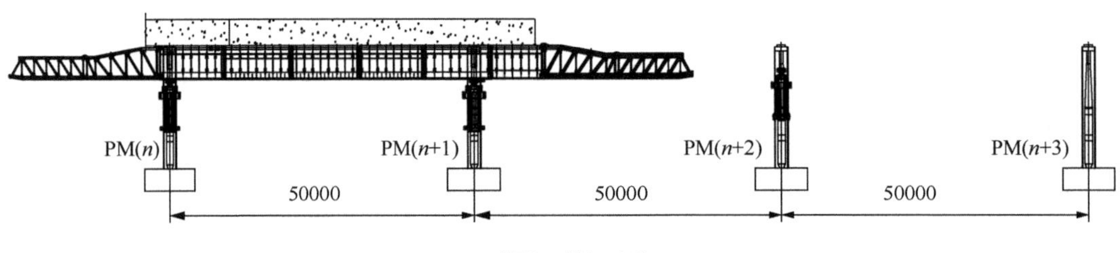

c)步骤三:模架对开

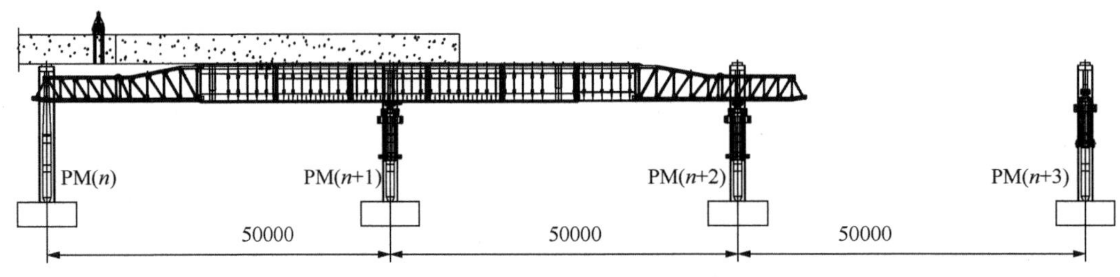

d)步骤四:主梁移至新的制梁位

图 8-44　移动模架制梁原理步骤图(尺寸单位:mm)

3)移动模架顶升

移动模架合模到位后,通过测量将移动模架平面位置调整到位后,进行移动模架顶升。

移动模架顶升至制梁高程后,为确保结合段模板与已浇箱梁外缘密贴,在已施工完成的箱梁前端安装扁担梁吊挂系统进行预紧。扁担梁立面位置示意图 8-46,示意图见图 8-47。

步骤一:落架

步骤二:横移

步骤三:纵移

步骤四:合模

图 8-45　移动模架过跨流程照片

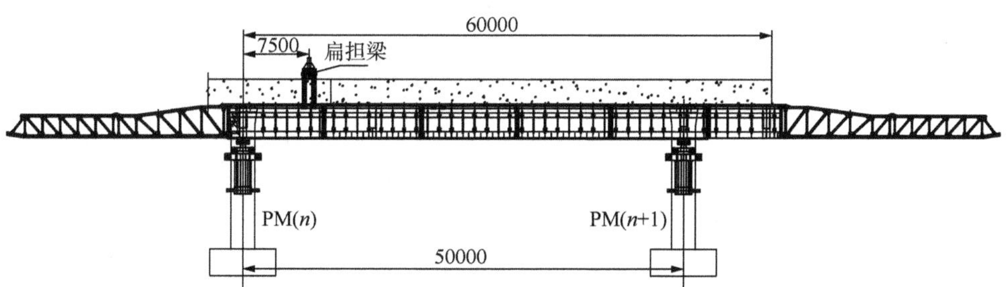

图 8-46　扁担梁立面位置图(尺寸单位:mm)

图 8-47　扁担梁示意图

8.3.4 模板施工与调整

8.3.4.1 外模系统的安装和调整

外模由若干块整体大钢模组合而成,按照对号入座,顺序排列。外模设计为底模包侧模,底模两边各超出箱梁设计底宽20cm,且外模标准段设计为4m长,模板之间均采用螺栓连接,以适应曲线段线形要求。

外模施工时,根据移动模架预压成果进行外模预拱度设置,确保连续箱梁的线形符合设计要求。首孔箱梁外模预拱度设置见图8-48。预拱度的调整方法是调整底模下部螺旋千斤顶,侧模通过支撑螺杆调节。模板调整完后,确保箱梁的设计断面尺寸、轴线偏差、拼缝错台、线形,外模调整要求如下:

(1)底模中缝作为模架对称中心应与箱梁纵向中心线重合,位置偏差不大于2mm。

(2)模板平整度每米允差2mm,所有接缝外观要平滑,无突变现象;接缝处用双面胶填充,使其密贴,面板接缝处粘贴透明胶布。

(3)墩顶处设置木模。木模与底模接缝处用$\delta=3$mm泡沫胶填充或粘透明胶带。

(4)预拱度调定后曲面要连贯,并填缝。

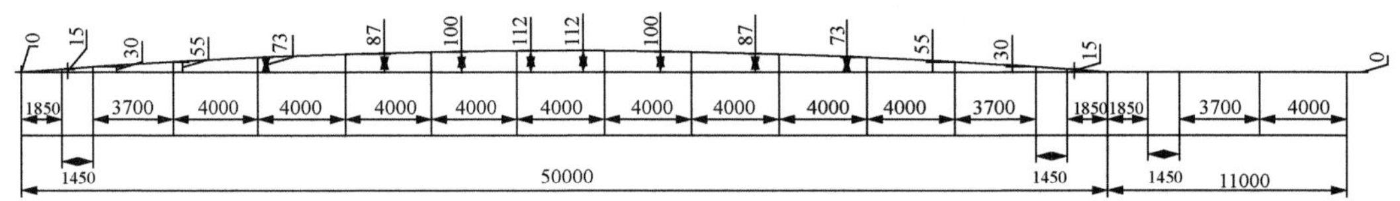

图8-48 首孔箱梁外模预拱度图(尺寸单位:mm)

模板调整到位后,测量人员对移动模架进行全面的测量观测并做好相应的记录;混凝土浇筑施工时和浇筑完成后,应对模架进行挠度监测,监测的数据及分析结果与之前的测量结果进行对比,作为修正模架预拱度的依据。

移动模架墩顶区域防震挡块、箱梁底模采用竹胶板进行铺设,墩顶木模拼接缝和木模与钢模面板拼缝处采用塑料胶带进行粘贴,防止水泥浆流失对墩身成品造成污染。

8.3.4.2 内模安装

内模采用组合钢模节段整体拼装及节段吊装的方法进行施工。

(1)内模拼装。

箱梁内模板采用组合式钢模当面板。每块钢板之间焊接连接,保证不漏浆。为保证内模结构尺寸及后期模板拼装进度,内模背带标准件根据箱梁内腔尺寸进行加工制作,标准构件通过螺栓连接成为整体。

内模在胎架上整体拼装,拼装完后拆成若干标准节段,从而保证模板间连接质量。在标准构件、支撑件、模板上用油漆进行标识,从而保证下跨箱梁施工时内模快速进行拼装。内模拼装图见图8-49。

a)内模胎架

b)内模背带标准构件

c)内模背带标准件连接

d)在胎架上预拼装好的内模

图 8-49　内模拼装图

(2)内模安装。

内模的安设采用先组合成标准节段,在绑扎完成箱梁底板及腹板普通钢筋及预应力系统安装完成后,采用汽车吊进行内模节段吊装就位(图 8-50)。内模吊装前,先在底腹板钢筋上每隔 1m 焊接好模板限位钢筋,保证模板的快速定位。同时,加强内模拼装精度,避免造成顶、底板厚度变化。节段模板对接时,控制模板间的错台。

a)内模吊装

b)内模节段连接

图 8-50　内模吊装与节段连接图

8.3.5 钢筋及预应力管道施工

8.3.5.1 钢筋绑扎及预应力管道安装顺序

现浇箱梁钢筋、预应力的规格及数量多，相互之间存在干扰，为解决此类问题，需按正确的安装顺序进行钢筋及预应力安装，钢筋绑扎的先后顺序问题，是影响箱梁施工进度的主要因素之一。通过施工中不断总结优化，总结出了钢筋绑扎施工顺序(图 8-51)，提高了钢筋绑扎及管道安装施工质量、施工进度，并降低了施工难度。总体而言，根据施工流程，整个箱梁钢筋绑扎分两次进行，第一次是在移动模架外模安装完成后，绑扎箱梁底板、腹板及中横隔板处的钢筋；第二次是内模安装完毕，再绑扎顶板和翼板钢筋。

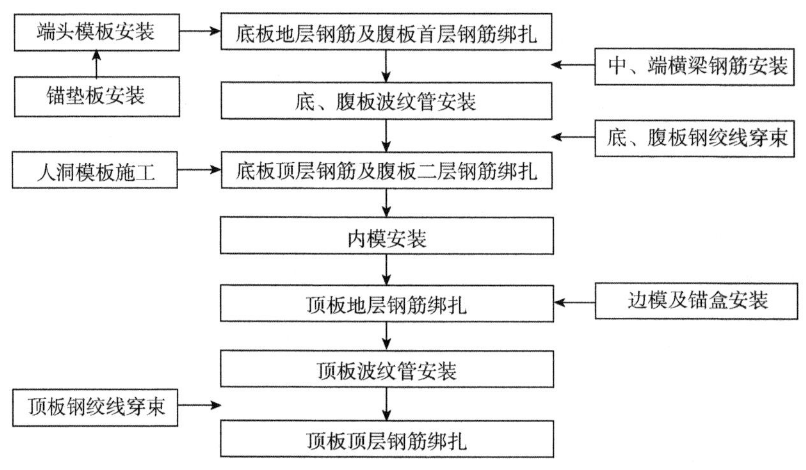

图 8-51 钢筋绑扎及预应力管道安装施工顺序图

(1)底板底层钢筋绑扎：底板钢筋绑扎时，先安装定位钢筋，定位钢筋下垫设足够数量的锥形保护层垫块，确保底板钢筋绑扎时不接触油污。底板底层钢筋绑扎时，同步进行防震挡块钢筋、端头模板与张拉端锚垫板安装。底板钢筋绑扎示意图见图 8-52。

a)定位钢筋安装

b)底板底层钢筋绑扎

图 8-52 底板底层钢筋绑扎示意图

(2)腹板首层钢筋绑扎：腹板钢筋绑扎时，在已浇筑混凝土处预留 2m 空间进行钢绞线穿束，钢绞线穿束完成后再将预留位置处钢筋绑扎完成。腹板首层钢筋绑扎示意图见图 8-53。

a)腹板首层钢筋安装

b)预留钢筋位置

图 8-53　腹板底层钢筋绑扎示意图

(3)横梁钢筋绑扎:中横梁及端横梁位置处钢筋,根据横隔板处钢筋设计图纸,在后场进行预制绑扎,钢筋绑扎时进行吊装绑扎,见图 8-54。

图 8-54　横梁骨架钢筋绑扎示意图

(4)腹板二层钢筋绑扎:腹板二层钢筋绑扎时,同时进行锚下钢筋安装,见图 8-55。

a)腹板二层钢筋安装

b)锚下钢筋安装

图 8-55　腹板二层钢筋及锚下钢筋绑扎示意图

(5)底板顶层钢筋绑扎:底板顶层钢筋绑扎时,同时进行倒角钢筋安装,见图 8-56。

a)底板顶层钢筋安装

b)倒角钢筋安装

图 8-56 底板底层钢筋及倒角钢筋绑扎示意图

(6)内模安装:内模安装时,同时进行人洞模板安装,见图 8-57。

a)内模安装

b)人洞模板安装

图 8-57 内模及人洞模板安装示意图

(7)张拉锚盒及边模安装、顶板底层钢筋安装:顶板预应力穿插在顶板底层钢筋绑扎过程中进行施工,张拉锚盒及边模安装、顶板底层钢筋安装示意图见图 8-58。

a)锚盒及边模安装

b)顶板底层钢筋安装

图 8-58 张拉锚盒及边模安装、顶板底层钢筋安装示意图

(8)顶板顶层钢筋绑扎:示意图见图 8-59。

图 8-59　顶板顶层钢筋安装

8.3.5.2　钢筋及预应力管道安装施工控制措施

(1)保护层垫块按 75cm×75cm 布设进行保护层控制,防止漏筋。

(2)钢筋安装时,注意钢筋保护层厚度,防止钢筋绑扎时钢筋紧贴模板,造成露筋,影响混凝土外观质量。

(3)定位钢筋等长度根据需要尺寸提前加工,减少在模板内焊接及切割工作,防止焊渣、氧割渣污染模板,影响混凝土外观质量。

(4)专人对模板内的扎丝、钢筋头、破损垫块等杂物进行清理。

(5)为确保波纹管位置安装精确,采用定位钢筋进行定位,定位钢筋间距直线段 0.8m,弯曲段 0.5m。波纹管定位钢筋焊接时,确保焊接点不碰触波纹管。

(6)波纹管隐蔽前,专人检查波纹管破损情况,发现破损立即用胶带进行包裹。

8.3.6　箱梁混凝土施工

8.3.6.1　混凝土配合比设计

预应力混凝土连续箱梁根据移动模架施工工艺要求采取逐孔进行施工,按图纸设计要求设置垂直施工缝。考虑阳光直接照射和水化放热影响因素,混凝土要求有超长缓凝性能(初凝时间>25h),以确保混凝土在移动模架前端(高端)向后端(低端)浇筑过程中不会初凝,保证不会因模架线性的变化而使箱梁产生裂纹;另一方面,为了满足工期要求,箱梁混凝土要求 3d 能预应力张拉,因此混凝土 3d 强度需达到混凝土设计强度的 90%以上。因此,该箱梁混凝土要求既具有足够长的初凝时间,又具有早期强度发展快的特点,这就形成了缓凝时间长和早期强度高之间的矛盾,是移动模架法施工大跨径箱梁混凝土必须首先解决的问题。另外,高强与早强要求混凝土中水泥和胶凝材料的用量要高,而移动模架法施工大跨径连续箱梁由于具有较大的截面尺寸(腹板厚 60cm),若水泥与胶凝材料的用量太高则会造成箱梁内的高水化温升与温度应力,易产生温度裂缝,故要求混凝土具有较好的抗裂性。同时作为高性能混凝土,还要具有较高的体积稳定性和耐久性。为此,对移动模架施工箱梁结构高强泵送抗裂性混凝土配合比提出了如下性能设计指标:

(1)力学性能:3d 抗压强度≥45MPa,28d 抗压强度≥60MPa;3d 弹性模≥3.45×10^4MPa,28d 弹性模量≥4.0×10^4MPa。

(2)坍落度:出机口坍落度 200~220mm,扩展度 500~600mm,1h 坍落度 180~200mm,即坍损小于 20mm/h。

(3)凝结时间:初凝>25h。

(4)混凝土入模温度:夏季<30℃,冬季>5℃。

(5)干缩值:90d 龄期<250×10^{-6}。

(6)氯离子扩散系数(RCM 法):28d 龄期<$4.0 \times 10^{-12} m^2/s$。

8.3.6.2 混凝土浇筑

1)浇筑顺序

为了符合移动模架的受力变形规律,控制住移动模架箱梁混凝土浇筑时悬臂端上挠,连续箱梁混凝土浇筑顺序如下:

(1)混凝土浇筑原则:“对称、平衡、同步进行”的原则。

(2)单跨竖向浇筑顺序:底板→腹板→顶板(含翼板)。

(3)单跨顺桥向浇筑顺序:首孔,中横梁→悬臂端→墩;中间孔,中横梁→悬臂端→已浇筑梁端;尾孔,端横梁→已浇筑梁端。

(4)横桥向浇筑顺序:外侧(低侧)→内侧(高侧)。

2)布料方式

泵管采用附着在旋转爬梯上的方式从地面顺接至移动模架箱梁顶面,然后顺着腹板内侧顺桥向布置。箱梁顶面位置泵管采用低压泵管,其余位置采用高压泵管。

为缩短上下层混凝土覆盖时间,腹板混凝土浇筑时采用阶梯形斜层推进法进行施工,合理控制混凝土每层(次)浇筑高度及两层混凝土间隔时间(间隔时间控制在 2h 内)。混凝土布料顺序见图 8-60。

箱梁混凝土布料方式采用箱梁两侧分层同步推进法。混凝土浇筑过程中,采用钢卷尺测量每层混凝土面层高度,以尽量避免冷缝出现为原则。主要布料点为腹板两侧,顶板根据其混凝土浇筑情况适当开天窗作为辅助布料点。布料点主要以顺接泵管进行布料,禁止用振捣棒驱赶混凝土进行布料。

第一层混凝土布料时,腔内人员与腔外配合布料,既保证振捣到位,又防止因布料问题而导致翻浆。锚具位置布料时,当距离该位置还有 1~2m 位置时,先布料锚具处并将其覆盖,再进行锚具前后位置布料,确保锚具处混凝土质量。

拖泵输送过程中,将拖泵调整为高压快速泵送的方式进行泵送,加快混凝土泵送速度,从而加快混凝土浇筑速度,从而降低两层混凝土因凝结不好而导致冷缝或重塑性不好产生层间缝印的可能性。

混凝土浇筑时,为防止底、腹板浇筑翻浆及加快浇筑速度,根据不同部位调整混凝土拌合物工作性能。底板、腹板混凝土坍落度控制为 180~190mm、扩展度 450~500mm;顶板混凝土坍落度控制为 190~200mm、扩展度 500~550mm。

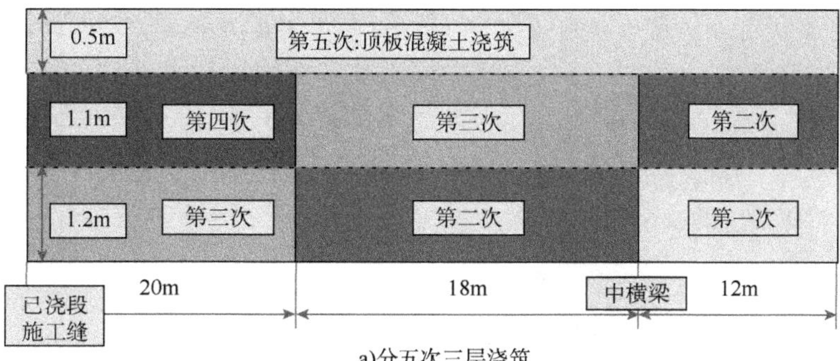

a)分五次三层浇筑

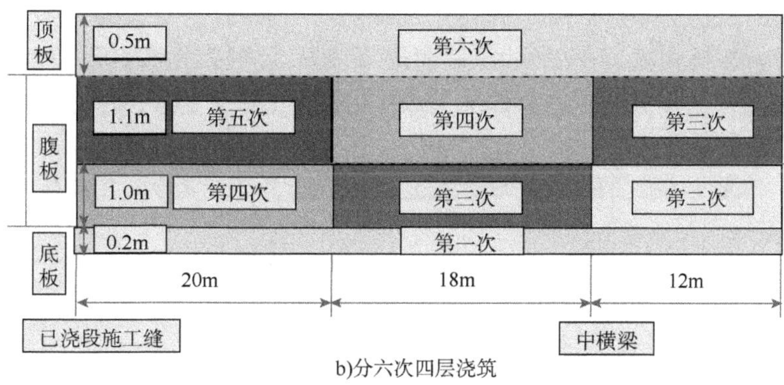

b)分六次四层浇筑

图 8-60　混凝土布料顺序图

泵管必须布置在内模侧进行混凝土布料，以防止混凝土布料时混凝土从外侧模板流淌而污染外模影响混凝土外观（斑印等），见图 8-61。在翼缘板外模位置，泵管接口处应垫放竹胶板接料，以防污染，见图 8-62。

图 8-61　泵管内模侧布置

图 8-62　泵管接口处防污染

考虑到箱梁顶面浇筑时间长达 6.5h 以上，为防止先期浇筑的腹板顶部（与翼板交接处）混凝土失水过多引起重塑性差甚至结硬壳，而造成与顶板混凝土出现弱结合面，采用在顺桥向沿腹板顶部覆盖一层潮湿土工布防止水分蒸发并根据环境情况采用喷雾器喷水保湿（图 8-63），浇筑顶板前，对腹板混凝土顶部的混凝土表面进行二次振捣。

图 8-63　箱梁顶面混凝土防失水措施

3)混凝土振捣

浇筑前,划分施工区域,明确责任,以防漏捣。混凝土振捣遵循快插慢拔原则,每层混凝土振捣时插入上一层混凝土 5~10cm。振捣时插点布置均匀,按 50cm 间距梅花状布置振捣点,避免漏振和过振,以防混凝土面出现孔洞、气泡、砂线等外观缺陷。振捣时,对以下关键程序或部位进行重点控制:

(1)腔内和腔外同时振捣,腔内腹板底部振捣从振捣孔进行振捣。

(2)分层处:为防止后一层混凝土覆盖不及时而前一层混凝土表面重塑性差或假凝结壳,后一层混凝土布料时前面设置一振捣工专门对前一层已浇混凝土进行振捣扰动,只至混凝土表面泛浆;后一层混凝土布料到位开始振捣时,振动棒必须插入下层混凝土 5~10cm 进行振捣,使两层混凝土通过振动棒振捣紧密结合在一起,防止冷缝和层间缝印的产生。

(3)中横梁:钢筋密集,底部有波纹管,注意振捣方式,防止漏振,必要情况下更换小型振动棒进行振捣,确保混凝土密实。

(4)等截面:腹板两侧波纹管之间无间隙,振捣时务必振捣密实。

(5)端横梁:钢绞线及钢筋密集,防止漏振,振捣密实。P 锚约束圈位置,振捣需特别小心,避免振捣波纹管端头,以防漏浆。

(6)施工缝(悬臂处):锚具多,必须振捣密实。

(7)模板处振捣:振动棒振捣时,振动棒不许碰撞外模。振动棒振捣时碰撞到外模后,混凝土面将出现白印,影响底板和腹板、翼缘板处混凝土外观质量。

4)箱梁混凝土顶面高程控制

箱梁顶板混凝土一次浇筑成型,且箱梁顶板面积较大,所以控制好箱梁顶面混凝土的高程是一个比较重要的问题。箱梁顶面混凝土施工时采用辊轴收面机(平板振动梁)进行找平提浆,并配置专用收面平台进行人工二次收面(图 8-64),既保证了箱梁顶面的平整度,又减轻施工工人的工作量。

a)安装就位的滚轴收面机

图　8-64

b)混凝土顶面找平施工

c)人工收面平台

图 8-64　箱梁混凝土顶面平整度控制图

混凝土顶面平整度通过调整高频提浆机轨道高程、高频提浆机滚筒高程及高频提浆机滚筒坡度进行控制。混凝土浇筑前,测量控制平板振动梁轨道,进行混凝土顶面高程控制。混凝土浇筑过程中,测量人员对已浇混凝土顶面高程进行实时动态监控。

混凝土二次收面后、初凝前,采用钢绞线特制的钉耙进行拉毛,沿箱梁顶面横桥向拉成粗糙的毛面(图 8-65)。

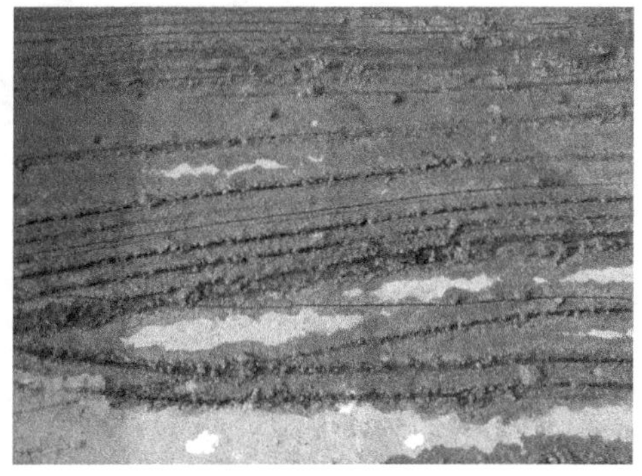

图 8-65　顶面混凝土拉毛面

8.3.6.3　混凝土养护

顶面:混凝土浇筑完,收面后立即用塑料薄膜进行覆盖养护。终凝后,覆盖土工布进行洒水养护(图 8-66a)。冬季施工时,顶面采用塑料薄膜保湿与土工布(或毛毡)保温的联合养护(图 8-66b)。

箱梁内腔与悬臂端:箱梁内腔侧壁进行人工洒水养护,内腔底板蓄水养护,并将悬臂端截面采用塑料薄膜或彩条布悬挂遮盖(图 8-66c),使腔内形成蒸汽养护环境。冬季施工时,移动模架的模板也应采用贴泡沫板或覆盖土工布的方式进行保温。

夏季混凝土养护时间不少于 7d,冬季不少于 14d。

8.3.6.4　模板拆除

混凝土同养试件强度达到设计强度等级的 75%后,方可进行内模和顶面模板拆除;外模架应在梁体建立预应力后方可卸落。

a)塑料薄膜覆盖

b)土工布覆盖洒水

c)箱梁顶面采用塑料薄膜+毛毡覆盖、悬臂端采用塑料薄膜遮挡

图 8-66　箱梁混凝土养护

8.3.6.5　移动模架监控

(1)在梁体混凝土浇筑施工过程中,应随时对模架的关键受力部位和支撑系统进行检查,有异常时应采取有效措施及时处理;在移动过跨时,应对模架的运行状态进行监控。

(2)控制好每跨预拱值,首先在预压的基础上分别确定首跨、中间跨、尾跨三种不同工况的预拱值。浇筑施工时,对模架进行挠度监测,监测的数据及分析结果应作为修正模架预拱度的依据。

(3)正式施工前应进行试运行,每次完成一孔梁的施工均应对模架的关键部位及支撑系统进行检查,对主要受力焊缝做探伤检测,发现问题及时进行处理。

8.3.7　箱梁混凝土外观质量控制措施

箱梁外观质量控制除上述混凝土浇筑过程采取的一系列措施外,在模板表面处理、施工缝处理、成品保护等方面还采取了一系列措施。

8.3.7.1　移动模架外模上贴焊不锈钢板及其维护、保护措施

移动模架施工其内外模板均为钢模板,模板体系的自身刚度较大,比较容易满足几何尺寸及线形要求。为保证外观质量,施工单位采用墩柱施工经验,采用角磨机打磨方法除去外模热轧板表面的氧化层,然后用汽油或者洗洁剂将模板表面未处理干净的污渍清理干净,再

在钢模板表面涂刷液压油脱模剂，脱模剂涂刷完成后用塑料薄膜进行保护，施工到该部位时再将薄膜拿开，保证模板涂刷脱模剂后干净。但由于从绑扎钢筋到浇筑混凝土需 10d 左右时间，在施工过程脱模剂极易受到破坏，一是黏附污渍导致底板区域混凝土表面出现黑色斑迹，二是出现粉化现象产生色差。同时，除去氧化层的钢模更易锈蚀，浇筑混凝土后锈迹直接留在箱梁外表面上，影响混凝土外观。为解决这一难题，选择了液压油、不同水性脱模剂等进行对比试验，但效果甚微。

箱梁外观是桥梁外观质量的关键，如果箱梁外观不佳则意味着整个清水混凝土工作的失败，为此，采用了在移动模架外模上贴焊不锈钢板的工艺，取得了较佳效果。在普通钢模上贴焊不锈钢板，最大难点是要防止因水泥浆进入不锈钢板与普通钢板之间的缝隙内使不锈钢板翘起，其次是要保证贴焊后的平整度，因此，对工艺要求很高。

1）不锈钢板贴焊施工工艺

（1）清理普通钢模板表面。普通钢模板表面要严格清理，首先采用角磨机打磨，再用干净拖布擦拭干净，不得有锈迹、油污、砂石等杂物，否则不锈钢焊点容易脱焊或平整度不好，见图 8-67。

a)钢模表面打磨除锈

b)清理完成的钢模表面

图 8-67　普通钢板表面处理

（2）不锈钢板排布。不锈钢板需要根据底板、腹板和翼板尺寸以及移动模架外模尺寸，在横桥向和顺桥向合理排布，预先确定每个部位的不锈钢板分块尺寸和数量。为了节省不锈钢板，减少不必要的损耗，提高不锈钢板加工精度，不锈钢板可由厂家定尺下料生产。

（3）焊接顺序。不锈钢板安装按底板、腹板（上倒角圆弧为基准线）和翼板顺序贴焊，见图 8-68。单块板焊接完成后，再进行板与板间的焊接，板间采用间断焊接。

（4）焊接方法。不锈钢板宜采用氩弧焊焊接，以减少不锈钢板受热变形。焊接时压住焊把使不锈钢板紧贴普通模板，并且使不锈钢板完全熔焊在普通钢模板上。底板、腹板和翼板标准段不锈钢板焊点间距可按照 525mm（纵向）×510mm（横向）布置，每一块不锈钢板边缘焊点间距为 100mm 或更小。腹板上倒角圆弧段（500 mm +106 mm +394mm）横向焊点间距按照 385mm、136mm、279mm 布置，纵向焊点间距 525mm，边缘焊点间距纵横向均为 100mm。焊点由不锈钢板在厂家下料后采用激光开孔。为防止不锈钢板在拆模时脱落，在安装时可适当对焊点进行加密处理，见图 8-69。

a)底板焊贴不锈钢板

b)腹板焊贴不锈钢板

图 8-68　不锈钢板安装

a)底板焊接

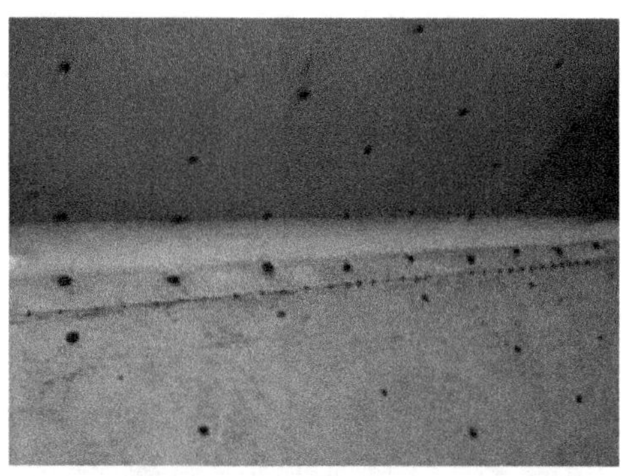
b)下倒角焊接

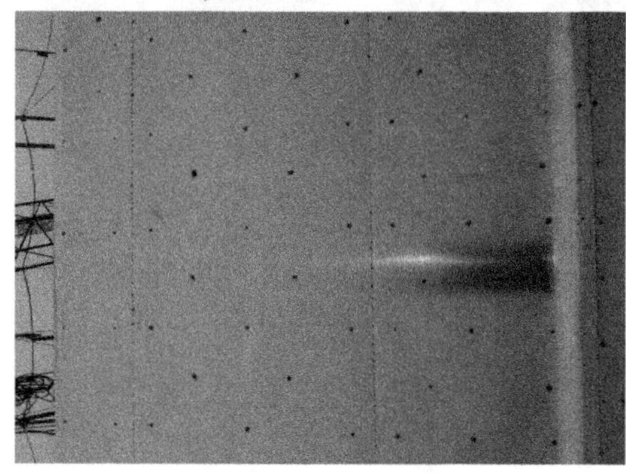
c)腹板焊接

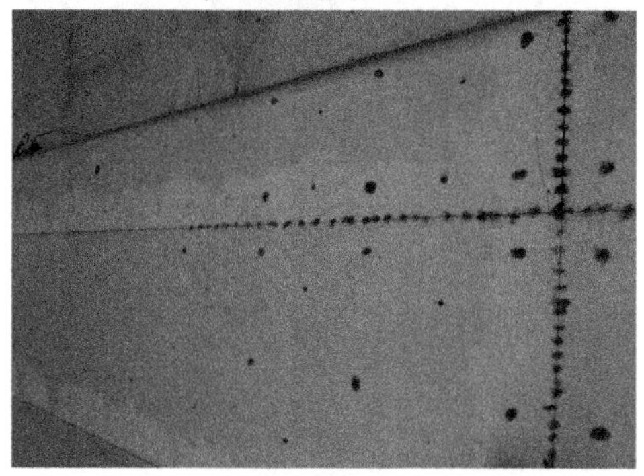
d)上倒角焊接

图 8-69　不锈钢板焊点加密

(5)焊点及拼缝处理。焊点部位凸起及受热而变色,采用角磨机打磨,见图 8-70a)。为防止不锈钢板间拼缝渗浆,在拼缝处刮原子灰止浆,见图 8-70b)。图 8-71 是安装完成的不锈钢板效果图。

2)脱模剂涂刷

箱梁不锈钢板表面使用水性脱模剂,采用喷雾器喷洒、滚筒滚涂均匀的方式进行涂刷,如图 8-72 所示。另外,考虑到翼板位置须垫放土工布,因此钢筋安装前再次涂刷水性脱模剂。

a)焊点打磨

b)板间拼缝原子灰刮缝

图 8-70　不锈钢板板焊点及拼缝处理

a)不锈钢板安装完成效果

b)不锈钢板表面清洗

图 8-71　安装完成的不锈钢板效果图

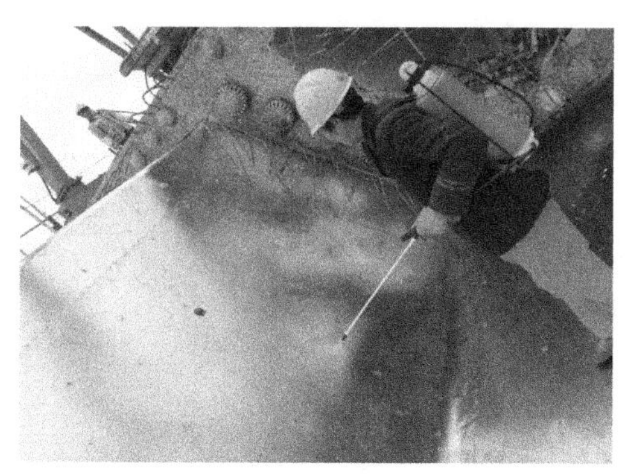

图 8-72　脱模剂滚涂

3)不锈钢板的日常维护

不锈钢板使用过后,表面会变得发暗,并且局部会粘有水泥浆。因混凝土的黏结力,局部会有翘起的现象,故此不锈钢板表面要经常进行清理和维护。脱模后,不锈钢板表面不能采用刮刀等硬质工具清理,要采用海绵、棉布擦拭干净,再用洗洁精水、清水二次清洗,以保持表面的光洁度。

焊点脱落采用氩弧焊机补焊;拼缝进浆处,先清理浆体,再氩弧焊机补焊和刮原子灰;翘起部位可以在清理不锈钢及普通钢板之间的缝隙后,重新采用氩弧焊机焊接。

4)不锈钢模板保护措施

(1)上下楼梯口处,铺设土工布,便于清理工人鞋上携带的尘土等杂质。

(2)在已浇段位置离未浇段5m范围内铺上土工布,保持面上洁净。翼缘板两侧人行走道清扫干净,防止人为因走道不干净将杂物带入模板内。

(3)钢筋、波纹管等材料进入模板前,先清理表面泥质、锈迹等污渍。

(4)翼板钢筋安装前,在上面铺设干净的土工布,作为钢筋等材料临时堆放地及人行通道,采用人工传递钢筋(图8-73a)。钢筋安装过程中,严禁在不锈钢板上拖拉钢筋,须轻拉轻放,不要直接碰触不锈钢板表面,防止钢筋刮伤模板。

(5)钢筋和预应力管道安装过程中,电焊氧割施工时,采取保护措施,避免焊渣直接落到模板上烧伤、污染不锈钢板表面(图8-73b)。

(6)施工中,发现不锈钢板有脱焊变形情况,及时进行补修。

a)防止钢筋划伤不锈钢板

b)焊接位置采用垫铁皮保护

图8-73 不锈钢板表面保护措施

5)模板清洗

(1)内模吊装前,采用空压机将底模吹干净,再用干净水进行腹板及底板模板冲洗。

(2)箱梁混凝土浇筑前,采用空压机将翼板吹干净,再采用洁净水进行模板冲洗,从悬臂端往已浇梁段方向冲洗。冲洗时,观察内腔是否因冲洗导致杂物堆积,发现后立即清理干净(图8-74)。

a)内模吊装前腹板及底板模板冲洗

b)混凝土浇筑前冲洗

图8-74 模板清洗

8.3.7.2　施工缝止浆处理

沿箱梁施工缝环向,采用粘贴宽双面胶与橡胶带(5cm 宽)止浆,并采用玻璃胶进行封堵(图 8-75)。对悬臂底板及翼板施工缝,粘贴塑料薄膜止浆。

图 8-75　箱梁环向施工缝处理

在边模外侧,用土工布将已浇筑梁段位置堵塞,防止混凝土浇筑时浆液从边模外侧流入模板内,影响施工缝处混凝土外观(图 8-76)。

图 8-76　箱梁边模施工缝处理

8.3.7.3　成品保护与外观效果

混凝土施工过程中和施工完成后,从下面几点着手进行箱梁成品保护:

(1)混凝土强度达到 2.5MPa 前严禁人或机械在箱梁混凝土上行走。控制好拆模时间,防止过早拆模导致混凝土粘模、掉脚等。

(2)保护好成型的钢筋骨架,不松动、不扭曲,不污染。

(3)端头外露的连接钢筋以及混凝土构件外露预埋钢筋采用水泥净浆进行防锈处理,以防日晒雨淋锈蚀影响结构外观。

(4)养护用水采用长江水,务必沉降后再使用,防止泥水污染箱梁。

(5)在移动模架时,应对称匀速进行,避免因大的冲击造成对梁的损伤。

(6)按设计要求在箱梁翼缘位置设置滴水槽,以防止桥面雨(污水)污染箱梁底面。

(7)桥面上低侧做好挡水设施,防止锈水污染桥面。

(8)防止机械用油污染混凝土表面。

(9)吊装物体时,防止碰撞箱梁混凝土表面。

(10)现场要对混凝土表面加以保护,不得在表面随意图画,做好成品的清洁。

8.4 支墩支架现浇宽幅闭合型预应力混凝土连续箱梁

8.4.1 主桥边跨混凝土箱梁施工技术难点

随着现代交通的发展、交通流的增大,箱形梁截面的结构形式趋向于宽翼薄腹,单箱多室的截面形式也得到了越来越多的应用。主桥边跨超宽箱梁混凝土浇筑施工和裂缝控制难度大,主要表现在:

(1)超宽箱梁采用支墩支架现浇工艺,在温度和混凝土收缩徐变作用下,受支墩支架的纵横向约束,极易产生裂缝。另外,宽幅箱梁平均每延米混凝土数量高达几十立方米,逐跨浇筑混凝土一次性方量大,混凝土浇筑时间也长,施工组织困难。为此,设计采用纵向分段分节横断面整体现浇。

(2)高强混凝土自收缩和温度收缩大,早期易发生温度收缩开裂,控制箱梁混凝土不开裂的难度大,必须进行温控防裂措施研究。箱梁横隔板厚度很大,高度、宽度均较大,尤其是腹板与风嘴块体浇筑体积更大,属于大体积高强混凝土,水化热温升高,产生温度裂缝的可能性较大。

(3)箱梁构造复杂,内含普通钢筋和预应力管道密集,混凝土浇捣均匀和密实的工艺难度大,对泵送混凝土的流动性和抗离析性要求高。

因此,跨超宽混凝土箱梁必须通过采取优化施工支架设计、施工,优化混凝土配合比设计、合理分段分节、严格箱梁施工顺序和工艺控制、采用冷却水系统降低混凝土拌合物温度、自动喷淋养护等措施,防止有害裂缝产生,有效保证混凝土施工质量。

8.4.2 总体施工方案

边跨混凝土箱梁施工总体上包括以下三部分

1)施工梁段与节段划分

边跨超宽混凝土箱梁采用分段分节支墩支架现浇工艺施工。为防止超宽箱梁在温度和混凝土收缩徐变作用下受支墩支架的纵横向约束而产生裂缝,箱梁混凝土施工采用纵桥向分段分节、横桥向整幅、竖向不分层全断面浇筑的现浇方案,并采取措施减小模板与混凝土之间的摩擦力以及减少支架对箱梁的横向约束作用。

2)支墩支架设计

支墩支架采取分离式设计,即相邻支墩间的支架设计成为一个相对独立又可拆卸的单元。支墩支架与现浇箱梁的关系为:支墩直接支撑主梁,支架支撑在支墩上,主梁支撑在支墩和支架上。混凝土梁自重(含其他施工临时荷载)一部分直接传递给支墩,一部分传递给支架,支架再传递给支墩,最后通过支墩传递到基础,支架拆除后,箱梁自重则全部由支墩、辅助墩、过渡墩和索塔共同承担。

3)预应力张拉

(1)节段钢束张拉

每混凝土节段达到60%以上设计强度后即可分批对称张拉该节内的精轧螺纹钢预应力并真空压浆。

每混凝土节段达 85%设计强度时，依据设计要求张拉 1/2 顶底板横向预应力和横隔板横向预应力，达 100%设计强度时，依据设计要求张拉剩余 1/2 顶底板横向预应力，然后进行真空压浆和封锚，但是距离最外侧（距梁端 50cm 范围内）的顶底板横向预应力则与下一节横向预应力同批张拉。另外，按照设计顺序张拉部分横隔梁钢束、端横梁钢束、辅助墩横梁钢束或索塔处横梁钢束。

（2）通长钢束张拉：梁段混凝土达到设计要求强度 100%后，从江心向岸边方向，依次在湿接缝浇筑前按设计顺序分批、对称张拉各梁段通长预应力钢束。

（3）在墩顶顶板加强钢束、跨中底板加强钢束和梁端顶板加强钢束张拉之前，依据设计顺序张拉剩余部分横隔梁钢束、端横梁钢束、辅助墩横梁钢束或索塔处横梁钢束。

（4）在全部梁段通长钢束张拉压浆完毕后，依据设计，分批对称张拉墩顶顶板加强钢束、跨中底板加强钢束、梁端顶板加强钢束并压浆封锚，以及张拉索塔附近施工临时钢束。

（5）塔梁的临时锚固，锚固齿块竖向精轧螺纹钢筋张拉后压浆予以永久保留，而短柱竖向钢绞线、锚固齿块纵向精轧螺纹钢筋张拉后则均不压浆，待主桥中跨合拢后予以拆除。

图 8-77 是宽幅混凝土箱梁具体施工流程。

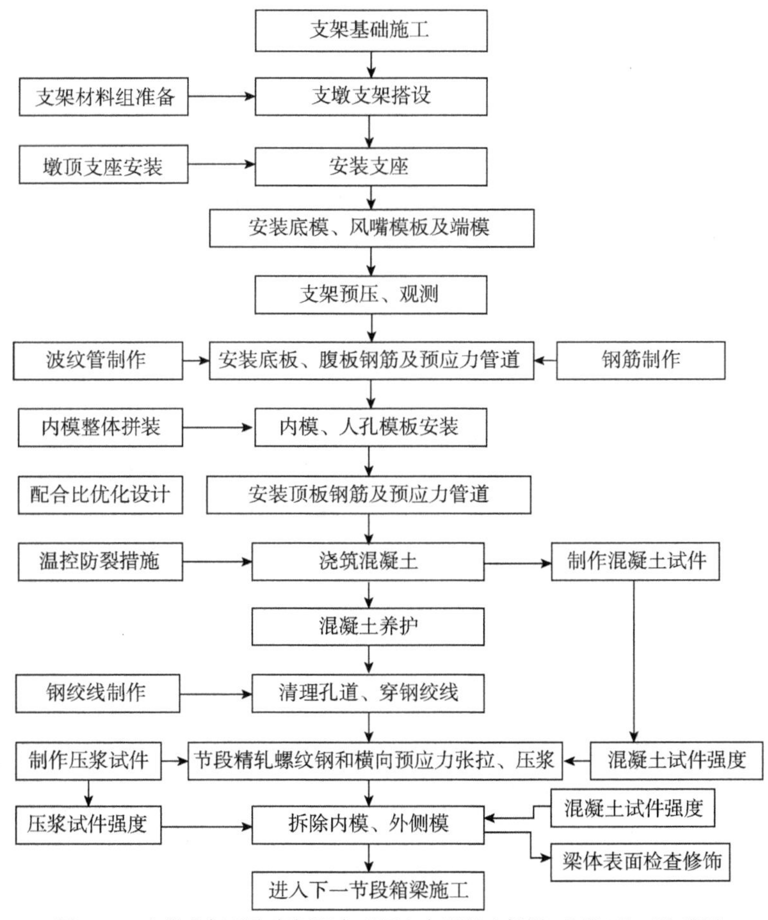

图 8-77　支墩支架现浇宽幅闭合型预应力混凝土箱梁（节段）施工流程图

8.4.3 支墩支架施工

8.4.3.1 支架结构设计与施工

支架必须具有足够的刚度及安全性，支架设计原则如下：①确保结构在各工况下的安全。②适应整体式超宽箱梁横断面的结构特点；③横桥向桩距合理，避免长悬臂或跨径过大造成支架横桥向变形过大；④跨径均衡、合理，纵向承重梁受力均匀、变形协调。为防止箱梁在浇筑、待强过程中由于支架变形过大而导致混凝土开裂，必须加大支架的设计刚度和强度，以减少支架变形。箱梁支架变形计算值控制在 10mm 以内，钢管桩应力控制在 80MPa 以下，现场支架通过整跨整体预压、监测来验证设计计算。

1）支架基础结构

根据箱梁支架的布置形式以及设计要求，支架基础采用岸上钻孔桩基础，桩长 25～33.07m，钻孔灌注桩直径 ϕ1m，钻孔桩采用旋挖钻机施工。灌注桩混凝土为 C30 混凝土，采用导管提升法进行浇筑。

钻孔桩基础为分离式承台，一个桩顶设置一个钢筋混凝土小承台，承台平面尺寸 1.5 m×1.5m，厚 1.0m，采用 C30 混凝土。基坑开挖后进行桩顶承台浇筑，并预埋钢管桩焊接钢板。预埋钢板和锚筋采用塞孔焊，在后场加工成型，现场预埋安装。

2）钢管支墩结构

钢管支墩由 ϕ1020mm×10mm 钢管（部分采用 ϕ800mm×10mm 钢管）立柱、ϕ425mm×6mm 钢管平联、双[32mm 斜撑组成。钢管立柱横桥向中心距可设为 6m，纵桥向中心距分 6m、9m、10m 三种结构布置。标准截面钢管间水平、纵向横撑共四到五层。

钢管立柱预先在钢构件加工厂分节加工，按照设计长度下料，节段之间采用对焊接长，钢板补强。支架钢管利用吊车分段吊装，吊装到位后，钢管与钢筋混凝土承台采用预埋钢板和锚筋连接。钢管立柱接长、平联、斜撑与钢管立柱连接均为现场焊接，其焊接质量等级为三级。平联、斜撑采用哈佛接头和节点板与钢管立柱焊接。

3）模板支撑系统

支墩支架上部构造主要指的是现浇箱梁模板的支撑系统，主要由横梁、贝雷纵梁和主、次分配梁组成。支架钢管顶部采用 3HN600×200 型钢做横梁，再以贝雷片作为纵向主梁，贝雷片之间采用花架连接。贝雷梁顶铺设工 20b 型钢主分配梁，然后铺设底模，完成支架搭设（图 8-78）。

图 8-78 箱梁整体支架搭设

(1)横梁。

横梁采用 3HN600×200 型钢,长度 40.0m,布置于钢管立柱顶部,在支撑位置、腹板等荷载较大处,采用钢板进行加强。同时为增大横梁与管桩的受力契合度,在管桩上增设小加劲牛腿。

(2)贝雷纵梁。

纵向主梁采用贝雷梁,贝雷梁根据受力计算,共分为 2 排 1 组和 3 排 1 组,横向共计 56 片,贝雷梁铺设完成后利用小型钢连杆斜撑将贝雷梁连成整体。

(3)主分配梁。

选用 I 20b 型钢,长度为 40m,纵桥向布置间距为 0.71 m、0.72m,在横隔板和实心段位置布置间距为 0.5m、0.3m。

(4)次分配梁。

次分配梁采用 10cm×10cm 木方和工 10。在纵隔板下次分配梁采用工 10,其余区域采用 10cm×10cm 木方。次分配梁纵桥向摆布,木方间距为 0.2m,工 10 间距为 0.3m。

8.4.3.2　支架预压

为了消除支架非弹性变形及地基不均沉降对现浇箱梁线形的影响,同时测定支架的弹性挠度,据以调整支架高程和设置施工预拱度,在底模安装完毕后采用水箱进行支架预压施工。该环节对于超宽箱梁施工非常重要,拟对全部支架按实际浇筑工况进行预压;预压荷载取设计荷载 120%。

1)预压方式

铺设完纵向方木和底部模板后,采用水箱整跨压载,缩短施工工期,预压范围为箱梁整跨全断面(箱梁全宽部分),质量不小于箱梁总质量的 1.2 倍。预压持续时间不小于 24h。

2)预压水箱制作

水箱采用贝雷片拼装成框架,铺设篷布蓄水。根据桥跨坡度,考虑纵桥向水位高差,按照每 10~20m 设置一道隔离墙。水箱设置见图 8-79。

图 8-79　边跨箱梁支架整跨预压实物图

3)预压加载顺序

分三级加载,第一、二级分别加载箱梁荷载的 50%、100%,第三次加载至箱梁荷载的 120%。具体如下:0—50%荷载—100%荷载—120%荷载。预压荷载示意图见图 8-80。

箱梁横断面上尽可能模拟混凝土梁的荷载分布，具体布置见图 8-80。

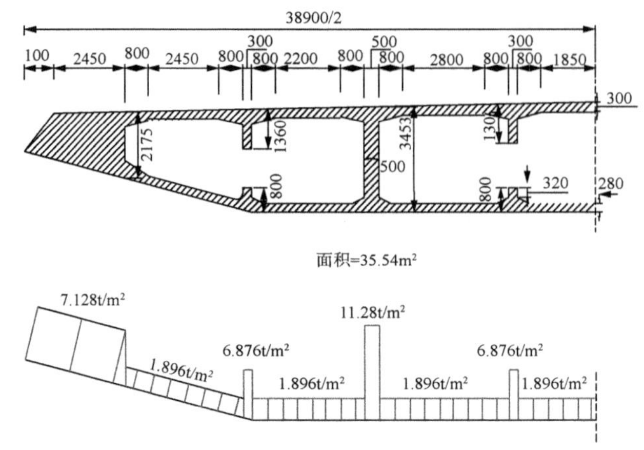

图 8-80　边跨混凝土支架预压荷载示意图(1.2 倍设计荷载)(尺寸单位:mm)

4)预压观测

在支架上设置观测点，观测点位置设在每跨的 $L/2$、$L/4$ 处及墩部处，每组分 9 个点(图 8-81)。在点位处固定观测杆，以便于沉降观测。

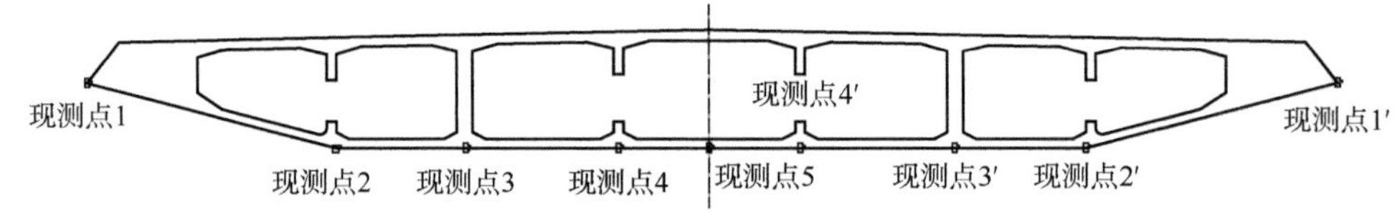

图 8-81　支架预压观测点设置图

采用水准仪进行沉降观测，布设好观测杆后，加载前测定出其杆顶高程。沉降观测过程中，每一次观测均报测量监理工程师抽检，并将观测结果报监理工程师认可同意。第一次加载后，每 4h 观测一次，连续两次观测沉降量不超过 3mm，且沉降量为零时，进行第二次加载，按此步骤，直至第三次加载完毕。第三次加载沉降稳定后，经监理工程师同意，可进行卸载。

为保证能够精确得到桩基的沉降，在隔板处的钢管桩承台上设置观测点，记录桩基压缩沉降。

卸载的同时继续观测。卸载完成后记录好观测值以便计算支架及地基综合变形。根据观测记录，整理出预压沉降结果，调整箱梁底板高程。

5)预拱度设置

在支架上浇筑箱梁混凝土施工过程中和卸架后，箱梁要产生一定的挠度。因此，为使箱梁在卸架后能满意地获得设计规定的线形，须在施工时设置一定数值的预拱度。在确定预拱度时应考虑下列因素。

(1)卸架后箱梁本身及活载所产生的竖向挠度。

(2)支架在荷载作用下的弹性压缩；支架在荷载作用下的非弹性变形，支架基底在荷载作用下的非弹性沉陷。

(3)由温度变化而引起的挠度。

根据梁的挠度和支架的变形所计算出来的预拱度之和，作为预拱度的最高值，设置在梁的跨径中点。其他各点的预拱度以中点为最高值，以梁的两端部为支架弹性变形量，按二次抛物线进行分配。根据计算出来的箱梁底高程对预压后的箱梁底模高程重新进行调整。主桥桥钢管支墩支架预拱度设置为 2.5cm。

8.4.4　模板施工

边跨箱梁模板结构见图 8-82。

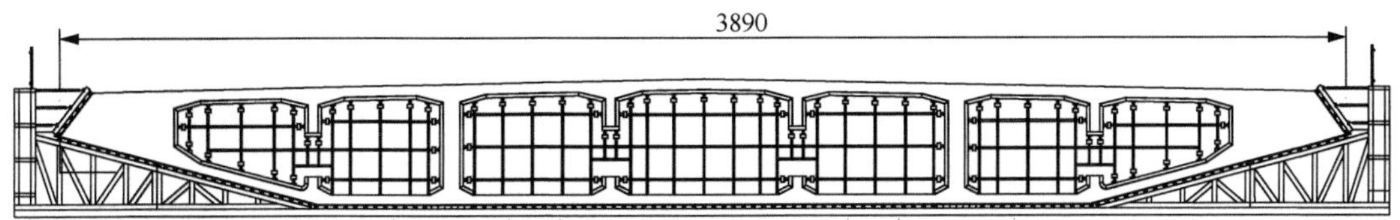

图 8-82　边跨箱梁模板结构图（尺寸单位：cm）

1）底模

水平段底模采用厚度为 1.8cm 高强竹胶板。底模板钉在间距 10cm 方木条上，底板横向宽度要大于梁底宽度，梁底两侧模板要各超出梁底边线不小于 5cm，以利于在底模上支立侧模（底包侧）。模板之间连接部位错台不超过 2mm；模板拼接缝间粘贴双面胶带、要纵横成线，避免出现漏浆、错缝现象。模板的接缝必须密合，如有缝隙，要进一步采用玻璃胶堵塞严密，以防漏浆。

底模板铺设完毕后，进行平面放样，全面测量底板纵横向高程，纵横向间隔 5m 检测一点，根据测量结果将底模板调整到设计高程。底板高程调整完毕后，再次检测高程，若高程不符合要求进行二次调整。

2）底侧模板和外侧模

底侧模板采用 1.8cm 厚高强竹胶板，根据测量放样定出箱梁底板边缘线，在底模板上弹上墨线，首先安装底侧模支撑桁架，然后安装侧模板。侧模板与底模板接缝处粘贴海绵胶条防止漏浆。

外侧模（风嘴）采用 1.8cm 厚高强度竹胶板和 10cm×10cm 方木拼装，外侧模安装到位后采用钢管支架与底侧模桁架支撑以防止跑模。

3）内模模板

在底板、腹板钢筋和预应力管道施工完成后，即可进行内模的安装施工。内模面板采用竹胶板，内模支架采用钢管脚手架，内模在后场拼装完成，整体吊装就位（图 8-83），安装方便快捷。隔板和倒角部分内模采用大块钢模制作，对拉拉杆固定。

为方便安装，隔板钢模板用 ϕ12mm 钢筋焊成的小马凳立于底模上（为防露筋，应在马凳钢筋底部垫上垫块），作为一次性使用材料来支撑内模，同时用定位筋进行定位固定，内模板的紧固主要用对拉螺杆，并用脚手架连接进行支撑，安装完成后拉通广线校正钢模板的位置和整体线形。

箱梁顶板模板为 1.5cm 厚竹胶板，采用支架支撑。支架顶设可调高度顶托，顶托横向铺 10cm×10cm 的方木，纵向用 50cm×6cm 木板连接，净间距 40cm，木板与胶合板用钉子固定。在浇筑混凝土过程中派专人检查内模的位置变化情况。

图 8-83　箱梁内模后场预制拼装、现场整体吊装施工

4)堵头模板

堵头模板因有钢筋及预应力管道孔眼,模板采用竹胶板。孔眼必须按钢筋及预应力管道位置精确定位切割。每个预应力预留孔位要编号,以便在下节段现浇施工中快速准确定位。竖向及横向预应力张拉端槽口尺寸及位置要求准确。

堵头模板安装完毕后,全面检测高程和线形,确保整个箱梁线形准确、美观。

8.4.5　钢筋、预应力管道施工

1)钢筋安装

钢筋由加工场集中加工成半成品,运至现场由吊车提升至预定部位绑扎成形。

(1)当底模、低侧模板及外侧模安装并调整好后,可进行钢筋的绑扎(图 8-84)。钢筋绑扎施工顺序如下:

绑扎箱梁底板下层钢筋(先横向后纵向)和齿板钢筋→安装底板预应力管道→安装和绑扎腹板钢筋(先箍筋、后内外层水平分布筋)及纵向预应力管道→绑扎横隔板钢筋,安装索套管→绑扎箱梁底板上层钢筋及侧角钢筋→绑扎预应力束锚下钢筋网片→安装内模及人孔模板和管线孔等模板→绑扎顶板及侧角下层钢筋(先横向后纵向)→安装横向预应力管道→绑扎顶板及侧角上层钢筋(先纵向后横向)→绑扎安装箱梁桥面系的防撞护栏底座、路缘石、管线槽、斜拉索减振器、泄水孔等的预埋钢筋和预埋件。

图 8-84　钢筋、预应力管道、索导管安装

(2)在底板钢筋及腹板钢筋安装完成后、内模安装前,对箱梁底板采用森林灭火器或吸尘

器对底板进行全面的清理(图 8-85),利用灭火器的强力风可以有效地将底板上的杂物和灰尘吹走,清理干净后再用水清洗一遍。钢筋安装过程中,尽量不要反复用水冲洗底板,以避免单纯采用高压水枪反复冲洗导致的钢筋锈蚀及锈水滴到底板,污染底板,导致浇筑后的现浇梁底板混凝土上有锈迹。

a)清理模板杂物和灰尘

b)用水冲洗

图 8-85　内模吊装前腹板及底板模板清理

(3)钢筋绑扎完毕、箱梁混凝土浇筑前,采用空压机将翼板吹干净,再采用洁净水进行模板冲洗。

2)预应力管道施工

边跨箱梁设置有纵向和横向预应力。纵向预应力管道采用圆形塑料波纹管,横向预应力管道采用扁形塑料波纹管。在钢筋绑扎过程中,根据图纸对预应力管道进行定位、固定。

(1)钢筋骨架基本成型后,波纹管用 U 形定位筋按设计位置进行固定,直线段用每 80cm 设置一道,曲线段每 20~40cm 设置一道。锚垫板在模板上固定牢靠,特别注意使锚垫板与波纹管孔道中心线保持垂直,锚垫板与模板之间的缝隙采用土工布封堵严密,避免在混凝土浇筑过程中漏浆,波纹管和锚垫板之间连接牢靠、严密,防止在混凝土浇筑过程脱落和漏浆。

(2)波纹管安装以底模为基准,按预应力曲线坐标直接量出相应点的高度,标在已扎箍筋上并用铁丝绑扎牢波纹管,再用密封胶带缠裹接长,严防漏浆。安装好的管道必须线形平顺、无折角。当安放波纹管与非预应力钢筋发生冲突时,适量调整普通钢筋位置,保证波纹管位置准确,但钢筋只能弯曲、移位不能切断。

(3)所有可能外崩的预应力钢束均应按设计要求设防崩钢筋,其圆弧内径同预应力管道,另一端钩着主钢筋。

(4)波纹管接头采用大于设计波纹管外径 2mm 的连接头进行连接。连接头长度不小于 30cm,连接头两端用胶带粘封,避免漏浆。

(5)对于后穿束的钢绞线,波纹管中穿入外径为比管道直径略小的 PVC 衬管,以保持管道线形顺直。在混凝土浇筑过程中,经常转动 PVC 管,以防预应力波纹管漏浆“凝死”PVC 管;对于先穿束的钢绞线,在锚头外露部分采用波纹管进行保护,防止在张拉之前的各种污染和损伤。

(6)波纹管安装过程中随时检查安装情况,防止波纹管破损,发现损坏及时修补或更换,确保波纹管完整,避免漏浆。

(7)浇筑混凝土之前对管道仔细检查,主要检查管道上是否有孔洞,接头是否连接牢固、密封,管道位置是否有偏差。严格检查无误后,采用空压机通风的方法清除管道内杂物,保证管道畅通。

3)预埋件安装

箱梁预埋件有桥面系的防撞护栏底座、路缘石、管线槽、斜拉索减振器等的预埋钢筋和预埋件,在钢筋绑扎时应注意安装预埋。桥面泄水孔在浇筑箱梁混凝土时注意预埋 PVC 管孔。所有预埋钢筋与预埋件应保证数量足够、位置准确、外露尺度符合设计要求。

8.4.6 边跨箱梁斜拉索套管安装

(1)边跨箱梁共设有 62 个斜拉索索套管(31 对),其中主桥边跨 28 对,主跨 3 对。索套管由钢套管、锚垫块组成,布置在箱梁的横隔板位置。

(2)索套管的安装在底板和腹板钢筋绑扎完成后进行预埋施工,当与底板及顶板钢筋位置发生矛盾时,应保证锚垫板和锚下螺旋筋的位置准确而调整底板钢筋位置。索套管安装同时注意安装除湿系统预埋件。

(3)索套管的放样和定位对斜拉索安装以及成桥施工质量具有重大的影响。索套管施工的关键在预埋的精确性,在混凝土浇筑前,对索套管进行精确定位,并采用型钢焊接骨架固定牢靠,安装后对每个索套管的三维坐标进行测量复核;混凝土浇筑过程中对索管进行监控,防止发生位移,混凝土浇筑完毕后进行复测。

斜拉索索套管安装见图 8-86。

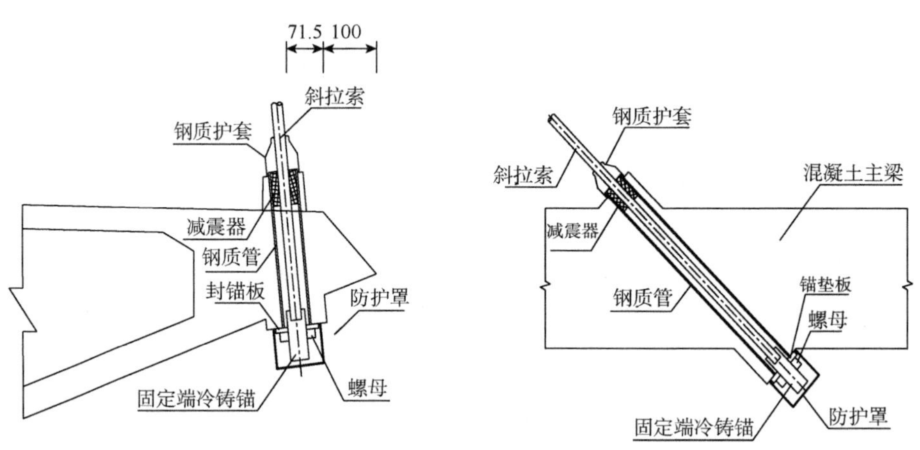

图 8-86 斜拉索索套管结构图(尺寸单位:cm)

8.4.7 混凝土施工

8.4.7.1 混凝土箱梁足尺节段模型试验

边跨混凝土箱梁足尺节段模型选用箱梁 1a、1b 两个节段中两道横隔板中间部分 7.5m 及横隔板中心线外各 1.25m,总长 10m,横断面为标准断面尺寸。浇筑的试验段混凝土箱梁实物见图 8-87。

图 8-87　边跨 10m 节段混凝土超宽箱梁足尺模型线外试验实物图

通过箱梁足尺节段模型试验，达到了以下目的：

(1)通过足尺节段模型制作，验证钢筋、预应力管道、斜拉索管位置关系，对相互冲突部位提交设计单位进行调整。

(2)通过足尺节段模型，验证箱梁混凝土温度场有限元计算与 10m 足尺模型一次浇筑实测结果基本一致，验证了模板、混凝土配合比的可靠性，验证接缝处理措施，更好地保障了箱梁外观质量。

(3)通过足尺节段模型的实施，对钢筋、预应力、斜拉索管、混凝土施工进行工艺试验，验证施工方案的可行性、合理性，总结超宽箱梁质量控制措施，更好指导了施工。

(4)通过实施足尺节段模型，制定合理的施工组织方案和工艺标准，有针对性地制定施工质量控制措施和监理要点，以线外足尺节段模型为标准，加强对实体工程施工的工序控制。

(5)通过实施足尺节段模型试验，验证混凝土箱梁横桥向力学性能。

8.4.7.2　混凝土配合比设计

箱梁混凝土配合比设计要求具有高工作性(缓凝、低坍落度损失、稳定泵送性能)、高抗裂性(降低水化热温升、减少自收缩以降低早期开裂敏感性，且后期收缩徐变要小)及高耐久性(抗渗、抗碳化和抗冻)。湿接缝混凝土除满足工作性、设计强度等级和耐久性等指标外，还必须达到工程要求的限制膨胀率的设计指标。为此，箱梁主体采用 C55 高性能粉煤灰混凝土，详细优化过程见第四章 4.7 节“宽幅闭合型预应力箱梁抗裂性混凝土配合比设计实例”；湿接缝采用粉煤灰与膨胀剂复掺的 C55 高性能微膨胀混凝土，粉煤灰掺量 20%，膨胀剂掺量 10%，湿接缝微膨胀混凝土实际达到的 14d 水中限制膨胀率为 $+2.7\times10^{-4}$，限制膨胀率不算很高，但转入空气中 60d 还是膨胀的，直至 90d 才发生收缩。这种膨胀后的收缩落差小对提高自身的抗裂性能和保证相邻节段混凝土之间的紧密结合非常有利。

8.4.7.3　箱梁节段混凝土浇筑工艺及要求

1)混凝土浇筑布料点设置

混凝土浇筑布料点设置见图 8-88，横桥向在纵隔板、次梁及纵隔板与次梁形成的每个箱室中间布置，纵桥向在横隔板及两道横隔板中间设置。其中，内顶模部位的布料点须在顶板设置孔口。

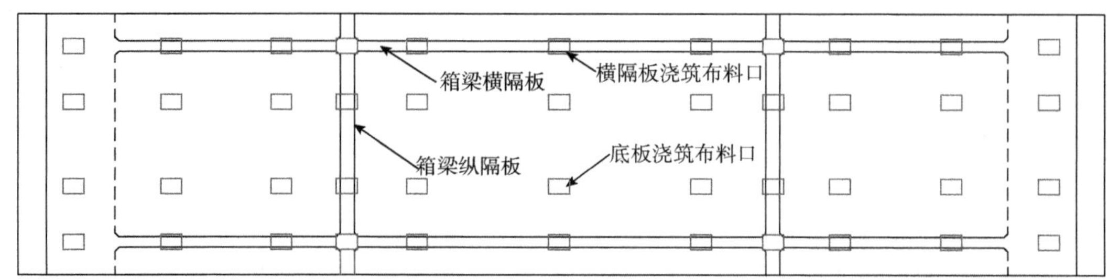

图 8-88　箱梁混凝土浇筑布料点设置平面布置图

2)浇筑顺序

箱梁节段混凝土采用一次整体浇筑,混凝土浇筑采用从横桥向两边向中间对称斜向推进、水平分层,分层厚度为 25~30cm。混凝土浇筑顺序按照平底板→底板次梁→斜底板→风嘴、横隔板、腹板→顶板次梁→顶板的顺序从两边向中间对称浇筑。

具体布料顺序图如图 8-89 所示。

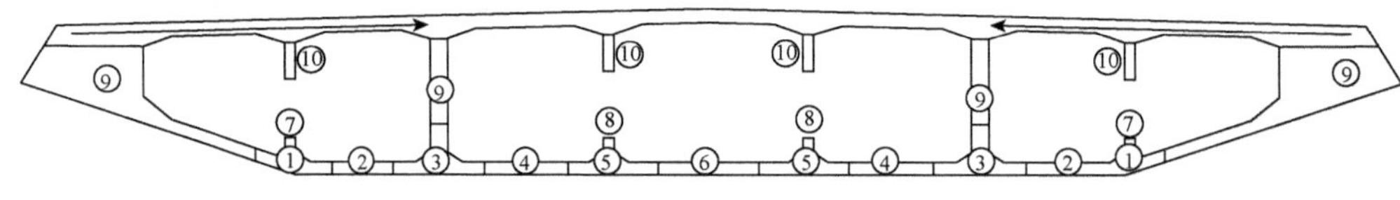

图 8-89　箱梁混凝土浇筑布料顺序图

(1)底板浇筑。

为避免箱梁内模上浮、保证底板混凝土密实度,内模不封底。混凝土通过溜槽向箱梁端部底板中心灌注或通过对应布料点采用软管进行布料。在灌注底板混凝土时采用插入式高频振捣棒振捣。底板混凝土浇筑完毕后,继续灌注齿板混凝土。

(2)风嘴、横隔板、腹板浇筑。

从梁段一侧的腹板开始浇筑,用插入式振捣棒辅助振捣,使混凝土通过斜腹板自上而下流动。浇筑过程中边振捣边移动泵管,控制混凝土厚度在 25~30cm,将混凝土由腹板底部挤向底板中心。两侧腹板轮换浇筑,控制两侧腹板混凝土面高差在 50cm 以内,以防止内模移位。

从保证浇筑质量角度,工艺上要求在风嘴、横隔板和腹板处设置 PVC 溜管,实际操作中因腹板和横隔板较薄、钢筋密集,安装 PVC 溜管必须破坏构造钢筋,难度较大,另一方面集中布料使得混凝土面上升速度过快,无法保证混凝土布料的分层厚度,同时不利于薄壁部分混凝土的振捣和气泡的引出。在实际操作过程中,施工中仅在风嘴实心段部分设置了 PVC 溜管集中布料点,在横隔板、腹板部分采用连续推进的方式布料。因该部分混凝土布料至浇筑完成时间间隔短(4~5h),远小于混凝土初凝时间,故混凝土采用连续布料的方式对钢筋、模板的污染不会影响箱梁施工质量。

(3)顶板浇筑。

底板和腹板分段浇筑完毕后,顶板再浇筑。顶板从横断面两侧向中间浇筑,从低向高浇筑,整个断面一次成型。顶板采用人工摊平,二次收面。

(4)收浆、抹面及高程控制。

本桥箱梁桥面宽度较大,而且无找平混凝土铺装层,因此对箱梁混凝土现浇时桥面平整度的要求较高。然而,因顶板混凝土桥面系预埋件、预应力管道压浆管较多,采用振动梁、滚筒等进行整平实施难度大,实施过程中,采用在箱梁顶面设置高程线(钢丝绳拉线)的方式进行人工找平,经成品验收,采用此法控制的平整度能满足设计需要(箱梁顶面不平整度在0.9cm以内)。

收面分两次进行,在混凝土振捣后采用人工收浆、抹平。前一次收浆以整平、提浆为主,后一次主要以搓毛为主,后一次收浆的时间应在泌浆结束、混凝土初凝前完成收浆抹面工作。

(5)拉毛。

混凝土收浆整平后进行人工拉毛,采用钢丝刷横桥向拉毛,深度控制在 1~2mm。要掌握好拉毛时间,过早会带浆严重,影响平整度,若晚则拉毛深度不够,一般凭经验掌握,以在混凝土表面用手指按压有轻微硬感时拉毛为宜。

3)混凝土养护

(1)混凝土的养护直接关系到混凝土质量和强度增长的速度。夏季施工时,顶板混凝土施工过程中,一边收浆一边在混凝土上空喷雾,收浆完成后,立即用塑料薄膜进行覆盖。终凝后,换成铺设一层土工布一层彩条布覆盖,并由专人洒水养护。箱梁底板采用土工布覆盖洒水养护,确保混凝土表面湿润;腹板、横隔板及次梁等在模板拆除第一时间喷涂养护剂进行养护,或由专人负责晒水养护。

(2)在冬季施工时除保证混凝土入模温度外,养护采取蓄热保温措施,即用彩条布设置棚罩,使外侧模与翼缘底模下形成相对封闭的空间,形成一个"微湿热"的养护小环境,要求养护温度不低于 10℃,必要时采用碘钨灯、电热毯加热。根据表面润湿情况,每天补晒几次温水。

(3)箱梁混凝土养护龄期,夏季≥7d、春秋季≥10d、冬季≥14d,在养护期内始终保持湿润状态,不得形成干湿循环。养护用水的温度与混凝土表面温度之差不应大于 15℃。冬季施工不短于 14d,如气温低于 5℃时,应覆盖保温,下层采用塑料薄膜保湿和上层采用土工布进行横向覆盖保温养护,不得浇冷水养护,更低温情况时要加盖一层篷布或土工布。

(4)首次张拉完成后要继续养护,减小混凝土的收缩和温度过大变化。

(5)用于控制张拉、落架混凝土强度的试块放置在箱梁箱室内,同条件进行养护。养护期内,箱梁顶面严禁堆放材料设备等。

4)拆模

模板拆除前进行现场同步养护试块试压试验,强度达到规定要求后再进行拆除。

内模中腹板(隔梁)侧模板、底板次梁模板、端头模板以及风嘴处侧模板强度达到2.5MPa后拆除。这类拆模较早的混凝土表面,必须注意及时对其进行保温、保湿养护。适当延迟外模的拆模时间可保证混凝土内外收缩一致,最大限度地控制混凝土收缩裂缝的产生。

内模中顶板底模板、顶板次梁模板由于为承重模板,要求强度符合设计强度标准值的75%(41.25MPa)后方可拆除。同时,斜腹板模板因为支撑顶板模板,因此与顶板模板同步拆除。

底模、外侧底板模板必须在纵向预应力张拉完成后逐步进行拆除(在形成线支撑支架的同时进行拆除)。

8.4.7.4 箱梁节段混凝土浇筑质量控制要点

1)混凝土拌合物性能的控制

箱梁混凝土的搅拌时间宜在120~150s(夏季施工取低值、冬季施工取高值)。

施工过程中将混凝土坍落度实际控制在210~230mm,扩展度在500~600mm。当施工到箱梁顶板时,混凝土的坍落度取低值。温度在10℃以下或下雨过后钢筋及模板表面处于湿润状态,混凝土的入模坍落度、扩展度宜取低值。

按照每车测一次坍落度、扩展度进行控制。

混凝土的实际初凝时间在26h左右,根据浇筑进度,每浇筑一个节段混凝土所耗时间在12~16h,已能满足施工需要,更长的缓凝对降低水化热、延缓温峰出现时间有很好的作用。

上述措施很好地保证了箱梁混凝土的顺利泵送和布料,拌合物没有出现离析、泌水或堵泵现象,容易振捣密实(图8-90)。

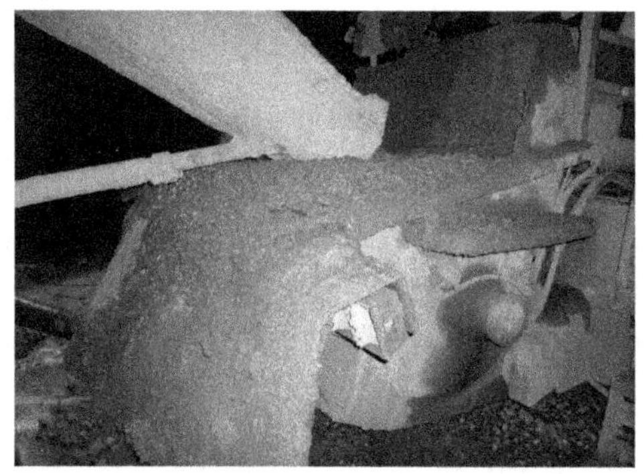

图8-90 箱梁混凝土入泵时拌合物工作性

2)混凝土入模温度的控制

严格控制混凝土入模温度,冬季不小于5℃,夏季不得高于28℃。

夏季混凝土入模温度控制所采取的措施包括:

图8-91 夏期施工冷却水系统

(1)提前购进水泥放置充分冷却,并设置喷淋装置,浇筑前对水泥、粉煤灰储罐连续喷淋降温度(料温≤40℃)。

(2)对砂石集料进行遮阴、围盖,拌制前对碎石采用冷却水洒水降温(料温≤26℃)。

(3)混凝土拌和用水加冰降温,或直接采用机制冷却水(水温≤10℃),以降低混凝土温度。使用的冷冻机组为LJR-280WS螺杆冷水机组,见图8-91,该冷却机组能够将水温冷却至0~5℃,用以拌和和碎石冷却用水,可降低混凝土入模温度5~8℃。

(4)在拌和楼设置喷淋装置,对运输混凝土的罐车搅拌筒淋水降温。

(5)采用棉被包裹水箱隔热。

(6)对泵送管道覆盖厚土工布再反复洒水降温;减少混凝土在罐车内的搅拌时间,加快混凝土运输和入仓速度,以减少混凝土在运输和浇筑过程中的温度回升。

(7)做好工序安排计划,晚间进行浇筑。

冬季混凝土入模温度控制措施包括:

(1)延长混凝土搅拌时间50%。

(2)混凝土拌制水采用37~40℃热水,以提高混凝土温度。

(3)对混凝土输送管道进行包裹,对箱梁和箱室进行封闭。

(4)做好工序安排计划,白天进行浇筑。

3)布料控制

根据箱梁结构形式合理进行布料点布置,严格控制混凝土分层厚度在25~30cm,缩短分层布料周转时间,确保上下层混凝土浇筑间隔最长不超过2h。同时,安排经验丰富的工人时刻关注混凝土的状态,及时进行下一层布料,表面一旦结壳则应进行二次振捣后再布料,以免出现施工冷缝或层间结合缝。

4)翻浆的控制

为保证混凝土连续浇筑,减少腹板、隔板混凝土翻浆,在腹板和横隔板处设置了宽度为1m的压脚板,压脚板采用木模进行拼装,并在腹板压脚板上设置了活动模板。在混凝土浇筑过程中,压脚板的使用保证了混凝土的连续浇筑,避免了施工冷缝和其他病害的产生,活动模板的设置方便了混凝土浇筑过程中填充情况的观察和振捣,有效地保证了底板混凝土质量;而横隔板压脚板因无法采用活动模板导致该处底板局部欠料,应注意人工补料。

5)混凝土振捣控制

混凝土振捣实行分区振捣责任制,每2人负责一个面的振捣。采用先布料再振捣,即一个布料点布料结束后才能开始振捣,严禁将开启的振捣棒置于泵管下料口位置通过振捣赶料,以防混凝土离析,造成石子与水泥浆分布不均匀(图8-92)。振捣时,插入点间距按不大于50cm一个点逐步振捣,以防止漏振,并与侧模保持5~10cm的距离。振捣时,应避免振捣棒碰撞模板、波纹管及其他预埋件。

图8-92　汽车泵布料杆布料

6)顶板混凝土的浇筑、收浆及高程控制

浇筑至顶板时,顶板次梁与顶板一次性浇筑,减少分层次数。同时采用先布料后振捣的工艺,减少布料时间,见图8-93。

采用木抹子或铝合金板按照高程线将顶板表面收浆、找平,收浆分二次进行。收浆后立即覆盖薄膜,防止塑性干燥收缩开裂。对混凝土的沉降及塑性干缩产生的表面裂缝,应及时采取二次压光处理。

7)风嘴实心段混凝土温度控制

夏季高温季节,在风嘴处纵桥向设置了4根金属冷却水管。在混凝土浇筑至掩埋冷却管时开始通水,连续通水4d,混凝土内部温度下降后停止通水。

图 8-93 顶板混凝土浇筑

8)箱室混凝土表面的保温保湿养护

在混凝土升温阶段,应对箱室内的腹板、横隔板等模板喷水降温,以加强模板散热,降低混凝土内部最高温度,减小内表温差。在模板拆除后,应立即进行养护,可采用覆盖土工布晒水或覆贴薄膜保湿养护。箱室拆模后的养护期限不宜少于 7d。

9)节段施工缝混凝土的处理及新混凝土浇筑

箱梁节段浇筑施工的端头模板拆模时间不能过早,否则会影响到新老混凝土交接面的强度。端模拆除后,对施工缝处混凝土进行人工凿毛,确保 80%以上的粗集料露出表面,满足要求后用高压水冲洗干净,人工凿除时,处理层混凝土强度必达到 2.5MPa。凿毛后要混凝土继续保湿养护,否则会影响到新老混凝土交接面的强度。

在下段混凝土浇筑前,经凿毛处理的施工缝表面混凝土要反复洒水充分湿润。

施工缝处开始继续浇筑混凝土时,旧混凝土表面应呈微湿状态。振捣宜向施工缝处逐渐推进。接缝处的混凝土应充分振捣,以使缝线饱满密实,并确保充分的养护,以免接缝开裂而渗水。

10)其他

箱梁混凝土浇筑过程中,安排专人对模板、支架进行检查,同时对倒角和压脚板、斜拉索锚块部位模板进行锤击,检查混凝土填充情况。

8.4.7.5 箱梁节段混凝土浇筑中解决的相关工艺难题

(1)箱梁斜底板较薄,上下两层钢筋网之间间距小,且布置有纵向预应力管道,为混凝土施工的难点。在该处内模上设置了抽插式模板(图 8-94),随着混凝土浇筑高度的上升,边布料,边振捣,自下而上封闭斜底板内模,保证混凝土下料充分并振捣密实。

(2)索管锚块处钢筋密集,空间小,混凝土施工质量要求高。该处混凝土布料和振捣是箱梁混凝土施工的又一难点。通过在该处设置集中布料点,保证了混凝土布料充分进入锚块,另一方面,充分利用钢筋网和索管之间四个角的空间,布置 4 根钢管引导 ϕ30mm 振捣棒深入锚块进行振捣(图 8-95),并随着浇筑高度逐步提升钢管和振捣棒,配备检查人员对该处外模进行锤击,仔细检查混凝土的密实情况(图 8-96),保证了锚块混凝土的施工质量。

图 8-94　斜底板处抽插式内模设置

图 8-95　索管锚块采用斜向引导振捣和小型振捣棒振捣

图 8-96　索管锚块混凝土密实情况检查

(3)箱梁风嘴处斜面外模为阴面模板,混凝土施工过程中气泡很难引出。加强该处混凝土振捣显得尤为重要。施工过程中,在靠近该处外模斜向设置了 4 根钢管,引导振捣棒进行振捣,促进了该处混凝土气泡的排出。

(4)在底板混凝土浇筑完毕后,及时进行了整平、收浆和养护,见图 8-97。

图 8-97　底板混凝土整平、收浆、养护

(5)非冬季施工,顶板混凝土振捣完毕后进行一次收浆,在混凝土初凝前进行第二次收浆,边收面边覆盖塑料薄膜养护(图 8-98),待混凝土初凝后,覆盖土工布进行覆盖(图 8-99)。并设置自动喷淋装置定时洒水养护(图 8-100),保持箱梁混凝土始终湿润,养护时间不少于

7d。内模底板混凝土采用土工布包裹洒水进行养护。冬期采用全包裹保温养护。

图 8-98 顶板混凝土二次收面及塑料薄膜覆盖

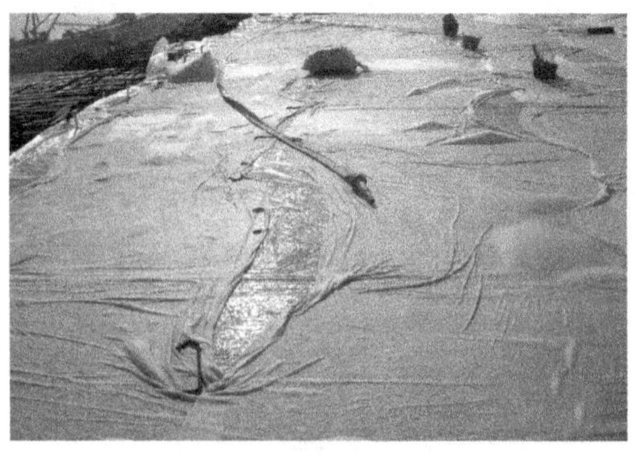

图 8-99 顶板混凝土初凝后覆盖土工布洒水保湿养护

(6)底板次梁钢筋密集,空间小,混凝土下料速度慢,布料难度大,容易出现混凝土上翻的现象。在进行底板次梁浇筑时,采用木模板作为溜槽(图 8-101),扩大混凝土的布料面积,可提高混凝土布料速度,防止该部分混凝土外漏至底板。

图 8-100 箱梁混凝土自动喷淋养护

图 8-101 浇筑底板次梁时设置溜槽板

(7)预应力管道采用 U 形卡进行定位,U 形卡按直线段间距 1m,曲线段间距 0.5m 进行布置,锚垫板在模板上固定牢靠,锚垫板与模板之间的缝隙采用土工布封堵严密,避免在混凝土浇筑过程中漏浆,波纹管和锚垫板之间连接牢靠、严密,防止在混凝土浇筑过程脱落和漏浆。对于后穿束的钢绞线,安装衬管保证波纹管线形,防止波纹管漏浆;先穿束的钢绞线,在锚头外露部分采用波纹管进行保护,防止在张拉之前的各种污染和损伤。

(8)索管的放样和定位对斜拉索安装以及成桥施工质量具有重大的影响。在混凝土浇筑前,对索管进行精确定位,并采用型钢焊接骨架固定牢靠,混凝土浇筑过程中对索管进行监控,防止发生位移,混凝土浇筑完毕后进行复测。

(9)箱梁节段混凝土浇筑过程中,因端头模漏浆、混凝土养护、预应力压浆、结合面凿毛等极易对下一节段底模造成污染,采用在底模上设置塑料布和土工布对下一节段底模进行覆盖保护,减少污染,在有浆液侵入时,即刻用水冲洗。

(10)夏季施工时,采用螺杆冷水机组对水进行降温,经过降温后的水单独设置储水罐,并采用棉被隔热,水温控制在 0~5℃。

8.4.7.6　湿接缝混凝土的浇筑

湿接缝混凝土浇筑质量控制的关键是后浇湿接缝混凝土与两侧的先浇梁段的紧密结合，因此湿接缝混凝土的微膨胀特性、旧混凝土的表面处理和湿接缝混凝土的充分水养护非常重要。

(1)湿接缝混凝土的浇筑选择在一段时间内的温度较低的时候进行。

(2)凿毛两侧顶、底板、腹板和次梁端部的混凝土表面，清理湿接缝中的杂物及施工废渣。

(3)接长通长预应力钢束、安装绑扎湿接缝处腹板、底板钢筋及安装底板横向预应力管道。

(4)安装湿接缝处内模，绑扎顶板钢筋及安装顶板横向预应力管道。

(5)钢筋表面必须清理干净，无混凝土浆、砂浆，无油污及杂物，必要时除锈。

(6)湿接缝混凝土浇筑前，用水将两侧混凝土充分湿润。

(7)湿接缝混凝土的搅拌时间延长至 150s，确保膨胀剂分散均匀。

(8)湿接缝混凝土采用泵送工艺进行浇筑，注意加强接缝处混凝土的振捣，确保与节段老混凝土结合紧密。严禁振动棒振及钢筋、连接器和预应力管道。

(9)湿接缝混凝土初凝前，应人工收抹 2~3 遍，并用塑料薄膜覆盖，消除表面塑性收缩裂缝。

(10)充分的水养护是保证微膨胀混凝土发挥其膨胀性能的关键技术措施，特别是在早期应予以足够的重视。湿接缝混凝土终凝后，换用湿土工布覆盖并采用蓄水养护保持混凝土表面有可见明水，养护时间不少于 14d。

8.4.8　边跨箱梁混凝土施工质量效果整体评估

混凝土强度作为一项基本的力学性能指标和耐久性指标，其质量及稳定性对大桥主体结构安全性和耐久性有着显著的影响。为检测梁体混凝土的实际施工质量，需对每节段梁体的浇筑均预留混凝土试块分别以同条件养护至张拉龄期、标准养护至 7d 和 28d 龄期进行强度测定。

(1)对于超宽箱梁主体混凝土，其抗压强度组数为 35 组，大于 10 组，因此以数理统计方法进行评定：

$$mf_{cu} \geq f_{cu,k} + \lambda_1 S_{f_{cu}}$$

$$f_{cu,\min} \geq \lambda_2 f_{cu,k}$$

式中：mf_{cu} ——同一检验批 n 组混凝土立方体抗压强度的平均值(MPa)；

$f_{cu,k}$ ——混凝土立方体抗压强度标准值(MPa)；

$S_{f_{cu}}$ ——同一检验批混凝土立方体抗压强度的标准差，当计算值小于 2.5MPa 时，取 2.5MPa；

$f_{cu,\min}$ ——同一检验批混凝土立方体抗压强度的最小值(MPa)；

λ_1、λ_2 ——混凝土强度的合格判定系数，当试验组数 $n \geq 20$ 时，λ_1 取 0.95、λ_2 取 0.85。

(2)对于湿接缝混凝土,其抗压强度组数为3组(少于10组),用非统计方法评定:

$$mf_{cu} \geqslant \lambda_3 f_{cu,k}$$

$$f_{cu,\min} \geqslant \lambda_4 f_{cu,k}$$

式中:λ_3、λ_4——混凝土强度的合格判定系数,混凝土强度等级$<$C60,λ_3取1.15、λ_2取0.95。

第 9 章　索塔清水混凝土施工工法

9.1　索塔清水混凝土施工技术难点

大桥索塔混凝土工程特点及主要施工技术难度分析如下：

(1)索塔混凝土的配制及高塔泵送工艺。

索塔高度通常达到百米以上，混凝土施工时要求一泵到顶，如此高度的桥塔对混凝土拌合物的工作性能、输送设备性能及卧泵管道布置要求较高。再加上索塔施工要经过春、夏、秋、冬四个季节不同气候条件的影响，季节温度高低不仅影响混凝土的可泵性，且温度、湿度的变化影响混凝土结构的开裂性能和强度发展。为解决高塔泵送混凝土的工作性，有必要对混凝土原材料和配合比提出更高的要求，其技术特点是高流动性、低泌水、高抗离析性和配合比的工作性随季节变化的良好可调整性，并且要处理好高工作性与低收缩、高耐久性的矛盾问题。

(2)索塔混凝土施工裂缝控制技术。

索塔实心段、横梁和上塔柱索塔锚固区属于易于开裂的结构部位。下塔柱起始段及中下塔柱连接段为实心段，属于高强度大体积混凝土，一旦温度控制不当，宜产生温度裂缝，因此对于实心段大体积混凝土，应在温度、应力计算的基础上制定严格的温控防裂措施并进行现场温控施工；索塔锚固区混凝土结构承受多种动载作用，受力复杂，是索塔承受和传递索力的关键部位，应具有优异的抗裂性能、耐疲劳性能和耐久性能。同时，由于索塔锚固区混凝土泵送高度大，必须具有优异的泵送性能，胶凝材料用量较大，水化热高，而高空竖向结构施工又难以充分养护，受大风影响混凝土失水迅速，早期收缩大(包括塑性收缩、干缩、自收缩等)，在内外温差和收缩的叠加作用下可能导致混凝土早期开裂。因此，索塔锚固区混凝土必须解决可泵性与抗裂性两个矛盾因素，以满足施工和耐久性的要求。

(3)索塔清水混凝土外观质量控制技术。

混凝土高程泵送易于离析泌水或堵管、爆管，施工节段多、施工历时长，要经过春、夏、秋、冬四个季节不同气候条件的影响，再加上工序复杂，交叉作业多，预埋件多，因此索塔清水混凝土的施工难度很大，不仅要有严格的原材料质量控制和科学合理的配合比设计，还需要从混凝土的拌制生产、泵送、模板工程、钢筋绑扎及预埋件处理及混凝土浇筑、养护、缺陷机及螺栓孔修补、成品保护等方面进行全方位的质量控制。因此，如何配制出索塔清水混凝土并控制其施工外观质量是本工程面临的技术问题之一，也是本工程的一个亮点。

(4)索塔混凝土的耐久性提高技术。

索塔混凝土的配制除满足高塔可泵性外，其结构耐久性设计的重点以限缩防裂、抗渗、减少徐变和中性化、防止钢筋锈蚀为主。因此，为保证索塔混凝土外美(良好外观质量)、内实(高抗裂与高抗渗性)，索塔混凝土应设计为高性能混凝土并采用清水混凝土严格的施工理念进行施工。索塔高性能混凝土的配制应针对索塔不同高程对混凝土泵送工作性与抗裂性要求的差异,采用分段设计混凝土拌合物配合比,以提高索塔混凝土的拌合物性能、高程泵送性能和抗裂性能、长期体积稳定性及耐久性。

9.2 索塔清水混凝土施工技术方案

9.2.1 钢筋与预埋件施工

9.2.1.1 钢筋制作与运输

塔柱钢筋的加工制作在后场钢筋加工车间进行。钢筋根据施工图纸所示钢筋放大样图,进行下料加工,并要由技术员将对钢筋下料长度进行复核,确保钢筋下料尺寸准确。钢筋下料前应将钢筋调直并清理污垢。

由于塔柱钢筋尺寸种类较多,因此每节段钢筋加工完成后,按照钢筋的型号与种类分类堆放并编号,并做到上盖油布防雨、下垫枕木以利排水。加工好的半成品钢筋在后场装车运至施工码头,再装船倒运至施工现场。主塔上游生产区作为塔柱钢筋现场临时堆放区。钢筋用塔吊吊上爬架。

9.2.1.2 钢筋安装

塔柱主筋为 ϕ36mm 螺纹钢筋,定尺长度为 9.0 m,即安装 1 节钢筋,可以浇筑 2 个 4.5m 塔柱节段,主筋采用等强度滚轧直螺纹接头连接。水平钢筋为 ϕ20mm、ϕ16mm 螺纹钢筋,采用焊接或绑扎连接。钢筋施工顺序如图 9-1 所示。

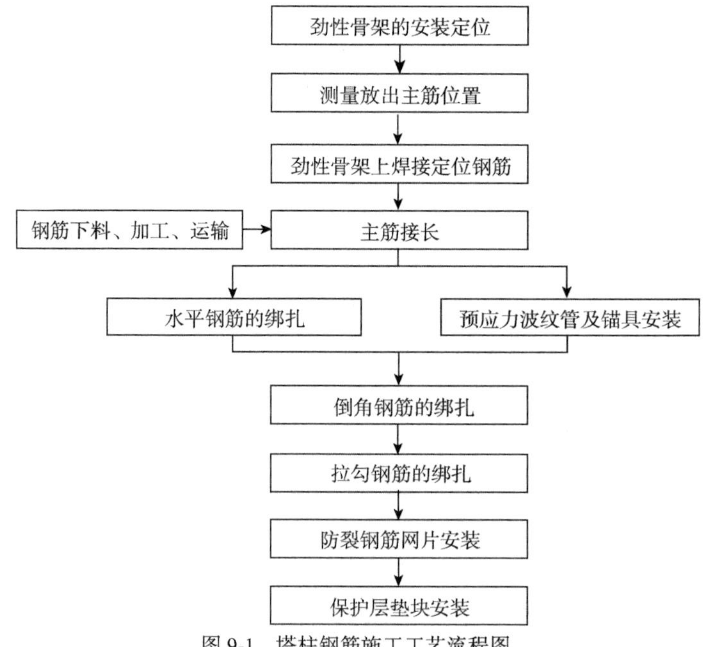

图 9-1 塔柱钢筋施工工艺流程图

钢筋安装工艺主要控制要点如下：

(1)由于钢筋锈斑会影响清水混凝土的颜色,因此钢筋安装前应先除锈及清理杂物、砂土,保持清洁。

(2)钢筋绑扎前先在塔柱内设置型钢劲性骨架(图 9-2),利用劲性骨架进行钢筋的精确定位。为方便施工,劲性骨架采用在后场钢结构加工区分榀分节段加工,现场吊装,上下节段通过角钢连接,小断面桁架之间用平联及斜撑型钢连成整体的施工方法。

图 9-2　塔柱劲性骨架

(3)钢筋绑扎时,按先接长内层主筋再接长外层主筋,且内、外层按同一方向同时进行的顺序施工,图 9-3。

图 9-3　塔柱主筋接长

主筋安装接长施工也就是套筒接头钢筋安装与连接,在劲性骨架安装到位后进行,并依托劲性骨架进行定位。主筋连接方法如下:用全站仪在已经接长的劲性骨架上测放出塔柱纵、横轴线,钢筋施工人员根据塔柱纵、横轴线,在劲性骨架上放出钢筋安装位置线,塔吊起吊主筋,将其与下节主筋对接,使用滚轧直螺纹接头将两根钢筋连接起来;再根据劲性骨架上放出主筋位置将主筋定位固定,尤其注意钢筋间距(主筋间距允许误差±20mm),以满足工后钢筋保护层合格率不低于 90%。

(4)竖向钢筋接长完毕后,环向水平筋采用塔吊分批吊放,按由内到外、由下到上分层绑扎。先在竖向钢筋上作出水平筋记号,钢筋绑扎间距应满足设计要求(环向水平筋间距允许误差±10mm),且绑扎牢固,以满足工后钢筋保护层合格率不低于 90%。上塔柱水平筋安装时,由于部分钢筋需穿过钢锚梁,需注意与其位置调整一致。

(5)环向水平钢筋绑扎完毕后,按由下到上的顺序绑扎倒角筋,见图9-4。

(6)环向水平钢筋及倒角钢筋绑扎完毕后,根据主筋和水平箍筋交叉位置绑扎拉勾筋,见图9-4。

图9-4　塔柱倒角筋和拉勾筋绑扎

(7)塔柱外表面钢筋外加设一层直径为6mm,间距为10mm×10mm的带肋钢筋焊网,以增加混凝土表面抗裂性能。防裂网片搭接长度将严格控在1~2个网格。

(8)钢筋绑扎铁丝宜采用防锈镀锌钢丝,扎丝头全部向钢筋内侧弯折,同时将外侧扎丝圆钩全部压平以防外露,并做到边绑扎、边检查、边清理,避免因露丝混凝土表面出现锈斑。

(9)严格控制钢筋保护层厚度,采用强度不小于塔柱混凝土强度的高强砂浆垫块。钢筋保护层垫块应牢固地绑扎在外层钢筋上,保护层垫块呈梅花形布置,其纵、横向布置间距宜控制在80~100cm,布置密度为每平方米不少于5个。垫块绑扎尾丝一律朝钢筋骨架内侧按倒,严禁向外伸入保护层内。

9.2.1.3　预埋件安装

(1)工程用的预埋件主要包括人行爬梯预埋钢板、预留孔埋管、通气孔埋管、塔柱排水系统固定预埋件,这些埋件的埋设应严格按照设计要求进行,并应兼顾混凝土外观的要求,即预埋件加工应标准,埋设应整齐,埋件外露面应与周围的混凝土面齐平。

工程用预埋件埋设的方法为:在钢筋骨架上测量放出预埋件的平面位置,放入预埋件,对于顶、底面的埋件,经精确定位后固定;对于侧面的埋件,在模板安装就位后,将埋件外露面顶紧模板面,经测量校核合格后固定,固定后的埋件不允许随意踩踏、碰撞。

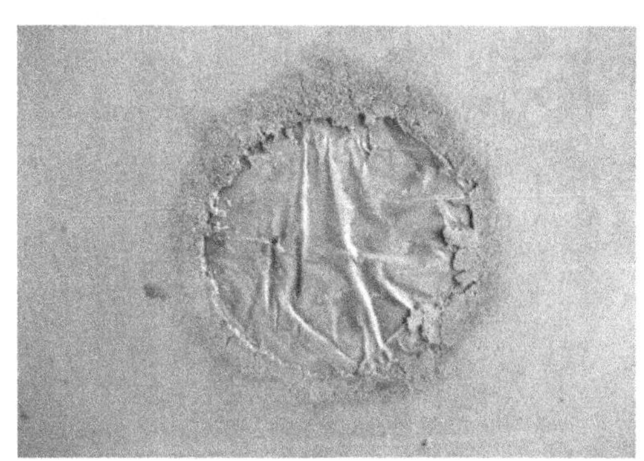

图9-5　锥形螺母的预埋

(2)施工用的预埋件主要包括固定模板用的对拉螺杆和固定爬架的预埋螺栓、电梯底座及附墙支撑埋件、塔吊底座及附墙支撑埋件等。固定模板用的对拉螺杆和固定爬架的预埋螺栓为特殊专用件,其预埋连接螺母和锥形套头应能取出;各种施工用预埋件尽量采用预埋螺栓(或连接器),以减少使用钢板埋件,其他施工用的埋件也应尽可能采用预埋H型螺母,以减小混凝土表面的修补面积。预埋锥形螺母前,在锥形螺母上包装塑料胶带,方便以后的取出、修饰,见图9-5。

对于少量施工用必须预埋的铁板埋件,尽可能地减小其平面尺寸,并确保埋设整齐。预埋铁板埋件前,在钢板上涂刷防锈漆,避免锈水对塔支的污染。施工用的铁板埋件在使用期间应对铁板埋件进行防锈处理;铁板埋件埋设时,将其表面嵌入混凝土内,深度约3cm;铁板埋件在使用完成后,应先对其表面清污除锈,然后按照修补螺栓孔的方法处理预留槽口;若埋件铁板外露表面大,则须先在埋件表面焊接一层细钢筋网(ϕ5mm钢筋焊网),以方便水泥砂浆封堵修补处理。

施工用预埋件埋设的方法为:对拉螺杆根据模板的孔位穿设,在拉杆与模板表面接触处套一个橡胶头,避免拉杆孔漏浆;其他预埋件埋设的方法基本与工程用预埋件埋设的方法相同,只是针对预埋螺栓(或连接器)预先在预埋螺母与模板间放置比预埋螺栓(或连接器)尺寸略大、厚约3cm的塑料泡沫板(塑料泡沫板应顶紧模板),针对预埋的铁板应预先在嵌入式铁板上贴一块与铁板平面尺寸一致、厚约3cm的塑料泡沫板。塑料泡沫板在预埋件使用前应取出。

(3)预埋螺栓(或预埋筋)固定时,应加设定位架,并将定位架与劲性骨架或主筋骨架焊接;对于预埋的PVC管,可在管的两端加设钢筋限位框进行固定,限位框与劲性骨架或主筋骨架焊接(PVC管用棉纱、胶带封堵封口)。

9.2.2 模板设计与施工

模板工程是确保清水混凝土外观质量的施工控制中心环节,应精心设计、精心制作、精心施工。用于清水混凝土模板的材料表面应平整光洁,强度高、耐腐蚀。

9.2.2.1 模板系统组成

塔柱大面积外模可采用木面大模板体系,由木面板(WISA胶合板)、木枋、竖向背楞([8槽钢)、背部横向钢围檩(双拼槽14)、连接配件等组成,圆弧倒角采用钢模板。模板分为标准模板和收分模板,随着塔柱截面不断变化,木模要进行相应收分,模板的收分通过割除收分模板来完成。

下塔柱标准节段内模采用1.5cm竹胶板制作异形内模,圆弧倒角模板采用钢模。中塔柱倒角、人孔、电梯孔内模采用1.5cm竹胶板制作异形内模,标准节段内模采用内爬架模板,模板结构形式与外模一样,大面积模板采用WISA木模板,圆弧倒角采用钢模板。随着塔柱截面不断变化,木模进行相应收分。上塔柱内模分为齿块区内模和钢锚梁安装区内模。齿块区横桥向内模采用原收分内模;锚座处采用10mm钢板作为内模,钢板外用[8作为背楞,间距50cm,围檩采用2[14,间距1m;倒角处采用15mm竹胶板制作异形木模,竹胶板后铺设10cm×10cm木枋,间距20cm,围檩采用2[14,间距与外模相同。顺桥向非锚座处内模用1cm钢板制作,构造同锚座表面内模。钢锚梁安装区横桥向内模采用原收分内模;顺桥向以钢牛腿预埋板作为内模,钢牛腿预埋板未覆盖到的位置采用组合钢模;倒角处采用原中塔柱倒角钢模;顶板底模采用组合钢模。

9.2.2.2 木模板制作

(1)整个模板系统以单元形式在后场加工制作完成后,运到前场进行组拼、挂设。必须保证模板几何尺寸准确,足够的刚度,拼缝严密平整,板面平顺清洁,粗糙度满足要求。

(2)为达到清水混凝土面的效果,需对覆膜多层板面板进行模板分割设计,即出分割图,依据构件长度、高度尺寸及模板的配置高度和位置,计算确定多层板在模板上的分割线位置;必须保证模板分割线位置在模板安装就位后与设计的禅缝(模板面板拼缝在混凝土表面留下的微小痕迹)完全吻合。

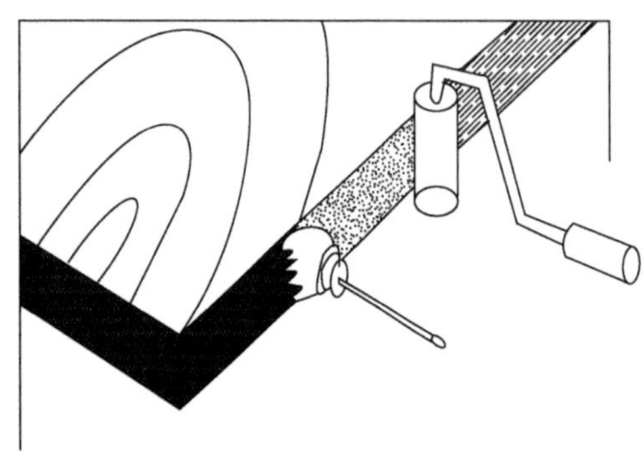

图 9-6 面板裁切后封边处理

(3)面板裁切后封边处理:为了确保 WISA 模板的长期周转使用,防止水对模板的侵入引起模板的膨胀造成不平整,对所有的模板切边、拉杆孔钻孔处采用防水漆进行封边。要求必须分别封边两次,确保模板边缘充分吸收油漆,如图 9-6 所示。

(4)WISA 面板后受力木工字梁的间距严格按照受力计算的要求进行布置。

(5)螺钉孔眼分布规则,在一条直线上,螺钉孔眼深度不大于 2mm,并采用原子灰等抹平。

(6)模板与混凝土接触面不得弹放墨线,油漆写字编号,避免污染混凝土表面;如需要,只能在背面进行。

9.2.2.3 大面木模板组拼

1)组拼工艺

模板在专用场地搭设专用平台进行分块组拼。首先用型钢制作拼装平台,平台高度 80~100cm,平台顶面找平之后在其上放置模板骨架,定位,再进行木面板拼装。模板拼装步骤如下:

(1)先把模板骨架吊运平放在钢平台上,确保骨架水平。

(2)将背楞和围檩用螺栓连接,拼装成模板骨架。

(3)用沉头螺栓将定位好的木枋和骨架可靠连接,并保证沉头螺栓不高于木枋表面。模板拼装示意,见图 9-7。

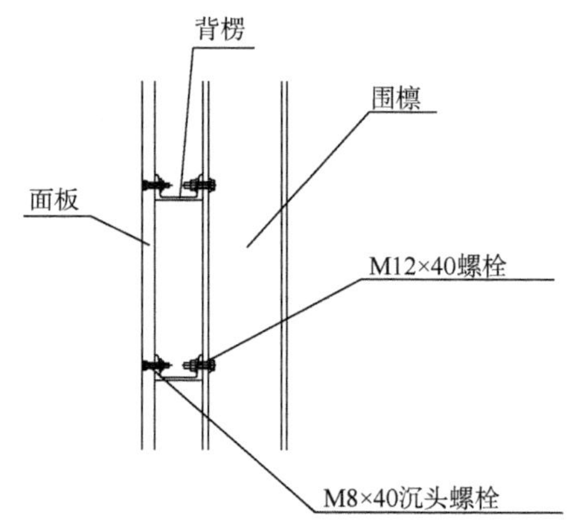

图 9-7 模板拼装示意图

2)螺钉眼处理

为了保证清水混凝土的外观效果,WISA 胶合板与木枋的连接,宜采用螺钉从背面固定,保证进入面板一定的有效深度。如从反面钉钉难以保证面板与木枋的有效连接时,亦可采用沉头螺栓、抽芯拉铆钉正钉连接,钉头沉进板面 1~2mm,但必须对螺钉眼进行处理(图 9-8)。面板全部铺好后,将板面擦干净,去除表面及螺钉孔内尘土,擦干面板表面水分,将调好的原子灰抹于面板螺钉处,刮平,待干燥后,在钉眼位置喷清漆,以免在混凝土表面留下痕迹。

3)面板拼缝处理

两块模板间的接缝处,沿模板接缝外边通长粘贴海绵胶带贴边,以确保接缝紧凑、黏合严密，采用该措施有效地防止了漏浆现象，如图9-9所示。

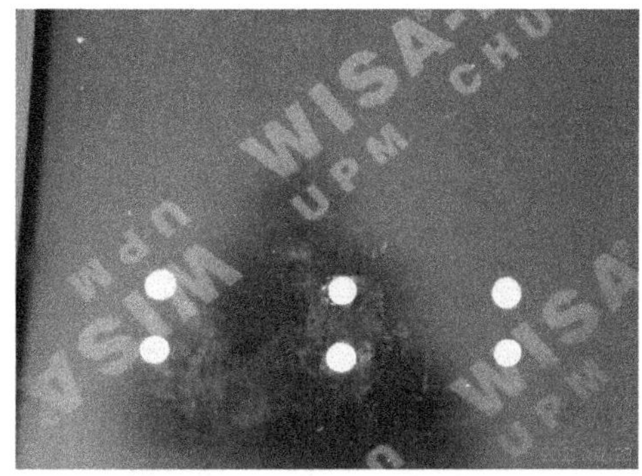

图9-8　螺钉眼处理

图9-9　接缝外边通长粘贴海绵胶带

4）拉杆眼开孔

根据图纸模板拉杆孔的大小，给手电钻装好相应的开孔器。按图纸孔位，用墨斗弹好线，确定孔在模板上的位置，要求孔的上下、左右位置偏差在2mm以内。注意保证电钻与模板面垂直，打好的孔无偏斜现象。每个孔的内壁、孔沿上刷好两遍防水漆漆，防止模板吸水膨胀。

5）模板拼装验收

模板拼装时要严格控制模板接缝和表面平整度，拼装好的模板面板表面平整度应控制在2mm以内，模板高度允许偏差±3mm，模板长度允许偏差−3～0mm；相邻面板间接缝高差不应大于1mm，相邻面板拼缝间缝不大于1mm。拼装完成后要验收合格后才可使用（图9-10）。

9.2.2.4　圆弧倒角钢模表面抛光处理

钢模板加工制作时内表面均应打磨抛光处理（图9-11），以保证模板表面的平整度，并使其达到镜面效果。模板接缝处理要严密，模板内板缝用汽车工业专用腻子或油膏批嵌，外侧采用硅胶封闭，与大面木模板的接缝边缘粘贴海绵胶带止浆，防止混凝土浇筑时漏浆。另外，为了使拼装后的模板尺寸精度高，降低拼缝的宽度，使拼缝顺直，模板厂家在制作完毕后，要对模板周边进行刨边处理（图9-12）。

图 9-10 模板拼装验收

图 9-11 圆弧倒角钢模表面抛光

图 9-12 大面 WISA 模板与圆弧钢角模板连接试拼装

9.2.2.5 模板表面涂刷脱模剂

模板验收过后,安装之前要涂刷脱模剂。

安装前,先将面板上杂质清理干净,清理完后涂刷或喷涂脱模剂。脱模剂应易脱模、涂刷方便、保护模板光洁、易干燥和便于用后清理,且具有改善混凝土表面质量效果的功能。脱模剂已经确定应采用同一品种。

采用马贝液态 DMA2000 脱模剂易满足清水混凝土外观质量要求,表面光洁度较好、没有油渍、不起灰。该脱模剂主要由特选油类、防锈剂和特种添加剂组成,浓度为 0.87kg/L,干固体含量 100%，既适用于铁、铝等金属板，也适合酚醛树脂、聚酯塑料模板和表面覆膜的木胶合板的抗黏结处理。使用时，采用低压手提泵喷晒，用量为钢模 20～25g/m²，塑料模、木模 35～40g/m²，不可超量使用。施工中，内、外模脱模剂均采用液态 DMA2000 脱模剂。

9.2.2.6　模板安装

(1)安装前，仔细检查模板表面是否干净，涂抹的脱模剂是否均匀。

(2)钢筋绑扎完毕后，先由测量人员放出塔柱底口、上口轮廓线。

(3)在模板底口混凝土上贴止浆带，防止浇筑过程中漏浆。

(4)根据施工放线和模板编号，将组拼好的模板吊装入位，先安装四个大面模板，再安装圆弧倒角钢模(图 9-13a、b)，倒角钢模与大面模板之间采用法兰连接。

a)四边大面木模板安装

b)倒角钢模板安装

图 9-13　塔柱标准节段模板安装

(5)粗调并临时固定。模板安装就位后，测量模板并进行位置调整(模板轴线偏位允许误差±8mm；模板高程允许误差±10mm)及拼缝检查、调整。模边要增加螺栓以保证上下两节浇筑混凝土的接茬平直；同节中相接的竖缝均需粘贴双面胶护缝以免向外渗浆，但胶带边口必须平于接缝边口线(否则混凝土会出现嵌缝的缺陷)或统一稍低于边口线 1mm 且胶带必须拉顺直，确保接缝顺直良好，对于露出模板外的双面胶及时割除。

(6)模板定位完成后，安装模板拉杆，由测量调校模板。标准段拉杆采用 ϕ15mm 精轧螺纹钢筋外套 PVC 管作对拉螺杆(图 9-14)，ϕ15mm 精轧螺纹钢筋循环使用，倒角段、实心段采用预埋锥形螺母作为拉杆。拉杆的长度要和断面尺寸一致，拉杆间距以混凝土侧压力计算得出。

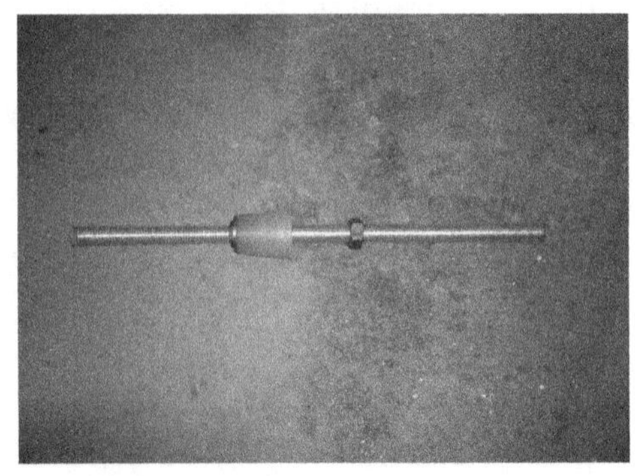

图 9-14　模板拉杆示意图

(7)锁紧模板夹具,拧紧拉杆螺栓(图 9-15),检查模板支撑情况,根据节点要求对局部进行加固。在外螺母上紧模板时必须安排人员在模板内侧检查模板内面断面尺寸,确保与设计尺寸相符。模板受拉后断面尺寸过小,则造成内撑杆向外的力过大,易造成面板局部发生凹陷,因此模板断面尺寸控制到位后上紧外螺母即可;拉杆过松则造成塔身尺寸偏大,因此同样也要将丝口拧满为止。

图 9-15　塔柱标准节段模板拉杆安装

(8)在模板底口包裹一圈塑料薄膜,防止浇筑过程中漏浆污染已浇筑混凝土。

9.2.2.7　模板的保护与拆除

1)模板吊装及转运

(1)模板转运过程中不得有尖锐的构件压在面板上或刮到面板上,以免面板刮伤损坏。

(2)每块大面模板上对称设置 4 个吊点,方便起重设备的吊装就位,以及开、拆模过程中的位置调整。

(3)吊装过程中注意对模板四边和四角的保护,不得破坏棱边棱角和伤及面板,以免相接后不良发生漏浆、线形被破坏。

(4)装运时,模板起吊要均匀平衡受力,堆放平稳并进行固定,以免滑落。

(5)平放时最下层模板背楞向下,面对面或背对背堆放,严禁将面板朝下接触地面。模板吊装时一定要注意模板面板不能与地面接触,必要时,模板跟部位置垫海绵;叠放不能超过 6 层,面板之间垫棉毡保护。

(6)吊装模板时必须慢起轻放,避免模板旋转或撞击爬架、钢筋网等物体造成模板的机械性损坏和模板的安全事故发生,影响其正常使用。

(7)入模时下方应有人用绳子牵引以保证模板顺利入位,模板下口应避免与下节段混凝土发生碰撞摩擦,防止飞边。

2)模板拆除

(1)当混凝土达到拆模强度后,开始拆模,拆除应与安装顺序相反。拆模和安装模板需安排同样一批人员控制,以便于对模板保护。

(2)拆模时,先卸下对拉螺杆安装螺栓,后移拉杆及连接芯带等连接构件,将拉杆从塔柱混凝土中退出来,然后 2~3 人同时操作后移扳手,后移模板。后移到位后,插入齿轮销。拆模时不要直接撬动模板,即使模板与塔柱混凝土黏结较牢采用撬杠拆模时,也只能撬模板背面支撑钢结构的可受力部位,严禁直接用撬杠挤压。角模拆除时仍利用塔吊进行,松掉拉杆后将角模起吊。

(3)在松拉杆时,各块模板需设置临时固定保护,以免模板突然倾斜压人或高空掉落。

(4)在确认模板与混凝土结构之间无任何连接后,方可轻轻起吊模板,且不得碰撞混凝土成品。模板起吊要均匀平衡受力。

3)模板使用中的保养及存放

(1)混凝土浇筑过程中振捣棒不得接触到模板板面振捣,泵管等移动时也不能撞击到面板上,以防面板被破坏。

(2)混凝土浇筑完成后及时将模板外侧残余混凝土清除,清洁面板刷上脱模剂用塑料布覆盖保护。

(3)模板拆除后,及时对模板进行检查、清理、除脏,刷好脱模剂备下一节段使用。重点检查面板的几何尺寸、损伤,模板的拼缝是否严密,尤其注意检查面板与木方连接是否松动,卡具、夹具、螺钉、对拉螺栓、螺母等相关配件也应进行清理、保养。清洁时可以使用水或干布来清洁,混凝土的黏结块使用塑料工具铲、毛刷清除,不准使用钢质工具铲,以免铲坏模板表面。发现问题需及时处理,如:螺钉松动,面板局部受损、拉松,封堵螺钉眼的原子灰被破坏,棱角被破坏等,以免影响后续混凝土浇筑质量。

(4)模板的修补材料为原子灰。先将模板损伤部位的松散结构用凿子或砂轮机打磨干净,再将原子灰填补伤疤处,待凝固后将表面打磨平整即可。为增大附着力,在固化前可以适当钉几个骑马钉,以确保修补部位贴近原样。

(5)模板存放区注意防水防潮,存放要整齐、平整、垫实,避免在其上堆积重材料。首先,选用一块平坦、坚实的场地,确保模板堆放时不会发生倾斜。将第一块模板面朝上并保持离开地面净高 300mm 以上,背楞朝下放置平稳,确保水平。然后在面板上放置 2~3 根长条木方(一般间距为 2m),木条长度与模板长边相近即可,接着放第三块模板,一般 5、6 块为一堆。注意保护面板,防止受雨淋和暴晒,储存期超过一周的应用帆布遮盖起来。

4)面板定期更换

模板的优化设计及合理使用是确保混凝土外表颜色一致、外形轮廓标准、施工接缝平顺及表面光洁平整的重要途径,应严格控制。必要的定期更换模板,保证了混凝土的外观质量。WISA 模板每施工 15~18 个节段更换一次,见图 9-16。

图 9-16 模板定期更换

9.2.3 混凝土施工

9.2.3.1 混凝土配合比设计

为了控制好塔身混凝土外观质量,达到清水混凝土质量标准,首先在试验室对清水混凝土的原材料与配合比进行优化(见第四章),再通过工地试验室、中心试验室的验证及制作试验墩(1m×1m×1m)、选择下塔柱首节 1/4 模型进行塔柱线外试验的验证,并根据混凝土拌合物泵送、下料和成型后的表面光洁度、色差等试验情况调整混凝土的配合比、坍落度,以满足清水混凝土要求。

所有原材料和混凝土配合比选定后不再变化。在施工过程中,对原材料进行定期及不定期检查,确保施工混凝土的原材料与确定混凝土配合比的原材料一致。为确保碎石含泥不影响索塔混凝土拌合物的泵送性及成型后的外观和耐久性,混凝土用碎石均采用高压水泵利用江水,通过四道水洗工艺水洗后方可入仓(见第四章),严格控制碎石含泥量不得大于 0.5%。

9.2.3.2 混凝土拌合物的制备与运输

清水混凝土选择质量稳定的原材料、确定好配合比后,在现场混凝土拌和站采用搅拌机(双卧轴强制式搅拌机)进行配料生产运输到索塔工程所在处。从现场搅拌站到工程项目地点运输时间不宜较长(5min 左右),以利于对于清水混凝土质量的稳定、和易性、坍落度损失等控制。在索塔清水混凝土的拌和生产控制中,着重从以下几方面做好混凝土质量控制工作,以保证索塔混凝土质量均匀、外观一致、泵压稳定、混凝土强度的离散性低等。

1)原材料质量控制

(1)所有原材料应统一来源、等级。

(2)水泥和粉煤灰进场时间至少提前 7d,降低水泥温度,杜绝混凝土假凝或速凝的情况发生,保证粉煤灰符合 I 级要求。

(3)每批新进场外加剂抽样进行与水泥与外加剂相容性检验,品质稳定且与所用水泥相容性号的外加剂是混凝土离散小的重要保证。

(4)严格控制河砂的细度模数和细粉含量,保证索塔混凝土用细集料质量满足细度模数 2.6~3.0,细粉含量(通过 0.3mm 筛孔的数量)不小于 15%的要求。砂子偏粗,极容易导致拌合物粗涩、松散,流动性差、摩擦阻力大、可泵性差,砂子偏细,则极容易使外加剂用量和用水量增大,使拌合物黏聚性变差而发生离析。由于细粉料对水的阻力作用,满足可泵性时应保证混凝土中具有合适的数量,实质上是提高浆体的内聚性需要,防止在泵送压力下的脱水作用。脱水具有逐渐增大的反作用,降低混凝土流动性并减少管壁润滑层的流动润滑体,逐渐引起阻力加大导致管道堵塞。

(5)碎石严格按 4.75~9.5mm、9.5~19mm 粒级进料,并按索塔混凝土用粗集料 5~20mm 级配曲线搭配、验收粗集料(26.5mm 方孔筛通过率 0%)。

(6)碎石要按要求进行四重清洗,且应在浇筑混凝土前 24h 转运到储料仓,其目的是使碎石在专门的集料仓内"滤水"24h,稳定集料的含水率。

(7)拌和前和拌和中,各种原材料保持均质和不离析,尤其是加强对碎石堆表面、底部等不同部位的碎石进行抽检,保证碎石的匀质性。

2)拌和过程控制与调整

(1)在每次混凝土浇筑前,用自购砝码专门校正外加剂秤的准确度;每月至少对水泥、粉煤灰、碎石、砂、水秤校核一次,以保证计量准确。

(2)每次开盘前,应采用当天施工用原材料对配合比进行验证,复核原材料批次、天气等因素对混凝土拌合物工作性的影响,并合理调整砂率和外加剂用量,认真做好砂、石料的含水率检验工作,根据砂、石料的含水率和砂石级配变化将试验室理论配合比转化为施工配合比。

(3)浇筑混凝土时配有专门测定集料含水率和拌合物坍落度的试验人员,对浇筑过程中的集料含水率和混凝土坍落度随时测定,不少于规范规定要求,当集料的含水量有明显变化时,并适当增加每班测定的频率,依据检测结果及时调整用水量和砂、石用量,以确保混凝土配和比的一致性。

(4)加强混凝土搅拌时的质量控制。在每次浇筑混凝土时试验室派专人定岗到搅拌楼值班,在混凝土搅拌时随时打开搅拌机观察孔目测混凝土拌合物工作性偏差,该值班人员随时和索塔上值班技术员就混凝土质量进行沟通,保证质量优异的混凝土拌合物用于索塔施工。

(5)生产拌制混凝土时,必须严格按经审批的混凝土施工配合比、确定的原材料和拌和时间进行配料、搅拌,不得随意更改。

(6)清水混凝土每次搅拌时间应比普通混凝土延长 30s 左右。经试验,索塔清水混凝土拌合物的搅拌时间春、夏、秋季按 120s 控制,冬季按 150s 控制。

(7)混凝土搅拌站应根据气温条件、原材料的变化和混凝土坍落度损失等情况,及时适当地对原配合比进行微调(用水量、外加剂掺量),以确保混凝土浇筑时的坍落度能够满足施工现场的需要。当坍落度过小原因不明时,只能通过增加 0.1%范围内的外加剂进行调整。

(8)制备成的清水混凝土拌合物工作性能应稳定,且无泌水离析现象。同一盘及连续各盘之间混凝土品质应一致,坍落度偏差控制在±10mm。

(9)索塔清水混凝土拌合物入泵坍落度、扩展度宜为:下塔柱 210mm±10mm、475mm±25mm,中塔柱 220mm±10mm、500mm±50mm,上塔柱 230mm±10mm、600mm±25mm。

(10)进入施工现场的混凝土应逐车检测混凝土的坍落度和温度,并目测混凝土外观色泽,有无泌水离析,并做好记录。混凝土拌合物应均匀、颜色一致,不得有离析和泌水现象。如遇混凝土坍落度或温度等超出其允许范围的混凝土,严禁使用,坚决退回。

(11)在混凝土施工到150m以上高度时,派专人检测混凝土泵送前、泵送后的工作性变化情况,确定是否调整±0.1%的外加剂掺量和1%的砂率,以保证混凝土经过长路径、高压力泵送后的工作性保持能力。

通过以上现场混凝土质量控制措施,混凝土表面无蜂窝麻面、水线等外观缺陷产生,所浇筑混凝土强度稳定,通过对所浇筑混凝土的统计表明,索塔混凝土强度均匀,强度均方差和变异系数均很小。

9.2.3.3 混凝土拌合物的泵送工艺技术

1)泵送操作简要

(1)运输途中,运输车的搅拌筒应保持2~4r/min的慢速转动,混凝土运抵现场后要对每车混凝土的坍落度等技术指标进行检测,对不合格的混凝土(尤其是坍落度损失过大的混凝土)一律退回。

(2)搅拌运输车在给泵喂料之前,先高速旋转拌筒,使混凝土拌和均匀;开始喂料时宜先低速出一点料,观察卸料情况,如有大石子夹水泥浆先流出,说明拌筒内拌合物已沉淀,应将拌筒高速旋转2~3min再出料;喂料时反转卸料应配合泵送均匀进行,且使集料斗内的混凝土保持在高度标志线以上;中断喂料作业时搅拌车的拌筒应低转速搅拌混凝土。混凝土泵的进料斗上应安置筛网并设专人监视喂料,防止粒径过大集料或异物吸入泵内。

(3)根据本工程泵管长、扬程高的特点,泵送作业前,先泵压水,检查管道的封闭性,保证压力没有损失;然后泵压与混凝土同水胶比的水泥浆或与泵送混凝土配合比相同但不掺加粗集料的水泥砂浆以润滑管道,该水泥浆或砂浆需掺加适量与混凝土相同的外加剂才能达到所需要的浆体稠度。在开始泵送混凝土前,应注意放掉拖泵斗中的砂浆,杜绝管道中润滑剂混入索塔构件中。最先泵出的混凝土应废弃,直到排出和易性好、质量一致的混凝土为止。

(4)泵送速度应先慢后快、逐步加速,保证正常的速度连续泵送并能及时排除故障;同时观察泵的压力和各系统的工作情况。待各系统运转顺利后方可正常速度泵送。

(5)混凝土泵送应连续进行,当遇到混凝土供应中断的情况下应采取慢速和间歇泵送。若暂停泵送时间超过15min,须每4~5min开泵1次,使泵机正转2个行程,再反转两个2个行程,防止混凝土拌合物结块或沉淀而造成堵管。同时,开动料斗搅拌器,防止料斗中混凝土离析。如停泵时间超过45min,或混凝土出现离析现象时,应将管中混凝土清除,并清洗泵机。

(6)当混凝土泵出现压力升高且不稳定、油温升高、输送管明显振动等现象而泵送困难时不得强行泵送,应立即查明原因、排出故障。

2)泵送混凝土常见问题及解决措施

泵送混凝土常见问题及其原因和解决方法见表9-1。

泵送混凝土常见问题及其原因和解决措施 表9-1

问题	原因	解决与排除措施
抓底或板结	①严重泌水的混凝土易出现抓底或板结; ②外加剂掺量过大的混凝土易出现抓底; ③砂率小,混凝土易出现板结现象; ④外加剂减水率高,泌水率高,保水差	①减少单位用水量; ②适当增加砂率; ③降低混凝土外加剂的掺量; ④增加混凝土外加剂的增稠、保水功能

续上表

问　　题	原　　因	解决与排除措施
坍落度损失过大	①外加剂与水泥适应性不好； ②混凝土外加剂掺量不够，缓凝、保塑效果不理想； ③天气炎热，某些外加剂在高温下失效，水分蒸发快，气泡外溢造成新拌混凝土坍落度损失快； ④初始混凝土坍落度太小，单位用水量太少，造成水泥水化时的石膏溶解度不够； ⑤压车、塞车时间太长，导致混凝土坍落度损失过大	①调整混凝土外加剂配方，使其与水泥相适应。施工前，务必做混凝土外加剂与水泥适应性试验； ②降低混凝土原材料温度，控制出机口温度； ③适量加大混凝土外加剂掺量（尤其高温季节施工时）； ④罐车淋水降温； ⑤根据坍损情况，适当增大出机口坍落度； ⑥加强混凝土生产与浇筑的施工组织
堵管	①混凝土均质性不好，离析； ②混凝土拌合物坍落度小； ③大颗粒石子粒径超过管径的1/2或针片状集料含量高； ④泵管接头不紧密，漏气、漏浆、泌水，拌合物失去流动性； ⑤泵车压力不够； ⑥泵送混凝土前未用砂浆润滑管壁； ⑦泵管内壁清洗不干净，管壁粗糙，增加混凝土流动的摩阻力	①集料应级配连续，不允许超径，针片状颗粒含量不宜大于5%； ②泵送混凝土前，一定要用砂浆润滑管道； ③检查入泵处混凝土拌合物的和易性，拌合物是否有泌水等现象，坍落度、黏聚性是否足够，否则采取相应的措施； ④泵管连接处一定要加橡皮圈，卡箍件要卡牢，防止漏气、漏浆； ⑤用木槌敲击查明堵塞部位，将该部位的混凝土击碎后重新进行反泵和正泵，排出堵塞； ⑥重复进行反泵和正泵，逐步将混凝土吸出至料斗中，重新搅拌后再泵送； ⑦当上述操作无效时，应在混凝土卸压后拆除堵塞部位的泵管，排出混凝土堵塞物后再接管，重新泵送前应先排除管内空气后方可拧紧接头

3）特殊季节泵送施工

（1）夏季施工混凝土降温措施。

夏季高温下泵送混凝土时，混凝土的温度会对混凝土坍落度产生不利的影响，同时混凝土受压力在泵管内运行时会由于摩擦而产生高温，管道内混凝土凝结快，如果泵送间隔过长就容易发生堵塞，泵液压油温升高超过要求的工作温度也会造成泵机不能正常运转。为了保证高温下混凝土泵的正常工作，在施工中采取了如下措施：

①采取有效措施降低混凝土入泵温度，包括让水泥放置充分冷却，搅拌时加冰水及用冷水淋晒粗集料等，确保混凝土入泵温度不超过28℃。

②调整外加剂的缓凝剂组分比例，延缓凝结时间，减缓水泥的水化。

③沿泵管铺设湿麻袋片并浇水润湿，来降低管道的温度，从而减小温度对混凝土的影响。

④加强调度，合理安排搅拌车运输车次，减少混凝土中断供给时间，保证连续泵送。

⑤混凝土浇筑时间尽量选择在晚上或凌晨4~5时气温较低的时段。

⑥混凝土泵加装遮阳装置，避免太阳直射。

⑦泵送前用冷水冲洗泵管降温，泵送结束后立即清洗管道。

(2)冬季施工混凝土增温措施。

冬季最低气温达-3℃，对混凝土浇筑影响较大，为不影响工程的施工进度，并保证混凝土施工质量，冬季混凝土施工采取了措施如下：

①尽量减少夜间浇筑混凝土。

②搅拌时间延长至150s。

③采取措施对原材料进行保温，包括在搅拌站上设置加热装置，对搅拌水进行加热(加热至37~40℃)，控制混凝土出机口温度不低于10℃，或入模温度不低于5℃。

④泵管用干燥草帘或加厚土工布、棉被等包裹保温。

4)超高程泵送施工

混凝土泵送所需压力P包含三部分：混凝土在管道内流动的沿程压力损失P_1、混凝土经过弯管及锥管的局部压力损失P_2，混凝土垂直高度方向因重力产生的压力P_3。P_2可以通过少用弯管、锥管和软管及优化配管设计等方法来降低，但布管方案确定后P_2就不能再改变。P_1和P_3可通过混凝土配合比的指标优化得到减小。减小P_1的有效途径是适当增加混凝土胶凝材料用量和提高砂率，但是太多的胶凝材料和较多的水泥浆体会增大混凝土的收缩，也会导致混凝土内外温差相差增大而使混凝土容易开裂。因此，根据以往施工经验，可采用提高混凝土拌合物扩展度和适当增加拌合物含气量的办法来解决低胶凝材料用量、高管道沿程压力损失的矛盾，而清水混凝土对含气量有严格控制，因此不宜采用增加含气量的方法。另外，降低混凝土拌合物坍落度经时损失也是改善P_1的有效措施。为此，本文认为200m以上的高塔泵送混凝土只能采取适当增加坍落度、扩展度的方法，并初步提出控制指标如下：坍落度220~230mm，扩展度575~600mm，不能大于600mm，坍落度1h的损失不能大于20mm，同时混凝土的凝结时间根据施工的气温适当调节，具体通过泵送试验确定。

混凝土在经过高压泵送后的性能保持是混凝土可泵性的重要保证。100m高度以下的混凝土泵送难度不大，工程实践也很多。当泵送高度超过200m时，泵送操作人员应注意适当调节泵送排量，以保证混凝土拖泵在较小负荷下正常泵送。另外，在泵送施工过程中，试验室人员也重点关注混凝土泵送后的性能变化，在每次混凝土浇筑时，索塔顶混凝土入模位置均有试验人员检测混凝土指标，并与混凝土拖泵入口处混凝土性能进行比较，以判定混凝土拌合物的性能。

在上塔柱、索塔锚固区混凝土超高程泵送施工中，B1标段项目经理部在200m高度及以上高度(第43~44节，2012年1月中旬施工)对混凝土的泵送工艺进行了试验，找到了混凝土泵送后不分层离析的合适泵送速率和工作性：

(1)大于200m高度的泵送，减小泵送速度10~20m^3/h。

(2)将混凝土拌合物坍落度、扩展度分别控制在220mm±10mm、600mm±20mm的合理范围。

①当泵送前混凝土坍落度小于210mm时，混凝土泵送后的工作性明显变化，坍落度损失20~30mm，流动性大幅降低，扩展度降至350~400mm，混凝土温度上升2℃，泵压迅速上升。

②当泵送前混凝土坍落度达到230mm时，混凝土在入模时坍落度、扩展度无损失，但混

凝土宜出现粗集料下沉，产生浮浆。

③当泵送前混凝土坍落度控制在 210~230mm，扩展度 590~625mm 时，工作性能最为理想，入模时坍落度 195~215mm，扩展度 500~550mm，混凝土温度上升 2℃。

(3) 适当增加混凝土的胶凝材料用量，微调混凝土的配合比。

为达到上述性能指标，实际工程中首先在混凝土生产时采取随时调整外加剂掺量的方式，并对每车混凝土的坍落度进行检测，及时反馈，将拌合物工作性准确控制在预定范围。在最后施工节段时，为减少超高程泵送后混凝土稳定性变差导致的浮浆过厚的问题，在用水量和减水剂掺率不变情况下，混凝土的砂率由理论配合比的 41% 提高至 42%，另外每立方米混凝土中适当增加了胶凝材料中的水泥用量 15~30kg/m^3，以提高混凝土的黏聚力，补偿混凝土拌合物泵送后均质性不良引起的局部混凝土砂量不足。

9.2.3.4　混凝土浇筑

(1) 拖泵管道由塔柱外侧进入爬架混凝土浇筑面，为保证布料的均匀性，人员在爬架顶层平台内，利用中央集料斗(带溜槽)进行布料(图 9-17)，使各点均匀下料。塔柱标准节段浇筑高度 4.5m，为保证混凝土下落不离析，还需要悬挂串筒辅助下料进行混凝土浇筑。串筒单节长度 0.6m，根据浇筑高度，在浇筑过程中接长或缩短溜筒长度，保证混凝土自由下落高度不超过 2m。串筒下料时，其底口下混凝土堆高不得超过 1m。

a)中央集料斗布料

b)串筒布料

图 9-17　塔柱混凝土布料

(2) 混凝土对称下料、分层浇筑、分层振捣，分层高度控制在 40~50cm，振捣间距 40~50cm。一般每点振捣 25~35s。为防止混凝土表面出现明显的分层缝面线，上下层浇筑时间间隔应尽量缩短，一般控制不超过 1~1.5h。

(3) 振捣时注意钢筋密集部位，不得出现漏振、欠振或过振。每一振点延续的时间以混凝土的下沉较小，表面出现浮浆和不再有大量气泡上冒为止。为使上下层混凝土结合成整体，上层混凝土振捣要在下层混凝土初凝之前进行，并要求振捣棒插入下层混凝土 5~10cm，使上下层混凝土融为一体。振捣棒采用"快插慢拔"、均匀的梅花形布点，并使振捣棒在振捣过程中上下略有抽动，使气泡充分上浮消散，以提高混凝土的密实性并减少混凝土表面气泡。

(4) 模板附近、结构预埋件、预钢筋密集处、施工缝等特殊部位的混凝土浇筑，可用小的振捣器，指定专人负责下料，加强混凝土振捣工作，做到不漏振、不过振，确保混凝土密实。振捣模板附近的混凝土时,既要振捣好,又不得碰撞模板(木模表面易损伤,严禁碰撞);另外,振捣还不得随意碰撞埋设好的预埋件,以确保拆模后埋件的外观效果;绑扎好的钢筋也不得碰撞,尤其是靠近模板的钢筋,以避免钢筋移位及散落而露筋。为了方便振捣,振捣人员应下到混凝土面附近,以钢筋支架为操作平台。混凝土保护层厚度用砂浆垫块控制好。

(5)若振捣后层面上泌水较多,应在下层混凝土入仓前用吸管、海绵、棉花球或其他方法将水排除,同时应查明泌水原因,采取措施,减少泌水。

(6)为防止混凝土松顶而影响混凝土的内在和外观质量,振捣完毕后,清除表面浮浆(顶层混凝土及表面浮浆中含有大量的粉煤灰,为减小每次混凝土顶部与其他部位的色差,每次混凝土应稍微超浇,以便在清除表面浮浆、凿除混凝土松散层后不影响施工接缝的处理)。

(7)布料、振捣过程中,尽可能减少砂浆的飞溅,并及时清理掉溅于未浇段模板内侧的砂浆。

(8)后续混凝土浇筑前,应先剔除施工缝处松动石子或浮浆层。剔除后应清理干净。

9.2.3.5 混凝土养护

为保证混凝土质量,防止或减少混凝土表面开裂,浇筑完成的塔柱暴露的混凝土顶面及拆模后侧面必须及时进行养护。对同一视觉范围内的清水混凝土应采用相同的养护措施,养护时不得采用对混凝土表面有污染的养护材料和养护剂。

索塔混凝土为高性能粉煤灰混凝土,塔柱壁较厚,产生的水化热较高,而且桥位处受风影响大,使高塔混凝土养护增加了难度。为此,应针对不同的季节和不同的部位制定相应的养护方法,减少混凝土的自收缩裂缝、温度裂缝以及干缩裂缝等,确保混凝土质量和耐久性。

1)喷水保湿养护(温度高于5℃时)

春、夏、秋季在外界温度高于5℃时,为保证养护期间索塔混凝土的保湿效果,先后采用了混凝土表面晒水包裹塑料薄膜保湿养护和定时喷水养护的方法(图9-18),养护时间不小于7d(日平均气温20℃以上)、10d(日平均气温20℃以下)。当顶面混凝土终凝后,则立即铺一层土工布晒水保湿。

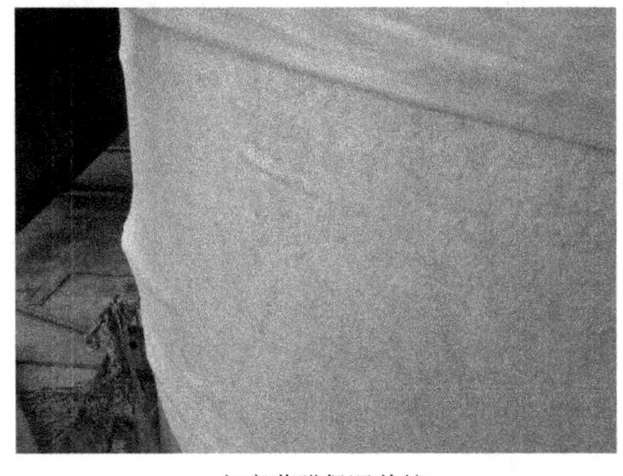

a)包裹薄膜保湿养护

b)定时喷水养护

图9-18 塔柱混凝土保湿养护

(1)薄膜包裹养护:洒水后立即用塑料薄膜进行包裹(图9-18a),防止江风直接作用混凝土表面,导致降温过快而开裂,在养护过程中定期洒水,保证塑料薄膜内有凝结水。养护时间不小于7d。

(2)定时喷水养护:沿爬架在塔柱四周密集布置喷头(图9-18b),在承台上设置供水系统,然后每隔10min喷水。若遇大风天气,水分发散较快,拆模后在塔柱周围包裹一层土工布,钢筋固定在爬架内侧,然后每隔10min喷水在土工布上,在混凝土表面形成保湿层。养护时间不小于10d。

2)覆盖保温养护(温度低于5℃时)

在外界气温低于5℃时,混凝土浇筑完后应做好保温养护工作。根据液压爬模系统的结构特点,索塔保温采取了两种措施。一是在爬模四周挂设保温门帘或防风屏,减小风对混凝土表面的影响。防风布沿爬模系统内侧挂设,随爬模系统爬升,防风布设置高度为9m(两节塔柱高度)。二是采用防火保温被带模包裹保温(图9-19)。当然,拆模后还需进行塑料薄膜包裹或进一步增覆土工布包裹保温。

a)挂设保温门帘

b)模板外覆盖养护保温被

图9-19 塔柱冬季施工保温养护措施

9.2.3.6 塔柱节段施工接缝处理

为使拆模后混凝土表面接缝美观,两层混凝土间的外露接缝线一定要平整顺直及高度整齐,在施工中,应采取以下措施进行预控:

(1)每次混凝土浇筑完毕后,应以模板顶口线为基准,对靠近模板顶口、宽约1.5cm的混凝土顶面内外接缝作修整、压实、抹平处理,在进行施工缝凿毛时,严禁破坏这条接缝,以确保上下层混凝土接缝顺直。凿毛由人工完成,当处理层混凝土强度达到2.5MPa时,对接缝界面进行4~6mm的凿除处理,凿除混凝土表面的水泥砂浆和松软层,经凿毛处理的混凝土面用压缩空气或高压水清理干净。

(2)也可在混凝土拆模后,在节段分段缝处弹墨线,采用金刚石砂轮机进行水平切缝重新处理,以确保上下层混凝土接缝顺直(图9-20a)。

(3)上节段模板与下节段结构实体接触处(模板压脚位置)应粘贴具有防漏作用的衬垫,如海绵条双面胶、防渗胶、止水带、黏合剂等,以保证模板的密封性(图9-20b)。

(4)由于索塔模板底口无接口模,为防止混凝土浇筑时漏浆以及上下两节段混凝土结合部出现过大的错台,待浇节段的模板底部应压紧已浇节段的混凝土顶部外表面(顶部外表面应先清理平整),不得留有空隙。

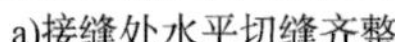

a)接缝处水平切缝齐整

b)接缝处防漏浆措施

图 9-20　混凝土接缝处理

(5)在已硬化的混凝土表面浇筑混凝土前,再次对接缝表面的垃圾、水泥浆、松动混凝土层进行检查清理(若有杂物,应清理干净,以防夹渣);混凝土浇筑过程中,观察模板与下节段混凝土面的贴紧情况,若出现漏浆,拉紧相应部位的对拉杆螺母及支撑螺旋;接缝两侧的混凝土应充分振捣,以使缝线饱满密实。

9.3　索塔清水混凝土表面缺陷修饰技术

索塔混凝土施工过程中由于施工需要,混凝土表面不可避免地存在拉杆孔、预应力孔洞和预埋件孔等孔洞,且实际施工过程中发生局部缺陷也难以避免,有可能会出现如错台、气泡、接缝不齐、裂缝、蜂窝、麻面、锈迹等外观质量缺陷,针对上述细小缺陷,在分析出现原因、制定预控措施的同时,还应及时地进行修补修饰,采取专人负责制,任用有丰富经验的泥瓦工专门负责索塔修饰工作,保证修饰质量。经过修饰的位置必须加强养护,不发生脱落、开裂、起皮等现象。修饰完成后,混凝土外观质量要求达 A 级外观质量标准。

9.3.1　修饰材料

为了保证修补的部位与周围混凝土表面颜色一致,所有使用的修补修饰材料统一经试验室严格试配,试配合格并在起步段试验成功后方可使用。试配应结合实际施工条件展开,并根据同龄期混凝土试块色泽的具体情况进行。

1)聚合物水泥砂浆试配

采用与原混凝土使用的同厂家同品种的硅酸盐水泥、减水剂调制同配比减石子的水泥砂浆,并内掺水泥总用量 10%~15%的建筑胶水(如丁苯胶乳、801 胶、107 胶),以增进砂浆的黏合力及抗裂能力。通过调配硅酸盐水泥与白色硅酸盐水泥的比例,以确保砂浆完全硬化后的颜色与实体混凝土表面的颜色接近或一致。硬化砂浆的 28d 强度高于实体混凝土强度。

2)聚合物水泥净浆或腻子试配

用与原混凝土同厂家同品种的硅酸盐水泥、10%~15%的建筑胶水调制成适宜稠度的聚合物水泥净浆或腻子状,保证水泥浆或腻子硬化后颜色与实体混凝土颜色接近或一致。

9.3.2 修饰工艺

1)错台的修饰

(1)错台小于 5mm 时,用角磨机将错台位置打磨平整。

(2)错台大于或等于 5mm 时,先用角磨机将错台位置打磨平整,再用聚合物水泥净浆对打磨位置进行修补,待水泥浆硬化后,用砂纸均匀打磨光洁,使打磨位置与周围色泽一致,完成用水冲洗洁净。

2)气泡的修饰

(1)用聚合物水泥净浆或腻子对气泡进行充填,将气泡充填密实。

(2)养护 1d 后,聚合物水泥净浆由于收缩会在气泡内形成微小的凹陷,再次用聚合物水泥净浆进行充填,并将表面收光,使修饰后的部位与原混凝土保持一致。

(3)待浆体硬化后,用细砂纸仔细打磨,使修饰区域与周围区域色泽一致。

(4)以上步骤可重复进行,直到修补的部位与周围混凝土的颜色一致为止。

3)表面裂缝的修补

(1)对于只影响混凝土外观质量的较细、较浅裂缝,可将裂缝用水冲洗后,采用聚合物水泥净浆抹补。修补的表面应用细砂纸打磨平整,并使该部位与周围混凝土的颜色一致。

(2)如裂缝开裂较大较深时,则应根据实际情况,按要求采用压力注浆法灌入改性环氧树脂注缝胶进行补强,并用白水泥聚合物浆修饰表面。

4)蜂窝、麻面的修饰

(1)采用钢丝刷将表面存在的蜂窝、麻面部位松散的混凝土层及浮浆凿掉冲洗干净,直到密实的混凝土面。

(2)然后用钢丝刷和压力水洗刷表面,将接触面清洗干净及润湿。

(3)刷较释的聚合物水泥浆液界面结合层一道。

(4)用聚合物水泥砂浆分层压实、抹平、收光。

(5)用混凝土养护液或塑料薄膜覆盖养护。

(6)采用砂纸打磨,使其与周围结构混凝土的颜色一致。

若不存在松软层(属小蜂窝、小麻面),先将缺陷部位清洗干净,然后进行修补,其修补修饰的方法同气泡处理。

5)锈迹的修饰

模板安装后,由于各种原因混凝土不能及时浇筑,钢模上可能会有少量锈迹污染混凝土面,锈迹采用以下方法修饰:

(1)如果是轻微锈迹,用软布擦拭即可。

(2)如果锈迹较多并渗进混凝土孔隙,则先用细砂纸打磨后再用软布擦拭即可。

6)拉杆孔的修饰

(1)对于标准节段模板,采用 ϕ15mm 精扎螺纹钢外套 PVC 管作为对拉螺杆的孔眼:

①当模板向上爬升一节段后,及时割除 PVC 管,将拉杆孔清洗干净。

②采用聚合物水泥砂浆进行填充。

③待凝固干缩后视情况再用聚合物水泥砂浆或聚合物水泥净浆进行表面补填。

④最后用调好色泽的聚合物水泥浆液抹面。

⑤用塑料薄膜或喷涂混凝土养护液进行养护。

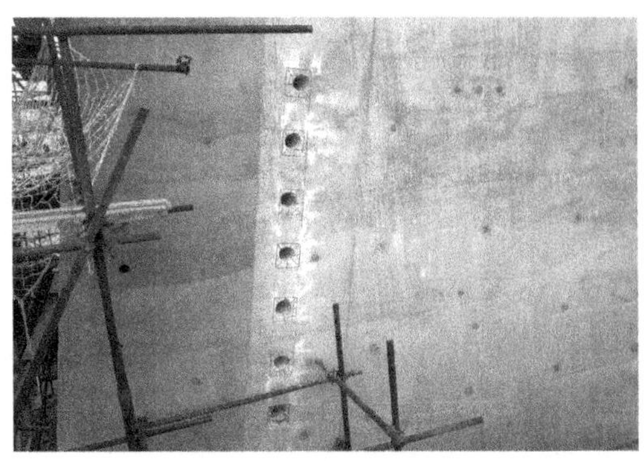

图 9-21　拉杆孔洞切割成矩形

⑥待凝固后,用砂纸反复打磨,直至表面光滑整洁。

(2)对于圆弧倒角段和实心段模板拉杆采用锥形螺母固定的孔眼,拆模后及时取出或凿出锥形螺母,为方便封堵施工,将拉杆孔眼扩大切割成规则矩形(图 9-21),切缝内的混凝土凿深 2cm,然后采用聚合物水泥砂浆按上述封堵步骤进行处理。

对于一些锥形螺母难以取出的死拉杆,也可通过在拉杆位置钻芯取出端头死拉杆(图 9-22),然后采用聚合物水泥砂浆对钻眼孔按上述拉杆孔封堵步骤进行处理。

a)钻芯取出死拉杆端头

b)拉杆孔封堵修饰近观效果

图 9-22　拉杆孔洞钻芯处理后封堵修饰

7)封锚处的修饰

在预应力孔洞修饰工艺上,通过加工成型深埋套筒保证了预留孔洞的规则和美观。

(1)将封锚处混凝土切割成规则矩形,见图 9-23。

①拆模后先将预应力套筒凿出。

图 9-23　封锚处混凝土切割和封堵效果近观

②在混凝土上弹出要切割矩形的切割线，矩形边距离深埋套筒边不大于 5cm（有压浆管一侧可适当增大，使压浆管在矩形内），同一型号锚具对应矩形尺寸应一致，且同一区域上的矩形应保证切缝整齐。

③用切割机沿切割线对混凝土进行切缝。

④对切缝内的混凝土进行凿除，凿除深度为 3cm。

(2)将封锚处清洗干净。

(3)用 C55 细石混凝土进行填充，人工插捣密实。

(4)待凝固干缩后视情况再用聚合物水泥砂浆或水泥浆进行补填。

(5)最后用调好色泽的聚合物水泥浆液抹面。

(6)用塑料薄膜覆盖喷晒混凝土养护液进行养护。

(7)待凝固后，用砂纸反复打磨，直至表面光滑整洁。

9.4　索塔清水混凝土成品保护技术

混凝土索塔施工节段多且工序复杂，经历的时间较长，因而导致已浇混凝土外表面受损的概率随之加大，破坏的因素随之增多。为了确保索塔在施工完成时其混凝土的外观完好如初，在施工期间，需特别加强对混凝土外观的保护。

(1)索塔施工期间，制定混凝土成品保护制度和责任制，对已完成的混凝土表面进行规范化管理。并设专职质检员对已浇筑的混凝土结构进行经常巡查，发现问题应及时处理，并对施工人员进行技术交底，要求施工人员自觉保护工程成品。

(2)不得用重物随便撞击及敲打混凝土面，尤其是刚拆模的混凝土面。

(3)不得在混凝土面乱写乱画，不得用尖利的硬物刮刻混凝土面，严禁用脏手或其他污物擦摸混凝土面。

(4)下塔柱起步段由于人员、施工设备及材料的影响，其混凝土外表面极易被污染，应采取措施重点防护。

①混凝土外表面用土工布或其他材料覆盖保护。

②人员上下的爬梯不要靠近混凝土表面。

③混凝土泵管尽量不要靠近混凝土表面，泵管接头处进行包裹。

④钢材不得在塔肢附近堆存。

(5)拆模后的混凝土表面若粘有浮灰及留有模板痕迹，应立即用细砂纸打磨，直到浮灰及模板痕迹清除干净、混凝土表面色泽一致为止。

(6)浇筑混凝土时，应采取以下措施防止浆液污染已浇混凝土面：

①施工过程中在模板压脚位置贴止浆带尽量避免漏浆。

②浇筑时，在模板底口用胶带和塑料薄膜粘贴封闭包边，使模板底口缝隙漏浆漏在塑料薄膜里，防止流到下面的成品节段，如图 9-24 所示。

③混凝土表面一旦出现浆液及其他污物，应立即清洗干净。

(7)为防止上横梁搭设钢管支架施工时对中横梁棱角造成破坏，中横梁棱角采用镀锌角钢进行防护(图 9-25)。

图 9-24 浇筑过程中采用塑料薄膜兜底

图 9-25 中横梁棱角采用镀锌角钢防护

(8)预应力张拉和压浆施工时，不得使用破损的压浆管、油管，管接头应密封，油泵、压浆设备及千斤顶应完好，以防止张拉和压浆过程中水泥浆及液压油污染混凝土面。预应力压浆过程中将废弃浆液接入废浆桶中并及时清理混凝土表面的浆液，油管接头处采用桶接、包裹的方式防止接头漏油对混凝土表面造成污染。

(9)采取措施防止电梯、塔吊及其他机械设备用油污染混凝土面，易污染处应预先用土工布或其他材料围护。

(10)塔吊和电梯附着、横梁支撑架、临时用爬梯及其他易锈蚀的铁件在使用期间进行防锈处理，并定期进行检查。

(11)由于承台表面、塔座及塔柱起步段在离现场操作平台较近，容易受到污染，所以对这些区域采取专门措施进行保护。

①承台表面铺 10cm 厚中粗砂进行保护。

②塔座边缘采用 5×5 镀锌角钢包边。

③塔柱起步段混凝土表面用防火布包裹，见图 9-26。

(12)排水孔下缘贴塑料薄膜，防止污水流出污染混凝土表面，见图 9-27。

图 9-26 塔柱起步段用防火布包裹保护

图 9-27 排水孔下缘贴塑料薄膜

第10章 桥面与路基附属工程清水混凝土施工工法

10.1 防撞护栏

随着桥梁施工技术的日益先进,内在质量越发有保障,而桥梁安全美观是广大建设者不懈的追求,传统的桥梁防撞护栏容易出现外侧烂根、翼缘板边缘不整齐外露、断面形式呆板缺乏变化等遗憾,加之防撞护栏属于桥梁附属工程,受重视程度不高,通车工期压力大等原因,其外观质量更是与桥梁主体工程不符,甚至严重影响桥梁整体形象,使许多宏伟壮观的桥梁工程留有遗憾。

为有效克服以往梁边线不顺畅和防撞护栏外侧底部难以修整到位的弊病,确保大桥整体美观,除主桥钢梁以外,九江长江公路大桥防撞护栏均采用外包翼缘板式断面形式设计,并通过加强对模板、假缝、混凝土浇筑等工艺的研究,取得了良好的感官效果,达到了清水混凝土标准,这在江西省属于首次,在全国也不多见,具有广泛的推广应用前景。

10.1.1 防撞护栏施工工艺流程

防撞护栏的外观质量主要分为线形外观质量和混凝土墙体外观质量,其中线形外观又分为平面线形和纵面线形外观。线形外观质量的决定因素主要为测量精度和模板支护精度,而混凝土墙体外观质量主要取决于模板表面、混凝土配合比、搅拌、浇注、振捣等施工工艺环节的动态质量。为了解决混凝土防撞护栏施工中的质量通病,提高混凝土防撞护栏的内在质量和外观质量,需从测量放样、钢筋加工及安装、模板制作安装、混凝土拌和及浇筑、养护等各个施工环节进行严格的质量控制。

混凝土防撞护栏施工工艺流程图如图10-1所示。

10.1.2 模板设计与制作

10.1.2.1 模板设计

(1)模板设计以直代曲,在满足施工要求的情况下按照轻便好用的原则进行,对于互通桥梁,连接部采用适应曲线半径特殊模板。

(2)内侧模板设计高度比防撞墙设计值矮3cm,以利采用砂浆带代替模板调节桥面起伏。

(3)防撞墙要求每4m设置一道假缝,墩顶位置处设置真缝,假缝宽2cm,深1.5cm,真缝处防撞墙断开,缝宽为2cm。模板设置2m(实际长度为1.98m)一节,方便假缝模板的安装和拆除。假缝采用$\delta=20$mm钢板制作,深入混凝土部分采用数控机床刨制成楔形口(图10-2)。并在假缝模板上边缘采用短钢筋焊接把手,方便拆模。真缝采用“夹心”式模板,与混凝土接

触部分采用两片 $\delta=6$mm 钢板，中间填塞 $\phi8$mm 钢筋或 8mm 厚楔形钢条，钢筋或钢条制作时应保证有足够的外露段，以便于敲击拆模。

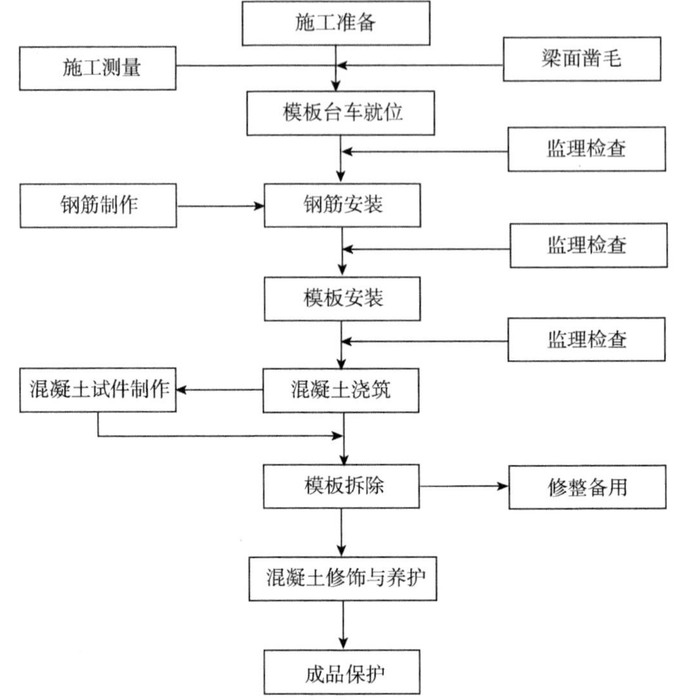

图 10-1　外包式防撞护栏施工流程图

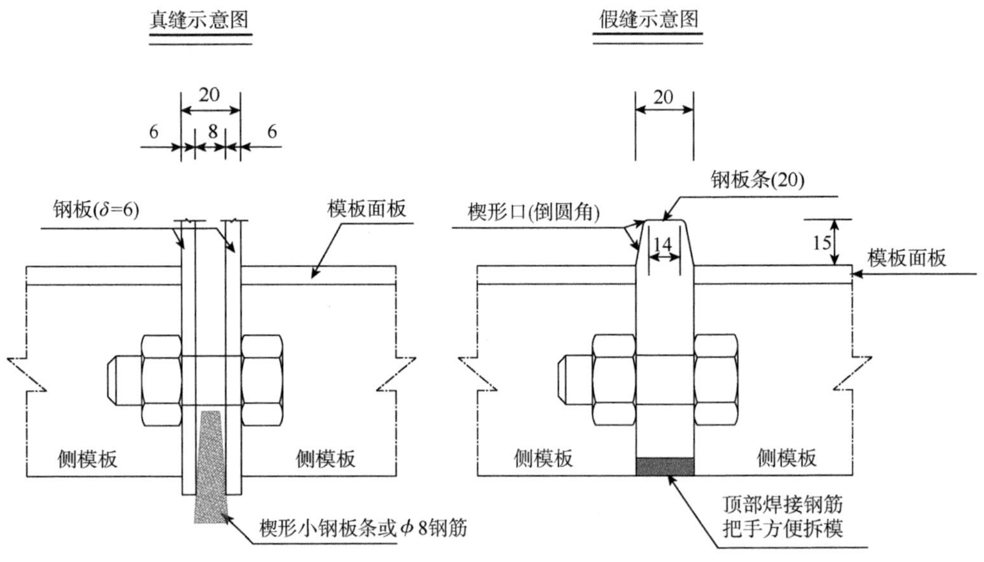

图 10-2　防撞墙真假缝示意图(尺寸单位:mm)

(4)外侧外包式防撞墙翼缘板下部模板采用扁孔，可上下调节高差为 6cm，适应桥梁翼缘起伏，方便桥梁下翼缘止浆(图 10.3)。

(5)模板每 2m 设置三道拉杆，分上下两层，上层位于防撞墙顶部以上，下层位于桥面铺装层以下有利于外观质量的控制。

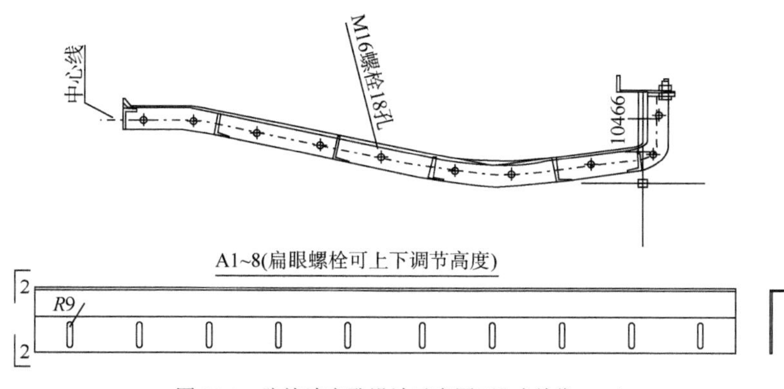

图 10-3　防撞墙扁孔设计示意图(尺寸单位:mm)

10.1.2.2　模板制作

(1)模板采用特制钢摸,由面板、纵横加劲肋、背楞等组成,强度、刚度和稳定性满足施工要求。面板均采用 6mm 钢板加工,背肋(-8×80 带钢),连接边(厚 8 带钢),对拉槽钢([8),对拉螺栓(M16)。

(2)模板在工厂分节制造,每节长度 2m,相邻模板间设普通螺栓连接。

(3)模板的拼装,宜采用组装胎具定位及合理的焊接顺序。

(4)模板加工毛刺、焊渣要清理干净,除锈要彻底,防锈涂漆刷均匀。

(5)模板加工要求各部位焊接牢固,焊缝尺寸符合要求,焊缝外形应光滑、均匀,不得有漏焊、焊穿、裂纹等缺陷,不得产生夹渣、开焊、气孔等缺陷。面板结构尺寸应精准,且线形应流畅。

(6)模板使用前须进行现场组拼、编号,并分规格堆放。

10.1.3　施工技术与要点

10.1.3.1　主要采用的工艺技术措施

基于清水混凝土防装护栏临边作业多,线形要求流畅,顶面高程控制准,外观质量要求高的施工特点,施工中要注意采取以下工艺技术措施:

(1)防撞墙设计采用外包桥梁翼缘式结构,有效解决了传统防撞墙质量通病,但却新增加了施工难度,外侧模板靠内侧模板悬吊于桥梁翼缘外侧,底部倒置 L 形模板顶紧桥梁下翼缘,内侧模板设置撑拉系统,确保整个模板安装位置准确,结构稳定。

(2)鉴于桥梁防撞墙施工临边作业多,对于该种形式防撞墙施工工人还需下到桥梁下翼缘作业特点,设计出一种既能装吊又能提供工人临边操作平台的台车,该台车工作原理是:模板由台车后喂入,电动葫芦将台车提起运送至桥梁翼缘外侧下落就位,工人站在外侧平台上辅助台车安装模板,还可以下到桥梁下翼缘进行止浆等操作,拆卸模板反之亦然,一段完成后,沿桥面“走行”到下一工作面,钢筋安装也可以借助该台车。

(3)传统防撞墙假缝一般采用“切割”或“夹泡沫条”等措施实现,但都存在成缝不顺直、毛边、宽窄深浅不一致等弊病,切割成缝还存在时间不好掌握导致防撞墙不规则开裂问题。

本工法中假缝采用内外侧模板之间夹钢板条，浇筑混凝土后，拆模时先拆除钢板条直接成缝，有效克服了传统施工方法的质量通病。

(4)加强混凝土浇筑工艺研究，混凝土纵向分段、斜向分层由下坡向上坡浇筑，马蹄和上口圆倒角等阴角气泡不易排出部位采取二次滞后振捣工艺，并配置 ZD30 小型插入式振动棒深入至外包部分，方便振捣，确保外观质量。

10.1.3.2 施工工艺要点

1)梁面凿毛和清理

原来现浇梁施工和预制梁施工时已经进行了凿毛处理，防撞墙施工前应按照防撞墙边线对防撞墙对应梁面内再次采用风镐进行仔细凿毛，然后采用高压水枪或高压风管清理干净梁面。

2)测量放样

(1)测量放样在梁面清理干净后钢筋安装前进行，测出梁面高程和内侧轮廓线。内侧轮廓线的放样点应按模板长度的整数倍放样，相邻模板共用一个高程控制点，应包含防撞墙内缘线、模板分界线、模板拉杆孔位置应做好标记，预埋钢筋有冲突可适当调整。

(2)测量放样宜长不宜短，有条件整侧一次测量放样，施作高程控制点，确保线形。高程控制点采用高标号砂浆现浇成 10cm×10cm 垫块，严格控制模板底部高程，以期达到严格控制顶面高程的作用，确保防撞墙顶面高程充分满足设计要求(图 10-4)。

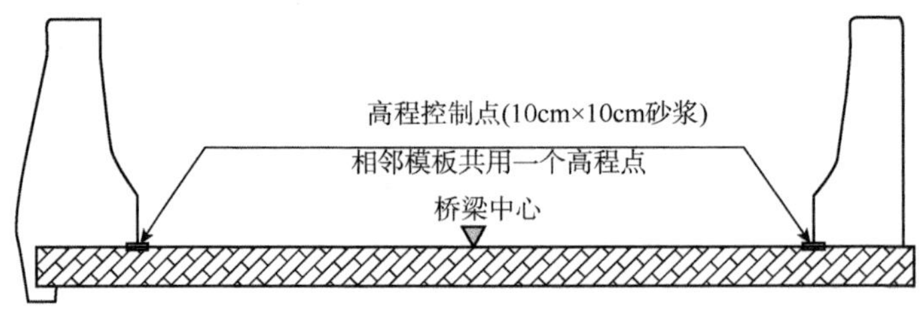

图 10-4 砂浆高程控制点示意图

3)钢筋安装

(1)钢筋安装时，应先确定起始点和结束点钢筋顶面高程，然后在起始点位置挂线至结束点，匝道桥(曲线段)和竖曲线位置处应加密点位，确保高程线形与设计一致；最后根据挂好的高程线进行钢筋绑扎或焊接。

(2)钢筋安装顺序是：防撞墙底部纵向钢筋就位→预埋件焊接成环→防撞墙中上部钢筋就位→横向钢筋安装→纵向钢筋安装→外悬侧横向钢筋安装→外悬底部钢筋穿插安装。

(3)钢筋绑扎完毕后，加绑专用混凝土垫快，每方平米不少于 4 个，其位置相互错开，呈梅花形布置。垫块厚度为 35mm，扎丝头不得伸入混凝土的保护层。

4)模板安装

(1)模板进场后要经过试拼验收，要求大面平整、倒角圆顺、拼缝严密。

(2)模板安装采用防撞墙施工台车进行(图 10-5)。

(3)模板表面处理：模板安装前，用小砂轮机对面板进行除锈，面板打磨出金属光泽，清洁彻底，除锈完毕用后用抹布擦干净，保证钢模面板表面无任何杂物和污点，并用羊毛滚筒均匀涂抹一层轻机油脱模剂。也可采用模板漆或优质液压油掺柴油作为脱模剂。涂刷模板漆无须抛光处理，涂刷其他脱模剂则需做抛光处理。

图 10-5　安拆一体化台车安装外包模板

（4）模板安装顺序：为先内侧后外侧，安装时，先在模板缝及模板与梁面接触处贴好止浆双面胶带，再依据已标识出的尺寸边线进行对位，保证模板下口位置精确，先安装内侧模板，对好后，用临时支撑固定内侧模板，之后进行外侧模的安装，外侧模板采用可调螺栓悬吊在内侧模板上，待内外侧模板都装完后，应进行模板垂直度和线形的精确调整，直至符合规范要求。护栏模板安装完成后，务必对护栏模板顶面高程和垂直度进行高程复测，以保证模板的线形满足要求。

（5）模板支撑体系控制（图 10-6）：临时支撑采用内撑内拉形式，支撑体系与立好模板夹角为 45°。每块模板（2m 长）设置两道支撑，撑杆采用 ϕ48mm×3.5mm 钢管封端制成，拉杆采用法兰螺栓与 ϕ12mm 钢筋连接制成，拉杆顶部固定在模板上层背带上，底部固定在梁面上。梁面固定处单点采用两个 ϕ10mm 膨胀螺栓作锚固，或采用 ϕ15mm 打孔机在梁面植 ϕ16mm 钢筋做锚固起到抗滑及抗拔作用。植筋孔要求深度≥12cm，并与梁面成呈 45°夹角以保证拉

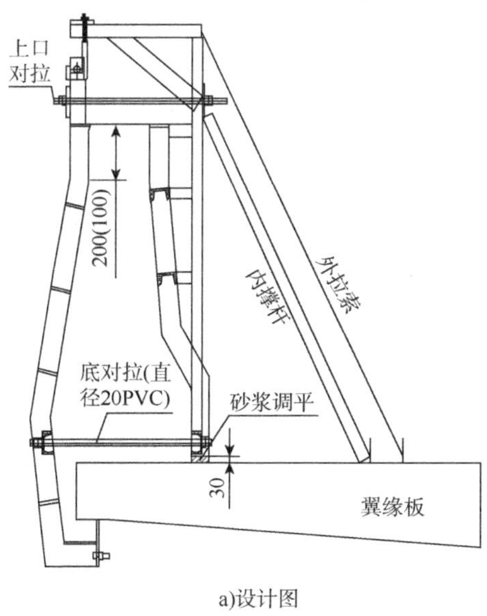

a)设计图

b)实物图

图 10-6　防撞护栏模板支撑体系（尺寸单位：mm）

杆与植筋孔轴线垂直，无论采用哪种形式，均应确保锚固力足以抵抗模板在混凝土浇筑施工过程中产生的倾覆力（抗倾覆系数≥1.5）。

（6）假缝及真缝设置：假缝采用厚 20mm 钢板，深入混凝土 20mm，深入混凝土部分通过数控车床磨成圆角，以便于拆除，另先拆除假缝模板再拆除其他模板，以不顺坏混凝土边角；真缝采用“夹心”式模板，与混凝土接触部分采用 2 块 6mm 钢板，中间夹 8mm 厚钢板条，拆除时先抽出中间钢板条再取出钢板，钢板重复使用。

（7）伸缩缝位置处理：安装模板遇到伸缩缝位置时，应根据伸缩缝装置的型号尺寸，应事先制作比伸缩缝所占位置略大的木箱子，固定于伸缩缝位置，内部饱满填充砂子防止浇筑混凝土过程发生变形，安装完此处模板后采取必要的止浆措施再行浇筑混凝土。拆模后再将木箱拆除，以便于伸缩缝的安装。

（8）为防止模板下口漏浆，模板支立完毕后，底模板下口采用砂浆封堵，待砂浆达到一定强度后再浇筑混凝土。

5）混凝土施工

（1）混凝土配合比。

混凝土防撞护栏设计强度等级 C30，根据其结构特点和施工方法，设计坍落度 170mm±20mm。

（2）混凝土浇筑。

①浇筑混凝土前，应对模板、钢筋和预埋件进行检查，并做好记录，符合设计要求后方可浇筑。模板内的杂物、积水和钢筋上的污垢应清理干净。模板如有缝隙，应填塞严密。

②凝土用混凝土运输车运至现场后要进行检查监控，做好坍落度试验，并观察混凝土的保水性和匀质性，确保入模混凝土的质量。

③混凝土运输车沿纵桥向慢行利用溜槽入模。必要时，可在下料口位置设置挡板防止混凝土直接冲刷模板导致成型后的表面产生色差。

图 10-7　防撞护栏浇筑分层示意图

④混凝土浇筑应由桥梁下坡侧向上坡侧进行，采用纵向分段、斜向分层的布料方式，分段长度一般宜控制 5m 以内，分层厚度按 3 层控制，第一层浇筑至模板下倒角上口（即马蹄下口，层厚 35cm 左右），第二层浇筑腹部（层厚 40cm），第三层浇筑到护栏顶（层厚 45cm）（图 10-7）。

⑤混凝土的振捣采用 B30 和 B50 两种振捣棒，底层不宜浇筑过高，外包部分采用 B30 振捣棒振捣，须边布料边振捣并且要比其他位置振捣时间略长，防止出现空洞或不密实，振捣完成后采用橡皮锤敲打以验证是否振捣密实；上口圆倒角不易排气部位采取滞后二次振捣提气。

⑥振动棒要快插、慢拔，以便使气泡充分逸出。分层振捣时，振动棒棒头不宜淹没太深，插入已振完下层混凝土 5~10cm 即可，从而消除分层接缝；插点要均匀排列，顺序进行，振动

棒插点间距 50cm 左右，一般每插点振捣时间为 25s 左右，以混凝土表面平坦泛浆，不出现气泡为准。严禁过振，避免混凝土表面出现鱼鳞纹或流沙，泌水现象而影响外观。另外，振捣时应严禁碰撞模板，以免模板损伤，影响外观质量。

⑦在混凝土浇筑过程中，施工班组要随时检查模板支撑杆是否松脱、变形，如有松脱、变形应及时予以调整，并将该处混凝土重新振捣。

⑧在每浇筑完一段护栏后，后应进行顶面的修饰，保证护栏成型后，顶面平整、光洁、线形顺畅、无裂纹。顶面修饰采用三次收浆抹面，振捣完毕后用木抹子第一次初平，泌水基本完成后用木抹子第二次抹平压光，抹面时注意保证护栏顶面的平整度，混凝土初凝前再用铁抹子第三次反复抹出光面。应注意把顶面混凝土修平至模板顶面小倒角处的上边缘，保证棱角分明、线形平滑(图 10-8)。

图 10-8　防撞护栏混凝土浇筑过程

⑨护栏模板底砂浆找平层不得侵入护栏混凝土，护栏施工完毕后，应予以清除。

⑩夏季施工时，防撞护栏混凝土浇筑应避开高温时段，宜选在傍晚 18:00 以后进行。雨季施工时，应备有塑料膜，遇雨时，应及时覆盖。

(3)混凝土养护。

混凝土收浆完成且初凝后开始进行养护(图 10-9)。混凝土面有模板覆盖时，采取洒水养护，并使模板保持湿润，混凝土顶面加盖无纺土工布洒水养护，但在开始养护前，覆盖物不得接触混凝土面。如遇高温(30℃以上)、大风等恶劣天气，浇筑完成后应及时对混凝土表面遮盖，防止表面出现裂纹；模板拆除后，宜采用在防撞墙顶面铺设三层白色土工布，上表面铺设一根接至蓄水桶的周边均匀带孔 ϕ20mm PVC 管，再采用塑料薄膜对防撞墙整体包裹，直接在蓄水桶加清水即可达到养护效果。养护用水应清洁，防止污染混凝土面，养护时间不少于 7d。

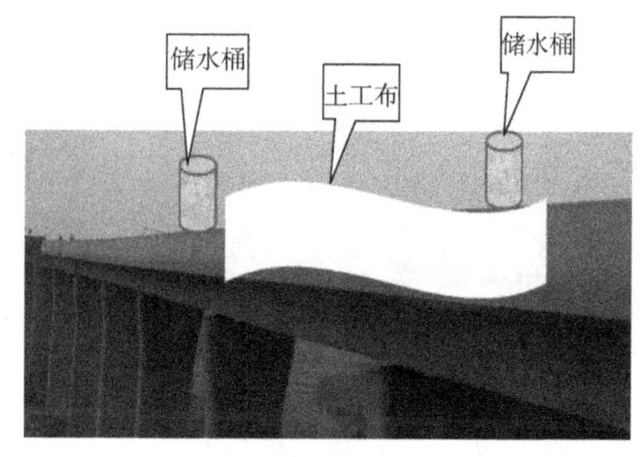

图 10-9　防撞护栏混凝土养护示意图

(4)模板拆除。

①拆模时间：模板拆除应在混凝土强度能够保证其表面及棱角不致因拆模而受损坏时方可拆除。考虑该种防撞墙有一定外悬，应适当延长拆模时间。过早拆模容易掉角和表面碳化

发黑,过晚水汽未及时散发颜色偏深,常温下一般12~16h拆模。

②拆模顺序:下坡向上坡进行,先缝后板,先外侧后内侧,由下而上。

③注意事项:模板拆除时,首先松动模板之间连接螺栓,小心敲击假缝模板顶部把手,直至松动垂直墙面拔出,然后先拆外侧模后拆内侧模。严禁猛烈地敲击,生拉硬拽等方法进行,严禁抛扔。拆除后,及时对模板进行维修整理,分类妥善存放。

④拆模外侧模板时,仍然使用防撞墙台车辅助进行(图10-10),中央分隔带模板采用简易台车拆除,简易台车如图10-11所示,最大起吊高度为3.3m。

图10-10 线路外侧台车拆除外侧模板

图10-11 中央分隔带台车

6)混凝土表面修饰

混凝土浇筑完成后,对混凝土表面做局部修整,使混凝土表面光洁。缺陷修补方案报监理工程师批准后方可进行(图10-12)。

图10-12 混凝土防撞护栏一般需要修饰处理的部位

(1)拆模后及时对混凝土局部瑕疵进行修饰,对于直径大于3mm的气泡采用白水泥和灰水泥及建筑胶乳按预定的比例混合后进行修补,不应与大面混凝土产生较大色差。

(2)对于棱角欠完整处进行适当修补,毛刺采用砂轮机进行适当打磨处理。

(3)对拉杆孔采用白水泥和灰水泥按照一定的比例混合后进行修补。

(4)雨季严禁大面积抹灰修饰。

10.1.4 混凝土外观质量控制要点

根据以上施工工艺,防撞护栏清水混凝土外观质量控制工艺要点见表10-1。

混凝土外观质量控制工艺要点　　表 10-1

<table>
<tr><th colspan="2">施工工序</th><th>工艺要点</th></tr>
<tr><td rowspan="5">模板</td><td>模板加工</td><td>刚度、强度满足要求，面板平整度≤1mm/2.0m，螺栓孔对位误差≤2mm，需做防锈处理，面板正面不出现焊缝（疤），平面尺寸、曲率、倒角准确，拉杆孔眼布置规律、整齐</td></tr>
<tr><td>模板处理</td><td>面板打磨出金属光泽，清洁彻底后能涂刷脱模剂，刷模板漆无须抛光处理，刷其他脱模剂则需做抛光处理；模板漆涂刷均匀，厚薄适当，推荐用量为 15~20m²/kg，温度≥15℃，固化时间约 4h，使用时间≥24h，扬尘及雨天不得涂刷模板漆。尽量压缩模板安装到混凝土浇筑时间差，避免模板污染而造成混凝土色泽不一致</td></tr>
<tr><td>假缝真缝设置</td><td>假缝模板应使用经专门开模后的钢板，假缝深入混凝土深度按 2cm 控制（可在假缝模板上刻画标记），假缝模板使用前打蜡或打磨涂油，拆模时先拆假缝模板。假缝间距 4m；真缝原则上按设计要求设置（10m 或 12m），如有冲突可适当调整</td></tr>
<tr><td>模板安装</td><td>面板错台≤2mm，拼缝夹胶带略缩进面板 2mm，螺栓满上，拉杆紧固，内支撑牢固，垂直度≤0.1%，且≤20mm，外拉索单边均匀布置，且无多余荷载；
护栏底部及板缝容易出现漏浆现象，应在两块模板接头部位设置高程点，模板调整完毕后再用干硬性砂浆封堵（内外侧均进行封堵，注意内侧封堵砂浆不宜过多），改善漏浆现象；模板拼缝必须设置止浆条，且止浆条不得深入混凝土内，多余的需割除；
加大立模过程及立模后浇筑混凝土前的检查力度，立模完毕后必须拉线检查，合格后方可浇筑混凝土，确保护栏线形顺直。</td></tr>
<tr><td>模板拆除</td><td>遵循先支后拆、先小块后大块原则，不得生拉猛拽，严禁猛烈敲击，吊点不少于两个且对称，分类堆放，注意保护面板，严禁碰撞混凝土表面；
在断缝处留一块上次浇筑模板不拆，与下一段将要浇筑模板螺栓连接，确保防撞墙在断缝处不错台</td></tr>
<tr><td rowspan="2">钢筋</td><td>钢筋加工</td><td>尽量采用胎具保证加工准确，分类堆放、标识，随加工随用避免锈蚀</td></tr>
<tr><td>钢筋安装</td><td>熟悉图纸清楚安装顺序和难点，受力钢筋间距偏差≤5mm，采用与模板点接触专用保护层垫块，密度≥4 个/m²，保护层厚度偏差≤3mm，骨架安装稳固</td></tr>
<tr><td rowspan="5">混凝土</td><td>混凝土拌制</td><td>砂含泥量≤2%，碎石含泥量≤1%，各种原材计量准确，搅拌时间≥90s；混凝土坍落度稳定，无离析泌水，确保混凝土自然色泽一致</td></tr>
<tr><td>混凝土浇筑</td><td>混凝土倾落高度≤2.0m，严格控制混凝土下料水平分层，每层厚不宜超过 40cm，下料时在模板口设置挡板，避免混凝土过早溅到模板上口；
混凝土浇筑间歇时间不超过 150min；
严格控制混凝土表面以及预埋件表面与模板上口平齐，模板上口残留混凝土应及时清理，避免影响防撞墙顶口平整度的控制</td></tr>
<tr><td>混凝土振捣</td><td>逐棒振捣，间距宜控制在 50cm 以内，插入点尽量靠近桥梁内侧但应避免碰撞模板，振动棒插入下层混凝土厚度宜为 5~10cm。为方便提气，尽量不要让混凝土完全淹没棒头，每点振捣延续时间宜为 20~30s，以混凝土停止下沉、不出现气泡、表面呈现浮浆为度。为确保上口倒角处气泡完全排出，可适当间隔一段时间二次插入振捣达到滞后提气效果</td></tr>
<tr><td>顶面收浆</td><td>浇筑完成后，顶面宜进行三次收浆，力求精细，最后一次收浆应掌握好时机，宜刚好卡在混凝土初凝前半小时完成</td></tr>
<tr><td>混凝土养护</td><td>表面暴露部分收浆初凝后尽快覆盖洒水养护，拆模、养护应及时，外露面采用土工布包裹渗流养护，养护湿度应均匀。拆模后及时对瑕疵进行修补</td></tr>
</table>

续上表

施工工序		工艺要点
混凝土	混凝土表面修饰	拆模后应及时修饰，修饰工作仅对气泡相对集中处、模板接缝处、砂沟、拉螺杆孔等缺陷部位进行抹灰、整平修饰。修饰工作应由专业人员完成，加强修饰工艺试验研究，不宜进行简单的大面抹灰装修，尤其防撞墙表面不得遗留大量水泥灰

10.2 钢护栏混凝土底座

护栏底座的功能是承上启下，通过护栏座将钢护栏与梁体连接，其实用功能是能够准确安装钢护栏，同时也是通车后桥上唯一可见的混凝土。这就决定了护栏座施工控制的重点：一是预埋件的定位要满足护栏安装精度要求；二是混凝土线形要顺直、外观质量要美观。

护栏座预埋件设置：纵桥向每 1.5m 设立柱预埋钢板及螺栓（钢板规格 40cm×40cm×2.5cm），每 30m 设灯柱底座预埋件（钢板规格 70cm×45cm×2.5cm），外侧护栏内纵桥向预埋 2 根直径 90mm PVC 监控设备及照明线路预埋管，纵向预埋管通过三通与灯柱预埋钢板上的预留孔连接。护栏座具体结构如图 10-13 所示。

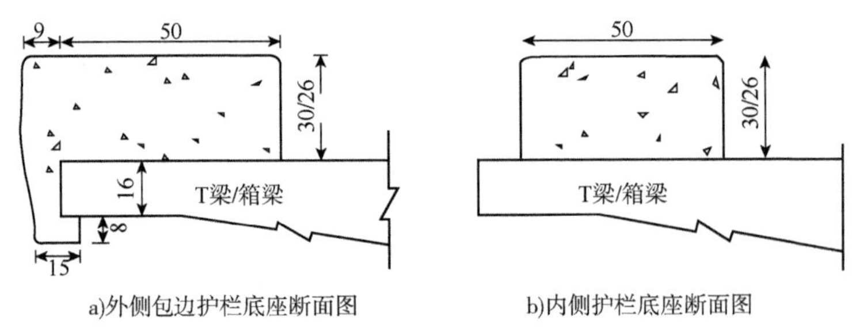

a)外侧包边护栏底座断面图　　b)内侧护栏底座断面图

图 10-13　护栏底座结构图（尺寸单位：cm）

10.2.1 施工工艺流程

一联先简支后连续 T 梁体系转换完成或现浇箱梁一联施工完毕后，进行护栏座施工。清理护栏范围内杂物、浮浆、尘土、油污，对接触面进行凿毛处理；然后进行钢筋焊接和绑扎；放护栏边线及高程；抹砂浆高程点；支立模板；浇筑混凝土并养护。

护栏底座施工流程及监理流程见图 10-14。

10.2.2 施工工艺要点

1）测量放样

平面位置控制：桥梁体系转换完成后，进行测量放样，按照护栏内侧边线的设计位置沿桥梁纵向每 5m 放样一个坐标点，然后弹墨线定出护栏内边线（确保桥面净宽满足设计要求，误差在规范允许范围内）。在施工过程中通过拉线来调整预埋钢板和模板的平面位置。

高程控制：按照每 5m 布置一个高程控制点。高程控制点高程标记临时焊接于护栏钢筋上的钢筋头上（图 10-15）。

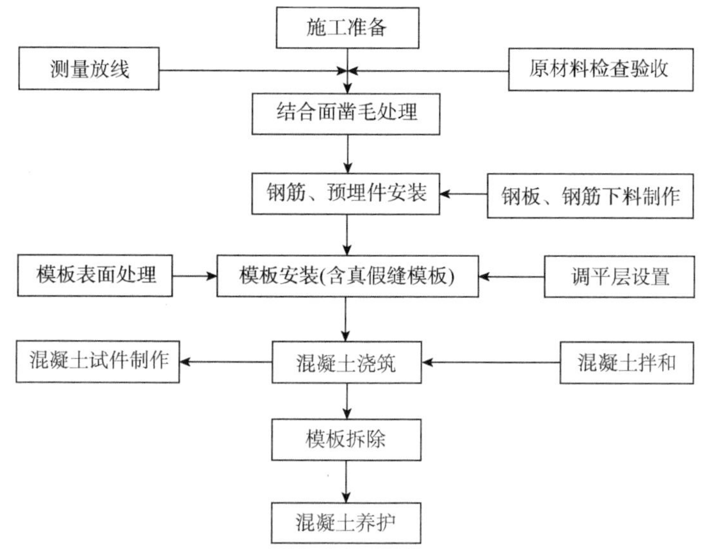

图 10-14　钢防撞护栏混凝土底座施工流程

a)护栏边线

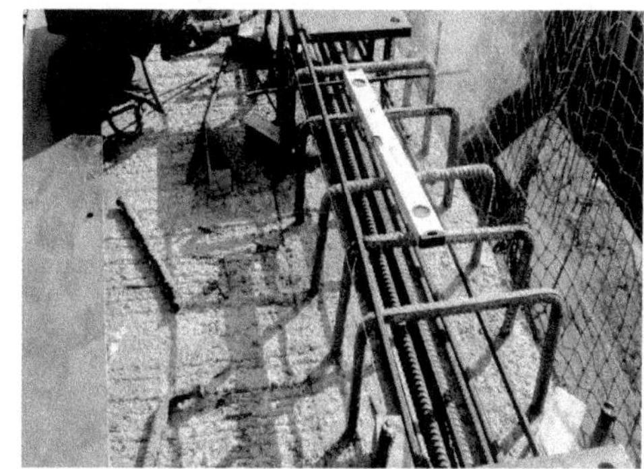

b)护栏高程控制

图 10-15　护栏底座测量放线

2)结合面凿毛

对箱梁顶面结合面处进行全断面凿毛,凿除混凝土表面的水泥浆和松弱层,要求表面露出新鲜石子,并用洁净水将凿毛面冲洗干净,确保新老混凝土更好结合(图 10-16)。

图 10-16　结合面凿毛

3)预埋钢板安装和钢筋绑扎

预埋钢板安装要求平面位置准确,且顺桥向与护栏底座平齐,横桥向垂直水平(图10-17)。预埋钢板安装分为以下5步:

(1)根据已放样的护栏边线坐标点,确定护栏预埋钢板安装位置。

(2)根据预埋钢板对应的设计高程将钢板临时支垫。

(3)用水平尺将预埋钢板调平。

(4)临时固定,再对高程、平面位置和倾斜度进行复核,全部合格后,按照设计要求将预埋板锚筋与护栏底座纵向主筋进行焊接。同时,采用水平尺确定预埋件的水平度。

(5)将螺栓安装后用胶带将外露的丝头和螺母包裹。护栏底座预埋件安装完成后,再按照设计要求绑扎护栏底座钢筋。

a)护栏底座预埋件间距检查

b)护栏底座预埋件水平度检查

c)预埋钢板外漏螺栓部分包裹

d)护栏底座钢筋绑扎牢固、整齐

图10-17　预埋钢板安装和钢筋绑扎

4)假缝和真缝施工

(1)5m设置一道假缝,15m设置一道真缝。假缝深、宽度值各2cm,真缝处断开,缝宽为2cm(图10-18)。模板设置2.5m一块方便假缝模板的安装和拆除。

(2)假缝采用14mm厚的楔形钢板,钢板两侧采用双面胶带贴实,压缩后总宽度为2cm,嵌入混凝土深度为2cm,深入混凝土部分通过数控车床磨成圆角,以便于拆除。拆模时,先拆除假缝模板再拆除其他模板,以不损坏混凝土边角。

(3)真缝采用2块6mm厚的钢板,中间夹一层8mm厚的泡沫板或ϕ8mm钢筋。拆除时先破坏泡沫板或抽出中间钢板条再取出钢板,钢板重复使用(图10-19)。

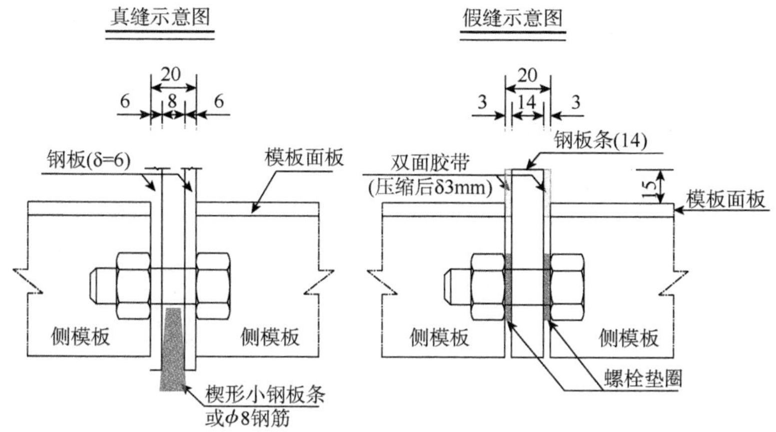

图 10-18　护栏底座真缝、假缝示意图(尺寸单位:mm)

图 10-19　护栏底座真缝、假缝的施工

5)高程点设置

模板分节长度为 250cm,在模板接缝位置下口根据测设的高程用砂浆施做 10cm× 10cm 见方的高程点,并严格抹平,模板接缝均坐落于高程点上。

6)模板施工

(1)模板面板材料。

护栏基座清水混凝土模板才用特制定型钢模板。模板面板采用 5mm 厚钢板,边肋采用 L63×6 角钢(63×6mm 扁钢),横、竖肋板均采用 63×5mm 扁钢,拉杆采用 M12mm,连接孔为 ϕ14mm,连接螺栓采用 M12。

(2)模板表面处理(图 10-20)

先用抹布清理附着物,采用小砂轮机除锈,洗衣粉水清洗,最后用清水清洗干净后再用棉纱擦干,保证钢模表面无任何杂物或污点。模板干净标准为白色抹布擦拭后不变色。脱模剂使用液压油或柴机混合油,采用羊毛滚筒轻薄涂刷均匀好。脱模剂涂刷后采用塑料薄膜进行覆盖,防止模板受到二次污染。

(3)模板安装(图 10-21)

①模板安装前必须将护栏底座钢筋骨架内杂物清理干净。

②内侧模板安装前采用水泥砂浆施做 10cm×10cm 见方的调平层,以防止漏浆。

a)模板清洗后检查

b)模板涂刷脱模剂

图 10-20　护栏底座模板表面处理

a)模板拼缝处贴双面胶,防止漏浆

b)模板安装时,内、侧模板采用水平靠尺调平

图 10-21　护栏底座模板安装

③模板拼缝和模板与混凝土结合面采用双层双面胶止浆。

④拉杆与模板眼之间的缝隙,采用玻璃胶进行封堵。

⑤内、侧模板采用水平尺进行调平。

⑥为防止模板下口漏浆,模板支立完毕后,下口采用砂浆封堵,待砂浆达到一定强度后再浇筑混凝土。

7)混凝土施工

(1)混凝土配合比。

防撞护栏底座混凝土设计等级 C40,设计坍落度 150mm±20mm,初凝时间大于 8h。

(2)混凝土浇筑。

①混凝土浇筑前必须洒水湿润混凝土结合面,并对模板、钢筋和预埋件进行检查,并做好记录,符合设计要求后方可浇筑。模板内的杂物、积水和钢筋上的污垢应清理干净。模板如有缝隙,应填塞严密。

②混凝土拌和应严格按配合比进行。在拌和站集中拌制,混凝土运输罐车运输,罐车上桥配合人工直接入模,或利用汽车吊和料斗将混凝土吊上梁,人工采用手推车将混凝土入模。混凝土倾落高度控制在 2m 以内。

③由于护栏高度小,一次性全高度浇筑完成,布料方向由护栏底座的一端(低端)向另一

端(高端)逐步推进,人工用铁锹补料。混凝土振捣与浇筑同步进行,采用 ϕ50mm 型插入式振捣棒振捣密实。振捣棒振捣时快插慢拔,控制振点间距 40cm 左右,深度插入到护栏底部,每插点振捣时间为 25~30s,并避免振捣棒触碰到模板及预埋 PVC 管。多余的混凝土浆进行及时清理。

④必须进行二次收面,确保顶面平顺。混凝土浇筑完成后进行第一次收面。一次收面时确保混凝土面与模板、预埋钢板的上缘平齐,并将预埋螺栓和钢板表面的混凝土浆擦拭干净,并套上塑料薄膜包裹严实,防治污染。混凝土初凝前约 30min 进行第二次收面,二次收面要认真压光,特别是预埋钢板两边的狭窄区域,不能遗漏(图 10-22)。

a)护栏底座混凝土浇筑

b)护栏底座混凝土养护

图 10-22　护栏底座混凝土施工

(3)混凝土养护及凿毛。

混凝土初凝后,及时对护栏顶面混凝土采取干净土工布进行覆盖,设置专人洒洁净水进行保湿养护。

施工缝处的混凝土强度达到 2.5MPa 后拆除端头模板,进行人工凿毛直至露出粗集料为止。内外侧模拆除后,用土工布将护栏底座三个面全部包裹,洒水养护。整个养护过程派专人看管,始终保持混凝土湿润。养护时间不少于 7d。

10.3　路基防护与排水工程小型预制构件

传统的高速公路路基边坡防护、桥头锥坡、水沟、路肩防护等大多使用浆砌片石砌筑,存在质量控制难度大、不美观、不利环保等诸多缺点。采取路基防护、排水工程采用集中预制、现场安装的方方法,可使路基防护工程与排水工程施工实现标准化,并在小型构件预制施工中精雕细琢、精益求精,是项目实施管理精细化的具体体现。

小预制件的预制工作,可根据图纸设计的尺寸,委托塑料模具加工厂进行胎模“造型”,然后批量生产出用于生产的塑料模具(原料为聚丙乙烯、ABS);通过室内试配及工艺试验得出便于浇筑、拆模、颜色好的配合比,再通过塑料模具清洗、涂脱模剂、混凝土入模、振动台振捣、养护、拆模等工序后成型,采用塑料模具生产的预制构件提高了混凝土的外观质量,减少了蜂窝、麻面,外观光洁。

10.3.1 施工准备

1)预制场地

预制场地选择应根据工程量的大小,本着运输便利、施工方便、减小临建投入的原则进行,分为模具堆放区、模具清洗区、预制区、养护区、成品存放区。预制场地应平整坚实,其中养护区混凝土地坪应精细抹平,防止养护时模具变形;场地平整时设置2%~4%的纵横向排水坡,四周设置排水沟,确保排水通畅,防止积水;场地四周要设彩钢板围挡,围挡高度宜150cm以上,实行封闭施工,围挡外设绿化带;预制区及成品存放区设推拉式大门,以便人员、材料、成品出入;各种标识、标志齐全醒目,满足文明施工要求。同时,根据生产规模,布置振动台、清洗区、小平板手推车等辅助设施。

2)模具设计与制作

模具质量是确保外观质量的前提,模具除应具有足够的刚度、强度和稳定性要求外,还应满足足够的可周转次数(一般要求40次以上)和在使用周期范围内模具表面外观光洁的要求。为此,应选择专业厂家生产的优质高强塑料模具(原料为聚丙乙烯、ABS),确保模具质量(图10-23)。模具进场后生产前应逐块进行检查。

图10-23 小型预制构件成型用高强塑料模具

3)混凝土配合比

小型预制构件混凝土设计强度等级C25,采用自卸汽车运输,对工作性要求不高,设计坍落度40mm±10mm。为了体现硬化混凝土均匀的色泽和良好的光洁度,混凝土拌合物需具有良好的匀质性和黏聚性,故较一般的C25混凝土采用更高的胶凝材料用量,可掺入一定比例的优质粉煤灰和聚羧酸高效减水剂,降低水胶比,提高混凝土拌合物的工作性能。

10.3.2 施工工艺

10.3.2.1 工艺流程

路基防护与排水工程小型构件预制工艺流程如图10-24所示。

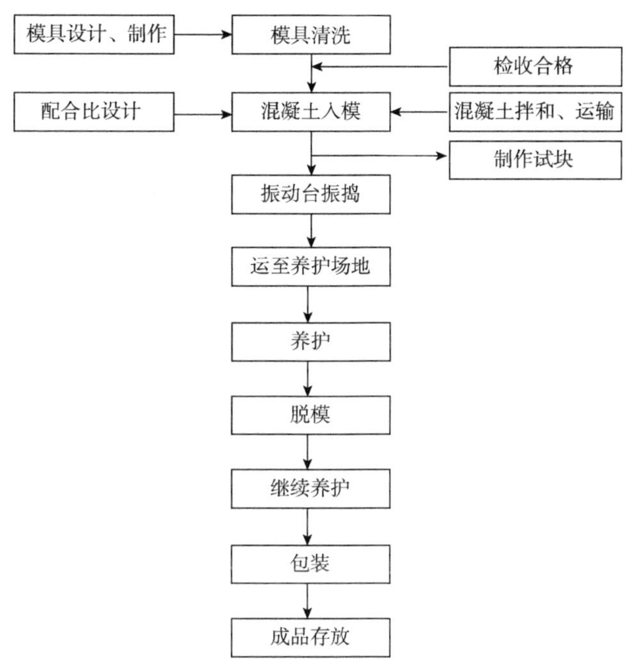

图10-24　小型预制构件施工工艺流程图

10.3.2.2　工艺控制要点

1)模具清洗和涂刷脱模剂

新进场模具:第一次使用前首先要在洗衣粉水中清洗一遍,晾干后才能使用;使用过的模板:拆模后先清理模板内的混凝土渣物,然后放在30%稀释盐酸水中浸泡一下(8~10s),再在清水池中清洗干净,最后在洗衣粉水中清洗一遍,上口朝下,然后晾干。在清洗中工人要戴防护手套,见图10-25。

图10-25　塑料模具清洗

2)混凝土拌和、运输

混凝土拌和质量的好坏直接影响浇筑后的外观效果,施工时必须严格按照试验室提供的施工配合比进行搅拌。混凝土拌和采用带自动计量设备的强制式搅拌机(拌和站),混凝土拌合物拌和均匀,颜色一致,不得有离析和泌水现象。由于坍落度偏小,搅拌时间应适当延长(约

2min)。混凝土到达现场后,试验室人员应检查混凝土的均匀性和坍落度,合格后方可生产。

混凝土采用载重 3t 的汽车运输,混凝土从拌和站运到现场,倒在预先做好的下铺钢板的混凝土堆放槽内,以保证混凝土不受污染(图 10-26、图 10-27)。

图 10-26 混凝土自卸载重汽车运输

图 10-27 混凝土拌合物堆放在钢板上

3)混凝土成型

将干净、干燥的模具放在振动台上,人工用铁锹铲混凝土入模,开启振动台振捣,边振捣边人工补料,在振动台上安装时间继电器来控制振捣时间,为了保证混凝土表面光滑、无气泡,严格掌握振捣时间(2~3min)。混凝土振捣密实的标志是混凝土停止下沉、无气泡、泛浆、表面平坦。根据生产规模布置振动台,振动台采用 2.5kW 的电动机,外形尺寸为:200cm×150cm,高 60cm。振动台加工如图 10-28 所示。

a)混凝土浇筑

b)手推车运送成型预制件至养护区

c)表面收光

d)小型预制构件集中放置在养护区

图 10-28 混凝土成型

人工将振捣好的预制件搬离振动平台，用小平板车运至养护区，放置在半成品堆放区，用木抹精细收面，进行成型养护。

4）混凝土养护

养护区从一端埋设主水管，每2m设置一个活接头，在养护区使用专用软管，软管上钻孔。混凝土构件运至养护区后用养生布进行覆盖，2～3h后进行养护，养护采用自动喷淋设施，并派专人负责，养护时间不低于7d，冬期施工采用覆盖保温养护。养护期间，注意防止模具在养护期间变形（图10-29）。

图10-29　混凝土小型预制构件集中养护

5）拆模

（1）根据气温要求，成型后1～3d或混凝土强度达10MPa可进行拆模。

（2）脱模时采用专用的脱模架，脱模时将预制构件（未脱模）翻转，正下方放置海绵垫，用工字形小方木卡在模具长边两角下，其余两角着地，将模具轻轻一抖，构件将脱落在海绵垫上，脱模时要轻搬轻放，防止发生碰撞出现缺棱掉角等现象。

（3）拆模后，所有预制件正面和侧面要求外观平整光滑，无蜂窝麻面，外形轮廓清晰，色泽一致，线条直顺，无翘曲现象，同时各断面尺寸均应满足设计及规范要求（图10-30）。

图10-30　混凝土小型预制构件专用的脱模架及脱模

6）包装、搬运

（1）预制好的小型预制构件按照批次，经检验合格后，按不同型号、不同尺寸进行包装。

（2）为防止在搬运时混凝土构件磕碰、损坏，小型预制构件在进行搬运时须用木板、包装带及泡沫板包裹。

7)存放

小型构件预制集中存放,采用叉车搬运包装好的预制件,按不同型号、不同尺寸分类存放,存放高度一般不高于10块且不宜超过1.5m,存放地必须平整、坚实。

外包式混凝土防接护栏整体效果、小型预制构件成品包装及安装后效果。如图10-31、图10-32所示。

a)内侧模拆除后假缝效果图

b)内侧混凝土外观整体效果图

c)外侧混凝土外观整体效果图

图10-31　外包式混凝土防撞护栏整体效果图

图　10-32

图 10-32　小型预制构件成品包装及安装后效果展示